AF801438

COLECCIÓN
PENSAMIENTO JURÍDICO Y POLÍTICO CONTEMPORÁNEO

1

LA LIBERTAD DE EXPRESIÓN

Avances, límites y desafíos futuros

COLECCIÓN
PENSAMIENTO JURÍDICO Y POLÍTICO CONTEMPORÁNEO

Director:

Guillermo VICENTE Y GUERRERO
Profesor de Filosofía del Derecho en la Universidad de Zaragoza.

Consejo editorial:

Joachim RÜCKERT
Catedrático emérito de Filosofía del Derecho en la Universidad de Frankfurt.

José Antonio ESCUDERO
Catedrático emérito de Historia del Derecho. Universidad Nacional a Distancia de Madrid.

Michael LOBBAN
Catedrático de Historia del Derecho en la Universidad de Oxford.

Benjamín RIVAYA
Catedrático de Filosofía del Derecho en la Universidad de Oviedo.

Dag MICHALSEN
Catedrático de Historia del Derecho en la Universidad de Oslo.

Jesús DELGADO ECHEVERRÍA
Catedrático emérito de Derecho civil. Universidad de Zaragoza.

Alessandro SERPE
Catedrático de Filosofía del Derecho en la Universidad G. D'Annunzio de Chieti y Pescara.

Ignacio FERNÁNDEZ SARASOLA
Catedrático de Derecho constitucional en la Universidad de Oviedo.

Ignacio PEIRÓ MARTÍN
Catedrático de Historia contemporánea en la Universidad de Zaragoza.

Christoph-Eric MECKE
Catedrático de Filosofía del Derecho en la Universidad de Zielona Göra.

José Manuel Nieto SORIA
Catedrático de Historia medieval en la Universidad Complutense de Madrid.

Tomàs DE MONTAGUT I ESTRAGUÉS
Catedrático emérito de Historia del Derecho en la Universidad Pompeu Fabra de Barcelona.

Carlo NITSCH
Catedrático de Filosofía del Derecho en la Universidad Federico II de Nápoles.

Pablo FERNÁNDEZ ALBALADEJO
Catedrático emérito de Historia Moderna en la Universidad Autónoma de Madrid.

José María PORTILLO VALDÉS
Catedrático de Historia Contemporánea en la Universidad del País Vasco.

Cristina VANO
Catedrática de Historia del Derecho en la Universidad Federico II de Nápoles.

José Ignacio SOLAR CAYÓN
Catedrático de Filosofía del Derecho en la Universidad de Cantabria.

Guillermo FATÁS CABEZAS
Catedrático emérito de Historia Antigua en la Universidad de Zaragoza.

Gert-Fredik MALT
Profesor emérito de Filosofía del Derecho en la Universidad de Oslo.

Raphael CAHEN
Profesor de Historia del Derecho en la Universidad de Bruselas.

Óscar VERGARA LACALLE
Profesor de Filosofía del Derecho en la Universidad de La Coruña.

Eduardo ZIMMERMANN
Profesor de Historia Constitucional en la Universidad de San Andrés de Buenos Aires.

Jacky HUMMEL
Catedrático de Filosofía Política en la Universidad de Rennes

COLECCIÓN
PENSAMIENTO JURÍDICO Y POLÍTICO CONTEMPORÁNEO

1

LA LIBERTAD DE EXPRESIÓN

Avances, límites y desafíos futuros

EDICIÓN 2024

Coordinador
GUILLERMO VICENTE Y GUERRERO

COLEX 2024

Copyright © 2024

Queda prohibida, salvo excepción prevista en la ley, cualquier forma de reproducción, distribución, comunicación pública y transformación de esta obra sin contar con autorización de los titulares de propiedad intelectual. La infracción de los derechos mencionados puede ser constitutiva de delito contra la propiedad intelectual (arts. 270 y sigs. del Código Penal). El Centro Español de Derechos Reprográficos (www.cedro.org) garantiza el respeto de los citados derechos.

Editorial Colex S. L. vela por la exactitud de los textos legales publicados. No obstante, advierte que la única normativa oficial se encuentra publicada en el BOE o Boletín Oficial correspondiente, siendo esta la única legalmente válida, y declinando cualquier responsabilidad por daños que puedan causarse debido a inexactitudes e incorrecciones en los mismos.

Editorial Colex S.L. habilitará a través de la web www.colex.es un servicio online para acceder a las eventuales correcciones de erratas de cualquier libro perteneciente a nuestra editorial.

© Guillermo Vicente y Guerrero

© Editorial Colex, S. L.
Calle Costa Rica, número 5, 3.º B (local comercial)
A Coruña, C. P. 15004
info@colex.es
www.colex.es

Ilustración de portada: Grunnlovs forsamlingen Eidsvoll 1814 (Asamblea constitucional de Eidsvoll en 1814), Oscar Wergeland, 1885.

I. S. B. N.: 978-84-1194-515-8
Depósito legal: C 882-2024

SUMARIO

PRÓLOGO

(Pág. 13)

Guillermo Vicente y Guerrero

LIBERTAD DE EXPRESIÓN, DEMOCRACIA Y CIUDADANÍA

(Pág. 15)

Óscar Vergara Lacalle

«HABRÁ LIBERTAD DE PRENSA». OPINIÓN PÚBLICA, CENSURA Y PODER EN LA NORUEGA CONTEMPORÁNEA (1770-2020)

(Pág. 47)

Guillermo Vicente y Guerrero

LOS LÍMITES A LA LIBERTAD DE EXPRESIÓN EN DECISIONES RECIENTES DEL TRIBUNAL EUROPEO DE DERECHOS HUMANOS SOBRE ESPAÑA

(Pág. 77)

María Elósegui Itxaso

LA LIBERTAD DE EXPRESIÓN ANTE LA NEGACIÓN DE LOS DELITOS DE GENOCIDIO

(Pág. 121)

Andrés Gascón Cuenca

DISCURSO DEL ODIO CRIMINALIZADO VS. LIBERTAD DE EXPRESIÓN: UNA FINA LÍNEA DIVISORIA

(Pág. 149)

Carmen Alastuey Dobón

ODIO EN LAS REDES Y PODER DE MODERACIÓN DE LAS GRANDES PLATAFORMAS: ¿PUEDEN LAS PLATAFORMAS DIGITALES RESTRINGIR LIBREMENTE LA LIBERTAD DE EXPRESIÓN DE SUS USUARIOS?

Eva Sáenz Royo

EL NUEVO DESORDEN INFORMATIVO: RETOS Y PROPUESTAS DE REGULACIÓN

María Olga Sánchez Martínez

INTELIGENCIA ARTIFICIAL Y DERECHOS HUMANOS: UNA DISTOPÍA POSIBLE

Miguel L. Lacruz Mantecón

LOS *INFLUENCERS:* ENTRE LA LIBERTAD DE EXPRESIÓN Y LA RESPONSABILIDAD SOCIAL

(Pág. 279)

Gerardo Aguas Valero

ALGUNAS REFLEXIONES SOBRE LOS LÍMITES A LA AUTONOMÍA DE LA VOLUNTAD EN RELACIÓN A LOS CAPÍTULOS PRENUPCIALES EN ARAGÓN

(Pág. 299)

Carmen Bayod López

PRÓLOGO

Desde la atalaya de la era de la «posverdad», el ciudadano occidental está observando como un notable incremento de noticias falsas está socavando su confianza en los medios de comunicación. La información al público cada vez se está dosificando más, según los intereses de los grandes grupos privados y estatales, presentándose como fragmentos de la realidad. Sin embargo, las libertades de expresión y de prensa son derechos que caracterizan hoy a las sociedades plurales y democráticas. Su promoción favorece que todos los ciudadanos tengan la posibilidad tanto de estar bien informados como de expresar sus opiniones libremente, de forma oral y escrita. También que puedan participar en importantes esferas de la sociedad en igualdad de condiciones.

En la actualidad, y particularmente a partir de la pandemia del llamado Covid 19, las libertades de expresión y de prensa han sido objeto de importantes presiones procedentes tanto los sectores y grupos económicos más poderosos como de las grandes plataformas digitales. Tanto las restricciones formales a la libertad de los ciudadanos y de los periodistas para expresar sus opiniones como las amenazas y agresiones directas a profesionales de la información han generado una muy negativa tendencia que, muy tristemente, se mantiene hoy.

Esta preocupante situación va en aumento, considerando que cada vez se están compartiendo más las informaciones en las plataformas de carácter digital. Ello ha propiciado nuevas formas de ataque, materializadas en una especie de violencia digital que tiene por objeto el descrédito inmediato del ciudadano que se atreve a expresar una opinión en contra de la mayoría, o del profesional que ofrece una información que no resulta del agrado de los poderes establecidos, que en no pocas ocasiones lideran auténticas campañas de manipulación de la información.

Dichas campañas pueden llegar a promover actitudes intolerantes, e incluso de odio, por parte de unos ciudadanos a los que la información les llega completamente manipulada, favoreciendo conductas y comportamientos en favor de la intolerancia religiosa, de la discriminación de género, del racismo o de la homofobia. También pueden socavar la confianza de la población en los sistemas, procesos e instituciones democráticas y sociales. La censura, la promoción de la desinformación, el discurso del odio y la violencia digital se han convertido así, en estos últimos años, en los principales problemas ante los que se encuentra el ejercicio de una libertad tan fundamental como es la de expresión.

Y dentro de la libertad de expresión hay a mi juicio varios campos concretos, como el de la libertad de expresión de las creencias religiosas o el de la libertad de expresión artística, que están sufriendo especialmente todo este penoso proceso de restricción. Importantes medios de expresión identitaria como pueden ser el cine, la música, el teatro o la literatura están siendo cada vez más censurados, en muchos casos imponiendo una moderación de contenidos que no es tal. En no pocos países el arte y la religión sufren censura, y los artistas y los creyentes son perseguidos.

Sobre algunas de estas cuestiones, y sobre otras más, trata la presente monografía. Dada la diversidad de aspectos desde los que la libertad de expresión puede ser analizada, y dados los múltiples enfoques que pueden llegar a adoptarse para satisfacer dicho análisis, se ha optado por ofrecer una obra marcada por la multidisciplinariedad. Por ello, los diversos capítulos fueron encargados a especialistas de reconocido prestigio procedentes de los campos de la Filosofía del Derecho, del Derecho constitucional, del Derecho civil y del Derecho penal.

Concluyo ya con el siempre grato apartado de agradecimientos. En primer lugar, a la Dra. María Elósegui, Jueza del Tribunal Europeo de Derechos Humanos en Estrasburgo, por el esfuerzo que, dada su posición, le ha supuesto cumplir con los plazos previstos. También agradecimiento especial a la Dra. Carmen Bayod López, por el apoyo tanto de su *Cátedra de Derecho civil y foral de Aragón* como del *Grupo de Investigación y Desarrollo del Derecho civil de Aragón (IDDA)* que igualmente dirige, y núcleo desde el que esta investigación inicialmente surgió. También a la Editorial Colex por su interés, en particular a Pedro Flores, su coordinador editorial. Y, por fin, a todos los profesores que aceptaron el reto de participar en la presente monografía, y lo llevaron a cabo con singular eficacia y generosidad intelectual. A todos ellos, gracias.

Guillermo Vicente y Guerrero

Zaragoza, marzo de 2024

LIBERTAD DE EXPRESIÓN, DEMOCRACIA Y CIUDADANÍA

Óscar Vergara Lacalle
Profesor Titular de Filosofía del Derecho
Universidad de La Coruña

La libertad de expresión, además de constituir un derecho humano, reconocido, entre otros instrumentos, por el art. 10 del Convenio Europeo de Derechos Humanos (en adelante CEDH), constituye la garantía de una institución política fundamental, como es la opinión pública libre, indisolublemente ligada con el pluralismo político, que es, a su vez, un valor fundamental y un requisito del funcionamiento del Estado democrático. Sin embargo, en la actualidad, la libertad de expresión se enfrenta a desafíos nuevos. Uno de ellos consiste en el surgimiento, en las últimas décadas, de nuevos derechos, con los que parece entrar en conflicto, y que podrían limitarla, determinando una afectación de la calidad democrática de los Estados.

En este trabajo se va a desarrollar la idea de que este desafío a la libertad de expresión apunta a una crisis más profunda de la noción de ciudadanía. Para ello se hará una aproximación a la denominada «cultura de la cancelación», como una de las expresiones más claras del mencionado desafío. A continuación, se analizará la protección jurídica de la libertad de expresión y el fenómeno del surgimiento de nuevos derechos. Finalmente se inquirirá acerca de los factores, de variada índole, que están contribuyendo a este último fenómeno, que conlleva, como decimos, la correspondiente limitación de la libertad de expresión.

I. La crisis de la libertad de expresión

El derecho «a expresar y difundir libremente los pensamientos, ideas y opiniones mediante la palabra, el escrito o cualquier otro medio de producción», en los términos del art. 20.1.a) CE, constituye un medio elemental para el ejercicio de la actividad política, periodística, artística, científica y académica, entre otras. Pero no es un derecho absoluto, de manera que es preciso determinar caso a caso su alcance, sobre todo cuando determinadas expresiones ofenden a particulares o colectivos. En las últimas décadas, estos últimos están practicando una labor de vigilancia especialmente intensa sobre políticos, periodistas, artistas, académicos y particulares. Mencionaremos algunos casos ilustrativos del fenómeno.

En 2021, la exministra y diputada finlandesa Päivi Maria Räsänen fue acusada de varios delitos de incitación al odio contra minorías por expresar públicamente su oposición a las uniones homosexuales, basándose en la doctrina paulina sobre el particular. Absuelta por el Tribunal de distrito de Helsinki, el Ministerio fiscal recurrió la sentencia al Tribunal de apelación de Helsinki, que recientemente ha rechazado el recurso. Sin embargo, el Ministerio fiscal ha recurrido esta sentencia al Tribunal Supremo de Finlandia[1]. Independientemente del resultado del caso, lo que esta ciudadana ha puesto de manifiesto es que el sólo hecho de pasar por un proceso hace que los cristianos se autocensuren y no ejerzan su libertad de expresión[2].

Los casos de «cancelación», como se ha dado ahora en llamar a este fenómeno, son especialmente llamativos en el ámbito de la expresión artística. Se puede mencionar el caso de las ediciones revisadas de obras clásicas de autores como Ágatha Christie[3] o Roald Dahl[4], entre otros; la retirada de algunas bibliotecas de libros como *El cuento de la criada* (M. Atwood)[5] o *Las aventuras de Huckleberry Finn* (M. Twain)[6]; la retirada de una escena relativa

---

1 https://adfinternational.org/campaign/free-speech-on-trial [Último acceso: 5 feb. 2024]

2 https://www.helsinkitimes.fi/columns/columns/167-mp-talk/18842-the-value-of-free-speech.html [Último acceso: 5 feb. 2024]

3 https://edition.cnn.com/style/article/agatha-christie-novels-edited-offensive-language-gbr-intl-scli/index.html [Último acceso: 8 feb. 24]

4 https://www.bbc.com/culture/article/20230530-roald-dahl-the-fierce-debate-over-rewriting-childrens-classics [Último acceso: 8 feb. 24]

5 https://www.theatlantic.com/ideas/archive/2023/02/margaret-atwood-handmaids-tale-virginia-book-ban-library-removal/673013/ [Último acceso: 8 feb. 24]

6 https://www.theguardian.com/books/2011/jan/05/huckleberry-finn-edition-censors-n-word [Último acceso: 8 feb. 24]

la cuestión trans de la adaptación al teatro de la película *La vida de Bryan*[7]; o las readaptaciones políticamente correctas de las películas de Disney[8].

En el ámbito de la educación también se suceden los casos, como el del profesor de secundaria de Biología español suspendido por afirmar que sólo hay dos sexos[9], o el profesor galés despedido por afirmar que la vida comienza en la concepción[10], o el del alumno canadiense detenido por protestar contra el uso de baños por transexuales[11].

Por lo que se refiere al ámbito universitario, el fenómeno, que comenzó en EE. UU., es cada vez más frecuente, tanto en dicho país, como en otros países occidentales. Es así cada vez más habitual el caso de profesionales, políticos o académicos que, habiendo sido invitados a impartir una conferencia en alguna Universidad, grupos de alumnos lo hayan impedido, instando a las autoridades universitarias a retirar la invitación o saboteando directamente el mismo acto. Por citar algunos casos suscitados en universidades españolas, se puede mencionar el caso de la eurodiputada Rosa Díez, en la Universidad Complutense de Madrid, boicoteada con el lema «fuera fascistas de la universidad»[12]; el caso del profesor Pablo de Lora, en la Universidad Pompeu Fabra, que pretendía disertar sobre algunas cuestiones de género, boicoteado por feministas, con el lema: «Pablo de Lora, transfóbico y machista»[13]; el caso del profesor Carlos de la Puente (Universidad Complutense), por afirmar en un correo a sus alumnos que el aborto y la eutanasia son aberrantes[14]; el caso de la plataforma cívica por el bilingüismo en Cataluña S'ha Acabat!, cuyo stand fue arrasado en un campus universitario catalán[15]; o el caso de la cancelación de unas jornadas sobre prostitución en mi Universidad[16].

---

7 https://euroweeklynews.com/2023/05/22/cleese-removes-song-from-life-of-brian-stage-show-that-may-offend-trans-community/ [Último acceso: 8 feb. 24]

8 https://californiaglobe.com/fr/disney-pays-the-price-for-woke-activism/ [Último acceso: 8 feb. 24]

9 https://www.elliberal.com/video-un-profesor-denuncia-que-la-comunidad-de-madrid-le-ha-suspendido-por-ensenar-que-solo-existen-dos-sexos/ [Último acceso: 8 feb. 24]

10 https://www.dailymail.co.uk/news/article-12080887/A-Christian-teacher-55-urged-talk-beliefs-marriage-sacked-hate-speech.html [Último acceso: 8 feb. 24]

11 https://tnc.news/2023/05/17/josh-alexander-arrested-calgary/ [Último acceso: 8 feb. 24]

12 https://elpais.com/elpais/2010/10/21/actualidad/1287649035_850215.html# [Último acceso: 8 feb. 24]

13 https://www.elmundo.es/espana/2019/12/21/5dfd51a0fdddff9e958b4660.html [Último acceso: 8 feb. 24]

14 https://www.redaccionmedica.com/virico/noticias/un-profesor-de-la-ucm-tacha-el-aborto-y-eutanasia-de-crimenes-aberrantes--9704 [Último acceso: 8 feb. 24]

15 https://www.elmundo.es/cataluna/2023/07/15/64b2b710fc6c83004b8b457c.html [Último acceso: 8 feb. 24]

16 https://www.lavozdegalicia.es/noticia/coruna/2019/09/11/udc-suspende-jornadas-sobre-prostitucion-pola-imposibilidade-garantir-seguridade-elvina/0003156822975247034 4431.htm [Último acceso: 8 feb. 24]

Los colectivos feministas y LGBTI+ suelen estar especialmente vigilantes frente a cualquier expresión que consideren ofensiva. En la actualidad ha tenido bastante eco el caso de Jordan Peterson, muy activo en redes sociales, condenado por el colegio de psicólogos de Ontario a un curso de reeducación, ratificado por un tribunal de esta ciudad[17]. No menos sonado ha sido el caso de J.K. Rowling, por realizar un comentario irónico en Tweeter sobre el término «personas menstruantes»[18]. Frente a ello, la comunidad trans ha reaccionado afirmando que sus comentarios conculcan sus derechos humanos[19]. Otro caso similar es el de Helen Joyce, editora ejecutiva de la sección financiera de *The Economist,* que ha publicado recientemente el libro *Trans. When ideology meets reality* (Oneworld, 2021), donde desarrolla una crítica a la ideología de la identidad de género, lo que le ha costado el correspondiente boicot bajo el lema «los derechos trans son derechos humanos»[20]. Finalmente, en relación con los así denominados «derechos reproductivos», el Informe (A/78/288, de ag. 2023) de la Relatora Especial de la ONU para la libertad de expresión afirma que la «desinformación de género» es un problema de derechos humanos. Ahora bien, «desinformación de género» es para ella oponerse a cosas como los derechos trans y el aborto[21]. El discurso de los derechos es especialmente eficaz en relación con el aborto cuando éste se configura como un derecho[22].

---

17 Puede consultarse la sentencia aquí: https://www.jordanbpeterson.com/wp-content/uploads/2023/08/Peterson-v.-College-of-Psychologists-of-Ontario-DC-714-22-FINAL-18-August-2023.pdf [Último acceso: 8 feb. 24]

18 https://www.independent.co.uk/arts-entertainment/books/news/jk-rowling-trans-twitter-timeline-b2326256.html [Último acceso: 8 feb. 24]

19 Hay una carta en favor de J.K. Rowling en la revista *Harper's Magazine:* https://harpers.org/a-letter-on-justice-and-open-debate/ [Último acceso: 8 feb. 24], en apoyo a JKR, y una contracarta en *The Objective Journalism:* https://objectivejournalism.org/2020/07/a-more-specific-letter-on-justice-and-open-debate/ [Último acceso: 8 feb. 24]

20 https://www.nytimes.com/2021/09/07/books/review/trans-helen-joyce.html [Último acceso: 8 feb. 24]

21 En 2024, la ONU pretende llevar a cabo el Pacto Global Digital, que incluye que Estados e intermediarios de la sociedad de la información (Facebook, Youtube, X, Google, etc.) se comprometan en la lucha contra el discurso de odio y la «desinformación de género». https://www.un.org/techenvoy/global-digital-compact [Último acceso: 8 feb. 24]

22 Así, la Administración Biden tiene la política de denunciar a los activistas proaborto por «conspiración contra los derechos» (https://www.justice.gov/crt/recent-cases-violence-against-reproductive-health-care-providers), que puede aparejar penas de hasta diez años: https://www.law.cornell.edu/uscode/text/18/241 . [Último acceso: 8 feb. 24.] En Europa son frecuentes los procesamientos debidos a nuevos tipos penales que sancionan las manifestaciones delante de las clínicas abortistas, como es el caso de España, donde el art. 172 quater, 1 CP dispone lo siguiente: «El que para obstaculizar el ejercicio del derecho a la interrupción voluntaria del embarazo acosare a una mujer mediante actos molestos, ofensivos, intimidatorios o coactivos que menoscaben su libertad, será castigado con la pena de prisión de tres meses a un año o de trabajos en beneficio de la comunidad

La erosión de la libertad de expresión o cultura de la cancelación está especialmente extendida en los Estados Unidos, en virtud de muy diversas sensibilidades, sobre todo de tipo racial[23]. Según una encuesta, en diciembre de 2018 sólo un 26 % de los adultos estadounidenses creen que tienen libertad de expresión real, mientras que el 68 % cree que tiene que tener cuidado con lo que dice[24].

En general, quienes llevan a cabo estos boicots recurren, en palabras de Pinker y Madras, a un «arsenal de guerra asimétrica», que incluye la capacidad de interrumpir actos, el poder de reunir multitudes (físicas o virtuales), con el objetivo de difamar a quienes se salen del discurso de lo políticamente correcto[25]. Según datos de la Foumdation for Individual Rights and Expression, entre 2014 y 2022 hubo «877 intentos de sancionar académicos por expresiones que están, o en el ámbito público deberían, estar protegidas por la Primera Enmienda»[26]. De ellos, el 60 % terminó en sanciones efectivas, incluyendo 114 incidentes de censura y 156 despidos (44 de profesores titulares), más que durante la era McCarthy. Pero, por cada profesor sancionado, estiman Pinker y Madras, hay muchos más que se autocensuran, lo que es especialmente grave en la Universidad, cuya misión es buscar y compartir la verdad, como lo declara, recuerdan, el lema de la Universidad de Harvard, que es «Veritas»[27].

Por lo que se refiere a los casos que afectan a las instituciones universitarias, sus autoridades se muestran en general remisas en la defensa de la libertad de expresión, en un intento por evitar problemas y mala imagen, el temor a no mostrarse lo suficientemente comprometidos con las causas de los colectivos que están detrás de las cancelaciones y por las dinámicas propias de las estructuras burocráticas, no siempre en sintonía con la misión de la universidad[28]. A su vez, hay instalada la tendencia a «mimar» a los estudiantes, evitando que se traumaticen (y de paso impidiendo que se formen y se forjen)[29]. Todo ello tiene como consecuencia adicional, como se ha dicho,

---

de treinta y uno a ochenta días.» En Reino Unido ha llegado a procesarse a una mujer por rezar en silencio ante uno de estos centros: https://www.bbc.com/news/uk-england-birmingham-64668114

23 *Cfr.* CASTELLANOS, Jorge, *La cultura de la cancelación y su impacto en los derechos fundamentales. Especial análisis de su afectación a la libertad de expresión,* Atelier, 2023, p. 92.

24 *Cfr. ibid.,* p. 93.

25 *Cfr.* PINKER, Steven & MADRAS, Bertha, «New faculty-led organization at Harvard will defend academic freedom», *The Boston Globe,* 12 abril 2023: https://www.bostonglobe.com/2023/04/12/opinion/harvard-council-academic-freedom/ [Último acceso: 8 feb. 24]

26 Tomo los datos de los autores citados *ibidem*.

27 *Cfr. ibidem*.

28 *Cfr. ibidem.*

29 *Cfr.* LUKIANOFF, Greg & HAIDT, Johnatan, *La transformación de la mente moderna. Cómo las buenas intenciones y las malas ideas están condenando a una generación al fracaso,* trad. de V. PUERTOLLANO, Deusto, Bilbao, 2019, *passim*.

la autocancelación de alumnos y profesores, lo que constituye el mayor triunfo de la cultura de la cancelación[30]. Ésta ha sido definida como la «práctica de prohibir, condenar e invisibilizar comportamientos, afectos, pensamientos y creencias que no siguen el sistema de valores dominante en una sociedad [...]»[31]. Dada la gravedad de la situación, algunas universidades han empezado a tomar conciencia y a adoptar medidas. Es el caso de la Universidad de Cambridge, que ha nombrado un director de libertad de expresión y libertad académica[32], y de la Universidad de Harvard, en que se ha instituido el Consejo para la Libertad Académica[33].

II. Análisis jurídico

Una vez examinado el problema corresponde determinar la respuesta que ofrece el Derecho. En primer lugar, analizaremos el Derecho vigente sobre la cuestión y, en segundo lugar, el discurso de los nuevos derechos, con el que se justifica la tendencial acotación de la libertad de expresión.

2.1. Protección jurídica de la libertad de expresión

La libertad de expresión está recogida en el art. 10 del CEDH) que establece: «1. Toda persona tiene derecho a la libertad de expresión.» El propio precepto, en el núm. 2., señala los límites, entre los que figura «la protección de la fama y los derechos de otro».

Este artículo ha sido objeto de una extensa interpretación por el Tribunal Europeo de Derechos Humanos (en adelante, TEDH). Para éste, la libertad de expresión es uno de los fundamentos de la sociedad democrática (Handyside c. R.U., § 49)[34]. Cubre incluso las ideas van en contra de las defendidas por las autoridades o por una parte significativa de la opinión pública, aun cuando sean chocantes, inquietantes u ofensivas para estas últimas. Así lo demanda el pluralismo, la tolerancia y el espíritu de apertura, sin los cuales no existe una sociedad democrática (Handyside c. R.U., § 49). El TEDH ha sostenido que la libertad de expresión es el «guardián del público» de la democracia (Satakunnan Markkinapörssi Oy y Satamedia Oy c. Finlandia, § 126). Para el TEDH se puede defender incluso un sistema de ideas incom-

30 *Cfr*. Bonete, Fernando, «Cancelación y posverdad», *Telos* 122, 2023, p. 62.

31 *Ibid,* p. 61.

32 https://www.cam.ac.uk/news/prof-arif-ahmed-appointed-as-ofs-freedom-of-speech-director [Último acceso: 7 feb. 2024]

33 https://sites.harvard.edu/cafh/ [Último acceso: 7 feb. 2024]

34 Un caso parecido se resolvió en España en la STC 62/1982, de 15 octubre.

patible con la democracia, los derechos humanos y el propio CEDH, como es la Sharia, en el contexto de un debate plural en que concurren opiniones diversas (Gündüz c. Turquía, § 51).

En cambio, la libertad de expresión no justifica el «discurso de odio», lo que incluye, entre otros supuestos: la apología de la violencia e incitación a la hostilidad (Sürek c. Turquía); el odio racial (Glimmerveen y Hagenbeek c. Holanda); la negación o trivialización del holocausto (M'Bala M'Bala c. Francia), o la discriminación basada en la orientación sexual (Vejdeland y otros c. Suecia). Pero se trata de un concepto jurídico indeterminado, cuya concreción depende en buena medida de las circunstancias y de la sensibilidad de los jueces que en cada caso formen el tribunal[35], resultando muy complejo establecer parámetros claros y objetivos que midan la acción del TEDH[36].

El Consejo de Europa ha dado algunas recomendaciones útiles sobre la materia. Así, la Recomendación No. R (97) 20 del Consejo de Europa define «discurso de odio» como:

> «[...] toda forma de expresión que difunde, incita, promueve o justifica odio racial, xenofobia, antisemitismo u otras formas de odio basada en la intolerancia, incluyendo manifestaciones de intolerancia basadas en nacionalismos agresivos o etnocentrismos, la discriminación y la hostilidad contra las minorías, los migrantes y población de origen inmigrante».

La Recomendación Gral. 15, de 8 de diciembre de 2015 (ECRI), relativa a la lucha contra el discurso de odio excluye de éste explícitamente «cualquier forma de expresión, tales como la sátira o informes o análisis realizados de forma objetiva, que simplemente ofenden, dañan o molestan» (§13). Afirma que el rasgo característico del discurso de odio es la «intención de incitar a otros a cometer actos de violencia o intimidación, hostilidad o discriminación [...] o cabe esperar que tenga tal efecto» (§14)

En esta línea de incitación a la hostilidad o la discriminación, el Código penal español recoge el delito de odio en los arts. 510 ss., señalando la tipicidad de todas aquellas conductas que entrañen: incitación al odio, hostilidad, discriminación o violencia contra un grupo o miembros por motivos racistas, ideológicos o de orientación sexual, entre otros; enaltecimiento de delitos cometidos contra estos grupos o miembros; negación o trivialización de genocidio y delitos de lesa de humanidad contra estos grupos o miembros, o

35 *Cfr.* LÓPEZ ULLA, Juan Manuel, «El discurso del odio como concepto: dificultades para definirlo en la práctica», en M.ª Viviana CARUSO FONTÁN & María Reyes PÉREZ ALBERDI, *Diálogos judiciales en el sistema europeo de derechos: una mirada interdisciplinar,* Tirant lo Blanch, Valencia, 2018, ep. 2.

36 *Cfr.* VALIENTE MARTÍNEZ, Francisco, «Análisis de la evolución de la jurisprudencia del Tribunal Europeo de Derechos Humanos sobre el discurso del odio», *Revista de la Asociación Española de Investigación de la Comunicación,* vol. 6, núm. 12, 2019, p. 247.

humillación, menosprecio o descrédito en relación con grupos (cuando se promueva o favorezca un clima de violencia, hostilidad, odio o discriminación contra los mismos)[37].

La libertad de expresión está, a su vez, protegida como derecho fundamental, por la Constitución española. Según se recoge en su art. 20.1.a) se reconocen y protegen los derechos a «expresar y difundir libremente los pensamientos, ideas y opiniones mediante la palabra, el escrito o cualquier otro medio de reproducción.» Estas libertades, se precisa en el núm. 4, «tienen su límite en el respeto a los derechos reconocidos en este Título [...] y especialmente en el derecho al honor [...]».

A su vez, el TC también ha tenido ocasión de desarrollar su propia doctrina con respecto al alcance de este derecho. Así ha señalado que la libertad de expresión, junto con la libertad de información, no solo son derechos fundamentales de cada ciudadano, sino que constituyen la garantía de una institución política fundamental, que es la opinión pública libre, indisolublemente ligada con el pluralismo político, que es, a su vez, un valor fundamental y un requisito del funcionamiento del Estado democrático (STC 12/1982, de 31 de marzo), por lo que gozan de una especial protección «al servir de fundamento al pluralismo político generador de una opinión pública libre» (STC 192/2020, FJ 3a). En consecuencia, sólo son legítimas aquellas limitaciones que sean estricta y absolutamente necesarias, «pues así lo requieren el pluralismo, la tolerancia y el espíritu de apertura, sin los cuales no existe sociedad democrática» (STS 1748/2023, de 18 de diciembre, FJ 6).

La libertad de expresión incluye la difusión de ideas que contrarían, chocan o inquietan al Estado o a una parte cualquiera de la población, ya que la democracia española no es una democracia militante que imponga una adhesión positiva al ordenamiento, incluida la CE *(ibidem)*. Sin embargo, la libertad de expresión tiene un límite en las manifestaciones vilipendiadoras, racistas o humillantes (STC 235/2007, FJ 5). Es destacable, en relación con esta última sentencia, que, en España, el Tribunal constitucional haya declarado inconstitucional la tipificación de la negación del holocausto (no de su justificación).

En general, teniendo en cuenta los argumentos mencionados, parece que puede afirmarse que, en una sociedad democrática, no se puede impedir el debate de ideas, sino que los ciudadanos están en su derecho de recibir una opinión plural, y tanto los medios de comunicación, como la Universidad, tienen el derecho y el deber de ofrecerla. Ello no justifica, sin embargo, ni la ofensa personal ni las expresiones poco delicadas, particularmente con las minorías que han estado sujetas a discriminación. Ahora bien, esto no significa que estas minorías estén inmunes a la sana crítica, del mismo modo que quien manifiesta sus creencias religiosas debe aceptar que éstas sean criticadas.

37 Como se señala a continuación, la mera negación del genocidio no puede constituir delito según el TC.

En principio, la libertad de expresión debería constituir una garantía sólida frente a la cultura de la cancelación, pero la emergencia de los nuevos derechos supone un desafío importante a esta afirmación.

2.2. La tendencia de los nuevos derechos a limitar la libertad de expresión

Como se acaba de ver, la libertad de expresión tiene su límite en la reputación y los derechos de los demás, particularmente, los derechos humanos. La mencionada Recomendación No. R (97) 20 señala que *la libertad de expresión no prevalece cuando hay un discurso de odio que se dirige a la destrucción de los derechos y libertades del CEDH*. Y lo cierto es que estos derechos están en expansión, como es el caso de los denominados «nuevos derechos humanos» o «derechos emergentes», con lo que se vislumbra un conflicto creciente, algunas de cuyas manifestaciones hemos ejemplificado arriba.

Los nuevos derechos son pretensiones formuladas como derechos que no han sido reconocidas institucionalmente a través de una fuente formal de Derecho internacional público[38]. Más que una generación de derechos humanos, que podría ser la cuarta, es una proliferación difícil de catalogar[39]. Su número es ilimitado. Por poner algunos ejemplos, cabe citar: el derecho a la democracia plural, el derecho a la identidad cultural, el derecho a la movilidad universal, el derecho a la monumentalidad, el derecho a la ciudad de ciudadanía, entre otros muchos, además de un grupo de derechos, a que se hará referencia a continuación, que están en la base de los discursos que justifican la cultura de la cancelación.

Ante esta eclosión, que amenaza con desdibujar la figura de los derechos humanos, Ph. Alston ha propuesto una especie de control de calidad análogo al sistema de denominaciones de origen. A su juicio sólo deberían ser admitidos aquellos que tienen su origen en una autoridad adecuada, en este caso la Asamblea General de la ONU[40]. Sin embargo, lo cierto es que muy pocos derechos cumplen este requisito. Recientemente se ha considerado un éxito «histórico» que dicha Asamblea haya reconocido el derecho a un medio ambiente sano y saludable[41].

---

38 *Cfr*. Decken, Kerstin von der & Koch, Nikolaus, «Recognition of New Human Rights: Phases, Techniques and the Approach of "Differentiated Traditionalism"», en Andreas von Arnauld, Kerstin von der Decken and Mart Susi, *The Cambridge Handbook of New Human Rights. Recognition, Novelty, Rhetoric*, Cambridge Univ. Press, Cambridge, 2020, p. 8.

39 *Cfr*. Pereira, Carolina, «Los nuevos derechos: ¿la clausura de un ciclo?», *Persona y Derecho*, vol. 75, 2017/1, p. 96.

40 *Cfr*. Alston, Philip, «Conjuring up New Human Rights: A Proposal for Quality Control», *The American Journal of International Law,* 78, 1984, pp. 618-620.

41 Por medio de una Resolución aprobada por una amplia mayoría de 161 Estados, frente

Algunos nuevos derechos que afectan directamente al tema planteado, por estar detrás de las manifestaciones señaladas son: el derecho a la eutanasia, a la mejora genética, a la identidad de género, al cambio de sexo, a la salud reproductiva (incluyendo el aborto, las técnicas contraceptivas o las de reproducción asistida, incluso la gestación subrogada), a la pluriculturalidad, a toda forma de manifestación de comunidad familiar, los derechos de los animales y de otros entes inanimados, ya sean naturales (p. ej., los ecosistemas), ya sean culturales (p. ej., lenguas minoritarias), entre otros.

Como, en efecto, son pocos los alegados nuevos derechos que cumplen con el requisito autoritativo apuntado, su implantación o su penetración tiene lugar por otras vías, como medidas de *soft law*[42], legislaciones nacionales[43], y de manera especial a través de los órganos judiciales. En este último caso, puesto que estos órganos carecen de competencia para formular nuevos derechos, el *modus operandi* consiste declarar que determinados nuevos derechos derivan o están contenidos implícitamente en derechos ya formulados de las anteriores tres generaciones.

Pero, como he sostenido en otro lugar, esta derivación es especialmente problemática, y más retórica que lógica[44]. En este trabajo he optado por se-

---

a 8 abstenciones. https://www.unep.org/es/noticias-y-reportajes/reportajes/decision-historica-la-onu-declara-que-el-medio-ambiente-saludable#:~:text=y%20gobernanza%20ambiental-,Decisi%C3%B3n%20hist%C3%B3rica%3A%20la%20ONU%20declara%20que%20el%20medio,saludable%20es%20un%20derecho%20humano&text=La%20Asamblea%20General%20de%20las,a%20un%20medio%20ambiente%20saludable. [Último acceso: 7 feb. 24]

42 Por ejemplo, el Parlamento europeo, a través del conocido como Informe Matiç, ha instado a los Estados miembros a facilitar el acceso al aborto de sus ciudadanas por considerarlo parte de los derechos sexuales y reproductivos de las mujeres. *Cfr.* Informe - A9-0169/2021, sobre la situación de la salud y los derechos sexuales y reproductivos en la Unión, en el marco de la salud de las mujeres, § 34. Puppinck habla de la «malla de la gobernanza mundial», para referirse a una gama de instancias que pretenden simbolizar la sabiduría moral. En la parte de debajo de la escala está lo que denomina «caballería ligera», compuesta por los numerosos ombudsman, comisarios de derechos humanos, ponentes especiales, embajadores especiales o las personalidades eminentes. Visitan los países para predicar en ellos la buena conducta y después publican informes y recomendaciones. Luego vienen los múltiples comités de expertos y grupos de trabajo, con más autoridad que poder, encargados de emitir opiniones y recomendaciones en sus respectivas temáticas. Por último, vienen las cuasijurisdicciones y las jurisdicciones, como los comités de la ONU y el TEDH, encargados de evaluar y juzgar la acción de los gobiernos. Todas ellas intentan actuar bajo una misma inspiración, haciendo evolucionar las normas de un modo uniforme. *Cfr*. PUPPINCK, Grégor, *Mi deseo es la ley: los derechos del hombre sin naturaleza,* Encuentro, Madrid, 2020, p. 248.

43 Por ejemplo, la LO 2/2010, Exp. de Mot., considera el aborto un derecho humano en el contexto de la salud reproductiva.

44 *Cfr*. VERGARA, Oscar, «Libertad religiosa y nuevos derechos: un conflicto emergente», en Guillermo VICENTE Y GUERRERO (coord..), *Desarrollo, crisis y retos actuales de la libertad religiosa,* A Coruña, Colex, 2023, pp. 122-125.

ñalar los factores determinantes que están detrás de estos nuevos derechos y, en general, de la cultura de la cancelación, que será el objeto principal de mi contribución, a lo que se dedica el siguiente epígrafe.

III. Factores determinantes de la crisis

Estos factores son múltiples y están mezclados e interrelacionados entre sí. Con el fin de introducir un poco de claridad, los he distinguido y agrupado en siete; a saber: factores técnicos, políticos, económicos, ideológicos, antropológicos, filosóficos y religiosos, con los que se puede bosquejar el cuadro que se expone a continuación.

3.1. Factores técnicos

Los factores técnicos ponen de manifiesto que los nuevos derechos son el recurso técnico más eficaz para promover determinadas agendas al margen de los cauces democráticos ordinarios. En efecto, a finales de los noventa, M.A. Glendon ya hablaba del «discurso de los derechos» para hacer referencia a la tendencia de los activistas de sustituir la batalla política por la batalla en los tribunales, donde es más fácil alcanzar una victoria directa que pasarse largos años en actividades de organización política[45]. Así se construyó la justicia racial en EE. UU., a partir del caso Brown. Y no hay duda de que esto supuso un avance importante y positivo en el progreso de los derechos humanos.

Este ejemplo, señala Glendon, ha inducido a otras víctimas de la injusticia a recurrir también al discurso de los derechos, pero esto no siempre ha tenido consecuencias positivas. Glendon señala al menos dos problemas: en primer lugar, ha significado que los tribunales han venido sacando del control legislativo una serie de cuestiones, dando alcances más amplios a muchas de las garantías constitucionales[46]; en segundo lugar, el problema de este discurso es que los derechos se formulan en términos absolutos: se reclaman beneficios al Estado democrático de bienestar social, pero no se aceptan los deberes cívicos que acarrea la ciudadanía[47].

El proceso de reconocimiento de nuevos derechos, en general, atraviesa tres fases[48]. En una primera fase, activistas (a través de *lobbies)* y académicos buscan el reconocimiento de ciertos intereses humanos y les dan forma.

45 *Cfr*. GLENDON, Mary Anne, «El lenguaje de los derechos», en *Estudios Públicos* 70 (1998), p. 84.

46 *Cfr. ibidem*.

47 *Cfr. ibid.,* p. 91.

48 *Cfr*. DECKEN & KOCH, «Recognition of New Human Rights...», cit., pp. 99-11.

En una segunda fase, los nuevos derechos se plasman en instrumentos de *soft law,* que abren el camino para su reconocimiento. La tercera fase se da cuando el derecho humano se ha convertido en vinculante a través de algún instrumento internacional, frecuentemente haciéndolo derivar del contenido de otros derechos.

El problema es que detrás de estos *lobbies* de activistas y académicos, e incluso detrás de muchos miembros de organismos internacionales, incluidos tribunales de justicia internacionales, está la financiación de fundaciones y empresas privadas, especialmente aquellas instituidas por grandes magnates, las cuales impulsan una agenda afín a sus propias ideologías[49]. Esto genera importantes conflictos de intereses y pone en riesgo los derechos humanos tal y como los conocemos. Existe, en efecto, el peligro de que el ciudadano se convierta en el pretexto o en la palanca de los *lobbies* y las fundaciones de los más ricos para promover sus agendas ideológicas revestidas de filantropía.

3.2. Factores ideológicos

Los factores ideológicos ponen de manifiesto que el discurso de los derechos está en parte contaminado por las ideologías dominantes en cada momento. En efecto, como señala I. Ara Pinilla, los derechos humanos se constituyen como «un concepto ideológico en el que la determinación de su contenido corre al compás que marcan las ideologías prevalentes»[50]. Las ideologías son visiones preconstituidas y esquemáticas que tienden a imponerse por encima de la realidad[51]. En la medida en que los nuevos derechos se hacen derivar, no siempre legítimamente, de los derechos de las tres generaciones precedentes, es posible detectar en aquéllos trazas de las ideologías que han marcado a éstos. Así, los derechos de la primera generación tienen una impronta liberal muy marcada[52], la cual se ha traspuesto a los nuevos derechos, en la medida en que obedecen a una teoría liberal o libertaria de la justicia. Responden a ella la gestación subrogada, la eutanasia, la mejora genética, la identidad de género, el cambio de sexo o la salud reproductiva, entre otros.

49 https://familywatch.org/human-rights-at-risk-lessons-from-the-political-network-for-values-transatlantic-summit-iv/ [Último acceso: 19 feb. 2024]

50 Ara Pinilla, Ignacio, *Las transformaciones de los derechos humanos,* Madrid, Tecnos, 1994, p. 116.

51 *Cfr*. Ayllón, José Ramón, *El mundo de las ideologías,* Homo Legens, Madrid, 2019, p. 18.

52 *Cfr*. Peces-Barba, Gregorio, *Curso de derechos fundamentales,* Universidad Carlos III-BOE, Madrid, 1999, p. 201.

A su vez, los derechos de la segunda generación están imbuidos de socialismo[53]. Éste está presente también en los nuevos derechos, en la medida en que a los ciudadanos no sólo se les conceden libertades, sino que también se exige al Estado que intervenga para garantizar a todos los ciudadanos el acceso al ejercicio de tales libertades. Esto conlleva una importante ampliación del complejo burocrático del Estado y una dinámica de intervención en la vida de los ciudadanos que es antitética con las antiguas libertades. Asimismo, algunos derechos son específicamente sociales, como, entre otros, los relativos a la pluriculturalidad, a toda forma de manifestación de comunidad familiar, los derechos de los animales y de otros entes inanimados, ya sean naturales, ya sean culturales.

Finalmente, los derechos de la tercera generación presentan una veta triple de feminismo, ecologismo y pacifismo[54]. Igualmente, los nuevos derechos están presididos en general por un principio ecofeminista, que los pone en sintonía con la Agenda globalista, en especial con los objetivos de desarrollo sostenible. Adicionalmente, se manifiesta de un modo más intenso en algunos derechos específicos, como los derechos reproductivos, los derechos de los animales o los del medio ambiente.

3.3. Factores políticos

Los factores políticos ponen de manifiesto la tendencia a que el ciudadano se vea progresivamente sujeto a la tiranía de la mayoría y al poder del soberano, según los conceptos ya anticipados por Tocqueville en el s. XIX, como tendencias a que accidental pero previsiblemente puede dar lugar la democracia.

En relación a la tiranía de la mayoría, Tocqueville anticipa la dinámica del pensamiento único cuando afirma, entre otras cosas que, una vez que la democracia degenera en la mencionada tiranía de la mayoría, no hay otro país donde reine menos independencia de espíritu[55]. También avanza la cultura de la cancelación. En efecto, según Tocqueville, se permite pensar distinto, sí, pero al precio de una especie de muerte civil: «perderéis —afirma— vuestros derechos a la Humanidad»[56].

53 *Cfr. ibid.,* p. 203.

54 Aunque, como señala Rodríguez Palop, es el ecologismo el que ha acabado aglutinando a las demás. *Cfr.* RODRÍGUEZ PALOP, María Eugenia, *La nueva generación de derechos humanos. Origen y justificación,* Dykinson, Madrid, 2002, p. 221.

55 *Cfr.* TOCQUEVILLE, Alexis de, *La democracia en América,* trad. de L.R. CUÉLLAR, Fondo de Cultura Económica, México-Buenos Aires, 1957, p. 274.

56 *Ibid.,* p. 275.

Por otro lado, al aludir al despotismo del soberano, prefigura un ciudadano amilanado bajo la sombra del soberano. En efecto, para Tocqueville, la igualdad, que es un principio básico de la democracia, produce dos tendencias. Una que conduce hacia la independencia, y puede que a la anarquía, y otra que conduce, por un camino más largo, más secreto, pero más seguro hacia la esclavitud[57].

Ahora bien, este nuevo despotismo es aparentemente benigno. No es una tiranía, tampoco exactamente un despotismo. Sus rasgos son: «[...] multitud innumerable de hombres iguales y semejantes que giran sin cesar sobre sí mismos para procurarse placeres pequeños y vulgares con los que llenar su alma»[58]. Sobre ellos se eleva un poder inmenso y tutelar que se encarga sólo de asegurar sus goces y vigilar su suerte. Se asemeja al poder paterno, pero trata de fijar a los hombres en la infancia con tal de que no piensen sino en gozar[59].

Por eso Tocqueville recalca la importancia de mantener ciertas garantías, como las asociaciones, la religión y la prensa. Esta última, según Tocqueville, «es, por excelencia, el instrumento democrático de la libertad»[60]. Por eso, el poder tiene la tendencia a controlar la prensa, lo que puede hacer limitando administrativamente la pluralidad de medios informativos, hostigando a la prensa independiente o acomodando los contenidos de la prensa a la acción de gobierno por medio del dinero que paga por la inserción de publicidad institucional en los medios de comunicación.

Cualquier observador atento de la realidad puede observar cómo se cumplen hoy las previsiones que Tocqueville hace a principios del XIX a tenor de ciertas tendencias internas a la democracia. No obstante, se pueden hacer dos matices menores a lo anterior a la luz de la experiencia actual. En primer lugar, el poder soberano se ha globalizado. Esto no significa que no haya poder soberano, sino que los Estados han perdido parte de su soberanía[61]. Una parte ha ido a parar a organismos internacionales, los cuales en este momento tratan de sintonizar la agenda de los Estados nacionales según una serie de objetivos a que ya me he referido.

En segundo lugar, el soberano cuenta hoy con técnicas de control psicopolítico. Gracias a ellas no es necesario vigilar y disciplinar a los ciudadanos, ya que son ellos mismos los que, creyéndose libres, se hacen más dóciles[62].

---

57 *Cfr. ibid.,* p. 704.

58 *Ibid.,* p. 730.

59 *Cfr. ibidem.*

60 *Ibid.,* p. 737.

61 *Cfr.* PÉREZ LUÑO, Antonio Enrique, *El desbordamiento de las fuentes del derecho,* Real Academia Sevillana de Legislación y Jurisprudencia, Sevilla, 1993, pp. 76-77.

62 *Cfr.* HAHN, Byung-Chul, *Psicopolítica,* trad. de A. BERGÉS, Herder, Barcelona, 2014, pp. 28-29.

Los nuevos derechos son herramientas que van en la dirección de empoderar supuestamente a los ciudadanos, pero en realidad estabilizan el sistema: *timeo danaos et dona ferentes*. Esto se explica porque contribuyen a la fragmentación, ya que son incompatibles con un concepto fuerte de naturaleza humana. No se puede pasar por alto que las dos guerras mundiales han generado una conmoción sin precedentes en la conciencia occidental[63]. A raíz de él se ha generado lo que se ha llamado «el consenso de la posguerra», que tiende a reprimir todo atisbo de creencia sólida y lealtad firme, bajo el temor de que puedan alimentar los autoritarismos que hicieron convulsionar el s. XX[64].

Se puede plantear si el nuevo despotismo de un soberano global y tecnificado se parece más a la mencionada distopía de Huxley, a su «mundo feliz», o a la de Orwell, en su mundo de *1984*. Para N. Postman se parece más al primero. Se trata de un mundo en que la información, lejos de escasear, sobreabunda; la verdad es anegada en un mar de irrelevancia; se nos regala placer y se nos arruina por lo que amamos[65]. En cambio, para M. Onfray tiene todas las notas del segundo[66]. En realidad, no es sorprendente que el nuevo régimen participe de ambos. Vaclav Havel sufrió en sus carnes el modelo

---

63 La bomba atómica, a su vez, plantea la posibilidad de que los hombres pongan fin a la existencia de la misma raza humana, lo que podría haber avivado el retorno de la humanidad al miedo que los primitivos sentían ante el mundo y la existencia. *Cfr.* PIEPER, Josef, *El fin del tiempo. Meditación sobre filosofía de la historia,* trad. de C. GAUCHO, Herder, Barcelona, 1984.

64 *Cfr.* RENO, Russell R., *El retorno de los dioses fuertes. Nacionalismo, populismo y el futuro de Occidente,* trad. de P. MONDÉJAR, Homo Legens, Madrid, 2020, *passim*. Una pura expresión de este paradigma (dominante tanto a la derecha como a la izquierda del sistema) son el libro de Karl POPPER, *The Open Society and Its Enemies,* George Routledge and Sons, Londres, 1945, 2 vols., y el libro de Friedrich A. HAYEK, *The Road to Serfdom,* University of Chicago Press, Chicago, 1944, citados y comentados ambos por Reno. El resultado es que el liberalismo (tanto económico, como moral) ha dejado de ser una opción política al identificarse con el propio sistema político. Para I. Kant, el progreso hacia un Estado burgués global es un designio ínsito en la naturaleza humana. *Cfr.* KANT, Inmanuel, *Ideas para una historia universal en clave cosmopolita y otros escritos sobre Filosofía de la Historia,* trad. de C. ROLDÁN Y R. RODRÍGUEZ ARAMAYO, Tecnos, Madrid, 2001, *passim*. Desde otro punto de vista, M. Sandel ha puesto de manifiesto que cuando los Estados se declaran neutrales (esto es liberales) en lo económico y en lo moral (lo que Sandel llama república procedimental) se hurtan al debate cívico las grandes cuestiones sobre la base de que hay división de opiniones. Esto último conlleva dos peligros opuestos. El fundamentalismo de los que lamentan la degradación moral y proponen soluciones de máximos o la tendencia de los ciudadanos multivinculados a verse como yoes amorfos, proteicos, carentes de historia, incapaces de entretejer las diversas hebras de su identidad para formar un todo coherente. *Cfr.* SANDEL, Michael, *El descontento democrático. En busca de una filosofía pública,* trad. de A. SANTOS, Barcelona, Debate, 2023, pp. 291-292. El sistema promueve lo segundo.

65 *Cfr.* POSTMAN, Neil, *Divertirse hasta morir. El discurso público en la era del «show business»,* trad. de E. ODELL, Barcelona, Tempestad, 2001, pp. 5-6.

66 *Cfr.* ONFRAY, Michel, *Théorie de la dictature précédé de Orwell et l'Empire maastrichien,* Robert Laffon, París, 2019.

(post)totalitario orwelliano en la Checoslovaquia comunista. Pero, todavía bajo la represión, escribió que la alternativa no eran las democracias occidentales, porque éstas entrañan el mismo servilismo propio de la civilización tecnológica, sólo que aquí la manipulación del individuo es mucho más sutil y refinada que en aquel sistema[67]. Los Estados democráticos no son menos manipuladores que los totalitarios, afirma igualmente N. Chomsky, sólo que manipulan de modos más sutiles[68]. La propaganda, afirma Chomsky, es a la democracia lo que la cachiporra al Estado totalitario. A través de ella se fabrica el consenso necesario. Se entiende que sólo una élite es capaz de comprender los problemas. El resto del «rebaño», en palabras de W. Lippmann, hay que distraerlo. Interesa que los individuos estén atomizados, segregados y solos[69]. Lo nuevos derechos podrían ir en esta línea.

3.4. Factores económicos

Los factores económicos reflejan el deslizamiento de la condición de ciudadano, que es un presupuesto de la democracia, a la de consumidor. Como en el caso anterior la experiencia norteamericana ha ido adelantando fenómenos que han seguido la misma dinámica en el resto de países occidentales.

Aunque el panorama actual parezca mostrar lo contrario, lo cierto es que en EE. UU. hubo una gran resistencia histórica a dos tendencias que están detrás de este fenómeno económico que lleva a la descomposición cívica del individuo: a la industrialización primero y al crecimiento de las grandes corporaciones después. En la tradición republicana, en efecto, se entendía que la independencia personal, la condición de ciudadano —que es algo incompatible con esas dos tendencias— era una condición necesaria de la democracia[70]. A pesar de ello, por distintas razones, la democracia estadounidense transitó desde una economía política de la ciudadanía hacia otra fundada en el bienestar del consumidor. La idea era producir barato, convertir al ciudadano en consumidor y suscitar constantemente nuevas necesidades para que la economía siguiera creciendo.

A esto se unió el desarrollo del Estado del bienestar con el *New Deal,* el cual tuvo el mismo efecto. Lejos de cultivar la ciudadanía virtuosa, el Estado

67 *Cfr*. HAVEL, Václav, *El poder de los sin poder y otros escritos,* trad. de V. MARTÍN Y B. GÓMEZ, Encuentro, Madrid, 2013, p. 122.

68 En ellos se fomenta el debate, pero dentro de los límites del marco conveniente. *Cfr*. CHOMSKY, Noam, *Ilusiones necesarias. Control del pensamiento en las sociedades democráticas,* trad. de L. BRAVO Y J.J. SAAVEDRA, Libertarias, Madrid, 1992, pp. 64-65.

69 *Cfr*. CHOMSKY, Noam, «El control de los medios de comunicación», en Noam CHOMSKY & Ignacio RAMONET, *Cómo nos venden la moto. Información, poder y concentración de medios,* trad. de J. SOLER, Icaria, Barcelona, 2010, pp. 10-16.

70 *Cfr*. SANDEL, Michael, *El descontento democrático,* cit., p. 30.

comenzó a dedicarse a satisfacer con la mayor amplitud los gustos y los deseos de los ciudadanos[71]: como ya se dijo, los nuevos derechos son objeto de implementación por los Estados. A lo largo del s. xx, en efecto, los Estados han incrementado su intervención sobre la economía de mercado a través de políticas económicas keynesianas, contribuyendo a mejorar la situación de los trabajadores. Esta cohabitación, por así decirlo, entre capitalismo y socialismo es hasta cierto punto natural, como previó perspicazmente H. Belloc que sucedería, con el lamentable efecto de asegurar la servidumbre del proletariado en lo que llamó Estado servil[72]. Por eso, el marxismo ha tenido que abandonar la creencia en la vieja ley según la cual el desarrollo de las fuerzas productivas dentro del capitalismo crearía las condiciones para la sociedad socialista[73].

Siguiendo a Gramsci y a Togliatti, E. Laclau y Ch. Mouffe muestran el giro «copernicano» que le conviene asumir (y ha asumido) al socialismo: no se trata de combatir el Estado desde fuera, sino desde dentro. Ello a través de unos nuevos sujetos políticos: mujeres, estudiantes, jóvenes, minorías raciales, sexuales y regionales, y favoreciendo luchas antiinstitucionales y ecologistas. «Esta sociedad es sólo capitalista, pero ésta no es su única característica; es sexista y patriarcal también, por no decir racista»[74]. Esto explicaría la paradoja de por qué cuando las cosas están mejor que nunca antes para las minorías, parecen estar peor que nunca, a tenor de los ataques que recibe la libertad de expresión arriba mencionados. El hecho es que hay un objetivo político en el fondo y la perspectiva del activista no es la del crítico que busca el perfeccionamiento, sino la del enemigo que aspira a la destrucción[75].

---

71 *Cfr. ibid.,* p. 151.

72 *Cfr.* Belloc, Hilaire, *El Estado servil* [1912], trad. de B. Jacovella, La Espiga de Oro, Buenos Aires, 1945, *passim*. El fordismo (el exitoso modelo de las fábricas de Ford, características de lo que Bauman llama modernidad sólida) realiza esto de manera singular. Afirma D. Cohen: «Decidió [Ford] dar a los obreros un aumento espectacular [de salario] para evitar que rompieran sus cadenas.» Cohen, Daniel, *Richese du monde, pauvretés des nations,* París, Flammarion, 1997, pp. 82-83, cit. en Bauman, Zygmunt., *La modernidad líquida,* trad. de M. Rosenberg, Fondo de Cultura Económica, México, 2017, p. 64.

73 Según Marx y Engels, en efecto, el obrero moderno, «lejos de elevarse con el progreso de la industria, desciende siempre más y más por debajo de las condiciones de vida de su propia clase». Marx, Karl & Engels, Friedrich, *Manifiesto comunista,* Akal, Madrid, 2004, p. 37.

74 *Cfr.* Laclau, Ernesto & Mouffe, Chantal, «Socialist Strategy. Where Next?», *Marxism Today,* enero de 1981, p. 22.

75 *Cfr.* Murray, Douglas, *La masa enfurecida. Cómo las políticas de identidad llevaron al mundo a la locura,* trad. de D. Paradela, Península, Barcelona, 2020, p. 329. Bauman sugiere una explicación antropológica (con la que Tocqueville estaría de acuerdo): cuanto más iguales, más difícil es soportar las diferencias. Frente a la amenaza de la diferencia, se busca la seguridad en la identidad común. La etnicidad es la opción más básica. *Cfr.* Bauman, Zygmunt, *La modernidad líquida,* cit., pp. 114-116. Y en otro lugar afirma que el comunitarismo antepone la seguridad a la libertad *(ibid.,* p. 193).

Como ha expuesto magistralmente Z. Bauman, la solidez es la característica de la primera modernidad. Vinculado a este modelo está el ciudadano productor, firmemente sujeto a sus deberes y responsabilidades (en esta fijación no se distinguen empresarios y trabajadores). En cambio, la modernidad líquida o postmodernidad considera a sus miembros en calidad de consumidores. Pero la vida organizada en torno al consumo «debe arreglárselas sin normas: está guiada por la seducción, por la aparición de deseos cada vez mayores»[76]. La individuación, afirma Bauman, concede a un número cada vez mayor de hombres y mujeres una libertad de experimentación sin precedentes, «pero *(timeo danaos et dona ferentes...)* también acarrea la tarea sin precedentes de hacerse cargo de las consecuencias»[77]. Este movimiento de autoafirmación del individuo, que ha desplazado en parte a la idea de progreso, se refleja en el corrimiento del discurso ético político, que ha pasado de la sociedad justa hacia el de los *derechos humanos,* «lo que implica reenfocar ese discurso en el derecho de los individuos a ser diferentes y a elegir y tomar a voluntad sus propios modelos de felicidad y de estilo de vida más conveniente»[78].

3.5. Factores filosóficos

Los factores filosóficos contribuyen a explicar las tendencias actuales a deslegitimar las aportaciones y los valores de la civilización occidental, que han instalado al ciudadano en una desconcertante rebeldía sin causa.

Es difícil esbozar un cuadro completo de todo el horizonte filosófico en el que surge el mencionado fenómeno, si bien puede ser útil considerar la triple raíz constituida por los que Ricoeur denominaba «pensadores de la sospecha», esto es, Nietzsche, Marx y Freud. Aquí se esbozarán unas consideraciones en torno al hilo que inicia el tercero de ellos.

Para Freud, la insatisfacción es inherente a la cultura, pues ésta obedece al imperio de la *ananké,* la necesidad económica[79]. Esta segunda sustrae, según Freud, a la sexualidad gran parte de la energía psíquica que necesita para su propio consumo. Al hacerlo adopta frente a la sexualidad una conducta idéntica a la de un pueblo o una clase social que haya logrado someter a otra a su explotación. El temor a la rebelión de los oprimidos induce a adoptar medidas de precaución más rigurosas[80]. Para Freud, aunque es necesario regular la sexualidad, no se justifica la imposición de una vida sexual idéntica

76 Bauman, Zygmunt, *La modernidad líquida,* cit., p. 82.

77 *Ibid.,* p. 43.

78 *Ibid.,* p. 35.

79 *Cfr.* Freud, Sigmund, *El malestar en la cultura,* trad. de R. Rey, Alianza, Madrid, 1970, p. 43.

80 *Cfr. ibid.,* p. 47.

para todos: heterosexual y genital, única, indisoluble, sin admitir la sexualidad como fuente de placer en sí, sino sólo como medio de reproducción humana[81].

En esta línea, para Marcuse, los individuos no se rebelan contra la civilización —siempre represiva— porque la industria ha mejorado las condiciones de vida y porque la cultura es funcional al sistema[82]. Se hace preciso, a su juicio, emancipar a este individuo unidimensional desde afuera y desde arriba[83]. Los medios que propone son múltiples. Es interesante destacar los siguientes:

- Por medio de la lucha política de los sujetos que están fuera del sistema: los proscritos y los extraños, los explotados y los perseguidos de otras razas y otros colores, los parados y los que no pueden ser empleados[84].
- Por medio del desarrollo tecnológico que haga posible más ocio a costa de menos trabajo[85].
- Por medio de la subversión de la cultura. El arte puede servir como instrumento de ruptura y compromiso nombrando las cosas que están ausentes para romper el encanto de las cosas que son[86]. A su vez, el lenguaje puede dejar de ser funcional al sistema recurriendo al contenido subversivo de la memoria[87]. Por último, se promueve la sustitución de la filosofía clásica por la lógica dialéctica, que define las cosas desde aquello que no son hasta aquello que son, mostrando el carácter irracional del orden establecido[88].
- Por la reducción poblacional, puesto que la superpoblación engendra violencia e invade la vida privada de los individuos[89].
- Por medio de la protección de la vida privada para toda la población, y no sólo para los ricos, a fin de que todos tengan un espacio para tomar conciencia de las necesidades que se le imponen heterónomamente y para que las dimensiones reprimidas de la experiencia puedan volver a la vida otra vez[90].

---

81 *Cfr. ibid.*, p. 48.

82 *Cfr.* MARCUSE, Herbert, *El hombre unidimensional,* trad. de A. ELORZA, Barcelona, Ariel, 2010, p. 31.

83 *Cfr. ibid.*, p. 83.

84 *Cfr. ibid.*, p. 255.

85 *Cfr. ibid.*, p. 72.

86 *Cfr. ibid.*, pp. 92 ss.

87 *Cfr. ibid.*, pp. 114 ss.

88 *Cfr. ibid.*, pp. 149 ss.

89 *Cfr. ibid.*, pp. 244-245.

90 *Cfr. ibid.*, p. 245.

– Por medio la tolerancia represiva[91].

Los nuevos derechos responden en buena medida a todas estas propuestas emancipatorias. Nos detendremos brevemente en el último de ellos, que está directamente relacionado con la libertad de expresión. Lo que Marcuse denomina «tolerancia represiva» es una «práctica liberadora» que implica que la tolerancia hacia las nuevas prácticas, credos y opiniones políticas reprimidos exige, a su vez, la intolerancia frente a las prácticas, credos y opiniones políticas dominantes, sobre todo frente a conservadores y derecha política, que son considerados movimientos retrógrados[92]. Una tolerancia entendida como imparcialidad, sostiene Marcuse, sólo favorece el *statu quo*. Los individuos, al estar «amaestrados» no pueden escapar de las condiciones en que viven y piensan. Para hacerlos autónomos es preciso invertir la tendencia, de modo que «reciban información preformada en la dirección contraria»[93].

Marcuse propone retirar la libertad de expresión y asociación a movimientos partidarios de una política de agresión, rearme, chauvinismo y discriminación por motivos raciales o religiosos o que se oponen a los servicios sociales. También justifica la censura[94]. Pero esto resulta un punto de menor importancia para quien está dispuesto a justificar, como hace Marcuse, la violencia, pues, a su juicio, no hay ninguna diferencia entre la violencia revolucionaria y la reaccionaria: «¿desde cuándo se hace historia con módulos éticos?», se pregunta[95]. Para las minorías subyugadas, afirma, existe un derecho natural de resistencia a emplear métodos extralegales (incluso la revolución) si los legales se revelan insuficiente. Si aplican la violencia, escribe, «no comienzan una nueva cadena de actos, sino que rompen la establecida»[96].

Marcuse dedica también su atención a la educación. Ésta es, a su juicio, política. Si el estudiante no aprende a pensar en la dirección contraria, se inclinará a ordenar los hechos en la jerarquía de valores dominantes. Es partidario del movimiento contra la represión psíquica del niño y permitirle ser él mismo[97].

Por último, cabe recordar que el pensamiento de Marcuse fue, con matices[98], uno de los inspiradores de Mayo del 68. Se ha señalado que hay un

---

91 *Cfr*. MARCUSE, Herbert, «La tolerancia represiva», en Herbert MARCUSE, *La tolerancia represiva y otros escritos,* C. de Vicente (ed.), Catarata, Madrid, 2010.

92 *Cfr. ibid.,* p. 70.

93 *Ibid.,* p. 61.

94 *Cfr. ibid.,* p. 70.

95 *Ibid.,* p. 64.

96 *Ibid.,* p. 74.

97 *Cfr. ibid.,* pp. 71-73.

98 *Cfr*. ELORZA, Antonio, «Prólogo. Marcuse en el 68. Notas de un traductor», en Herbert MARCUSE, *El hombre unidimensional,* cit., pp. 7-8.

vínculo común entre la ideología de género, el cuestionamiento de la familia tradicional, la progresiva marginación de la religión, el creciente y asfixiante peso de lo políticamente correcto en los debates y discursos actuales y el giro de los partidos de izquierda hacia la defensa de diversas minorías sociales[99]. Y también se ha afirmado que el origen de los nuevos derechos está estrechamente relacionado con la revolución del 68[100].

3.6. Factores antropológicos

Los factores antropológicos ponen de manifiesto cómo las élites han puesto a las masas, supuestamente atrasadas, bajo la benéfica tutela de los profesionales asistenciales, fomentando su narcisismo, lo que da lugar a un ciudadano tendencialmente «victimificado».

En efecto, las élites económicas, por su estilo cosmopolita de vida y su estrecho contacto con la élite cultural, fueron las primeras en recibir la impronta emancipadora que propugnaba esta última, como se acaba de ver. Según pone de manifiesto Ch. Lasch en su revelador ensayo titulado *La rebelión de las élites,* de 1996, Ortega no pudo prever un tiempo en que sería más adecuado hablar de «rebelión de las élites» que de rebelión de las masas[101]. Para aquéllas, civilización occidental no era algo a mantener, sino a superar, por ser un sistema de opresión patriarcal hacia mujeres, niños, homosexuales, negros, etc.

En cambio, en ese momento, son las clases obreras y media baja, a las que las élites miran con una mezcla de desdén y aprensión, las que se resisten a experimentos con estilos de vida alternativos. Éstas, todavía en esa época, favorecen la limitación del aborto, se aferran a la familia, tienen reservas sobre la discriminación positiva y otras empresas de ingeniería social a gran escala y aceptan la decadencia del cuerpo como inevitable[102].

Esto parece haber cambiado desde que Lasch escribió su ensayo, eventualmente porque las élites hayan finalmente conseguido tutelar y emancipar convenientemente a las masas, en el sentido expuesto arriba. Lo cierto es

---

99 *Cfr.* SHEENAN, Thomas, «La larga sombra de la Escuela de Frankfurt», *Crítica,* 30, 2019. https://www.revista-critica.es/2019/12/30/la-larga-sombra-de-la-escuela-de-frankfurt/ [Último acceso: 9 feb. 2024).

100 *Cfr.* PEREIRA-MENAUT, Antonio Carlos, «Pasado y presente de los derechos», *Ius Publicum* 47, 2021, pp. 54-55. Sin perjuicio de esta idea, como se ha indicado arriba con Reno, el debilitamiento de las instituciones occidentales tradicionales, en general, arrancaría antes, en el consenso de la postguerra, de modo que el 68 no sería sino un epifenómeno tan sistémico como lo es el arte de vanguardia.

101 *Cfr.* LASCH, Christopher, *La rebelión de las élites y la traición a la democracia,* trad. de F.J. RUIZ Calderón, Barcelona, Paidós, 1996, p. 31.

102 *Cfr. ibid.,* p. 33.

que las élites de la postguerra, en sus desvelos paternales, concibieron una ideología de la compasión, a cuya luz la sociedad estaba enferma, de modo que era preciso someterla a la tutela terapéutica de los profesionales asistenciales. Lasch describe agudamente este último fenómeno y señala también su efecto. En lugar de fomentar la autoestima de los ciudadanos, las élites han suscitado una nación de seres dependientes. Se ha creado el culto a la víctima, en el que los derechos se ganan por la acumulación de perjuicios infligidos por la sociedad. La profesionalización de la compasión lo que ha hecho es institucionalizar la desigualdad, so pretexto de que cada uno es especial a su manera[103].

Sin embargo, en los últimos años, las élites parecieran haber abandonado ese impulso tutelar, probablemente porque las distancias entre los ricos y los pobres han aumentado exponencialmente en las últimas décadas[104], deshaciendo cualquier atisbo de solidaridad. Ahora, como ha señalado D. Rushkoff, el programa de las élites consiste en escapar de todos nosotros, para lo que los nuevos avances tecnológicos resultan imprescindibles. Esta nueva mentalidad escapista de las élites, afirma Rushkoff, «incluye la certeza cuasi religiosa —y tan peculiar a Silicon Valley— de que sus acólitos podrán desarrollar una tecnología que de algún modo rompa las leyes de la física, la economía y la moral para ofrecerles algo aún mejor que una forma de salvar el mundo: un medio de escapar del apocalipsis que ellos mismos han creado»[105].

Mientras resuelven sus problemas existenciales, las élites han repartido a cada ciudadano un espejo, con el fin de que desarrollen a placer esa vida privada que Marcuse entendía que había que proporcionar a todos los ciudadanos. La consecuencia ha sido, como detectó en su momento G. Lipovetsky, la crisis de la idea de deber, el cual es visto por el ciudadano emancipado como un lastre para la autorrealización y la construcción de la identidad[106]. Vivimos en una época, afirma R. Sennet, en que es posible creer en un «yo proteico»: no hay a un núcleo de naturaleza humana innata o de condiciones sociales fijas que la definan[107]. En palabras de J.C. Ruiz, el sujeto hipermoderno es un sujeto discontinuo que pretende construirse sobre la base de tener experiencias. De ahí que necesite a los demás para confirmar sus

---

103 *Cfr. ibid.,* p. 179.

104 M. Sandel recoge datos elocuentes al respecto en SANDEL, Michael, *El descontento democrático,* cit., pp. 309-310.

105 RUSHKOFF, Douglas, *La supervivencia de los más ricos. Fantasías escapistas de los milmillonarios tecnológicos,* trad. de F.J. RAMOS, Capitan Swing, Madrid, 2023, p. 20.

106 *Cfr.* LIPOVETSKY, Gilles, *El crepúsculo del deber. La ética indolora de los nuevos tiempos democráticos,* trad. de J. BIGNOZZI, Anagrama, Barcelona, 1994, p. 50.

107 *Cfr.* SENNET, Richard, *Narcisismo y cultura moderna,* trad. de J. FIBLA, Paidós, Barcelona, 1980, p.59.

mutaciones. Recibido el *like,* el ego lo engullirá; servirá para hacer crecer el ego. Si el otro nos ignora o contraría, lo bloqueamos[108] (podríamos decir: lo cancelamos).

Se trata de una época caracterizada aparentemente por el narcisismo. Pero con este término, matiza Sennet, no se quiere significar amor a uno mismo, «sino más bien la tendencia a medir el mundo como si fuera un espejo del yo»[109]. Ahora bien, ese narcisismo no surge del egoísmo (egotismo, yoísmo), sino, ha señalado Sennet, de una experiencia de vacío[110]. Y, yendo más allá, su origen más profundo se encuentra, según Lasch, en un sentido primario de narcisismo que está conectado paradójicamente, no con el eros, sino con la pulsión freudiana de muerte[111].

Piénsese, en efecto, cómo en buena medida los movimientos identitarios que están detrás de las reivindicaciones de una buena cantidad de nuevos derechos, llevados hasta el final, pueden contribuir a la destrucción del sujeto. Es el caso, por ejemplo, del capitalismo *woke,* que prefiere ingresar en pérdidas antes que renunciar a los postulados ideológicos de turno; de los nacionalismos periféricos, que prefieren soportar el caos económico que sobrevendría a una hipotética independencia, o el caso de todas aquellas personas que someten su cuerpo a insólitos tipos de autoedición. Esto último conecta, a través del transhumanismo, con el siguiente factor que vamos a considerar

3.7. Factores religiosos

Por último, los factores religiosos ponen de manifiesto o dejan en evidencia a un ciudadano que aspira a desplazar a Dios, lo que es altamente disfuncional a la democracia, al menos en los términos en que la concibe Tocqueville.

Como ha señalado Lasch, la psicoterapia no sólo ha fracasado como política, y más recientemente como la política de la autoestima; también ha fracasado como sustituto de la religión[112]. Cuanto más se inmiscuye en el territorio que ocupaba la religión, afirma, más invita a realizar comparaciones desfavorables con su rival. ¿Puede realmente el psicoanálisis, se pregunta Lasch, hacer algo por las personas que padecen una convicción interior de «no merecer en absoluto ser amado»? Quizás la religión sea la respuesta des-

---

108 *Cfr*. Ruiz, Juan Carlos, *Incompletos. Filosofía para un pensamiento elegante*, Plantea, Barcelona, 2023, p. 32.

109 Sennet, Richard, *op. cit.,* p. 52.

110 *Cfr. ibid.,* p. 53.

111 *Cfr*. Lasch, Christopher, *La cultura del narcisismo. La vida en una era de expectativas decrecientes,* trad. de J. Collier, Capitán Swing, Madrid, 2023, pp. 308-312.

112 *Cfr*. Lasch, Christopher, La *rebelión de las élites,* cit., pp. 179-180.

pués de todo, afirma Lasch; en cualquier caso, concluye, no está en absoluto claro que la religión pudiera hacerlo mucho peor[113]. E. Kaufman ha afirmado también que la tendencia (que él denomina «fundamentalismo liberal») a mirar a las minorías como sujetos hiperfrágiles que deben ser protegidos de todo daño puede ser comparado con ciertos fenómenos religiosos descentralizados (tales como el protestantismo o el Islam), con notas extremistas por lo que se refiere a las correspondientes cazas de brujas y despertares *(awakenings)*[114].

Pero el sujeto moderno aspira a salvarse a sí mismo. Así que, en lugar de despreciar, bajo un patrón regresivo, el propio cuerpo —que, como se ha visto, constituye el sentido profundo del narcisismo—, puede, en cambio, optar por ensayar antes un patrón progresivo, apelando a los avances de la técnica para eliminar la enfermedad y la muerte. Es el tema del transhumanismo, que plantea un futuro en el que el individuo ya no concibe su naturaleza como algo dado, sino como algo mejorable.

Estos aspectos religiosos del transhumanismo son notables en el ensayo de Julian Huxley *Religión sin revelación* (1927)[115], e incluso en el pensamiento de autores cristianos como Teilhard de Chardin. Desde luego no han pasado por alto para los especialistas en el tema, como A. Diéguez, uno de los más destacados, el cual afirma que el transhumanismo presenta similitudes con el fenómeno religioso, particularmente en lo que se refiere a la visión escatológica del futuro y a la búsqueda de un sentido para nuestra vida[116]. Cuando tantas utopías han dejado de ser creídas, el transhumanismo se presenta con promesas renovadas, afirma Diéguez[117]. Se convierte en el único proyecto de salvación laica, pretendidamente realizable en este mundo[118]. Se recupera así la confianza en el poder de la mente humana

113 *Cfr. ibid.,* p. 181.

114 *Cfr.* KAUFMAN, Eric, «Liberal Fundamentalism: A Sociology of Wokeness», *American Affairs,* nov. 20, 2020. https://americanaffairsjournal.org/2020/11/liberal-fundamentalism-a-sociology-of-wokeness/ [Último acceso: 14 feb. 2024.]

115 El objetivo de J. Huxley estuvo siempre dirigido a convertir el humanismo científico en una religión secular («humanismo evolutivo» o «transhumanismo»), que, como señala R. Monterde, fue la primera semilla conceptual del término «transhumanismo». *Cfr.* MONTERDE, Rafael, «El transhumanismo de Julian Huxley. Una nueva religión para la humanidad», *Cuadernos de bioética,* 31 (101), 2020, p. 73. Y, como señala más abajo, Huxley buscaba, combinando el evolucionismo y el humanismo, la justificación moral del control eugenésico de la evolución biológica propuesto por Galton (*cfr. ibid.,* p. 74) y ve la oportunidad de tomar el control del desarrollo evolutivo, en la posibilidad de que el ser humano se convierte en dueño de su propia naturaleza (*cfr. ibid.,* p. 75). Se trata de un planteamiento globalista, gnóstico y panteísta que merecería un desarrollo para el que no hay espacio aquí.

116 *Cfr.* DIÉGUEZ, Antonio, *Transhumanismo. La búsqueda tecnológica del mejoramiento humano,* Barcelona, Herder, p. 28.

117 *Cfr. ibid.,* p. 20.

118 Además del carácter utópico del transhumanismo destaca su carácter optimista. En cam-

como garantía del progreso material y de un futuro mejor, todo ello sin ningún esfuerzo de tipo ascético ni la exigencia de introducir cambios importantes en el estilo de vida. La victoria sobre la muerte, explica Diéguez, es toda la justificación que el transhumanismo necesita para constituirse en el nuevo proyecto utópico. Es lo que han prometido siempre las grandes religiones: la muerte puede ser derrotada[119].

En los años treinta del siglo pasado, E. Voegelin acuñó el concepto de «religión intramundana», que se caracteriza por situar lo divino en contenidos que son parte del propio mundo[120]. Según Voegelin, cuando Dios queda eclipsado por el mundo, son los contenidos del mundo los que devienen dioses[121]. Esto es peligroso. El peligro radica en que cuando la entidad colectiva intramundana ocupa el lugar de Dios, la persona se convierte en un miembro al servicio del contenido mundano sacralizado, esto es, deviene instrumento[122]. En el fondo, apunta Voegelin, hay una base gnóstica. De hecho, son para él movimientos gnósticos, entre otros, el progresismo, el positivismo, el marxismo o el psicoanálisis[123], los cuales no están lejos de las bases filosóficas e ideológicas de los nuevos derechos, como se ha indicado arriba.

Concurren a este fenómeno algunos elementos panteístas. Conviene recordar, en efecto, que Tocqueville añade esta nota al potencial despotismo del soberano en que puede degenerar, si no se vigila adecuadamente, la democracia. La democracia, según el autor francés, tiende al materialismo, a la disolución de la religión, pero no de lo sagrado. Señala Tocqueville que, a medida que progresa la igualdad (principio más potente en la democracia que la libertad), y la idea de unidad se convierte en una obsesión, se toma la costumbre de no pensar en los ciudadanos, para considerar sólo al pueblo, y se olvida a los individuos, para no ocuparse sino de la especie[124]. No se puede negar que hoy existe una fuerte tendencia a sacralizar la naturaleza tomada en un sentido ambiental y ecológico. Piénsese en la recuperación

---

bio, en la medida en que dependen de la libertad humana, las nuevas tecnologías podrían servir tanto para un (supuesto) bien, como para el mal, ya que son compatibles con la eugenesia elitista, con el totalitarismo orwelliano, o con la guerra cognitiva. *Cfr*. CIQUE, Alberto, «¿Puede convertirse el transhumanismo en una amenaza para la seguridad?, *Documentos de Opinión,* Instituto Español de Estudios Estratégicos, 19 de enero de 2024, *passim* https://www.ieee.es/Galerias/fichero/docs_opinion/2024/DIEEEO06_2024_ALBCIQ_Seguridad.pdf [Último acceso: 16 feb. 2024.]

119 *Cfr*. DIÉGUEZ, Antonio, *Transhumanismo,* cit., p. 22.

120 *Cfr*. VOEGELIN, Eric, *Las religiones políticas,* trad. de M. ABELLA Y P. G.ª GUIRAO, Madrid, Trotta, 2014, p. 32.

121 *Cfr. ibid.,* p. 58.

122 *Cfr. ibid.,* p. 62.

123 *Cfr. ibid.,* p. 125.

124 *Cfr*. TOCQUEVILLE, Alexis de, *La democracia en América,* cit., pp. 455-456.

que desde distintas instancias se está haciendo de la figura mitológica de la Pachamama y en las distintas políticas, a las que no son ajenas los nuevos derechos, para el control poblacional.

Los derechos humanos presentan también cierto cariz sacral. Para Max Stirner, la igualdad jurídica propia de la Revolución no es más que otra versión de la igualdad cristiana entre los hermanos y los derechos son conceptos aparentemente sagrados, particularmente los derechos humanos[125]. Más recientemente, R. Stith ha mostrado en un artículo cómo los nuevos derechos se revisten de sacralidad para garantizar su eficacia a través del sentimiento de culpa. Afirma, a su vez, que organismos internacionales tales como la Unesco y otros tienden a asumir un papel misionero y catequístico[126]. Califica a la ONU como una extraña religión, con muchos dogmas, pero sin una teología[127]. Pone de manifiesto, asimismo, cómo la «fabricación de derechos humanos» o la «cruzada de los derechos humanos» es funcional al capitalismo global[128]. Stith se pregunta por qué naciones enteras renuncian a su soberanía para someterse a los intereses de activistas que carecen de un programa coherente de acción con el que todas las naciones estuvieran de acuerdo. Así como los aztecas, afirma Stith, llegaron de algún modo a propiciar la conquista de América, al confundir a los españoles con la venida del dios Quetzalcoatl, determinadas naciones parecen recibir a los agentes de derechos humanos como a los mensajeros de Dios[129].

Lo cierto, señala Stith, es que los derechos humanos llenan el vacío que la sociedad consumista ha introducido al desplazar a las religiones tradicionales. A su vez, como los nuevos derechos son contradictorios entre sí y difíciles de hacer efectivos (p. ej., el derecho al agua), garantizan la humillación y el sentimiento de culpa de las naciones que no pueden hacerlos efectivos, de modo que es más fácil su control[130]. Con base precisamente en un concepto de Tocqueville, Stith prevé que la expansiva religión internacional de los derechos humanos será asentada universalmente y afirma: «Un "inmenso poder tutelar" será instituido sin que nada prevalezca sobre su autoridad»[131].

---

125 *Cfr.* Stirner, Max, *El único y su propiedad,* trad. de J.R. Hernández Arias, Valdemar, Madrid, 2013, p. 238.

126 *Cfr.* Stith, Richard, «If Dorothy Had Not Toto to Pull Back the Wizard's Curtain: The Fabrication of Human Rights as a World Religion», *Valparaiso University Law Review,* vol. 44, núm. 3, 2010, p. 857.

127 *Cfr. ibid.,* p. 858.

128 *Cfr. ibid.,* p. 859.

129 *Cfr. ibid.,* p. 859.

130 *Cfr. ibid.,* p. 860.

131 *Ibid.,* p. 862.

IV. Balance

La libertad de expresión tiende a ser limitada en proporción al crecimiento de los nuevos derechos. Éstos no derivan desde un punto de vista estrictamente lógico de los derechos de las tres generaciones reconocidas de derechos humanos, pero se han incorporado a su contenido por una serie de razones. Por razones técnicas, porque para los activistas la vía judicial es más expeditiva para introducir cambios sociales que las vías dependientes del control democrático. Por razones ideológicas, porque los nuevos derechos están penetrados de las ideologías que subyacen a las generaciones precedentes de derechos. Por razones políticas, porque sin mecanismos correctores la democracia tiende a degenerar en la tiranía de la mayoría y en el despotismo del soberano, el cual hoy tiene carácter global y el auxilio de las nuevas tecnologías. Por razones económicas, porque el ciudadano abandona la virtud cívica y abraza la economía del deseo, que no sólo el mercado se encarga de proveer, sino también el Estado de bienestar en su creciente providencia tutelar. Por razones filosóficas, porque el ciudadano es invitado a emanciparse y a salir de una caverna imaginaria, la civilización occidental, contra cuya tradición hay que revolverse implacablemente. Por razones, antropológicas, porque la ideología de la compasión tiende a la creación de bolsas de víctimas que reclaman derechos, pero no responsabilidades. Por razones teológicas, a través de la sacralización de los nuevos derechos y la autoedición transhumanista que aspira al hombre-dios.

Todas estas razones, convenientemente matizadas arriba, responden a una más profunda crisis de la noción de ciudadanía, por la que el ciudadano se ve convertido, por fuerzas que escapan a su control, en un individuo hasta cierto punto instrumentalizado, ideologizado, subyugado, transformado en consumidor, rebelde sin causa, narcisista, victimificado y con la pretensión de ser como Dios, notas todas ellas que hacen bastante difícil un adecuado funcionamiento del sistema democrático y tienden a limitar de manera progresiva la libertad de expresión.

V. Bibliografía

Alston, Philip, «Conjuring up New Human Rights: A Proposal for Quality Control», *The American Journal of International Law,* 78, 1984, pp. 607-621.

Ara Pinilla, Ignacio, *Las transformaciones de los derechos humanos,* Madrid, Tecnos, 1994.

Ayllón, José Ramón, *El mundo de las ideologías,* Homo Legens, Madrid, 2019.

Bauman, Zygmunt., *La modernidad líquida,* trad. de **M. Rosenberg**, Fondo de Cultura Económica, México, 2017.

BELLOC, Hilaire, *El Estado servil* [1912], trad. de B. JACOVELLA, La Espiga de Oro, Buenos Aires, 1945.

BONETE, Fernando, «Cancelación y posverdad», *Telos* 122, 2023, pp. 58-65.

CASTELLANOS, Jorge, *La cultura de la cancelación y su impacto en los derechos fundamentales. Especial análisis de su afectación a la libertad de expresión,* Atelier, 2023.

CHOMSKY, Noam, «El control de los medios de comunicación», en Noam CHOMSKY & Ignacio RAMONET, *Cómo nos venden la moto. Información, poder y concentración de medios,* trad. de J. SOLER, Icaria, Barcelona, 2010, pp. 7-47.

CHOMSKY, Noam, *Ilusiones necesarias. Control del pensamiento en las sociedades democráticas,* trad. de L. BRAVO y J.J. SAAVEDRA, Libertarias, Madrid, 1992.

CIQUE, Alberto, «¿Puede convertirse el transhumanismo en una amenaza para la seguridad?, *Documentos de Opinión,* Instituto Español de Estudios Estratégicos, 19 de enero de 2024, *passim* https://www.ieee.es/Galerias/fichero/docs_opinion/2024/DIEEEO06_2024_ALBCIQ_Seguridad.pdf [Último acceso: 16 feb. 2024.]

DECKEN, Kerstin von der & KOCH, Nikolaus, «Recognition of New Human Rights: Phases, Techniques and the Approach of 'Differentiated Traditionalism'», en Andreas von ARNAULD, Kerstin von der DECKEN and Mart SUSI, *The Cambridge Handbook of New Human Rights. Recognition, Novelty, Rhetoric,* Cambridge Univ. Press, Cambridge, 2020, pp. 7-20.

DIÉGUEZ, Antonio, *Transhumanismo. La búsqueda tecnológica del mejoramiento humano,* Barcelona, Herder, 2017.

ELORZA, Antonio, «Prólogo. Marcuse en el 68. Notas de un traductor», en Herbert MARCUSE, *El hombre unidimensional,* trad. de A. ELORZA, Barcelona, Ariel, 2010, pp. 7-19.

FREUD, Sigmund, *El malestar en la cultura,* trad. de R. REY, Alianza, Madrid, 1970.

GLENDON, Mary Anne, «El lenguaje de los derechos», en *Estudios Públicos* 70 (1998), pp. 77-150.

HAHN, Byung-Chul, *Psicopolítica,* trad. de A. BERGÉS, Herder, Barcelona, 2014.

HAVEL, Václav, *El poder de los sin poder y otros escritos,* trad. de V. MARTÍN Y B. GÓMEZ, Encuentro, Madrid, 2013.

HAYEK, Friedrich A., *The Road to Serfdom,* University of Chicago Press, Chicago, 1944.

KANT, Inmanuel, *Ideas para una historia universal en clave cosmopolita y otros escritos sobre Filosofía de la Historia,* trad. de **C. ROLDÁN Y R. RODRÍGUEZ ARAMAYO**, Tecnos, Madrid, 2001.

KAUFMAN, Eric, «Liberal Fundamentalism: A Sociology of Wokeness», *American Affairs,* nov. 20, 2020. https://americanaffairsjournal.org/2020/11/liberal-fundamentalism-a-sociology-of-wokeness/ [Último acceso: 14 feb. 2024.]

LACLAU, Ernesto & MOUFFE, Chantal, «Socialist Strategy. Where Next?», *Marxism Today,* enero de 1981, pp. 17-22.

LASCH, Christopher, *La cultura del narcisismo. La vida en una era de expectativas decrecientes,* trad. de **J. COLLIER**, Capitán Swing, Madrid, 2023.

LASCH, Christopher, *La rebelión de las élites y la traición a la democracia,* trad. de **F.J. RUIZ CALDERÓN**, Barcelona, Paidós, 1996.

LIPOVETSKY, Gilles, *El crepúsculo del deber. La ética indolora de los nuevos tiempos democráticos,* trad. de **J. BIGNOZZI**, Anagrama, Barcelona, 1994.

LÓPEZ ULLA, Juan Manuel, «El discurso del odio como concepto: dificultades para definirlo en la práctica», en M.ª Viviana **CARUSO FONTÁN** & María Reyes **PÉREZ ALBERDI**, *Diálogos judiciales en el sistema europeo de derechos: una mirada interdisciplinar,* Tirant lo Blanch, Valencia, 2018, pp. 399-412.

LUKIANOFF, Greg & HAIDT, Johnatan, *La transformación de la mente moderna. Cómo las buenas intenciones y las malas ideas están condenando a una generación al fracaso,* trad. de **V. PUERTOLLANO**, Deusto, Bilbao, 2019.

MARCUSE, Herbert, «La tolerancia represiva», en Herbert **MARCUSE**, *La tolerancia represiva y otros escritos,* **C. DE VICENTE** (ed.), Catarata, Madrid, 2010, pp. 47-74.

MARCUSE, Herbert, *El hombre unidimensional,* trad. de **A. ELORZA**, Barcelona, Ariel, 2010.

MARX, Karl & ENGELS, Friedrich, *Manifiesto comunista,* Akal, Madrid, 2004.

MONTERDE, Rafael, «El transhumanismo de Julian Huxley. Una nueva religión para la humanidad», *Cuadernos de bioética,* 31 (101), 2020, pp. 71-85.

MURRAY, Douglas, *La masa enfurecida. Cómo las políticas de identidad llevaron al mundo a la locura,* trad. de **D. PARADELA**, Península, Barcelona, 2020.

ONFRAY, Michel, *Théorie de la dictature précédé de Orwell et l'Empire maastrichien,* Robert Laffon, París, 2019.

Peces-Barba, Gregorio, *Curso de derechos fundamentales,* Universidad Carlos III-BOE, Madrid, 1999.

Pereira-Menaut, Antonio Carlos, «Pasado y presente de los derechos», *Ius Publicum* 47, 2021, pp. 47-68.

Pereira, Carolina, «Los nuevos derechos: ¿la clausura de un ciclo?», *Persona y Derecho*, vol. 75, 2017/1, p. 93-114.

Pérez Luño, Antonio Enrique, *El desbordamiento de las fuentes del derecho,* Real Academia Sevillana de Legislación y Jurisprudencia, Sevilla, 1993.

Pieper, Josef, *El fin del tiempo. Meditación sobre filosofía de la historia,* trad. de **C. Gaucho**, Herder, Barcelona, 1984.

Pinker, Steven & **Madras, Bertha**, «New faculty-led organization at Harvard will defend academic freedom», *The Boston Globe,* 12 abril 2023: https://www.bostonglobe.com/2023/04/12/opinion/harvard-council-academic-freedom/ [Último acceso: 8 feb. 24]

Popper, Karl, *The Open Society and Its Enemies,* George Routledge and Sons, Londres, 1945.

Postman, Neil, *Divertirse hasta morir. El discurso público en la era del «show business»,* trad. de **E. Odell, Barcelona**, Tempestad, 2001, pp. 5-6.

Puppinck, Grégor, *Mi deseo es la ley: los derechos del hombre sin naturaleza,* Encuentro, Madrid, 2020.

Reno, Russell R., *El retorno de los dioses fuertes. Nacionalismo, populismo y el futuro de Occidente,* trad. de **P. Mondéjar**, Homo Legens, Madrid, 2020.

Rodríguez Palop, María Eugenia, *La nueva generación de derechos humanos. Origen y justificación,* Dykinson, Madrid, 2002.

Ruiz, Juan Carlos, *Incompletos. Filosofía para un pensamiento elegante,* Plantea, Barcelona, 2023.

Rushkoff, Douglas, *La supervivencia de los más ricos. Fantasías escapistas de los milmillonarios tecnológicos,* trad. de **F.J. Ramos**, Capitan Swing, Madrid, 2023.

Sandel, Michael, *El descontento democrático. En busca de una filosofía pública,* trad. de **A. Santos**, Barcelona, Debate, 2023.

Sennet, Richard, *Narcisismo y cultura moderna,* trad. de **J. Fibla**, Paidós, Barcelona, 1980.

Sheenan, Thomas, «La larga sombra de la Escuela de Frankfurt», *Crítica,* 30, 2019. https://www.revista-critica.es/2019/12/30/la-larga-sombra-de-la-escuela-de-frankfurt/ [Último acceso: 9 feb. 2024).

Stirner, Max, *El único y su propiedad,* trad. de **J.R. Hernández Arias**, Valdemar, Madrid, 2013.

Stith, Richard, «If Dorothy Had Not Toto to Pull Back the Wizard's Curtain: The Fabrication of Human Rights as a World Religion», *Valparaiso University Law Review,* vol. 44, núm. 3, 2010, pp. 847-862.

Tocqueville, Alexis de, *La democracia en América,* trad. de **L.R. Cuéllar**, Fondo de Cultura Económica, México-Buenos Aires, 1957.

Valiente Martínez, Francisco, «Análisis de la evolución de la jurisprudencia del Tribunal Europeo de Derechos Humanos sobre el discurso del odio», *Revista de la Asociación Española de Investigación de la Comunicación,* vol. 6, núm. 12, 2019, pp. 230-249.

Vergara, Oscar, «Libertad religiosa y nuevos derechos: un conflicto emergente», en Guillermo **Vicente y Guerrero** (coord..), *Desarrollo, crisis y retos actuales de la libertad religiosa,* A Coruña, Colex, 2023, pp. 105-128.

Voegelin, Eric, *Las religiones políticas,* trad. de **M. Abella y P. G.ª Guirao**, Madrid, Trotta, 2014.

«HABRÁ LIBERTAD DE PRENSA»[1]. OPINIÓN PÚBLICA, CENSURA Y PODER EN LA NORUEGA CONTEMPORÁNEA (1770-2020)

Guillermo Vicente y Guerrero[2]
Universidad de Zaragoza

Sumario[3]. I. Algunos precedentes dieciochescos. II. El reconocimiento de la libertad de prensa en Noruega y su regulación constitucional. III. Desarrollo histórico posterior. IV. Situación actual. V. Conclusión. VI. Bibliografía citada.

I. Algunos precedentes dieciochescos

En los llamados «reinos gemelos», Dinamarca y Noruega, la agitación por el principio que consagraba la libertad de expresión ya había jugado un papel socialmente relevante incluso antes de las revoluciones liberales que die-

---

1 La expresión con la que se encabeza el título de este trabajo: «Trykke-frihed bør finde Sted», está directamente tomada del controvertido artículo 100 de la Constitución noruega de 17 de mayo de 1814, el cual, tras realizar esta meritoria proclamación general del principio de libertad de prensa, pasaba a enumerar un importante número de excepciones.

2 Dr. Dr. Guillermo Vicente y Guerrero. Profesor Titular de Filosofía del Derecho en la Universidad de Zaragoza. Dirección de contacto: gvicente@unizar.es Cualquier crítica o comentario será bienvenido y oportunamente contestado.

3 Como presupuesto básico de partida subrayar que la libertad de prensa, o mejor aún de imprenta, constituye una de las más importantes manifestaciones de la libertad de expresión, y se materializa tanto en el derecho a reflejar en los medios de comunicación las opiniones sin temor a represalias como en el simple derecho a informar a la población.

ron origen a la contemporaneidad. En Cristianía, actual Oslo, en 1763 se estableció el primer diario de forma permanente. Cuatro años más tarde, en 1767, en Trondheim pasó a editarse el *Tronhiems kongelig allene privilegerede Adresse-Contoirs Efterretninger.* Trondheim era el otro gran centro intelectual de Noruega, sede desde su formación en 1760 de la llamada *Det Kongelige Norske Videnskabers Selskab* (Real Sociedad Noruega de las Ciencias y de las Letras)[4]. El mencionado periódico, fundado por el jurista Martinus Nissen, pronto se convirtió en un lugar privilegiado para el debate público y, por tanto, en un eficaz instrumento para influir sobre la opinión ciudadana.

En Copenhague, el rey demente Christian VII de Dinamarca y Noruega aceptó, a instancias de su jefe de gobierno el conde Johann Friedrich Struensee, que la censura sobre todos los escritos debía eliminarse, lo que fue promulgado a través de la llamada *Kongelig Reskript af 14. September 1770* (Respuesta real de 14 de septiembre de 1770). Se trató de la primera ley preparada de forma independiente por Struensee quien, de nacionalidad y formación alemana, era un hombre de amplios estudios que se había doctorado en medicina y bebía con entusiasmo de las fuentes de la Ilustración europea. La nueva ley garantizó que desde ese momento los impresores quedaban eximidos de la obligación de someter sus publicaciones a censura y aprobación previas. Como señala Kjell Lars Berge, «the possibility of a new communication order, the public sphere, could no longer be exclusively a utopian ideal or goal, but an actual political possibility, challenge and reality»[5]. Se iniciaba así un período muy breve y concreto de la historia de Dinamarca y Noruega denominado «Trykkefrihetsiden» (la era de la libertad de prensa).

Afirma Edvard Holm que, con su Rescripto, Struensee buscó ganarse la simpatía de la población, hecho que desgraciadamente para él no consiguió[6]. Se trató posiblemente de la primera ley europea que declaró la libertad de prensa sin limitaciones, siendo inicialmente muy bien acogida entre los círculos intelectuales ilustrados, tanto nacionales como del resto de Europa. El propio Voltaire escribió y publicó una carta de agradecimiento al mo-

4 Sobre el particular: BERGE, Kjell Lars, «Trondhjem: Selskapenes offentlighet» (Trondheim: las sociedades de opinión pública), en EIDE, Martin, y DAHL, Hans Fredrik (eds.), *Norsk presses historie 1660-2010* (Historia de la prensa noruega 1660-2010), vol. I: *En samfunnsmakt blir til 1660-1880* (Nace un poder social 1660-1880), Universitetsforlaget, Oslo, 2010, pp. 129-146.

5 BERGE, Kjell Lars, «Article 100 and the evolution of a public opinion text culture in Denmark-Norway 1770-1799», en: GAMMELGAARD, Karen, y HOLMØYVIK, Eirik (eds.), *Writing democracy. The Norwegian Constitution 1814-2014,* Berghahn Books, Nueva York & Oxford, 2015, pp. 167-182, la cita en p. 169.

6 HOLM, Edvard, *Nogle Hovedtræk af Trykkefrihedstidens Historie 1770-1773* (Algunos rasgos principales de la historia de la libertad de prensa. 1770-1773), J. H. Schultz, Copenhague, 1885. En este trabajo he utilizado su segunda edición: Selskabet for Udgivelse af Kilder til Dansk Historie, Copenhague, 1975, pp. 4 y 5.

narca Christian VII, en la que textualmente afirmaba que era un rey valiente que, pese a haber nacido en el seno de un gobierno despótico, había superado los límites que la naturaleza había establecido para su sagrado poder, y que había devuelto a la humanidad sus derechos permitiéndole pensar y expresar sus ideas[7].

Pero las relaciones afectivas de Struensee con la reina Caroline Mathilde, con la que tuvo una hija, y los efectos de algunas de sus medidas de gobierno generaron un aluvión de críticas, ahora legales, contra sus reformas y contra su misma persona, generalizándose entre la opinión pública un interesante debate sobre la moralidad y el matrimonio[8]. En octubre de 1771 Struensee matizó la normativa anterior, colocando el primer dique a la recién implantada libertad de expresión al obligar, a través del *Reskriptet av 7. Oktober 1771* (Rescripto de 7 de octubre de 1771), a que toda publicación debería imprimirse bien con el nombre del autor o bien con el del editor en la portada.

En enero de 1772, un golpe de estado provocó la caída de Struensee, quien fue condenado y ejecutado en abril de dicho año. Su sustituto al frente del Gobierno fue uno de los instigadores de la sublevación, el estadista, teólogo e historiador Ove Høegh-Guldberg, nacionalista danés ideológicamente muy conservador, y por tanto nada amigo de las ideas ilustradas, quien rápidamente reintrodujo la censura, mediante el *Reskriptet af 20. Oktober 1773* (Rescripto de 20 de octubre de 1773), dirigido especialmente contra las revistas y contra los panfletos. Esta censura se amplió un mes más tarde con el *Reskriptet af 27. November 1773,* que se extendió principalmente sobre los grabados, muchos de ellos de carácter satírico.

Ya en las dos últimas décadas del siglo XVIII pueden observarse, con muy escasas excepciones, dos tipos distintos de periódicos. En primer lugar, los impresos, denominados «adresseaviser», que requerían permiso real para su impresión, el cual se concedía en las ciudades que tenían catedral. Su contenido giraba principalmente en torno a las proclamas y decretos reales, así como sobre ciertas noticias de interés general relacionadas por ejemplo con las entradas de barcos y de mercancías, o con ciertos acontecimientos sociales, matrimonios o defunciones. Este primer tipo de periódicos se encuadró en lo que podría llamarse la esfera pública.

En segundo lugar, los manuscritos, denominados «Politiske Aviser», que no necesitaban el permiso real. Se trataba de periódicos de naturaleza política escritos a mano, que informaban directamente sobre cuestiones de gobierno y que, pese a ello, consiguieron escapar de la censura por la evidente

---

7 VOLTAIRE, *Hr. F.A. de Voltaires Brev til Hans Majestæ Kongen af Danmark angaaende den udi hans Stater forundte Tryk-Frihed* (Carta del Sr. F. A. de Voltaire a Su Majestad el Rey de Dinamarca relativa a la libertad de imprenta concedida en sus Estados), L. N. Svare, Copenhague, 1771.

8 HOLM, Edvard, *Nogle Hovedtræk af Trykkefrihedstidens Historie 1770-1773*, *op. cit.*, p. 41.

dificultad que suponía su control. Estos periódicos formarían parte de la esfera privada, compartiendo protagonismo con las cartas manuscritas, de las que les diferenció su intención de ser distribuidos y vendidos.

Junto a ambos convivieron toda una serie de publicaciones en forma de panfletos, en muchas ocasiones de naturaleza satírica y movidos por una acerada crítica política, que no dudó en poner en tela de juicio los fundamentos mismos de la monarquía absoluta danesa-noruega. Especial repercusión tuvieron, por todos, los redactados por el joven noruego Jacob Christian Bie, cuyos afilados comentarios contra el gobierno los lanzó bajo el significativo seudónimo de «Philopatreias» (el amante de la patria). Un nuevo golpe de estado, esta vez el 14 de abril de 1784, a instancias del futuro rey Frederik VI y del ministro Andreas Peter Bernstorff, reimplantó de nuevo una libertad de imprenta razonablemente amplia, abriéndose una segunda época de libertad de prensa en Dinamarca y en Noruega.

Tomando Trondheim como ejemplo paradigmático, el *Tronhiems kongelig allene privilegerede Adresse-Contoirs Efterretninger* continuó desarrollando de manera eficaz su labor informativa, contribuyendo a la formación de una esfera pública de opinión. Una nueva audiencia emergía con fuerza, y el monarca fue sustituido en su viejo papel de receptor universal. El cambio era importantísimo. Y cuando en 1795 Martinus Nissen falleció, se hizo cargo del periódico como nuevo editor Matthias Conrad Peterson, quien en una más que simbólica decisión modificó su viejo y barroco título por el más moderno y directo de *Throndhjemske Tidende* (Noticias de Trondheim). Su principal objetivo consistió, ya desde el principio, en procurar convertir la publicación en un «modern newspaper, inspired by the experiences of public debate in Denmark-Norway after 1770 and by the events of the French Revolution»[9].

Perterson intentó abrir las puertas de su periódico a aquellos ciudadanos que consideraba suficientemente educados y preparados para que expresaran libremente y sin miedo sus opiniones. En dicho grupo no cabían por supuesto los campesinos, ni todos aquellos otros a los que Peterson consideró ignorantes, especialmente por su desconocimiento de la clásica retórica que se enseñaba en las escuelas de preparación a la universidad. Tampoco se admitía a quienes defendían valores alejados de los que Perterson entendía que debían fundamentar una verdadera sociedad moderna. Muy significativo fue, al respecto, el caso del afamado predicador Hans Nielsen Hauge, a quien le negó la posibilidad de publicar en su diario. En cualquier caso, y pese a todo lo anterior, Matthias Conrad Peterson puede ser considerado un pionero y audaz editor que se atrevió a zambullirse en las agitadas aguas de la opinión pública noruega en los años que hicieron de frontera entre el viejo y el nuevo

9 BERGE, Kjell Lars, «Article 100 and the evolution of a public opinion text culture in Denmark-Norway 1770-1799», *op. cit.*, p. 179.

siglo. Entre 1795 y 1799, Peterson simultaneó la publicación de su *Throndhjemske Tidende* con la del también popular *Qvartbladet* (Papel en cuarto).

Arne Bergsgård recuerda que, en el año 1798, en otra publicación aparecida en Trondheim, textualmente se afirmaba «at indskrænke den Frihed at tænke og at skrive, er den største af alle Absurditeter, Bedragerier og Forbrydelser mod Gud og Mennesker» (que restringir la libertad de pensar y de escribir es el mayor de todos los absurdos, engaños y crímenes contra Dios y contra el hombre)[10]. En dicha publicación el autor, anónimo, incidía en los aspectos positivos que conllevaba la posibilidad de que los ciudadanos pudieran expresar sin censuras sus opiniones, ideas y pensamientos.

Las actividades de Perterson fueron muy mal vistas por las autoridades locales, que advirtieron al respecto a la administración real en Copenhague. Lo cierto es que la libertad de prensa había propiciado un número hasta entonces desconocido de demandas de ciudadanos noruegos. En este sentido, la abolición de la censura avivó la dormida conciencia nacional noruega, que observó en las publicaciones impresas un magnífico medio para difundir sus sentimientos y anhelos como una nación independiente de Dinamarca. En sentido contrario, profundamente molesto por la situación que había generado la libertad de imprenta, y exacerbado por su hondo nacionalismo danés, Ove Høegh-Guldberg no dudaría en afirmar que «no existe ningún noruego. Todos somos ciudadanos del Estado danés»[11].

En 1799 la situación experimentó un importante retroceso. Como respuesta directa a todas esas nuevas corrientes que especialmente en Noruega se estaban mostrando favorables a la extensión real de las libertades de expresión, y en particular de prensa, las autoridades danesas en connivencia con el propio monarca promulgaron el decreto *Trykkefrihets forordningen av 27. September 1799* (Reglamento sobre la libertad de prensa de 27 de septiembre de 1799). La nueva normativa restringía de forma radical la libertad de expresión, prohibiendo cualquier forma de crítica al rey, al gobierno y a los oficiales. Este hecho es de gran importancia, pues consecuentemente con ello, los representantes que se reunieron en Eidsvoll para elaborar la Constitución «had lived their lives as subjects of absolutism silence»[12].

---

10 Cit. Bergsgård, Arne, *Året 1814* (El año 1814), vol. I: «Grunnlova» (Constitución), Aschehoug & Co (W. Nygaard), Oslo, 1943, en especial pp. 356-358, la cita en p. 356.

11 Cit. Skard, Vemund, *Norsk språkhistorie* (Historia de la lengua noruega), vol. 2, Universitetsforlaget, Oslo, 1977, p. 81.

12 Ringvej, Mona, «To speak what the hour demands. Framing the future of public speech at Eidsvold in 1814», en: Gammelgaard, Karen, y Holmøyvik, Eirik (eds.), *Writing democracy. The Norwegian Constitution 1814-2014, op. cit.*, pp. 183-197, la cita en p. 184.

II. El reconocimiento de la libertad de prensa en Noruega y su regulación constitucional

Fue en el inquieto contexto revolucionario de 1814[13], agitado en lo que aquí interesa por la incansable labor editora de Matthias Conrad Peterson, y normativamente marcado por el restrictivo *Trykkefrihets forordningen av 27. September 1799,* en el que los diputados noruegos discutieron en el improvisado hemiciclo de Eidsvoll la reglamentación que debía amparar tanto la libertad de expresión en general como la de prensa o imprenta en particular. Ya en el verano de 1813, cuando el obispo de Trondheim Peder Olivarius Bugge esperaba al regente Christian Frederik en dicha ciudad, preguntó a Carsten Anker «si se atrevería a pedirle la implantación de la libertad de prensa como único medio para la salvación del Estado»[14]. El ambiente generalizado por las renuncias del *Tratado de Kiel* favorecía la sensación de que una nueva era estaba surgiendo. En la capital Cristianía, en una reunión de la asociación *Bondevennen* (Amigos de los campesinos) se votó, y se aprobó por mayoría, que la libertad de prensa debería encontrarse entre las nuevas leyes constitucionales[15].

La inesperada situación política impuesta por dicho tratado generó en el país una crisis que, en palabras de Mona Ringvej, «was a crisis no soldiers, no invasión, and no revolt, only this: words»[16]. La propia Asamblea se convirtió en un novel laboratorio de experimentación, donde los diputados, haciendo precisamente uso de su libertad de expresión, iban a discutir sobre la procedencia de la implantación de una libertad que llevaba oficialmente prohibida quince años. La definitiva ordenación encontraría acomodo en el artículo 100 de la *Constitución noruega de 17 de mayo de 1814*[17], la última de las constituciones del período revolucionario[18] y curiosamente la única de todas ellas que todavía hoy subsiste en Europa.

---

13 Imprescindible como crónica de los acontecimientos de ese año: KOHT, Halvdan, *1814. Norsk dagbok hundre aar efterpaa* (1814. Diario noruego cien años después), Aschehoug, Cristianía, 1914. Véase igualmente: STEEN, Sverre, *1814,* en la colección *Det frie Norge* (La Noruega libre), J. W. Cappelens Forlag, Oslo, 1951.

14 Cit. BERGSGÅRD, Arne, *Året 1814, op. cit.*, p. 356.

15 Ver: RIIS, Claus Pavels, *Claus Pavels' Biografi og Dagbøger,* C. Floors Forlag, Bergen, 1864, p. 158.

16 RINGVEJ, Mona, «To speak what the hour demands. Framing the future of public speech at Eidsvold in 1814», *op. cit.*, p. 184.

17 Ver: MESTAD, Ola, y MICHALSEN, Dag (eds.), *Grunnloven. Historisk kommentarutgave 1814-2020* (La Constitución. Edición histórica comentada 1814-2020), Universitetsforlaget, Oslo, 2021.

18 Un valioso recorrido por la génesis del texto constitucional noruego en: FURE, Eli, *Eidsvoll 1814. Hvordan grunnloven ble til* (Eidsvoll 1814. Cómo la Constitución llegó a ser), Dreyers Forlag, Oslo, 2013.

La regulación constitucional final de la libertad de prensa quedó notablemente limitada, siguiendo lo previsto por el parágrafo 109 de la versión final del borrador del Comité Constitucional, a través de toda una serie de supuestos en contrario que recogía el propio artículo, y que tras pasar el filtro del «Redactions Committee» (Comité de Redacción) quedó de esta forma: «Habrá libertad de prensa. Nadie podrá ser castigado por ningún escrito, sea cual sea su contenido, que haya publicado o impreso, a menos que voluntaria y manifiestamente proceda o incite a otros a desobedecer las leyes, a menospreciar la religión, la moralidad o los poderes constitucionales, a oponerse a sus órdenes, o a proferir falsas e injuriosas acusaciones contra otros. Se permite a todos expresar libremente sus opiniones con respecto a la administración del Estado o sobre cualquier otro asunto»[19].

Resulta llamativo que los representantes noruegos resolvieran la importante cuestión de la libertad de expresión adoptando posturas tan notablemente restrictivas. Y todavía lo es más al observar que el texto únicamente se refiere a la libertad de prensa o imprenta, omitiendo por tanto cualquier tipo de protección a la libertad de expresión oral, cuestión particularmente importante para los individuos pertenecientes a los estratos inferiores, quienes por su falta de educación y de recursos económicos no tenían acceso a la imprenta. A primera vista, podría apuntarse tal vez cierta falta de concienciación entre muchos de los diputados sobre la verdadera importancia de la libertad de expresión, quizás porque sus propias vivencias y experiencias individuales de juventud se habían adaptado a la vieja tradición legal absolutista, pacata y nada permisiva con las opiniones discordantes.

Pero ésta no parece ser sino una respuesta parcial, y la pregunta sigue en el aire: ¿por qué una de las constituciones más liberales de todo el período revolucionario presentó una mancha tan llamativa en algo tan importante como era la libertad de expresión? Una libertad cuyo ejercicio por parte de los representantes en el hemiciclo resultó paradójicamente fundamental a la hora de debatir los diversos parágrafos y propuestas que iban a dar contenido a una nueva Constitución. Una Constitución que «symbolised Norwegian national identity»[20], y que desempeñó un rol ciertamente vital en su papel de instrumento legitimador del proceso revolucionario que dio lugar a la formación del nuevo Estado nacional noruego.

La Constitución de Eidsvoll careció de una parte dogmática en la que se recogiera una carta con los principales derechos y libertades individuales a los que el pueblo se hacía acreedor. No obstante, buena parte del texto constitu-

---

19 La traducción al castellano del texto constitucional noruego íntegro en: Vicente y Guerrero, Guillermo, *Constitución y revolución en los inicios del Estado nacional noruego,* Centro de Estudios Políticos y Constitucionales, Madrid, 2022, pp. 285-302.

20 Hoffmann, Christhard, «Introduction», en Hoffmann, Christhard (ed.), *The exclusion of Jews in the Norwegian Constitution of 1814,* Metropol verlag, Berlín, 2016, pp. 13-22, la cita en p. 14.

cional estaba empapado por el ideal de libertad, y una cierta apuesta por los derechos individuales se puede rastrear en su último capítulo denominado genéricamente «Almindelige Bestemmelser» (Disposiciones generales), en el que se encontraban «without an apparent order»[21] algunas libertades importantes como la prohibición de la tortura en el interrogatorio (artículo 96), la prohibición del arresto arbitrario (artículo 99) y de los registros domiciliarios arbitrarios (artículo 102), la prohibición del castigo sin ley previa y sin sentencia (artículo 96), la prohibición de la retroactividad de la ley desfavorable (artículo 97), la defensa del derecho de propiedad, incluyendo la compensación total en caso de expropiación (artículo 105) y, por supuesto, la libertad de prensa (artículo 100 del texto constitucional).

A mi juicio, pueden encontrarse importantes paralelismos entre la regulación establecida para la libertad de expresión y la llevada a cabo para ordenar la cuestión religiosa. En ambos casos, puede observarse cómo la articulación de la libertad sufrió en Eidsvoll lo que podrían denominarse como «un progresivo proceso de moderación»[22]. En el supuesto que nos ocupa, el de la libertad de prensa, desde el principio fundamental séptimo propuesto por el «Constitutions Committee», que textualmente se limitaba a afirmar que *Trykke-frihed bør finde Sted* (debe haber libertad de prensa), pasando por el parágrafo 109 del proyecto constitucional de dicho Comité, hasta llegar a su redacción definitiva en el articulado constitucional como artículo 100 por parte del Comité de Redacción.

Echando la vista unos meses atrás, ya los proyectos constitucionales previos enviados a Eidsvoll ofrecieron soluciones dispares para intentar regular la libertad de prensa. Algunos de los más importantes, como el firmado por Sverdrup y Bergh, no contienen disposiciones sobre el particular[23]. Es el «grundlovsutkast» (proyecto constitucional) de Adler y Falsen el que ofrece una propuesta más avanzada, al establecer una libertad de prensa plena[24]. Este mérito es sin embargo compartido con el proyecto del pastor protestan-

21 Ferrari, Giuseppe Franco, «Individual rights in Norway», en: Ferrari, Giuseppe Franco (ed.), *Two centuries of Norwegian Constitution: between tradition and innovation,* Eleven international publishing, La Haya, 2015, pp. 97-117, la referencia en p. 101.

22 Sobre el particular, imprescindible: Furre, Berge, «Kva skjedde med religionsfridomen på Eidsvoll 1814?» (¿Qué pasó con la libertad religiosa en Eidsvoll en 1814?), en Lødrup, Peter *et al* (eds.), *Rettsteori og rettliv. Festskrift til Carsten Smith* (Teoría y vida del Derecho. Homenaje a Carsten Smith), Universitetsforlaget, Oslo, 2002, pp. 261-284.

23 Sverdrup, Georg, y Bergh, Christopher Anker, *Norges Riges Grundlov* (Constitución del Reino de Noruega), en Jæger, Tycho C (ed.), *Riksforsamlingens forhandlinger, vol. III: Grundlovsutkast* (Asuntos de la Asamblea del Reino, vol. III: Proyectos constitucionales), Grøndahl & Søns Boktrykkeri, Cristianía, 1916, pp. 201-213.

24 Adler, Johan Gunder, y Falsen, Christian Magnus, *Udkast til en Constitution for Kongeriget Norge* (Proyecto de Constitución para el Reino de Noruega), Wulfsbergs Forlag, Cristianía, 1814. Reedición de: Jæger, Tycho C (ed.), *Riksforsamlingens forhandlinger, vol. III: Grundlovsutkast, op. cit.*, pp. 1-63.

te Wergeland[25]. En el presentado por el profesor Nils Treschow dicha libertad aparece más constreñida, dentro de un diseño formal bien trazado[26]. Por su parte, el ultraconservador juez Weidemann subrayaba en su borrador constitucional que no resultaba admisible ignorar por escrito la reverencia que se le debe a la religión predominante, al Gobierno y a las buenas costumbres[27].

De particular interés resulta el «grundlovsutkast» elaborado por el conde Frederik Adolf Holstein-Holsteinborg, quien encuadraba a la libertad de expresión dentro del grupo de los más importantes derechos humanos, incluyéndolo en el § 2 denominado significativamente «Om Fornuftens uindskrænkede Brug» (Sobre el uso sin restricciones de la razón)[28]. A juicio del conde, era la misma razón la que demandaba la necesidad tanto de la libertad de expresión como de la libertad de prensa. Holstein-Holsteinborg también puntualizaba, siguiendo la estela de otros muchos escritos de la época, que uno de los aspectos más positivos que ofrecía la libertad de imprenta era el poder servir de instrumento al pueblo para hacer llegar eficazmente al rey sus peticiones, anhelos y deseos. Es decir, servir de línea directa entre el monarca y sus súbditos, siguiendo una terminología de clara reminiscencia absolutista, convirtiéndose de esta forma en un instrumento para el buen gobierno.

Especial atención merece, por no pertenecer como los anteriores al grupo de la élite intelectual del país, el proyecto presentado por el rico campesino, y también diputado en Eidsvoll, Anders Lysgaard, en donde textualmente se afirmaba que «Frihed i Meninger maae finde Sted, og tilstaaes endhver; blot bevislige Handlinger eller yttringer, der maatte hensigte til at forstyrre den offentlige Roelighed, til Fornærmelse mod Kongen eller noget Lem af Staten, straffes efter Lovene» (la libertad de opinión debe tener lugar, y se concede a todos; solo las acciones o manifestaciones deliberadas que puedan tener por objeto perturbar la tranquilidad pública u ofender al rey o a cualquier miembro del Estado serán castigadas de acuerdo a las leyes)[29].

---

25 Wergeland, Nicolai, *Nicolai Wergelands grundlovsutkast* (Proyecto constitucional de Nicolai Wergeland), en Jæger, Tycho C (ed.), *Riksforsamlingens forhandlinger, vol. III: Grundlovsutkast, op. cit.*, pp. 259-279.

26 Treschow, Niels, *Forsøg til et forslag om en Constitution for Norges Rige* (Intento para una propuesta de Constitución para el Reino de Noruega), febrero-marzo de 1814. Publicado en: Jæger, Tycho C (ed.), *Riksforsamlingens forhandlinger, vol. III: Grundlovsutkast, op. cit.*, pp. 215-244.

27 Weidemann, Lauritz, *Udkast til en Constitution for Kongeriget Norge* (Proyecto de Constitución para el Reino de Noruega), en Olafsen, Arnet (ed.), *Riksforsamlingens forhandlinger, vol. I., Bilag til hovedprotokollen* (Asuntos de la Asamblea Nacional, vol. I., Apéndice a las actas principales), Grøndahl & Søns Boktrykkeri, Cristianía, 1914, pp. 124-155.

28 Holstein-Holsteinborg, conde Frederik Adolf de, *Grev F. A. Holstein-Holsteinborgs tanker om Statsforfatning for Norge* (Pensamientos del conde F. A. Holstein-Holsteinborg sobre una Constitución estatal para Noruega), en Jæger, Tycho C (ed.), *Riksforsamlingens forhandlinger, vol. III: Grundlovsutkast,* op. ci., pp. 95-147, en especial pp. 130-134.

29 Lysgaard, Anders, *Adskilligt Konstitutionen og lovgivningen m. m. vedkommende* (Diver-

La idea de Lysgaard se movía alrededor de una interpretación extensiva de la libertad, con la pretensión de alcanzar a todos los ciudadanos del país, incluyendo a la denominada «almuen» (gente corriente), formada por aldeanos, campesinos y granjeros.

Y con respecto a otras fuentes procedentes de autores extranjeros, en este punto, como en otros muchos, los representantes de Eidsvoll se encontraron poderosamente influenciados por las teorías que al respecto mantenía su viejo maestro de Derecho natural en la Universidad de Copenhague Johan Frederik Schlegel[30], cuya tesis incidía en que una absoluta e incondicional libertad de expresión podía conducir finalmente a la anarquía[31]. Schlegel, quien envió a Eidsvoll su propio proyecto constitucional como muestra de su simpatía hacia la causa noruega, marcaba como límite efectivo el respeto a lo previsto por las normas jurídicas cuando éstas eran razonables y habían sido aprobadas siguiendo los procedimientos legalmente previstos[32]. Como bien ha estudiado Dag Michalsen, «article 100 was drafted with an eye on Schlegel´s text»[33].

Por su parte, la propuesta que sobre la libertad de expresión elaboró el «Constitutions Committee» inicialmente se recogió en el principio fundamental séptimo, que con una presunta vocación de generalidad decía que «Trykke-Frihed bør finde sted» (La libertad de prensa debe establecerse)[34]. Parecía estar fuera de toda duda la necesidad de activar dicho principio en el proceso de construcción del nuevo Estado nacional liberal noruego, dejando

sos textos relativos a temas constitucionales, legislativos, etc), en OLAFSEN, Arnet (ed.), *Riksforsamlingens forhandlinger, vol. I., Bilag til hovedprotokollen,* pp. 163-171, la cita en p. 164.

30 Véase sobre el particular: MESTAD, Ola (ed.), *Frihetens forskole. Professor Schlegel og eidsvollsmennenes læretid i København* (El preescolar de la libertad. El Profesor Schlegel y los hombres de Eidsvoll en su tiempo de aprendizaje en Copenhague), Pax Forlag, Oslo, 2013.

31 Así: SCHLEGEL, Johan Friedrich Wilhelm, *Naturrettens eller den almindelige Retslæres Grundsætninger* (El Derecho natural o los principios de Derecho de validez universal), 2 volúmenes, Schultz, Copenhague, 1805.

32 SCHLEGEL, Johan Friedrich Wilhelm, *Ideer til en Constitution for Norge* (Ideas sobre una Constitución para Noruega), Copenhague, abril de 1814. Publicado en: JÆGER, Tycho C (ed.), *Riksforsamlingens forhandlinger, vol. III: Grundlovsutkast, op. cit.*, pp. 149-157.

33 MICHALSEN, Dag, «The Norwegian Constitution of 1814 between European Restoration and liberal nationalism», en: GROTKE, Kelly L., y PRUTSCH, Markus J (eds.), *Constitutionalism, legitimacy, and power. Nineteenth-Century experiences,* Oxford University Press, Oxford, 2014, pp. 211-224, en especial pp. 216-218, la cita en p. 217.

34 OLAFSEN, Arnet (ed.), *Riksforsamlingens forhandlinger, vol. I: Protokoller med bilag og tillæg* (Asuntos de la Asamblea del Reino, volumen I: Actas parlamentarias con anexos y suplementos), *op. cit.* La cita pertenece al *Constitutions Committeens Protokol,* pp. 433-463, concretamente p. 436. También publicado en ese mismo volumen, en: *Bilag til Hovedprotokollen,* bilag (anexo) núm. 8, p. 114.

a la voluntad de la Asamblea Constitucional su posible discusión posterior con el objeto de fijar un desarrollo más pormenorizado de su contenido.

Pero esa presunta discusión nunca llegó a producirse. Fue el valioso jurista Christian Adolph Diriks quien presentó ante la Asamblea para su votación el principio ya desarrollado por el propio Comité Constitucional en el parágrafo 109. Señala Bård Frydenlund que dicha Asamblea trató rápidamente el contenido del mencionado parágrafo, pues se esperaba su aprobación, como así fue, sin adiciones ni enmiendas[35]. Un dato fundamental al respecto fue que Christian Frederik, quien había aprovechado la situación creada tras el *Tratado de Kiel* para postular sus derechos al trono, colocándose al frente de todo el proceso independizador y convirtiéndose en el verdadero catalizador de los sentimientos emancipadores noruegos[36], era contrario a la plena libertad de prensa que defendían Adler y Falsen en su borrador constitucional, siendo más partidario de la más restrictiva regulación que sobre dicha libertad ofrecía el profesor Nils Treschow en su proyecto.

Sin embargo, como apunta acertadamente a mi juicio Mona Ringvej, no deja de resultar sorprendente que un principio tan importante como la libertad de expresión se aprobara, en una versión tan restringida, sin debate alguno entre los representantes de la Asamblea, más aun considerando que cada diputado tenía su propia concepción de dicho derecho, así como de los límites con los que convenía atarlo[37]. Resulta desconcertante que un principio como el de la libertad de expresión, que había sido tomado por los hombres de Eidsvoll como guía para sus propios debates parlamentarios, fuera limitado de forma tan considerable e, insisto, sin ninguna voz que se manifestara en contra.

En cualquier caso, y como resultado de todo lo anterior, la redacción constitucional definitiva quedó ciertamente marcada, de forma negativa, por el establecimiento de un considerable número de supuestos limitadores a su ejercicio. Henrik Wergeland, uno de los poetas y literatos más importantes de la historia de Noruega, afirmaría posteriormente que «et slet konstrueret Bindingsværks Udskud til vort Frihedstempel» (se adjunta un marco de madera mal construido para nuestro templo de la libertad)[38].

---

35 FRYDENLUND, Bård, *Spillet om Norge. Det politiske året 1814* (El juego sobre Noruega. El año político de 1814), Gyldendal, Oslo, 2014, p. 168.

36 Fuente de gran interés es: CHRISTIAN FREDERIK, *Dagbok* (Diario), 1814. Publicado en: OLAFSEN, Arnet, y RAABE, Jens (eds.), *Kong Christian Frederiks dagbok fra hans ophold i Norge i 1814. Utgit som tillaeg til «Riksforsamlingens forhandlinger»* (El diario del rey Christian Frederik desde su estancia en Noruega en 1814. Editado como suplemento a los «Asuntos de la Asamblea del Reino»), Grøndahl & Søns Boktrykkeri, Cristianía, 1914.

37 RINGVEJ, Mona, «To speak what the hour demands. Framing the future of public speech at Eidsvold in 1814», *op. cit.*, la referencia en p. 191.

38 Cit. BERGSGÅRD, Arne, *Året 1814*, vol. I: «Grunnlova», *op. cit.*, p. 357.

En mi opinión, la solución adoptada por los hombres de Eidsvoll ante la libertad de prensa respondió a los intereses de Christian Frederik y de la burocracia que le acompañaba, de los altos funcionarios y, en definitiva, de las élites que conformaban la sociedad noruega de principios de siglo, absolutamente contrarias al establecimiento de una libertad de prensa sin restricciones. También de una Iglesia luterana que compartía con el propio Christian Frederik la idea de que el luteranismo debía ser instrumento preferente para la cohesión nacional[39], a partir de la creencia de que «religiøs enhet var en styrke for staten» (la unidad religiosa era una fortaleza para el Estado)[40].

La existencia de toda una serie de lazos entre la monarquía de Christian Frederik, el luteranismo oficial y la idea de patriotismo fomentada por ambos resulta a mi juicio evidente. Para los hombres de Eidsvoll, las restricciones impuestas tanto a la libertad de expresión como a la libertad religiosa fueron entendidas como los eslabones de una cadena que unía al nuevo Estado nacional liberal noruego con una monarquía templada, la de Christian Frederik, y con una Iglesia oficial, la evangélico-luterana, que deseaba mantener a toda costa su histórica y tradicional prevalencia[41].

Sirva como ejemplo paradigmático el del eclesiástico Claus Pavels, quien en su famoso *Dagbøger* (diario) recogía que en marzo de ese año 1814 estaban ocurriendo en Dinamarca importantes desmanes en relación con la libertad de imprenta, en un contexto en el que la mayor parte de las libertades estaban restringidas, y que él esperaba que las autoridades danesas se decidieran a «sætter Grændser for Tøilesløshed» (poner límites al desenfreno)[42]. Como apunta Nymark, a lo largo de la historia ha resultado muy frecuente que la población haya exigido repetidamente que el Estado interviniera contra ciertas formas de discurso que pudieran amenazar la moral pública, la unidad nacional o ciertos valores especialmente asentados[43].

A mi juicio, la lectura del artículo 100 puede resultar paradójica, pues la regulación que ofrece sobre la libertad de prensa parece encontrarse muy

39 En este mismo sentido: ELSTAD, Hallgeir, «Religion and Patriotism in 1814 Norway», *Kirchliche Zeitgeschichte,* 28 (1), 2015, pp. 98-105.

40 Así: LEIVESTAD, Trygve, «Religionsfrihet i Norge» (La libertad religiosa en Noruega), en VV. AA., *Legal Essays. Festskrift til Frede Castberg i anledning av hans 70 årsdag* (Ensayos jurídicos. Homenaje a Frede Castberg con ocasión de su setenta cumpleaños), Universitetsforlaget, Oslo, 1963, pp. 512-527, la cita en p. 518.

41 Sobre el particular: VICENTE Y GUERRERO, Guillermo, «Sobre la libertad religiosa en Noruega. Patriotismo, luteranismo y exclusión. Su discurso constitucional», *Revista de Estudios Políticos,* núm. 197, 2022, pp. 69-108, en especial pp. 74-82.

42 RIIS, Claus Pavels, *Claus Pavels' Biografi og Dagbøger, op. cit.*, p. 163.

43 NYMARK, Kristian, *Kampen om trykkefriheten: Karl Johan og den norske presse 1814-1844* (La lucha por la libertad de prensa: Karl Johan y la prensa noruega 1814-1844), Universitetet i Sørøst-Norge, Bø (Telemark), 2020, p. 287. Tesis doctoral editada con el número 78 en la colección de tesis publicadas por la recién creada Universidad del Sudeste de Noruega (USN).

alejada del espíritu liberal que vivificó la mayor parte del resto del texto constitucional, de un articulado que, como bien subraya Dag Michalsen, «rapidly turned into a vehicle for Norwegian nationalism»[44]. Y la explicación más factible para intentar responder a esta singular cuestión se encuentra en mi opinión en el propio contexto histórico que marcó el nacimiento de Noruega como un Estado nacional liberal. Una nueva nación que necesariamente requería un poder fuerte que fuera capaz de dirigir todo el proceso revolucionario y de separación con Dinamarca. Un poder que no debía permitir que sus disposiciones y actuaciones pudieran llegar a ser puestas públicamente en tela de juicio.

Y también conviene resaltar que el texto constitucional en realidad está limitando su presunta «protección» a lo que denomina «trykke-frihed» (libertad de prensa), es decir a la libertad de imprenta, pues la verdadera razón que movió a los hombres de Eidsvoll a su restrictiva redacción fue la necesidad de controlar todas las publicaciones, no solo periódicos y revistas, sino también carteles, panfletos, pasquines, octavillas y, por supuesto, todo tipo de trabajos académicos que pudieran poner en tela de juicio el nuevo orden legal, político, económico y social que se pretendía levantar.

Igualmente interesa subrayar que el articulado se dirige únicamente hacia la protección, o mejor dicho control, de las palabras escritas e impresas. La libertad de expresión (oral) no fue ni siquiera considerada por los diputados principales de Eidsvoll. Lo cierto es que una libertad de expresión en sentido amplio, que incluyera las palabras habladas, no solo las escritas e impresas, quedó preterida, olvidada. Por un lado, se entendía que era la forma de expresión de la «gente común», quienes no tenían posibilidad alguna de entrar en el debate de las capas altas sobre el gobierno de la «res publica», y por tanto la cuestión no revestía especial interés. Por otro lado, la no regulación podía indirectamente favorecer el control no solo de las manifestaciones a través de palabras, sino también de las reuiones públicas, otra forma importante de expresión. Sirvan en este sentido de ejemplos ilustrativos tanto la prohibición de reunirse públicamente que sufría la «gente común», como la tipificación como delito por parte de las leyes vigentes de las quejas grupales contra las autoridades.

Y otra importante consideración: a muchos de los diputados principales del hemiciclo las propuestas sobre el particular de la gente corriente «kalte påfallende ofte på latteren» (a menudo llamaron sorprendentemente a la risa)[45]. Inaceptable reacción que ya el pastor Wergeland denunciaría poco más tarde[46]. Por ejemplo, las llevadas a cabo por los campesinos del condado de

44 En este sentido: MICHALSEN, Dag, «The Norwegian Constitution of 1814 between European Restoration and liberal nationalism», *op. cit.*, p. 221.

45 FURE, Eli, *Eidsvoll 1814. Hvordan grunnloven ble til, op. cit.*, p. 111.

46 Véase: WERGELAND, Nicolai, *Fortrolige Breve til en Ven. Skrevne fra Eidsvold i Aaret 1814*

Eidsvoll, quienes en su cuarta y última petición subrayaban la necesidad de que les fuera permitida lo que ellos mismos denominaron «skrivefriheden» (libertad de escribir), para que pudieran redactaran sus propios documentos sin tener que recurrir a los hombres de leyes, pues les suponía un gasto la mayor de las veces inasumible[47]. O, todavía de mayor interés, las propuestas de la gente corriente de Modum, municipio de la provincia de Buskerud, en la región noruega de Østlandet, quienes en su petición número nueve vinculaban la decente utilización de la «skrive- og Trykkefrihed» (libertad de prensa y de escritura) con el interés de los reyes, «porque nada debía ser más importante para un príncipe justo que la verdad, y esta nunca puede salir a la luz mejor que a través de una libertad de prensa correctamente utilizada»[48].

Pero esos reyes y príncipes presuntamente tan justos suelen tener otras intenciones. El propio Karl Johan, en cuanto se hizo con el trono, uno de sus grandes objetivos fue el mantenimiento de una fuerte censura, preocupado por las consencuencias desestabilizadoras que podrían tener algunos comentarios contrarios a sus intereses, especialmente si eran publicados. También algunas manifestaciones populares fueron censuradas por el rey, como las celebraciones del 17 de mayo en las que se exaltaba a la nueva nación noruega, y que el celoso monarca prohibió a lo largo de la década de 1820 al entender que suponían declaraciones de oposición a su figura[49].

No obstante, como bien afirma Kristian Nymark, a Karl Johan le favoreció el hecho de que «tidens offentlighet var sosialt regulert» (la esfera pública de la época estaba regulada socialmente)[50]. En este sentido, las presiones ejercidas por los altos funcionarios, que formaban la élite de la sociedad noruega de ese tiempo, ante aquellas revistas y publicaciones que violaban las normas restrictivas imperantes, redujo en muchos casos la necesidad de la intervención real.

III. Desarrollo histórico posterior

A lo largo de todo el siglo XIX Noruega estuvo dirigida por un alto funcionariado con una ideología de gobierno y con unos valores e intereses protegidos por el propio ordenamiento jurídico del país. Estos «embetsmen-

af et medlem af Rigsforsamlingen (Cartas confidenciales a unos amigos. Escritas desde Eidsvoll en el año 1814 por un miembro de la Asamblea del Reino), Malling, Cristianía, 1830, p. 35.

47 Cit. Fure, Eli, *Eidsvoll 1814. Hvordan grunnloven ble til, op. cit.*, p. 112.

48 Cit. Fure, Eli, *Eidsvoll 1814. Hvordan grunnloven ble til, op. cit.*, p. 116.

49 Sobre el particular: Tuseth, Bård Sverre, *Trykkefrihed bør finde Sted. Grunnloven § 100 fra 1814 til 1905* (Debe haber libertad de prensa. El parágrafo constitucional número 100 desde 1814 hasta 1905), Universitetet i Oslo, Oslo, 2022, en especial pp. 502-505.

50 Nymark, Kristian, *Kampen om trykkefriheten: Karl Johan og den norske presse 1814-1844, op. cit.*, p. III.

nene» buscaron la consolidación de su propio poder como grupo diferencial, a expensas del resto de grupos, conservándolo según Jens Arup Seip hasta 1884[51]. Esta perspectiva de poder marcó la interacción de la cultura política con la censura estatal, pues todos aquellos que intentaron manifestarse contra los ideales establecidos fueron rápidamente silenciados, y en muchos casos excluidos.

Una interpretación alternativa a la de Seip, a mi juicio mucho más ingenua, es la de Francis Sejersted, para quien a través de su concepto de «Rettsstat» (Estado de Derecho) podría explicarse que durante el siglo XIX se estableció en Noruega un Estado de mínimos que garantizó los derechos y libertades de los ciudadanos, que gobernó a través de leyes previamente fijadas y en el que no hubo esa pretendida vinculación entre los intereses del Estado con los del alto funcionariado[52]. Según esta visión, la ausencia de una política de intereses de las clases dirigentes facilitó la oposición al régimen y el debate público. Esta perspectiva integradora, ciertamente opuesta a la anterior[53], observaría así una esfuera pública abierta y plural[54].

En mi opinión ningún régimen político puede implantar una fuerte censura para controlar a la población si no existe, al menos, un cierto grado de apoyo público. Pero éste habitualmente suele ser el de las élites culturales y económicas, y el de instituciones importantes como pudieran ser la Iglesia, algunas asociaciones profesionales o, especialmente, la magistratura. De hecho, el análisis de la jurisprudencia que se ocupa de enjuiciar los posibles delitos por un presunto mal uso de la libertad de expresión revela que éstos tuvieron un amplio impacto, tanto las expresiones que desafiaban los valores sociales y morales impuestos por las autoridades como especialmente aquellas que ponían en tela de juicio las actuaciones o la moralidad de los funcionarios públicos. Hubo autores de gran renombre, como el dramaturgo, poeta y premio Nobel en literatura Henrik Ibsen, como el también premio Nobel de literatura y autor de la letra del himno nacional noruego Bjørnstjerne Bjørnson, o como el filólogo, poeta y escritor Arne Garborg que utilizaron ficciones o represen-

51 SEIP, Jens Arup, *Utsikt over Norges historie. Tidsrommet 1814 – ca. 1860* (Panorama sobre la historia noruega. El lapso de tiempo desde 1814 hasta alrededor de 1860), Gyldendal Norsk Forlag, Oslo, 1974, en especial pp. 88-115.

52 Véase: SEJERSTED, Francis, *Demokrati og rettsstat: Politisk-historiske essays* (Democracia y Estado de Derecho. Ensayos politico-históricos), Universitetsforlaget, Oslo, 1984.

53 Un análisis que pone en debate ambas interpretaciones en: DØRUM, Knut, *Frå undersått til medborgar: Styreform og politisk kultur i Noreg 1660 til 1884* (Del súbdito al ciudadano: Sistema de gobierno y cultura política en Noruega desde 1660 hasta 1884), Samlaget, Oslo, 2016, en especial pp. 115-124.

54 Así: SEJERSTED, Francis. *Den vanskelige frihet: 1814–1851* (La difícil libertad: 1814-1851), en: MYKLAND, Knut (ed.), *Norges historie* (Historia de Noruega), vol. 10, Cappelen, Oslo, 1978, p. 325.

taciones históricas para escapar así de la censura, poder realizar sus críticas y no llamar la atención de las autoridades políticas[55].

Las ambigüedades en la legislación, y en las sentencias de muchos de los tribunales, llevaron a una notable discrecionalidad, cuando no arbitrariedad, en lo referente a cuáles eran las expresiones que debían ser objeto de responsabilidad penal y castigadas. En los propios interrogatorios judiciales y policiales se mantuvo abierta la posibilidad de iniciar procesos sancionatorios por determinadas declaraciones, especialmente blasfemias y ataques verbales a la autoridad.

En realidad, la libertad de expresión defendida en la Constitución de Eidsvoll estuvo dirigida a los ciudadanos activos, un 30 % y un 40 % de los hombres mayores de edad, que tenían derecho a voto y una educación suficiente para opinar sobre cuestiones políticas. Como señala al respecto Kjell Lars Berge, «the "intire Liberty of the press" in Article 100 actually evolved as a freedom for the educated»[56]. Se suponía que la libertad de expresión les daba la oportunidad de participar en el debate político, pero a cambio se excluyó del mismo a la mayor parte de la población masculina, y a toda la femenina, quienes no tenían una oportunidad real de poder expresar por escrito sus opiniones, al carecer no solo de la necesaria educación sino también del acceso material a los periódicos y revistas. Esta numerosísima capa poblacional también vio notablemente limitada, como ya ha sido apuntado, su libertad de expresión oral e incluso la misma posibilidad de reunirse.

A partir de los valiosos estudios de Bård Sverre Tuseth puede obtenerse una visión general del asunto lo largo de todo el siglo XIX, observando las tendencias generales que marcaron la aplicación de las restricciones a la libertad de expresión en el país. En primer lugar, durante el siglo XIX hubo importantes variaciones en la persecución penal de estos delitos según los períodos, y un 75 % de los casos judiciales abiertos se dieron en el corto período entre 1814 y 1855. El 25 % restante se produjo entre 1855 y 1895, mientras que hasta 1905 ya no se observa ni una sola sentencia referida a delitos por mal uso de la libertad de expresión. En segundo lugar, también cabe observar una notable variedad en los temas que fueron especialmente perseguidos por las autoridades, y cómo habitualmente dichos temas se agruparon en períodos concretos. Así, los casos de presuntas difamaciones de funcionarios públicos encontraron un período especialmente intenso en los años 1816 y 1817, mientras que la denuncia por escritos y publicaciones indecentes tuvo un notable auge en la década de 1880[57].

55 En este sentido: TUSETH, Bård Sverre, *Trykkefrihed bør finde Sted. Grunnloven § 100 fra 1814 til 1905, op. cit.*, en especial p. 498.

56 BERGE, Kjell Lars, «Article 100 and the evolution of a public opinion text culture in Denmark-Norway 1770-1799», *op. cit.*, p. 180.

57 Sobre el particular: TUSETH, Bård Sverre, *Trykkefrihed bør finde Sted. Grunnloven § 100 fra 1814 til 1905, op. cit.*, en especial p. 510.

Afirma Gert-Fredrik Malt al respecto que, no obstante, las llamativas limitaciones y contradicciones internas que guardaba el texto constitucional de Eidsvoll fueron reconocidas por los propios políticos y magistrados poco tiempo más tarde, lo que provocó que durante la mayor parte del ochocientos se generara un interesante debate sobre cuáles debían ser los verdaderos límites que se debían imponer a la libertad de expresión y a la de pensamiento[58]. Al calor de dicho debate, puede ciertamente apreciarse como, con el paso de los años, se fue generalizando por parte de los tribunales una aplicación cada vez más restrictiva de las excepciones limitadoras del principio general, lo que paralelamente limitó las cláusulas penales sancionables. Puede en este sentido afirmarse que el debate público de la cuestión favoreció una interpretación cada vez más amplia del principio general de libertad de expresión.

Un cierto auge de la libertad de prensa puede ya observarse a lo largo de la década de 1840. En 1847 había ya 40 diarios en Noruega, según ha estudiado Svennik Høyer, quien señala que el número de ciudades que llegaron a tener más de un diario local pasaron de tres, en 1870, a siete en 1880, duplicándose hasta quince en 1890[59]. Es en esta época en la que ya se pueden observar con claridad la existencia de dos corrientes bien diferenciadas, la de una prensa de carácter progresista y la de una de naturaleza eminentemente conservadora. Ambas rivalizarán en los primeros años del siglo XX por hacerse con el mayor número de lectores. En este período las principales ciudades noruegas tenían entre dos y tres diarios, la mayoría afiliados a uno de los dos partidos políticos predominantes[60], marcando una tendencia que se mantendría ya a lo largo de todo el siglo XX, y que para algunos autores permitiría identificar a los medios escritos noruegos como una prensa eminentemente «localista y de partido»[61].

Con la invasión de la Alemania de Hitler y la toma del poder del colaboracionista Vidkun Quisling se inició un período extraordinariamente oscuro, que iba a tener efectos trágicos sobre los derechos y libertades de los ciudadanos, en especial de colectivos particulares, como el de los judíos noruegos[62], a quienes se les volvió a aplicar la ominosa regulación establecida en

58 Agradezco al Profesor Gert-Fredrik Malt, de la Facultad de Derecho de Oslo, sus siempre valiosas y sugerentes observaciones.

59 HØYER, Svennik, «The political economy of the Norwegian Press», *Scandinavian Political Studies,* vol. 3, 1968, pp. 85-143, en especial pp. 87-93.

60 HØST, Sigurd, «Newspaper growth in the Television Era: The Norwegian Experience», *Nordicom Review,* vol. 20, núm. 1, 1999, pp. 107-128, la referencia en p. 115.

61 Así: SANMARTÍ ROSET, José María, AGUADO GUADALUPE, Guadalupe, y MAGALLÓN ROSA, Raúl, «Relaciones Prensa-Estado en el modelo nórdico», *Revista Comunicaçao Midiática,* vol. 5, núm. 1, 2010, pp. 98-119, en especial pp. 110-112.

62 Una breve síntesis en castellano sobre el holocausto noruego en: VICENTE Y GUERRERO, Guillermo, «Un verdadero judío no podrá ser nunca un buen ciudadano. Algunas conside-

el artículo 2 de la Constitución de Eidsvoll[63]. Resulta escalofriante recordar que alrededor de un tercio de la población noruega judía que vivía en el país, unas 1536 personas, fueron deportadas y asesinadas[64]. En lo que hace referencia a la prensa, se cerraron alrededor de 45 periódicos, sometiéndose al resto a una férrea censura por parte de los aparatos del poder, eficazmente controlados por Quisling y las autoridades alemanas[65].

Recuperada la libertad, la prensa en el país experimentó una evidente tendencia a la concentración y agrupación de diarios. En 1969, ante la pérdida de muchos de los viejos periódicos, que no podían hacer frente a los elevados costes de producción, se introdujeron subvenciones y ayudas económicas para evitar que dichos cierres siguieran produciéndose, con la condición expresa de que, al menos, se llevaran a cabo dos ediciones por semana. Ya en la década de los años noventa las ayudas se extendieron igualmente a los semanarios, eliminándose así la exigencia anterior.

Es en ese momento, alrededor de los años noventa, cuando el crecimiento de la prensa noruega experimentó un auge ciertamente indiscutible. Ello se basó en un proceso de evidente modernización que, según los estudios de Sigurd Høst, principalmente se fundamentó en el incremento paulatino del número de páginas de los diarios y publicaciones periódicas y, por tanto, en el aumento de contenidos, lo que despertó el interés de nuevos lectores. Si en el año 1969 se publicaban en Noruega 191 diarios, a final del siglo el número alcanzó los 221. También resultó decisiva la ampliación de los puntos de venta por todo el país. Si en 1969 había tan solo 2500 establecimientos de venta, en 1982 eran ya 9000, cifra que igualmente se acentuó muy considerablemente en 1999 al llegar a los 13000[66].

Precisamente fue en el año 1999 cuando la llamada *Comisión de Libertad de Expresión* propuso una enmienda al artículo 100 de la Constitución. Dicha Comisión subrayó que históricamente la libertad de expresión se había basado en Noruega en tres principios fundamentales: el de verdad, el de autonomía y el de democracia. Sin embargo, en mi opinión, no parece nada

---

raciones sobre el antijudaísmo en Noruega (1814-1945)», en VICENTE Y GUERRERO, Guillermo (coord.), *Desarrollos, crisis y retos actuales de la libertad religiosa,* COLEX, La Coruña, 2023, pp. 37-75, en especial pp. 63-67.

63 Véase: HARKET, Håkon, *Paragrafen: Eidsvoll 1814* (El parágrafo: Eidsvoll 1814), Dreyers Forlag, Oslo, 2014. Ver igualmente: ULVUND, Frode, *Fridomens grenser 1814-1851: Handhevinga av den norske «jødeparagrafen»* (Los límites de la libertad 1814-1851: La aplicación del parágrafo noruego sobre los judíos), Scandinavian Academic Press, Oslo, 2014.

64 Ver, por todos: BRULAND, Bjarte, *Holocaust i Norge: Registrering. Deportortasjon. Tilintetgjørelse* (Holocausto en Noruega: Registro. Deportación. Aniquilación), Dreyers forlag, Oslo, 2017.

65 HØYER, Svennik, «The political economy of the Norwegian Press», *op. cit.*, p. 127.

66 HØST, Sigurd, «Newspaper growth in the Television Era: The Norwegian Experience», *op. cit.*, pp. 114 y 115.

claro que alguno de esos tres principios informara la redacción definitiva del artículo 100. De hecho, en mi opinión, ninguno de ellos. El análisis de casos concretos no demuestra en absoluto que el principio de verdad fuera realmente utilizado, pues por ejemplo en los casos de presunta difamación a los funcionarios públicos la práctica real permite ver que para el proceso iniciado era completamente irrelevante que las acusaciones formuladas fueran ciertas o no. Por otro lado, como ya he intentado demostrar en otros foros, el principio de democracia resulta ajeno a la Constitución de Eidsvoll[67], y únicamente a través de una interpretación interesada pueden encontrarse vínculos directos reales entre ambos[68].

El 2004, casi doscientos años después de que la Constitución fuera aprobada, el «Storting» (Parlamento noruego) procedió a una revisión de su famoso artículo 100. Con ello se intentó la armonización del viejo artículo con la normativa internacional vigente, a la par que se procedió a una clarificación terminológica. Para ello, los propios legisladores noruegos no fueron ajenos a la influencia de la opinión pública, expresada de muy diversas formas, tanto en formatos audiovisuales como en diferentes tipos de publicaciones, periódicos, revistas. También, en los textos académicos de los intelectuales[69]. En todos ellos se palpaba unánimemente la necesidad de un cambio.

El texto definitivo, aprobado por el «Storting» el 30 de septiembre de dicho año 2004, quedó definitivamente así:

> «Debe existir libertad de expresión.
>
> Nadie puede ser considerado legalmente responsable por haber comunicado o recibido información, ideas o mensajes, a menos que sea posible defender (dicha responsabilidad)[70] frente a la justificación de la libertad de expresión, en la búsqueda de la verdad, la democracia. y la libre formación de opinión del individuo. La responsabilidad legal debe estar prescrita por ley.
>
> Toda persona tiene derecho a expresarse libremente sobre el gobierno y cualquier otro tema. Solo podrán establecerse límites claramente definidos para este derecho cuando consideraciones de especial importancia lo hagan justificable en relación con los fundamentos de la libertad de expresión.

---

67 En especial: VICENTE Y GUERRERO, Guillermo, *Constitución y revolución en los inicios del Estado nacional noruego, op. cit.*, pp. 143-215.

68 Liderando esa interpretación véase: HOLMØYVIK, Eirik, Maktfordeling og 1814 (La separación de poderes y 1814). Fagbokforlaget, Bergen, 2012. Ver igualmente: HOLMØYVIK, Eirik, y MICHALSEN, Dag, *Lærebok i forfatningshistorie,* med bidrag av Ola Mestad (Manual de historia constitucional, con la colaboración de Ola Mestad), Pax, Oslo, 2015.

69 Sobre el particular: KALLEBERG, Ragnvald, «Scholarly text's influence on the 2004 revision of the Norwegian Constitution's article 100», en: GAMMELGAARD, Karen, y HOLMØYVIK, Eirik (eds.), *Writing democracy. The Norwegian Constitution 1814-2014, op. cit.*, pp. 198-213.

70 El añadido aclaratorio entre paréntesis es de mi autoría.

No se podrá recurrir a la censura previa ni a otras medidas preventivas, a menos que sea necesario para proteger a los niños y a los jóvenes contra los efectos nocivos de las imágenes en directo. La censura de cartas no se puede aplicar fuera de las instituciones penales[71].

Toda persona tiene derecho a acceder a los expedientes del Estado y de los municipios y a seguir las deliberaciones en las sesiones de los tribunales y órganos electos. La ley puede establecer restricciones a este derecho por razones de privacidad y por otras razones de peso.

Las autoridades del Estado deben faciliar un debate público abierto e informado»[72].

IV. Situación actual

En la actualidad, resulta importante subrayar que, según el Índice *Mundial de libertad de prensa 2023,* elaborado anualmente por *Reporteros sin Fronteras (RSF),* Noruega ocupa hoy el primer lugar, y lo lleva haciendo ininterrumpidamente desde hace siete años, como el país en el que el entorno político y social es más satisfactorio para la práctica del periodismo. Es decir, Noruega es el país del mundo en el que la libertad de prensa se encuentra más asentada y protegida.

Efectivamente, el mencionado índice mundial ofrece unos resultados estadísticos, entre 180 países objeto de análisis, en los que Noruega encabeza el listado con 95,18 puntos sobre 100. Dichos resultados tienen en cuenta varios factores relevantes, en especial la calidad de su servicio público de radiodifusión, el carácter dinámico de sus medios de comunicación, y la existencia de un diversificado sector privado que facilita la promoción de la independencia editorial.

También se subraya como factor preferente su sólido marco jurídico de protección a una libertad que, como la de prensa, ciertamente resulta un buen termómetro para medir la verdadera tolerancia de los sistemas políticos y de las sociedades en los que aquellos se integran. En un país tan profundamente democrático como es en la actualidad Noruega, la defensa y promoción de una prensa veraz e independiente constituye uno de sus principales bastiones.

Igualmente cabe resaltar que todos los medios de comunicación respetan un Código ético común que, presentado en el año 2015, subraya el derecho a la información pública de los ciudadanos. Dicho Código ético de la prensa de

71 La palabra original en noruego es «anstalt» que, como amablemente me indica el Profesor Gert-Fredrik Malt, es un término raramente usado en la actualidad. Tradicionalmente abarcaba tanto las instituciones públicas como posiblemente las privadas, tales como hospitales, asilos o prisiones.

72 *Kongeriket Norges Grunnlov* (Constitución del Reino de Noruega), art. 100, enmienda de 30 de septiembre de 2004. La traducción al castellano es mía.

Noruega fue en realidad adoptado ya por la Asociación de la Prensa de Noruega en 1936, y revisado posteriormente en los años 1956, 1966 y 1975[73]. Es precisamente el código actualmente en vigor de 2015 el que establece con una notable claridad los principales aspectos que deben relacionarse con unos elementos tan básicos para las sociedades democráticas como son la libertad de expresión, de información y de prensa. El código se divide en cuatro apartados bien diferenciados: el que reflexiona sobre el papel de la prensa en la sociedad; el que trata sobre la integridad y credibilidad del editor, de los periodistas y de los contenidos; el que lo hace sobre la conducta que deben llevar a cabo los periodistas y las relaciones que deben adoptar a la hora de elegir e interpretar sus fuentes de información; y el que impone taxativamente a los editores toda una serie de normas de publicación a seguir.

Ese mismo año 2015 el propio Gobierno noruego creó un Comité de diversidad de los medios de información de Noruega, cuya principal función consistió en elaborar un informe en el que se sugirieran nuevas actuaciones y políticas para proceder a la mejora de los medios de comunicación y asegurar así su futuro. Dicho Comité, dirigido por Knut Olav Åmås, director ejecutivo de la Fundación Fritt Ord (Mundo Libre), institución que cuenta con un boletín en defensa de la libertad de prensa titulado *Ethical journalism network,* tenía entre sus miembros al director de la organización de editores noruegos Randi Øgrey.

Dos años más tarde, en marzo de 2017, se llevó a cabo en dicho país nórdico una exitosa campaña denominada coloquialmente «#ettminutt», que logró unir a todas las organizaciones de medios de comunicación noruegos con el objeto de que todos aquellos periodistas y editores que lo desearan pudieran expresarse a favor de un periodismo ético, de calidad, independiente y plural. Se solicitó a las personas «un minuto» de su tiempo para explicarles el importante papel cultural y social que, en pleno siglo XXI, deben jugar los medios de información de carácter independiente, así como el llamado pluralismo mediático.

Con dicho objeto, se ofreció un marco gratuito para columnas de periódicos, vídeos y anuncios digitales, y la información se difundió utilizando plataformas de uso masivo como TikTok[74], a través de los cuales los periodistas y los editores podían introducir con facilidad sus contribuciones. La mayor parte de los contenidos de esta significativa iniciativa han sido alojados en una página web creada a tal efecto[75], y se están utilizando para estudiantes de enseñanza secundaria como un eficaz recurso de alfabetización mediáti-

73 Sobre el particular: Barroso Asenjo, Porfirio, «Códigos de deontología periodística: análisis comparativo», *Universitas. Revista de Ciencias Sociales y Humanas,* núm. 15, julio-diciembre de 2011, pp. 141-176, la referencia en p. 143.

74 Ver, por todos, TikTok #drømmer #ettminutt #rådebanksesong3 #rådebank

75 Ver: https://www.ettminutt.no

ca, con el fin de concienciar a los alumnos noruegos de la importancia del papel que debe jugar el periodismo libre e independiente en las sociedades democráticas.

V. Conclusión

En mi opinión, resulta indiscutible que el proceso de «moderación» que sufrió la regulación de la libertad de prensa en Eidsvoll respondió, en parte, a los deseos de tiento y prudencia a la hora de proceder a su efectiva implementación de un sector importante de la sociedad ilustrada del país, de sus élites políticas y religiosas y del propio Christian Frederik, que vieron dicha libertad como un instrumento que podía llegar a poner en tela de juicio ese nuevo orden que desde Eidsvoll se estaba precipitadamente levantando. Y, de hecho, como apunta Dag Michalsen, la restrictiva legislación anterior a 1814 sobre la libertad de prensa todavía se consideró válida, reinterpretándose desde entonces por los tribunales a partir de lo previsto por el artículo 100[76].

Lo cierto es que todo lo anterior parece apoyar la tesis de que la Constitución de Eidsvoll no consiguió garantizar en absoluto una libertad de expresión amplia y neutral, por lo que, siguiendo las acertadas palabras de Tuseth, «det fantes dermed aldri noen utopisk gullalder for ytringsfrihet i Norge» (nunca llegó a haber por tanto en Noruega una época dorada para la libertad de prensa)[77]. Los ejemplos al respecto a lo largo de todo el siglo XIX son tan numerosos como evidentes y, el caso del activista socialista Marcus Thrane en 1848 puede resultar ciertamente paradigmático.

En el «embetsmannsstatens» (Estado de los altos funcionarios), siguiendo la terminología de Jens-Arup Seip[78], formado en su mayoría por juristas procedentes de las facultades de Derecho de Copenhague y posteriormente de Cristianía, que coparon la dirección del Estado noruego a lo largo de todo el siglo XIX, pues en Noruega no existía nobleza y el rey residía en Estocolmo, las críticas a dichos funcionarios fueron especialmente perseguidas penalmente en los tribunales. Quien desafiaba a esos funcionarios desafiaba al propio Estado, y debía ser castigado. El hecho de que la Constitución de Eidsvoll presentaba en su artículo 100 evidentes contradicciones facilitó la arbitrariedad de las autoridades públicas y dificultó a los escritores adaptar sus declaraciones a la normativa aplicable.

---

76 Michalsen, Dag, «The Norwegian Constitution of 1814 between European Restoration and liberal nationalism», *op. cit.*, p. 217.

77 Tuseth, Bård Sverre, *Trykkefrihed bør finde Sted. Grunnloven § 100 fra 1814 til 1905, op. cit.*, p. 513.

78 Seip, Jens Arup, *Utsikt over Norges historie. Tidsrommet 1814 – ca. 1860, op. cit.*, en especial pp. 88 y ss.

El derecho constitucional a expresarse libremente estaba restringido en la práctica a la élite dirigente ilustrada, sin duda satisfecha con una regulación que limitaba al resto de la población cualquier crítica sobre su actuación y sobre sus personas. En este sentido, como ya ha sido suficientemente expuesto, una libertad de expresión amplia podría haber llegado a ser perjudicial para sus intereses. La mayoría de la población, que no tenía ni recursos económicos ni educación, permaneció al margen del universo periodístico y del debate político que éste podía ofrecer. Como además la población en general tenía prohibido reunirse, hizo que las oportunidades reales de las clases bajas de expresar sus necesidades y críticas fueran muy limitadas.

El artículo 100 del texto constitucional albergó una cierta contradicción en sí mismo, pues tras realizar una meritoria proclamación general del principio de libertad de expresión pasó a continuación a limitar profusamente dicha libertad, prohibiendo todas aquellas manifestaciones que pudieran ir en detrimento de la religión, de la moral o de los poderes constitucionales del Estado, las que pudieran suponer desobedecer las órdenes de aquellos, las injurias, las calumnias y, lo que es de especial importancia, las que pudieran conducir a la desobediencia de la ley. El calado de las limitaciones marcadas entorpece de tal forma la pretensión general con la que este se abre que puede decirse, al menos en mi opinión, que la invalida.

Todo lo anterior puede hacer plantearnos, en definitiva, y como ya ocurrió con el artículo segundo que regulaba la libertad religiosa, si realmente el artículo 100 tuvo como objetivo el propulsar la libertad de prensa y expresión o, más bien, el obstaculizarla estableciendo un notable, y meditado, número de excepciones a su efectiva aplicación. El análisis de los casos reales planteados a partir de 1814 y a lo largo ya de todo el ochocientos parece corroborar esta segunda tesis.

Los altos funcionarios que asumieron el papel de gestores del poder público no sólo exigieron ser escuchados, sino también el ser los únicos en serlo[79]. Toda una serie de factores de alta consideración, económicos, culturales y sociales, contribuyeron a ello. El precio prohibitivo de los impresos, el apoyo a la censura de instituciones de gran peso como la monarquía, la magistratura o la Iglesia luterana, o la escasa alfabetización y cultura de las capas más bajas de la población favorecieron la existencia de un discurso único, defensor de unos valores y principios previamente consensuados por los sectores principales, bajo un marco articulador de toda una serie de estrategias y mecanismos que, como la censura, garantizaban su mantenimiento.

Este deseo de los grupos de élite, perfectamente asentados en los puestos privilegiados del poder político, económico y social, de mantener a toda cos-

79 En este mismo sentido: Nymark, Kristian, *Kampen om trykkefriheten: Karl Johan og den norske presse 1814-1844, op. cit.*, p. 287.

ta el control sobre los discursos públicos, es decir de limitar el derecho de los ciudadanos a expresarse libremente, se mantuvo, como una constante, por lo menos hasta la separación efectiva de Suecia en 1905. Es por todo ello que puede aceptarse la conclusión final a la que llega Bård Sverre Tuseth cuando afirma que «Den norske trykkefriheten på 1800-tallet var i prinsippet robust, men i praksis skrøpelig» (La libertad de prensa noruega durante el siglo XIX fue en principio sólida, pero frágil en la práctica)[80].

Los indudables avances económicos y sociales que trajo el siglo XX mejoraron exponencialmente la situación. Se fue configurando, especialmente durante el período de entreguerras, una prensa de carácter local, fuertemente enraizada, y defensora a ultranza, de los valores representados por los dos grandes partidos políticos, el progresista y el conservador, que rivalizaron por hacerse con el mayor número posible de lectores. La invasión de la Alemania nazi sumió al país en el período más trágico y oscuro de su historia. La censura del nuevo régimen del colaboracionista Quisling fue absoluta, y la mayor parte de los diarios se vieron obligados a cerrar, sufriendo el resto de ellos una atroz censura en sus contenidos.

En las décadas siguientes al final de la Guerra el país fue ganando en derechos y libertades importantes. En lo referente a la prensa, se produjo un proceso de concentración y agrupación de las publicaciones periódicas pues, debido al alto coste que suponía la edición, muchas pequeñas publicaciones se vieron obligadas bien a cerrar o bien a asociarse con otras de similar naturaleza. La situación varió favorablemente en las dos últimas décadas del siglo, pues el Gobierno noruego implantó importantes ayudas económicas a los diarios, ayudas que posteriormente se extendieron a los semanarios. Ya en el año 2004, tras un amplio debate tanto en el ámbito parlamentario como en las esferas de la opinión pública, el «Stortinget» aprobó una sustancial enmienda del artículo 100, colocándolo a la altura de los nuevos tiempos y armonizándolo con la normativa internacional.

En la actualidad cabe resaltar que, según el Índice *Mundial de libertad de prensa 2023,* Noruega ocupa el primer lugar del mundo, y nada menos que desde hace ya siete años, como el país en el que el contexto político, económico y social es más adecuado para la buena práctica del periodismo. Los propios ciudadanos noruegos se encuentran hoy perfectamente concienciados de que un Estado liberal, plural y democrático como es Noruega, debe sostenerse, entre otros importantes pilares, sobre la existencia de una prensa libre, honesta, ética y rigurosa.

---

80 TUSETH, Bård Sverre, *Trykkefrihed bør finde Sted. Grunnloven § 100 fra 1814 til 1905, op. cit.*, p. 515.

VI. Bibliografía

Adler, Johan Gunder, y **Falsen, Christian Magnus**, *Udkast til en Constitution for Kongeriget Norge* (Proyecto de Constitución para el Reino de Noruega), Wulfsbergs Forlag, Cristianía, 1814. Reedición de: **Jæger**, Tycho C (ed.), *Riksforsamlingens forhandlinger, vol. III: Grundlovsutkast* (Asuntos de la Asamblea del Reino, vol. III: Proyectos constitucionales), Grøndahl & Søns Boktrykkeri, Cristianía, 1916, pp. 1-63.

Barroso Asenjo, Porfirio, «Códigos de deontología periodística: análisis comparativo», *Universitas. Revista de Ciencias Sociales y Humanas,* núm. 15, julio-diciembre de 2011, pp. 141-176.

Berge, Kjell Lars, «Trondhjem: Selskapenes offentlighet» (Trondheim: las sociedades de opinión pública), en **Eide**, Martin, y **Dahl**, Hans Fredrik (eds.), *Norsk presses historie 1660-2010* (Historia de la prensa noruega 1660-2010), vol. I: *En samfunnsmakt blir til 1660-1880* (Nace un poder social 1660-1880), Universitetsforlaget, Oslo, 2010, pp. 129-146.

Berge, Kjell Lars, «Article 100 and the evolution of a public opinion text culture in Denmark-Norway 1770-1799», en: **Gammelgaard**, Karen, y **Holmøyvik**, Eirik (eds.), *Writing democracy. The Norwegian Constitution 1814-2014,* Berghahn Books, Nueva York & Oxford, 2015, pp. 167-182.

Bergsgård, Arne, *Året 1814* (El año 1814), vol. I: «Grunnlova» (Constitución), Aschehoug & Co (W. Nygaard), Oslo, 1943.

Bruland, Bjarte, *Holocaust i Norge: Registrering. Deportortasjon. Tilintetgjørelse* (Holocausto en Noruega: Registro. Deportación. Aniquilación), Dreyers forlag, Oslo, 2017.

Christian Frederik, *Dagbok* (Diario), 1814. Publicado en: **Olafsen**, Arnet, y **Raabe**, Jens (eds.), *Kong Christian Frederiks dagbok fra hans ophold i Norge i 1814. Utgit som tillaeg til «Riksforsamlingens forhandlinger»* (El diario del rey Christian Frederik desde su estancia en Noruega en 1814. Publicado como suplemento a los «Asuntos de la Asamblea del Reino»), Grøndahl & Søns Boktrykkeri, Cristianía, 1914.

Dørum, Knut, *Frå undersått til medborgar: Styreform og politisk kultur i Noreg 1660 til 1884* (Del súbdito al ciudadano: Sistema de gobierno y cultura política en Noruega desde 1660 hasta 1884), Samlaget, Oslo, 2016.

Elstad, Hallgeir, «Religion and Patriotism in 1814 Norway», *Kirchliche Zeitgeschichte,* 28 (1), 2015, pp. 98-105.

Ferrari, Giuseppe Franco, «Individual rights in Norway», en: **Ferrari**, Giuseppe Franco (ed.), *Two centuries of Norwegian Constitution: between tradition and innovation,* Eleven international publishing, La Haya, 2015, pp. 97-117.

FRYDENLUND, **Bård**, *Spillet om Norge. Det politiske året 1814* (El juego sobre Noruega. El año político de 1814), Gyldendal, Oslo, 2014.

FURE, **Eli**, *Eidsvoll 1814. Hvordan grunnloven ble til* (Eidsvoll 1814. Cómo la Constitución llegó a ser), Dreyers Forlag, Oslo, 2013.

FURRE, **Berge**, «Kva skjedde med religionsfridomen på Eidsvoll 1814?» (¿Qué pasó con la libertad religiosa en Eidsvoll en 1814?), en LØDRUP, Peter *et al* (eds.), *Rettsteori og rettliv. Festskrift til Carsten Smith* (Teoría y vida del Derecho. Homenaje a Carsten Smith), Universitetsforlaget, Oslo, 2002, pp. 261-284.

HARKET, **Håkon**, *Paragrafen: Eidsvoll 1814* (El parágrafo: Eidsvoll 1814), Dreyers Forlag, Oslo, 2014.

HOFFMANN, **Christhard**, «Introduction», en HOFFMANN, Christhard (ed.), *The exclusion of Jews in the Norwegian Constitution of 1814,* Metropol verlag, Berlín, 2016, pp. 13-22.

HOLM, **Edvard**, *Nogle Hovedtræk af Trykkefrihedstidens Historie 1770-1773* (Algunos rasgos principales de la historia de la libertad de prensa. 1770-1773), J. H. Schultz, Copenhague, 1885. Segunda edición: Selskabet for Udgivelse af Kilder til Dansk Historie, Copenhague, 1975.

HOLMØYVIK, **Eirik**, *Maktfordeling og 1814* (La separación de poderes y 1814). Fagbokforlaget, Bergen, 2012.

HOLMØYVIK, **Eirik**, y MICHALSEN, **Dag**, *Lærebok i forfatningshistorie,* med bidrag av Ola Mestad (Manual de historia constitucional, con la colaboración de Ola Mestad), Pax, Oslo, 2015.

HØST, **Sigurd**, «Newspaper growth in the Television Era: The Norwegian Experience», *Nordicom Review,* vol. 20, núm. 1, 1999, pp. 107-128.

HØYER, **Svennik**, «The political economy of the Norwegian Press», *Scandinavian Political Studies,* vol. 3, 1968, pp. 85-143.

HØYER, **Svennik**, «Constructing epochs in the History of the Press», *Nordicom Review*, vol. 19, núm. 2, 1998, pp. 3-16.

JÆGER, **Tycho C** (ed.), *Riksforsamlingens forhandlinger, vol. III., Grundlovsutkast* (Asuntos de la Asamblea Nacional, vol. III., Proyectos constitucionales), Grøndahl & Søns Boktrykkeri, Cristianía, 1916.

KALLEBERG, **Ragnvald**, «Scholarly text's influence on the 2004 revision of the Norwegian Constitution's article 100», en: GAMMELGAARD, Karen, y HOLMØYVIK, Eirik (eds.), *Writing democracy. The Norwegian Constitution 1814-2014,* Berghahn Books, Nueva York & Oxford, 2015, pp. 198-213.

KOHT, **Halvdan**, *1814. Norsk dagbok hundre aar efterpaa* (1814. Diario noruego cien años después), Aschehoug, Cristianía, 1914.

Leivestad, Trygve, «Religionsfrihet i Norge» (La libertad religiosa en Noruega), en **VV. AA.**, *Legal Essays. Festskrift til Frede Castberg i anledning av hans 70 årsdag* (Ensayos jurídicos. Homenaje a Frede Castberg con ocasión de su setenta cumpleaños), Universitetsforlaget, Oslo, 1963, pp. 512-527.

Lysgaard, Anders, *Adskilligt Konstitutionen og lovgivningen m. m. vedkommende* (Diversos textos relativos a temas constitucionales, legislativos, etc), en **Olafsen**, Arnet (ed.), *Riksforsamlingens forhandlinger, vol. I., Bilag til hovedprotokollen* (Asuntos de la Asamblea Nacional, vol. I., Apéndice a las actas principales), Grøndahl & Søns Boktrykkeri, Cristianía, 1914, pp. 163-171.

Mestad, Ola (ed.), *Frihetens forskole. Professor Schlegel og eidsvollsmennenes læretid i København* (El preescolar de la libertad. El Profesor Schlegel y los hombres de Eidsvoll en su tiempo de aprendizaje en Copenhague), Pax Forlag, Oslo, 2013.

Mestad, Ola, y **Michalsen, Dag** (eds.), *Grunnloven. Historisk kommentarutgave 1814-2020* (La Constitución. Edición histórica comentada 1814-2020), Universitetsforlaget, Oslo, 2021.

Michalsen, Dag, «The Norwegian Constitution of 1814 between European Restoration and liberal nationalism», en: **Grotke**, Kelly L., y **Prutsch**, Markus J (eds.), *Constitutionalism, legitimacy, and power. Nineteenth-Century experiences,* Oxford University Press, Oxford, 2014, pp. 211-224.

Nymark, Kristian, *Kampen om trykkefriheten: Karl Johan og den norske presse 1814-1844* (La lucha por la libertad de prensa: Karl Johan y la prensa noruega 1814-1844), Universitetet i Sørøst-Norge, Bø (Telemark), 2020.

Olafsen, Arnet (ed.), *Riksforsamlingens forhandlinger, vol. I: Protokoller med bilag og tillæg* (Asuntos de la Asamblea del Reino, volúmen I: Actas parlamentarias con anexos y suplementos), Grøndahl & Søns Boktrykkeri, Cristianía, 1914.

Ringvej, Mona, «To speak what the hour demands. Framing the future of public speech at Eidsvold in 1814», en: **Gammelgaard**, Karen, y **Holmøyvik**, Eirik (eds.), *Writing democracy. The Norwegian Constitution 1814-2014,* Berghahn Books, Nueva York & Oxford, 2015, pp. 183-197.

Riis, Claus Pavels (ed.), *Claus Pavels' Biografi og Dagbøger, udgivne i Uddrag* (Biografía y diario de Claus Pavels, publicado en extractos), C. Floors Forlag, Bergen, 1864.

Sanmartí Roset, José María, **Aguado Guadalupe, Guadalupe**, y **Magallón Rosa, Raúl**, «Relaciones Prensa-Estado en el modelo nórdico», *Revista Comunicaçao Midiática,* vol. 5, núm. 1, 2010, pp. 98-119.

Schlegel, **Johan Friedrich Wilhelm**, *Naturrettens eller den almindelige Retslæres Grundsætninger* (El Derecho natural o los principios de Derecho de validez universal), 2 volúmenes, Schultz, Copenhague, 1805.

Schlegel, **Johan Friedrich Wilhelm**, *Ideer til en Constitution for Norge* (Ideas sobre una Constitución para Noruega), Copenhague, abril de 1814. Publicado en: **Jæger**, Tycho C (ed.), *Riksforsamlingens forhandlinger, vol. III: Grundlovsutkast* (Asuntos de la Asamblea del Reino, vol. III: Proyectos constitucionales), Grøndahl & Søns Boktrykkeri, Cristianía, 1916, pp. 149-157.

Seip, **Jens Arup**, *Utsikt over Norges historie. Tidsrommet 1814 – ca. 1860* (Panorama sobre la historia noruega. El lapso de tiempo desde 1814 hasta alrededor de 1860), Gyldendal Norsk Forlag, Oslo, 1974.

Sejersted, **Francis**. *Den vanskelige frihet: 1814–1851* (La difícil libertad: 1814-1851), en: **Mykland**, Knut (ed.), *Norges historie* (Historia de Noruega), vol. 10, Cappelen, Oslo, 1978.

Sejersted, **Francis**, *Demokrati og rettsstat: Politisk-historiske essays* (Democracia y Estado de Derecho. Ensayos politico-históricos), Universitetsforlaget, Oslo, 1984.

Skard, **Vemund**, *Norsk språkhistorie* (Historia de la lengua noruega), vol. 2, Universitetsforlaget, Oslo, 1977.

Steen, **Sverre**, *1814,* en la colección *Det frie Norge* (La Noruega libre), J. W. Cappelens Forlag, Oslo, 1951.

Sverdrup, **Georg**, y **Bergh**, **Christopher Anker**, *Norges Riges Grundlov* (Constitución del Reino de Noruega), en **Jæger**, Tycho C (ed.), *Riksforsamlingens forhandlinger, vol. III: Grundlovsutkast* (Asuntos de la Asamblea del Reino, vol. III: Proyectos constitucionales), Grøndahl & Søns Boktrykkeri, Cristianía, 1916, pp. 201-213.

Treschow, **Niels**, *Forsøg til et forslag om en Constitution for Norges Rige* (Intento para una propuesta de Constitución para el Reino de Noruega), febrero-marzo de 1814. Publicado en: **Jæger**, Tycho C (ed.), *Riksforsamlingens forhandlinger, vol. III: Grundlovsutkast* (Asuntos de la Asamblea del Reino, vol. III: Proyectos constitucionales), Grøndahl & Søns Boktrykkeri, Cristianía, 1916, pp. 215-244.

Tuseth, **Bård Sverre**, *Trykkefrihed bør finde Sted. Grunnloven § 100 fra 1814 til 1905* (Debe haber libertad de prensa. El parágrafo constitucional número 100 desde 1814 hasta 1905), Universitetet i Oslo, Oslo, 2022.

Ulvund, **Frode**, *Fridomens grenser 1814-1851: Handhevinga av den norske «jødeparagrafen»* (Los límites de la libertad 1814-1851: La aplicación del parágrafo noruego sobre los judíos), Scandinavian Academic Press, Oslo, 2014.

Vicente y Guerrero, Guillermo, *Constitución y revolución en los inicios del Estado nacional noruego,* Centro de Estudios Políticos y Constitucionales, Madrid, 2022.

Vicente y Guerrero, Guillermo, «Sobre la libertad religiosa en Noruega. Patriotismo, luteranismo y exclusión. Su discurso constitucional», *Revista de Estudios Políticos,* núm. 197, 2022, pp. 69-108.

Vicente y Guerrero, Guillermo, «Un verdadero judío no podrá ser nunca un buen ciudadano. Algunas consideraciones sobre el antijudaísmo en Noruega (1814-1945)», en **Vicente y Guerrero**, Guillermo (coord.), *Desarrollos, crisis y retos actuales de la libertad religiosa,* COLEX, La Coruña, 2023, pp. 37-75.

Voltaire, *Hr. F.A. de Voltaires Brev til Hans Majestæ Kongen af Danmark angaaende den udi hans Stater forundte Tryk*-Frihed (Carta del Sr. F. A. de Voltaire a Su Majestad el Rey de Dinamarca relativa a la libertad de imprenta concedida en *sus* Estados), L. N. Svare, Copenhague, 1771.

Weidemann, Lauritz, *Udkast til en Constitution for Kongeriget Norge* (Proyecto de Constitución para el Reino de Noruega), en **Olafsen**, Arnet (ed.), *Riksforsamlingens forhandlinger, vol. I., Bilag til hovedprotokollen* (Asuntos de la Asamblea Nacional, vol. I., Apéndice a las actas principales), Grøndahl & Søns Boktrykkeri, Cristianía, 1914, pp. 124-155.

Wergeland, Nicolai, *Fortrolige Breve til en Ven. Skrevne fra Eidsvold i Aaret 1814 af et medlem af Rigsforsamlingen* (Cartas confidenciales a unos amigos. Escritas desde Eidsvoll en el año 1814 por un miembro de la Asamblea del Reino), Malling, Cristianía, 1830.

Wergeland, Nicolai, *Nicolai Wergelands grundlovsutkast* (Proyecto constitucional de Nicolai Wergeland), en **Jæger**, Tycho C (ed.), *Riksforsamlingens forhandlinger, vol. III: Grundlovsutkast* (Asuntos de la Asamblea del Reino, vol. III: Proyectos constitucionales), Grøndahl & Søns Boktrykkeri, Cristianía, 1916, pp. 259-279.

LOS LÍMITES A LA LIBERTAD DE EXPRESIÓN EN DECISIONES RECIENTES DEL TRIBUNAL EUROPEO DE DERECHOS HUMANOS SOBRE ESPAÑA

Los casos Jorge López del grupo Insurgencia, Pablo Rivadulla Duró (Hásel), Gozalbo Moliner y Fragoso Dacosta

María Elósegui Itxaso

Jueza del Tribunal Europeo de Derechos Humanos de Estrasburgo (Consejo de Europa)
Catedrática de Filosofía del Derecho de la Universidad de Zaragoza[1]

Sumario. I. Introducción. II. La decisión de inadmisión del cantante Jorge López del grupo «La insurgencia». 1. Criterios del Tribunal Europeo de derechos Humanos para analizar el derecho de libertad de expresión y sus límites. 2. Descripción de los hechos del caso Jorge López. 3. Evaluación del Tribunal de Estrasburgo del caso Jorge López. 3.1 Queja bajo el artículo 10 del Convenio. Aplicación de los criterios de la sentencia Z.B. c. Francia. 3.2. La aplicación de los criterios al caso Jorge López. 3.3. La ponderación de

1 Forma parte del grupo de investigación de estudios penales de la Facultad de Derecho de la Universidad de Zaragoza, cuyo IP es el Catedrático de Derecho Penal Miguel Ángel Boldova Pasamar. Además de agradecer al grupo de estudios penales el poder compartir la investigación sobre discurso de odio, querría extender su agradecimiento especialmente a los letrados Carlos Ortega y Esther Beceiro, así como al resto de los letrados de la división española del Tribunal de Derechos Humanos, Anna María Mengual y Elisa Llop, por las enriquecedoras discusiones sobre estas materias. Si bien dejando claro que la responsabilidad de lo escrito es solo mía, ha de tenerse a su vez en cuenta que la exposición de la jurisprudencia por mi parte debe respetar el secreto de las deliberaciones y es sumamente descriptiva, ya que en mi doble función de catedrática y jueza debo respetar la lealtad mi deber ético de lealtad con el Tribunal, lo que no me permite en este momento ejercer la libertad de crítica, que hubiera tenido de no formar parte del mismo.

los tribunales nacionales. 3.4. El contexto social, la naturaleza y redacción de las palabras, el tono y la forma, su potencial para tener consecuencias perjudiciales, el emisor, el destinatario y el medio de difusión. 3.5. La ponderación de los derechos en juego y la proporcionalidad de la sanción. III. Decisión de inadmisión de la demanda de Pablo Rivadulla Duró. 1. Los hechos del caso. 2. Resoluciones de los tribunales nacionales. 3. Marco jurídico pertinente. 4. Quejas. 5. Valoración del Tribunal. 6. Condena por calumnias contra el jefe del Estado y las instituciones estatales. IV. Caso Gozalbo Moliner decisión de inadmisión. 1. Hechos del caso. 2. Valoración del Tribunal. 2.1. Quejas en virtud del artículo 6 § 1 del Convenio. 2.2. Queja en virtud del artículo 2 del Protocolo núm. 7 del Convenio. 2.3. Quejas en virtud de los artículos 10 y 11 del Convenio. V. El caso Fragoso Dacosta c. España. Bibliografía

I. Introducción

En el contexto de este libro sobre Libertad de expresión, fundamentos, desarrollo histórico, situación actual y retos futuros, coordinado por Guillermo Vicente, expondré algunas de las decisiones recientes concernientes a demandantes españoles señalando los límites a la libertad de expresión. Se trataría de resaltar más bien lo que Estrasburgo no protege bajo el Artículo 10 del Convenio.

A raíz de lo que suele recoger la prensa al pretender hacerse eco de las sentencias que se dictan en relación con España da la impresión de que existe un cierto desenfoque que distorsiona la realidad sobre las condenas. Como si en este país hubiera muchos problemas de libertad de expresión. Nada más alejado de los hechos. El número mayor de condenas se refieren al Artículo 6 del CEDH. Aparte de ello, España se encuentra entre los países que reciben menos condenas entre los 46 que forman parte del Consejo de Europa, incluidas las relativas al Artículo 10. De hecho, se sitúa en el número 20 de los 46, es decir entre los más cumplidores[2]. Es curioso que la protección de los grupos vulnerables apenas tenga eco en la prensa española. Como ejemplo de contraste, se publicaron muchísimas noticias de noticas de prensa sobre el caso Hasél, mientras que por ejemplo la violación del derecho de un demandante canario a su identidad por el hecho de que las autoridades españolas no le facilitaron su certificado de nacimiento, ni en consecuencia su DNI hasta que tuvo 21 años apenas se ha reflejado en unos pocos medios de prensa, siendo una cuestión esencial[3]. Algo más de cobertura tuvo la

2 Ver las estadísticas oficiales en la web del Tribunal. Statistical reports 2023 con las violaciones por Artículo y por Estado.

3 STEDH, *G.T.B. v. Spain*, n.º 3041/19, 16 de noviembre de 2023.
EFE España, condenada por privar de DNI a un español nacido en México y residente en Tenerife (lavanguardia.com)https://www.lavanguardia.com/vida/20231116/9382732/espana-condenada-privar-dni-espanol-nacido-mexico-residente-tenerife-agenciaslv20231116.html

violación por denegar la pensión de viudedad a unas viudas parejas de hecho de Cataluña, pero tampoco se le prestó la atención que se merecía, así podría continuar relatando otros muchos casos que afectan a toda la población como las notificaciones de hipotecas o el acceso a los tribunales.

La mayoría de las demandas, unas 700 al año, ni siquiera pasan el primer filtro de la admisión porque los tribunales nacionales han realizado bien su tarea y han resuelto debidamente el asunto planteado, aunque el demandante no esté de acuerdo con el fallo. El desconocimiento de estos resultados se debe en parte a que es complicado para los ciudadanos no especializados en temas jurídicos conocer el propio sistema de procedimientos ante este Tribunal Internacional de Derechos Humanos. Por ello, me propongo tratar algunos casos con decisiones de inadmisión en los que no se ha dado la razón a demandantes españoles y que no suelen reflejarse en la prensa o raramente y de los que tampoco el ámbito académico se hace especial eco. Podría alegarse que es más complicado acceder a esta información, pero en la práctica estas decisiones de inadmisión, en general realizadas por un comité de tres jueces están igualmente publicadas en la web del tribunal, y por tanto están accesibles a todos los ciudadanos.

En este capítulo se exponen tres decisiones de inadmisión: la del demandante Saúl Jorge López, del grupo de música la Insurgencia[4], la decisión

El TEDH condena a España por tardar cuatro años en facilitar un certificado de nacimiento y un DNI (europapress.es) https://www.europapress.es/nacional/noticia-tedh-condena-espana-tardar-cuatro-anos-facilitar-certificado-nacimiento-dni-20231116123424.html Condenan a España por tardar cuatro años en facilitar un certificado de nacimiento y un DNI (abc.es) https://www.abc.es/espana/tedh-condena-espana-tardar-cuatro-anos-facilitar-20231116133423-nt.html El TEDH condena a España por tardar cuatro años en facilitar un certificado de nacimiento y un DNI - Sociedad – COPE https://www.cope.es/actualidad/sociedad/noticias/tedh-condena-espana-por-tardar-cuatro-anos-facilitar-certificado-nacimiento-dni-20231116_3004239 España tendrá que pagar 16.000 euros a un ciudadano español nacido en México por negarle el DNI (atlanticohoy.com) https://www.atlanticohoy.com/sociedad/espana-pagar-16000-euros-ciudadano-nacido-en-mexico-negarle-dni_1524144_102.html El TEDH condena a España por tardar cuatro años en facilitar un certificado de nacimiento y un DNI – Infobae https://www.infobae.com/america/agencias/2023/11/16/el-tedh-condena-a-espana-por-tardar-cuatro-anos-en-facilitar-un-certificado-de-nacimiento-y-un-dni/ El TEDH condena a España por tardar cuatro años en facilitar un certificado de nacimiento y un DNI - LA NACIÓN https://www.lanacion.com.ar/agencias/el-tedh-condena-a-espana-por-tardar-cuatro-anos-en-facilitar-un-certificado-de-nacimiento-y-un-dni-nid16112023/ México.- El TEDH condena a España por tardar cuatro años en facilitar un certificado de nacimiento y un DNI (notimerica.com) https://www.notimerica.com/espana/noticia-mexico-tedh-condena-espana-tardar-cuatro-anos-facilitar-certificado-nacimiento-dni-20231116123553.html El TEDH condena a España por tardar cuatro años en facilitar un certificado de nacimiento y un DNI – Publimetro México https://www.publimetro.com.mx/noticias/2023/11/16/el-tedh-condena-a-espana-por-tardar-cuatro-anos-en-facilitar-un-certificado-de-nacimiento-y-un-dni/

4 TEDH, Decisión de inadmisión, *Jorge López v. Spain*, n.º 54140/21, 20 de septiembre de 2022.

sobre el cantante Pablo Rivadulla Duró, más conocido como Pablo Hásel[5], y la decisión sobre la estudiante Gozalbo Moliner[6]. Posteriormente, analizaremos el caso Fragoso Dacosta sobre el sindicalista que insultó la bandera española. Este último caso se decidió en una sentencia de Sala por 7 jueces condenando a España por unanimidad por no haber respetado la libertad de expresión del demandante. Añadiríamos que también muchas demandas de nuestro país vecino están siendo inadmitidas por no estar protegidas por la libertad de expresión. Especialmente destacables ha sido un caso que ha llegado a la Gran Sala, *Sanchez v. Francia*[7], en el que el demandante un político de Nîmes del partido del frente nacional fue condenado vía penal a pagar una multa de 3000 euros por tres comentarios racistas contra la población musulmana de Nîmes, colgados en su muro de Facebook por terceras personas y que él retiró en 24 horas. La restricción de este mismo artículo 10 de libertad de expresión se ha aplicado a programas de televisión con sanciones no penales, sino administrativas, realizadas por el Consejo Superior de los medios audiovisuales. Por ejemplo, *Société d´exploitation d´un service d´information CNEWS c. France*[8], en la que el Consejo impuso una multa de 200.000 euros a esta cadena de televisión por el contenido racista de lo que expuso el periodista y escritor Zemour en una de sus crónicas el 23 de octubre de 2019 en el programa «Face à l´info», cuando discutía con un diputado, sobre temas ligados a la inmigración, a la integración de personas de origen extranjero, los barrios y el lugar de los musulmanes en Francia, del siguiente tenor:

> «(...) 6. (...) durante [la secuencia discutida], el ponente habló en varias ocasiones sobre la religión musulmana, asimilando Islam e Islamismo – "El Islam es en esencia una religión política, siempre ha sido como eso lo podemos llamar islamismo político radical (...)", "inmigración, islam e islamismo, todo eso es el mismo tema" - evocando de paso la necesidad de "tomar medidas radicales". A continuación, el ponente concluyó su intervención recordando un acontecimiento histórico particularmente violento que provocó la masacre de numerosas personas, en particular de fe musulmana, y declaró: "¿Vemos la Historia según los intereses de Francia o vemos a Francia según los intereses de Francia?", ¿los intereses de su comunidad de origen? Creo que cuando vienes a Francia y eres francés, debes

5 TEDH, Decisión de inadmisión, *Rivadulla Duró v. Spain*, n.° 27925/21, 12 de octubre de 2023. Los precedentes en España de estos casos se pueden ver en el artículo de MENÉNDEZ CUENCA, L. «Estudio de la evolución jurisprudencial del delito de enaltecimiento de enaltecimiento del terrorismo. Especial referencia a aquellos casos que han adquirido mayor repercusión mediática», *Revista de Derecho Penal y Criminología*, n.° 22, 2019, pp. 59-106.

6 TEDH, Decisión de inadmisión, *Gozalbo Moliner v. Spain*, no 23896/21, 2 de marzo 2023.

7 STEDH, *Sanchez c. France*, (GC), n.° 45581/15, 15 de mayo de 2023.

8 TEDH, *Société d´exploitation d´un service d´information CNEWS c. France*, Decisión de inadmisión, n.° 60131/21, 30 de noviembre de 2023.

> cambiar tu punto de vista y debes ver la Historia según los intereses de Francia. Con esto quiero decir que, si se quiere, cuando el general Bugeaud llega a Argelia, comienza a masacrar a musulmanes e incluso a algunos judíos. Bueno, hoy estoy del lado del general Bugeaud, eso es ser francés". El periodista presente en el set se limitó entonces a agradecer a los ponentes identificando un "desacuerdo" entre ellos, y de la investigación realizada por el Consejo se desprende que el alcance de estos comentarios del cronista no se aclaró hasta el día siguiente. la tarde, durante la misma transmisión (...)» (§ 8).

El Tribunal en su análisis introduce un elemento importante y es que al relatar estos hechos históricos del pasado parece que se estaría justificando el uso de esa violencia realizada en el pasado con un propósito contemporáneo: «En estas condiciones, el Tribunal comparte la valoración de las autoridades nacionales que consideraron que, formuladas al final de declaraciones relativas a la inmigración en Francia de personas de origen musulmán que fusionaban Islam e islamismo, tales declaraciones, que legitiman hoy la violencia cometida en el pasado en Argelia contra las poblaciones musulmanas, incluso en el contexto de un debate de interés general sobre las periferias, la integración de las personas de origen extranjero y el lugar del Islam y de los musulmanes en Francia, tenía sin duda una connotación odiosa y discriminatoria» (§ 37).

Este es un elemento que se ha tenido en cuenta también en los casos españoles que presentamos porque la cuestión no es que se esté haciendo un juicio histórico sobre el pasado y entonces cuanto más lejos en el tiempo se haya dado ese fenómeno entonces sea menos reprochable (cuestión que fue muy criticada por 7 de los jueces disidentes en la sentencia Perinçek cuando la mayoría considero que el genocidio armenio se había realizado hacía mucho tiempo), sino que el elemento clave es también la conexión con el fomento de la incitación al odio en la actualidad. Por eso es un mal argumento que no estaría de acuerdo con la jurisprudencia del TEDH cuando para exculpar a algunos jóvenes que alaban los métodos terroristas de grupos casi desaparecidos se dice que como esos grupos se han disuelto el reproche penal debe ser menor. Con independencia de que deban aplicarse tipos penales apropiados y penas adaptadas a esos hechos, ese argumento no parece el más conforme a los criterios del TEDH.

El mismo escritor Eric Zemmour fue demandante en otro caso contra Francia por la multa de 3000 euros que se le impuso vía penal por provocación a la discriminación y al odio religioso contra la comunidad musulmana francesa en razón de sus afirmaciones en una emisión de televisión en 2016 y en un contexto de atentados terroristas de 2015[9]. El Tribunal (apoyando los razonamientos de los tribunales franceses) falló por unanimidad que no había habido una violación del Art. 10 de su libertad de expresión porque

9 STEDH, *Zemmour c. France*, n.º 63539/19, 20 de diciembre de 2022.

sus afirmaciones no se limitaban a ser una crítica del islam sino que llevaban consigo, teniendo en cuenta el contexto general en el que se encuadraban y las modalidades de su difusión, una intención discriminatoria que llamaba a los oyentes al rechazo y a la exclusión de la comunidad musulmana en su conjunto y a dificultar la cohesión social (ver § 63).

Como conclusión, antes de pasar a los asuntos españoles hemos querido mostrar con unos breves ejemplos que en nuestro país vecino son innumerables los casos ante el TEDH en los que este Tribunal ha considerado correcta la sanción vía administrativa o vía penal de declaraciones de incitación al odio, de diversos signos, y ha denegado su protección a estos demandantes. Hay todavía muchos casos pendientes de Francia de este mismo tipo[10].

II. La decisión de inadmisión del cantante Jorge López del grupo «La insurgencia»

El Artículo 10 del Convenio Europeo para la protección de los Derechos Humanos y de las Libertades Fundamentales dice así:

1. Toda persona tiene derecho a la libertad de expresión. Este derecho comprende la libertad de opinión y la libertad de recibir o de comunicar informaciones o ideas sin que pueda haber injerencia de autoridades públicas y sin consideración de fronteras. el presente artículo no impide que los estados sometan a las empresas de radiodifusión, de cinematografía o de televisión a un régimen de autorización previa.
2. El ejercicio de estas libertades, que entrañan deberes y responsabilidades, podrá ser sometido a ciertas formalidades, condiciones, restricciones o sanciones, previstas por la ley, que constituyan medidas necesarias, en una sociedad democrática, para la seguridad nacional, la integridad territorial o la seguridad pública, la defensa del orden y la prevención del delito, la protección de la salud o de la moral, la protección de la reputación o de los derechos ajenos, para impedir la divulgación de informaciones confidenciales o para garantizar la autoridad y la imparcialidad del poder judicial.

---

10 Por citar un ejemplo, está comunicado al Gobierno francés la demanda n.º 52837/22, de la misma cadena televisiva antes citada Société d´exploitation d´un service d´information Cnews, introducida el 7 de noviembre de 2022, comunicada el 25 de enero de 2023, en la que la la demandante ha sido sancionada una vez más a pagar 200.000 euros por el Consejo Superior Audiovisual francés, por una crónica del 29 de septiembre de 2020, en la que en la emidión «Face a l´info» el locutor dijo que los menores extranjeros en Francia son unos ladrones, violadores y unos asesinos, invocando una invasión a la que Francia debe poner término.

1. Criterios del Tribunal Europeo de Derechos Humanos para analizar el derecho de libertad de expresión y sus límites

El Tribunal ha asentado una serie de criterios a través de su jurisprudencia para analizar la libertad de expresión y sus límites. Como sentencia piloto nos referiremos al test establecido en la sentencia de *Perinçek contra Suiza*[11]. Este versa sobre un político turco que realizó un discurso negacionista del holocausto armenio y que fue multado por las autoridades suizas. La Gran Sala del Tribunal de Estrasburgo protegió su libertad de expresión con una sentencia de una mayoría de 10 votos contra 7, fallando que el gobierno suizo no había respetado su libertad de expresión al imponerle una multa por las palabras que vertió en dicho discurso. En esa sentencia el tribunal estableció unos criterios de análisis de la proporcionalidad de las prohibiciones en esta materia, como luego será explicado detenidamente en el capítulo de este libro escrito por el profesor Andrés Gascón. Como expuse ya en un artículo anterior titulado «El principio de proporcionalidad, la incitación al odio y la libertad de expresión en la reciente Jurisprudencia del Tribunal Europeo de Derechos Humanos: los Casos *Stomakhin c. Rusia, Williamson c. Alemania y Pastörs c. Alemania*»[12], los estándares utilizados por el tribunal europeo de derechos humanos en la valoración de los casos de discurso del odio son por una parte los siguientes: 1) deberá estar prevista por la ley; 2) deberá perseguir una finalidad legítima; 3) deberá ser una medida necesaria en una sociedad democrática (teniendo en cuenta el margen de apreciación nacional); y 4) deberá ser proporcional a los fines previstos.

Me interesa destacar que el Tribunal hace un especial análisis del contexto en el que se pronuncia o se escribe un determinado discurso. A la hora de las limitaciones, que es lo que tratamos en este capítulo, una restricción de un discurso dependerá de las circunstancias sociales e históricas del país en el que estemos. Por eso es muy importante la legislación propia, así como el análisis del razonamiento realizado por los tribunales nacionales. Por otro lado, al analizar si una limitación es necesaria en esa sociedad concreta se deja a los Estados un gran margen de apreciación para evaluar si es necesario sacrificar el posible derecho de libertad de una persona porque colisiona o interfiere con otros bienes jurídicos protegidos, que pueden estar por encima de esa libertad.

11 STEDH, *Perinçek v. Switzerland* (GS), 27510/08, 15 de octubre de 2015.

12 ELÓSEGUI, M. «El principio de proporcionalidad, la incitación al odio y la libertad de expresión en la reciente Jurisprudencia del Tribunal Europeo de Derechos Humanos: los Casos Stomakhin c. Rusia, Williamson c. Alemania y Pastörs c. Alemania», *Revista General de Derecho Europeo*, Iustel, 51 (2020), 422514 [41 pp].

Dentro del tercer criterio sobre si esa medida es necesaria en una sociedad democrática y el cuarto criterio sobre su proporcionalidad en la sentencia Perinçek se desglosaron a su vez ocho estándares de protección de debates sobre materias históricas: 1. La naturaleza de las afirmaciones de Perinçek; 2. El contexto en el que se produce la limitación del derecho a la libertad de expresión (histórico-geográfico y factor tiempo); 3. El alcance de las afirmaciones; 4. La existencia de una falta de consenso entre los Estados del CEDH sobre el tema; 5. La obligatoriedad de prohibir la negación de los delitos de genocidio; 6. La metodología utilizada por los tribunales nacionales para llegar a la condena; 7. La severidad de la condena impuesta; 8. y por último, la ponderación entre el derecho a la libertad de expresión y el respeto a la vida privada de los armenios.

Estos criterios fueron recogidos y matizados de un modo muy resumido en la sentencia de *Erkizia Almandoz c. España*[13] del siguiente modo:

> «Para decidir si se ha producido un discurso de odio, es necesario tener en cuenta una serie de factores, que fueron sistematizados, entre otros, en el caso Perinçek (citado anteriormente, §§ 204-207, con las referencias allí citadas):
>
> "i. Si los comentarios se hicieron en un contexto político o social tenso. Si este es el caso, el Tribunal generalmente reconoce que puede estar justificada alguna forma de interferencia con tales comentarios.
>
> ii. La cuestión de si los comentarios, correctamente interpretados y apreciados en su contexto inmediato o más general, pueden verse como una llamada directa o indirecta a la violencia o como una justificación de la violencia, el odio o la intolerancia. Al considerar esta cuestión, el Tribunal es particularmente sensible a las declaraciones categóricas que atacan o denigran a grupos enteros, ya sean étnicos, religiosos o de otro tipo.
>
> iii. El Tribunal también toma en cuenta la forma en que fueron formulados los comentarios y su capacidad –directa o indirecta– de causar daño"» (§ 40).

En cuanto al cuarto criterio del principio de proporcionalidad se examinarán varios puntos: este principio se establece para pesar en la balanza si esa limitación que se impone en la libertad del individuo está justificada porque de permitirse ese discurso el daño que se infringiría a otros en sus propios derechos sería mayor. Por tanto, las autoridades nacionales deben justificar que tanto la legislación que han establecido como su aplicación es absolutamente necesaria y no cabe otra posible solución en la que ambos derechos sean compatibles. Aunque el TEDH utiliza en ocasiones la idea de que debe estudiarse si hubiera habido una alternativa menos gravosa, digamos que este análisis es más propio de la dogmática alemana y del derecho constitucional español, pero no es frecuente utilizarlo en la jurisprudencia del TEDH. Ultimo punto de análisis es si en caso de que la restricción se considere ne-

13 STEDH, *Erkizia Almandoz c. Espagne*, n.° 5869/17, 22 de junio de 2021.

cesaria o incluso con independencia de ello si el castigo o la pena impuesta resulta proporcionado o no en el caso concreto.

Todos estos pasos se aprecian muy bien en la decisión de inadmisión del caso Jorge López, como veremos a continuación. El Tribunal comienza por una descripción de los hechos y de las instancias judiciales a las que se ha enfrentado el caso.

2. Descripción de los hechos del caso Jorge López

Comenzamos por reflejar literalmente los hechos del caso, según están recogidos en la decisión del Tribunal.

1. El caso se refiere a una presunta violación de la libertad de expresión del demandante en virtud del artículo 10 del Convenio, y del derecho de acceso a un tribunal en virtud del artículo 6.1 del Convenio (§1).

2. El solicitante es un rapero del grupo «La Insurgencia», también conocido como «*Saúl Zaitsev*» o «*Shahid*» (§2).

3. Las canciones del grupo se interpretaron en conciertos y estaban disponibles gratuitamente en su canal de YouTube, que tenía más de 1.900 seguidores y obtuvo 400.000 visitas. El grupo también tenía un perfil de Facebook con sus canciones y vídeos.

4. Las canciones transmitían mensajes de política de extrema izquierda. En particular, elogiaron las acciones y los miembros de un grupo terrorista español GRAPO («Grupos de Resistencia Antifascista Primero de Octubre»), que apareció durante la transición española a la democracia y siguió la ideología marxista-leninista. La primera acción violenta de los GRAPO se produjo el 1 de octubre de 1975 (considerado su punto de partida) cuando murieron cuatro policías españoles. Desde 1975, 84 personas han sido víctimas de sus bombardeos y tiroteos, entre policías y militares, jueces y civiles. Sus militantes también cometieron robos a bancos y secuestros. Su último atentado mortal fue en febrero de 2006, cuando el propietario de una empresa de trabajo temporal en Zaragoza fue asesinado a tiros; seguido de un atraco a un banco en 2006 en Santiago de Compostela. Varios miembros del grupo fueron detenidos en España en 2007. Hasta la fecha, el grupo terrorista no ha emitido ninguna declaración declarando su disolución y varios procesos penales contra sus miembros siguen pendientes en España. Además, en 2018 había 18 miembros de los GRAPO todavía en prisión.

5. Algunas canciones evocaban a ETA, una organización terrorista nacionalista y separatista armada vasca. Entre 1968 y 2010, sus acciones se cobraron 829 vidas (incluidos 340 civiles) y miles de heridos. ETA fue catalogada como organización terrorista por España, Francia, Reino Unido, Estados Unidos, Canadá y la Unión Europea. En 2011 ETA anunció un «cese definitivo de su actividad armada» y en 2017 que había renunciado a todas sus armas

y explosivos (véase *Erkizia Almandoz c. España,* núm. 5869/17 , §§ 18-19, 22 de junio de 2021) [1] . En 2018 había 234 miembros de ETA en prisiones españolas. Una canción decía «A ver si pueden quedarse sin comer, como [un miembro encarcelado de ETA] en huelga de hambre en 2006, que es luchar por tus derechos».

6. Las canciones escritas y publicadas entre 2014 y 2016 «llamaban a la acción» utilizando la lucha armada contra políticos, jueces, fuerzas de seguridad, ricos y la familia real. Por ejemplo, la letra contenía los siguientes pasajes:

[Durante un concierto] «*Cuando hablo de hip-hop hablo de lucha armada*», acompañado de la imagen de un graffiti que dice «¡Que vuelvan los GRAPO!»;

«- Disfruta imaginando un atentado terrorista en el Congreso";

- "He vuelto pero no me había ido, tenía pensado volar el Valle de los Caídos [la tumba de Franco]";
- "Golpearon con un bate al Sindicato de Estudiantes, amigos de la policía";
- "Mis héroes no son los capos [jefes mafiosos], mis héroes son los GRAPO";
- "Es legítimo como expropiar en Carrefour / entrar en la sede del Partido Popular con una pistola y [sonido de un disparo]";
- "Se necesitan comandos armados";
- "Se necesitan cuerdas y guillotinas para los cerdos de los jefes de policía";
- "Es sorprendente que los Borbones [la familia real] aún no hayan sufrido explosiones de bombas";
- "Tres disparos para el Frente Atlético [grupo de hooligans de fútbol de derecha]";
- "Pronto veremos la sangre de nuestros gobernantes";
- "Me gustaría darle siete tiros a un rico como lo hizo [un integrante de los GRAPO] con un juez"».

7. El 4 de diciembre de 2017, la Sección Cuarta de la Sala de lo Penal de la *Audiencia Nacional* condenó al demandante por alabanza pública o justificación del terrorismo en virtud del artículo 578 del Código Penal y lo condenó a dos años de prisión y una multa de 4.800 euros (EUR). El artículo 578 dice:

«1. El elogio o justificación pública de los delitos [terroristas] o de quienes hayan participado en su perpetración... será reprimido con la pena de uno a tres años de prisión y multa... El juez también podrá ordenar...alguna o algunas de las prohibiciones [adicionales]...

2. Las sanciones previstas en el apartado anterior se impondrán en su mitad superior cuando los hechos se hayan realizado mediante la difusión de servicios o contenidos accesibles al público a través de los medios de comunicación o de Internet...».

8. El 18 de septiembre de 2018 la Sala de Recursos de la *Audiencia Nacional* redujo la pena del demandante a seis meses de prisión y una multa

de 1.200 euros. Respecto a las expresiones utilizadas en las canciones, la sentencia señaló:

> «...el contenido de las canciones tiene como objetivo inequívoco el elogio de la organización terrorista GRAPO, sus miembros y actividades, incitando indirectamente a la violencia terrorista, como la perpetrada por ETA, identificando la interpretación musical con el lenguaje del odio, y como acertadamente señala la sentencia recurrida afirma, el intento de enmarcar su interpretación musical en un sentido más metafórico de emociones y pensamientos sólo resta valor... al contenido altamente incitante, que se ve reforzado por ciertas imágenes que acompañan a la música... para acentuar la incitación a la violencia... Como señala la sentencia, ...el mensaje de elogio y justificación a... GRAPO permea la producción en grandes y evidentes dosis... Entendemos que las letras... van más allá de la expresión de apoyo a objetivos políticos o ideológicos o declaraciones, siendo sin duda una justificación de medios violentos y una invitación al uso de métodos terroristas, representando al terrorismo como merecedor de elogios... [Las canciones] no tienen reparos en resaltar estas actividades criminales, invitando incluso a reproducirlas... Los textos del acusado exudan un mensaje de eliminación del adversario ideológico en un claro escenario de hostilidad y... violencia, transmitido en el típico discurso de odio, en el que el terrorismo se propone, por un lado, como solución y, por el otro, justificado».

En cuanto a la incitación a la violencia, la sentencia de la Audiencia Nacional recordó que la jurisprudencia interna exige que «debe establecerse objetivamente la intención del autor de crear una situación de riesgo para las personas o los derechos de terceros o para el propio sistema de libertades». Esa intención podría establecerse objetivamente en el caso que nos ocupa, dada la naturaleza de las declaraciones, la personalidad del autor, el público objetivo y otras circunstancias pertinentes. Consideró que la letra tenía como objetivo «provocar un reflejo emocional de hostilidad, incitar y promover el odio y la intolerancia... hacia individuos, representantes del Estado o una parte de la población, las autoridades nacionales». Este incentivo se vio acentuado por imágenes muy agresivas, a veces acompañadas de la bandera de los GRAPO y la inscripción «Presos políticos». La sentencia señaló los peligros de difundir dicho mensaje a un público joven, que por «su falta de pleno conocimiento de los [pasados] acontecimientos terroristas, en situaciones de... precariedad económica, o por razones similares» podría encontrarlo atractivo y caer ante la incitación. El tribunal citó ejemplos de las canciones, pidiendo acciones violentas contra banqueros, partidos políticos, quema de cajeros automáticos, etc. Señaló que los textos señalan a segmentos de la población como responsables de la creación de una sociedad injusta, proponiendo métodos violentos como solución. Esas letras no eran meras alegorías o representaciones simbólicas, sino que elogiaban y justificaban abiertamente a las organizaciones terroristas y sus acciones como un método apropiado de lucha social y, por lo tanto, indirectamente incitaban, alentaban e instigaban la violencia terrorista, creando un riesgo de que se cometieran actos violentos. Los miembros condenados de organizaciones terroristas fueron retratados «como auténticos héroes populares... víctimas de un sistema injusto que los mantiene en prisión». El impacto en la opinión pública fue significativo, ya que miles de usuarios accedieron al canal de YouTube. El tribunal nacional recordó que la actividad terrorista era una realidad que provocaba sufrimiento en España y se refería a terrorismo de distinta índole (ETA, GRAPO, yihadismo, anarquismo, etc). También mencionó que no hay que olvidar que [ETA y GRAPO] no habían desaparecido y que algunos de los crímenes cometidos aún estaban pendientes de ser juzgados. También debe tenerse en cuenta el sufrimiento de muchas víctimas y sus familiares.

La Audiencia Nacional concluyó que la interferencia con la libertad de expresión del demandante era necesaria y proporcionada en el presente caso. Sin embargo, considerando circunstancias atenuantes, la Sala de Apelaciones redujo la pena basándose en el artículo 579 *bis* § 4 del Código Penal, que permitía imponer una pena menor «si el hecho era objetivamente de menor importancia, en vista del método empleado o del resultado producido».

9. El 10 de junio de 2020, el Tribunal Supremo desestimó un recurso de casación interpuesto por el demandante, recordando que las huellas de los actos de ETA y GRAPO aún estaban activas en muchas víctimas y fueron recordadas como una experiencia traumática en la sociedad española. La excepción de nulidad fue desestimada el 28 de julio de 2020.

10. El 26 de abril de 2021 el Tribunal Constitucional declaró inadmisible un recurso *de amparo* interpuesto por el recurrente por falta de relevancia constitucional.

11. El 11 de enero de 2021 se suspendió la ejecución de la pena de prisión de seis meses del demandante y el demandante no ingresó en prisión. En efecto, según el artículo 80 del Código Penal español, las penas no superiores a dos años de prisión podrán ser suspendidas por el juez mediante resolución motivada, cuando sea razonable creer que el cumplimiento de la pena no es necesario para evitar la futura comisión por el condenado por nuevos delitos penales. Para adoptar esta decisión, el juez (...) deberá considerar las circunstancias del delito cometido, las circunstancias personales del condenado, su historial, su comportamiento personal después del hecho, en particular el esfuerzo realizado para reparar el daño causado, su familia y circunstancias especiales y los efectos que cabe esperar de la suspensión del propio cumplimiento y del cumplimiento de las medidas dictadas.

12. El demandante se quejó en virtud del artículo 10 del Convenio de que su libertad de expresión había sido violada porque la interferencia con ese derecho no había sido necesaria. Destacó que la esencia del rap era provocar a la opinión pública («canciones de protesta») y que en cualquier caso el grupo terrorista GRAPO había dejado de existir en 2007.

13. El demandante también se basó en el artículo 6.1 del Convenio, argumentando que su derecho a un recurso efectivo no había sido respetado porque el Tribunal Constitucional, basándose en criterios formales de admisibilidad, se había negado a pronunciarse sobre el fondo del asunto. su caso.

Hasta aquí la descripción del *iter* interno y de los argumentos de los jueces españoles. Entramos a continuación en el análisis del propio Tribunal de Estrasburgo aplicando los criterios que hemos señalado de modo resumido anteriormente.

3. Evaluación del Tribunal de Estrasburgo del caso Jorge López

3.1. Queja bajo el artículo 10 del Convenio. Aplicación de los criterios de la sentencia *Z.B. c. Francia*

El Tribunal comienza por recoger el contenido del Art. 10 del CEDH remitiendo a dos sentencias españolas, una más reciente[14], y a otra sentencia francesa *Z.B.c. Francia*[15] (ver, *Jorge López v. Spain,* § 14), en la que se falló que no entraba dentro de la libertad de expresión la conducta del demandante que envío a su sobrino de tres años a la guardería con una camiseta regalada por él, con inscripciones terroristas poco después de atentados en otro colegio francés. El tribunal francés recordó que en marzo de 2012 una serie de atentados terroristas islamistas fueron cometidos en Toulouse y Montauban matando a siete personas, tres militares y cuatro civiles, de los cuales tres eran niños en un colegio judío (ver, *Z.B. c. France*, § 13). La camiseta en la parte de delante llevaba la inscripción «soy una bomba», y en la parte de detrás «Jihad, nacido el 11 de septiembre». El niño había nacido el 11 de septiembre de 2009, y le habían puesto el nombre de «Jihad». El demandante fue condenado por vía penal por apología del terrorismo, si bien la camiseta estaba tapada y fue vista por dos profesoras al ayudar al niño a vestirse.

Los tribunales franceses tuvieron en cuenta el contexto de amenazas terroristas graves en Francia y que el demandante había encargado expresamente esa inscripción. El Tribunal de Estrasburgo consideró que los motivos alegados por los jueces franceses eran pertinentes y suficientes.

---

14 STEDH, *Otegi Mondragón c. España* , n.º 2034/07 , § 48, TEDH 2011, *Erkizia* Almandoz, antes citada, § 37, y *Z.B c. Francia* , n.º 46883/15 , § 52, 2 de septiembre de 2021.

15 STEDH, *Z.B c. Francia* , n.º 46883/15, 2 de septiembre de 2021.

Además, se apreció que la sanción de dos meses de cárcel con suspensión y 4000 euros de multa había sido proporcionada. El tribunal de apelación de Nîmes había considerado que no era aceptable el argumento del demandante de que su intención era humorística y por tanto podía quedar protegida por la libertad de expresión, sino que había tenido una intención deliberada de apoyar los actos terroristas (ver, *Z.B. c. France*, § 57).

También el Tribunal de Estrasburgo examina si esa expresión podría estar justificada por un interés general en un debate político, concluyendo que ni el propio demandante había alegado ese posible interés, sino que había explicado que tenía un fin privado. En este caso el margen de apreciación del Estado es todavía mayor (ver, *Z.B. c. France*, § 58). El Tribunal aceptará los argumentos del gobierno francés sobre la realidad de las amenazas terroristas en el momento en que se producen los hechos en litigio, y en particular las dificultades unidas a la lucha contra el terrorismo, que es esencial en una sociedad democrática. También se tiene en cuenta que ciertos atentados habían sido muy cercanos en el tiempo a esta conducta (ver, *Z.B. c. France*, § 59). El Tribunal aceptará también los argumentos de los tribunales nacionales según los cuales aunque los atentados terroristas del 11 de septiembre de 2001 hubieran sucedido once años antes, acababan de darse otros ataques islamistas en la propia Francia recientemente perpetrados también por personas de la misma ideología, aunque el demandante no tuviera ninguna relación con el movimiento terrorista (ver, *Z.B. c. France*, § 60). También se está de acuerdo con el análisis del contexto realizado por el tribunal de apelación de Nîmes de que el mensaje se difunde en un colegio, entre niños jóvenes (ver *Z.B. c. France*, § 61).

Por otro lado, para evaluar la proporcionalidad de la aplicación de la pena, se tiene en cuenta que el ámbito de difusión era reducido, la camiseta no era visible, fue descubierta sólo por dos profesoras, el demandante no esperaba que el hecho fuera público, aunque no niega que le pidió a su sobrino de tres años que la llevara al colegio (ver, *Z.B. c. France*, § 62). Si bien, esto puede llevar a pensar que la repercusión podría ser pequeña, el Tribunal de Estrasburgo acepta las explicaciones del Abogado General de la *Cour de cassation* sobre el impacto que este mensaje pudo tener sobre la sociedad francesa y la paz social cuando acababan de ser asesinados tres niños pequeños en un colegio pocos meses antes. Por tanto, reconoce que las autoridades nacionales se encuentran mejor situadas que un juez internacional para pronunciarse sobre la necesidad de una restricción en el derecho de libertad de expresión o de imponer una sanción en este caso por vía penal en un contexto nacional, regional y social concreto (ver, *Z.B. c. France*, §§ 63 y 64). También el Tribunal reconoce que la instancia de apelación de Nîmes, así como la *Cour de cassation*, han aplicado en su análisis para pronunciar la condena los criterios establecidos en la jurisprudencia de Estrasburgo, haciendo un balance correcto de los diferentes intereses en juego. Como conclusión, el TEDH respeta el fallo de los tribunales franceses, ya que la condena del demandante se ha basado en la lucha contra la apología del terrorismo de la violencia contra la masa de la población en las circunstancias específicas del caso y responden a una necesidad social imperiosa (ver, *Z.B. c. France*, § 65).

Para finalizar, el Tribunal recuerda que la vía penal debe ser la *ultima ratio* porque es una de las formas más graves de injerencia en el derecho a la libertad de expresión y que por tanto las instancias nacionales deben ser restrictivas en el uso de los procedimientos penales. Teniendo todo ello en cuenta, concluye no obstante que la pena de dos meses de cárcel suspendida y 4000 euros de multa ha sido proporcional teniendo en cuenta la situación profesional y económica del demandante que está empleado en el sector de la informática (ver, *Z.B. c. France*, § 67).

3.2. La aplicación de los criterios al caso Jorge López

Volviendo al caso español, el Tribunal reconoce que ha habido una interferencia en el derecho a la libertad de expresión del demandante garantizado por el artículo 10.1 del convenio, pero parte de que estaba prescrita por ley y que perseguía un fin legítimo, a saber, dos de los límites expresados en el enunciado 10.2 de ese mismo artículo, la prevención del desorden y la delincuencia. Por tanto, pasa a examinar el tercer punto del test, si la interferencia era «necesaria en una sociedad democrática» (ver, por ejemplo, *Otegi Mondragon*, citado anteriormente, § 49; y *Perinçek c. Suiza* [GC], no. 27510/08 , §§ 196-97, TEDH 2015) (ver, § 15).

Como acabamos de ver en la sentencia francesa *Z.B. c. Francia*, se sigue la misma metodología de análisis, aplicando de un modo más concreto los pasos sentados en *Perinçek* y resumidos en el caso *Tasio Erkizia*, como hemos señalado anteriormente. Para ello se verá cuáles han sido los argumentos de los tribunales nacionales que conocen de un modo inmediato el contexto y si han seguido los criterios de la jurisprudencia de Estrasburgo, si la restricción de ese derecho está bien argumentada y si es «proporcionada al objetivo legítimo perseguido». Para ello, hay que aplicar los principios generales extraídos del Tribunal de Estrasburgo a las circunstancias del caso concreto. Es decir, hay que examinar si los tribunales internos han hecho una correcta subsunción y ponderación de los derechos en conflicto (ver, § 16). Ya hemos señalado que «Respecto de las declaraciones que pueden constituir una llamada a la violencia, el Tribunal ha tenido en cuenta los siguientes factores: (i) si las declaraciones fueron hechas en un contexto político o social tenso, (ii) si las declaraciones, interpretadas de manera justa y vistas en su contexto inmediato o en un contexto más amplio, podría verse como una llamada directa o indirecta a la violencia o como una justificación de la violencia, el odio o la intolerancia, y (iii) la manera en que se hicieron las declaraciones y su capacidad (directa o indirecta) para conducir a consecuencias perjudiciales (véanse *Perinçek*, antes citada, §§ 204-207, y *Erkizia Almandoz,* antes citada, §§ 40-41)» (§ 16).

3.3. La ponderación de los tribunales nacionales

Basándose en los argumentos de los tribunales nacionales, que hemos expuesto antes, el Tribunal de Estrasburgo retoma las bases en las que se apoyó la condena del demandante, a saber que «sus canciones y vídeos justificaban y glorificaban el terrorismo, en particular, el grupo terrorista GRAPO, las personas condenadas por ser miembros de él y los crímenes cometidos por este. También se descubrió que las canciones incitaban al odio y la enemistad por diversos motivos. Los tribunales nacionales determinaron que las canciones incitaban abiertamente a actos violentos, comunicaban a la audiencia la idea de que el recurso a la violencia y al terrorismo estaba justificado, aprobaban métodos y actos terroristas y elogiaban los ataques que se habían cobrado muchas vidas (véanse los párrafos 7 y 8 arriba). El Tribunal también observa que esas canciones estaban disponibles online de forma fácil y gratuita y se habían interpretado en conciertos, por lo que tenían el potencial de llegar a un gran número de personas, incluidas las de corta edad (§17).

3.4. El contexto social, la naturaleza y redacción de las palabras, el tono y la forma, su potencial para tener consecuencias perjudiciales, el emisor, el destinatario y el medio de difusión

Como en el caso *Stomakhin c. Russia*, es habitual que el Tribunal examine si los tribunales nacionales han tenido en cuenta todos estos datos: «1. El contexto en el que esas frases fueron publicadas o dichas declaraciones impugnadas. Su finalidad. 2. La naturaleza y redacción de las palabras concretas. El tono y la forma. 3. Su potencial para tener consecuencias perjudiciales. El estatuto de quien emite ese discurso o escribe ese artículo. A quién está dirigido y en qué formato. 4. Las razones aducidas por los tribunales rusos para justificar la injerencia en cuestión»[16].

El Tribunal comienza por ver si los jueces nacionales han tenido en cuenta correctamente el contexto social, y considera válidos los argumentos de las instancias españolas, igual que lo hizo en el caso francés, que aunque «las últimas acciones terroristas de GRAPO y ETA datan de algunos años antes de los hechos, no se podía ignorar que ambos habían llevado a cabo actividades terroristas en España durante décadas, causando numerosos muertos y heridos (véanse los párrafos 4 y 5 anteriores). Los procesos penales contra los miembros de ambas organizaciones terroristas estaban pendientes ante los tribunales españoles y seguían en el foco de atención de la sociedad y los medios de comunicación. Por lo tanto, estos acontecimientos traumáticos todavía estaban frescos en la mente colectiva del país, lo que justificaba un

16 STEDH, *Stomakhin v. Russia*, 52273/07 , § 103, 9 mayo de 2018, § 83.

mayor grado de regulación de las declaraciones relativas a ellos (véanse *Perinçek*, antes citado, § 250, y *Z.B c. Francia*, antes citado, § 59)» (§ 18).

En cuanto al segundo y tercer criterio, es decir la naturaleza y redacción, el tono y la forma, y su potencial de tener consecuencias perjudiciales, en cuanto a si las canciones podían ser vistas como una llamada o justificación directa o indirecta a la violencia, el odio o la intolerancia, «los tribunales internos señalaron referencias explícitas a métodos violentos o terroristas, menciones con connotación positiva al uso de explosivos y otras armas, golpear a sus oponentes y causar daños materiales, como atacar cajeros automáticos o supermercados (véanse los párrafos 6 y 8 supra). La letra sugería directamente herir o matar a políticos, jueces, fuerzas de seguridad, ricos, familia real y aquellos percibidos como oponentes ideológicos. En resumen, las canciones comunicaban a los oyentes la idea general de que el recurso a la violencia y al terrorismo estaba justificado. El Tribunal coincide en que estas declaraciones iban mucho más allá de lo que podría percibirse como ´canciones de protesta`, tal como las describió el demandante, y de los límites aceptables de la crítica (ver *Stomakhin c. Rusia*, no. 52273/07 , § 103, 9 mayo de 2018)» (§ 19).

Ahondando todavía en el tercer criterio, en cuanto al público al que estaba dirigido, el formato y si las canciones tenían o no mucha difusión, «las sentencias internas resaltaron el hecho de que los mensajes estaban especialmente dirigidos a los jóvenes y que fueron transmitidos a una amplia audiencia a través de un canal de YouTube, un perfil de Facebook o en conciertos. El Tribunal también encuentra razonable la valoración de los tribunales internos sobre el riesgo de acentuación del mensaje verbal por los videos agresivos y el uso de las insignias de los GRAPO» (§ 20). Podríamos añadir que con independencia de que muchos jóvenes en la actualidad no conocen exactamente este grupo terrorista, es obvio que se trasmite un mensaje de uso de violencia y agresividad indiscriminada.

3.5. La ponderación de los derechos en juego y la proporcionalidad de la sanción

Pasando a la ponderación de los intereses en juego, para el Tribunal de Estrasburgo por un lado corresponde a los jueces nacionales con la inmediación de la prueba evaluar la intención o el dolo del demandante, es decir su culpabilidad, y además sopesar los distintos intereses en juego a la luz de los límites a la libertad de expresión marcados en el Art. 10.2. Como hemos visto en el caso francés, el Tribunal respetará el margen de apreciación y la evaluación realizada por las autoridades nacionales: «Los motivos en los que se basó la condena del demandante, a saber, la lucha contra el elogio público o la justificación del terrorismo, parecen ser a la vez "relevantes" y "suficientes" para justificar la injerencia en cuestión y, en este sentido, responden a una necesidad social apremiante (véase *ZB c. Dinamarca (dec .)*, n.° 24683/14, § 47, 17 de abril de 2018)» (§21).

Por último, se evaluará la naturaleza y la gravedad de las sanciones para determinar si la injerencia fue proporcionada: «En el presente caso, la ejecución de la pena de prisión inicialmente impuesta fue posteriormente suspendida y la multa se redujo a 1.200 euros (véase el párrafo 11 supra). Los tribunales nacionales encontraron motivos para aplicar el artículo 579 *bis* § 4 del Código Penal y redujeron la sanción al nivel más bajo (véase el párrafo 8 supra). El Tribunal concluye que la condena penal del demandante no puede considerarse desproporcionada con respecto al objetivo legítimo perseguido» (§ 22). Por todo ello, falla que la queja basada en el artículo 10 del Convenio es manifiestamente infundada en el sentido del artículo 35.3 (a) y debe ser desestimada de conformidad con el artículo 35.4 del Convenio (ver, § 22). Ello significa que la demanda no tiene fundamento jurídico y se declara inadmisible después de añadir un último análisis sobre el hecho de que el demandante ha tenido acceso a todas las instancias judiciales previstas en el derecho español y que se ha respondido debidamente a todas sus alegaciones (Artículo 6.1 del Convenio) (véase § 24 y ss).

III. Decisión de inadmisión de la demanda de Pablo Rivadulla Duró

1. Los hechos del caso

La demanda n.° 27925/21 de Pablo *Rivadulla Duró c. España*[17] dio lugar a una decisión de inadmisión, interpuesta ante el Tribunal el 25 de mayo de 2021 contra el Reino de España, de conformidad con el artículo 34 del Convenio para la Protección de los Derechos Humanos y de las Libertades Fundamentales.

El demandante se quejó ante el Tribunal por la presunta violación de varios artículos del Convenio: a saber, la libertad de expresión en virtud del artículo 10, el derecho a un recurso efectivo en virtud del artículo 13 del Convenio, y los artículos 9 y 18, puestos en relación con el artículo 10 del Convenio. El tribunal inadmitió todas sus quejas con los razonamientos que veremos a continuación (ver § 1). Dado la repercusión mediática de toda la trayectoria del caso ante las instancias españolas y también cuando se conoció la decisión de Estrasburgo, es imprescindible trascribir de un modo literal todos los hechos del caso tal y como se resumen en la decisión.

17 TEDH, *Rivadulla Duró c. España*, n.° 27925/21, decisión de inadmisión, 12 de octubre de 2023. Traducción al español realizada por el equipo de traducción de la subdirección general de derecho constitucional y derechos humanos. Web Ministerio de la presidencia, de justicia y de relación con las Cortes.

2. El demandante es un rapero, más conocido como «Pablo Hásel». Publicó varios tuits en la aplicación Twitter y una canción sobre el rey emérito Juan Carlos I de España. Una primera serie de tuits mostraba el apoyo del demandante a los miembros condenados del grupo terrorista GRAPO («Grupos de Resistencia Antifascista Primero de Octubre»), que manifestaba lo siguiente:

- El 29.12.15: «Frente al terrorismo de Estado, vecinos organizados».
- El 11.03.16, junto a una fotografía de Ignacio Varela: «Sí, nos representan».
- El 14.03.16, junto a una fotografía de Victoria Gómez: «Las manifestaciones son necesarias, pero no suficientes, apoyemos a los que han llegado más lejos».
- El 31.03.16: «Mónica y Francisco, 12 años de cárcel por daños materiales a una basílica, impunidad de la Guardia Civil para decenas de inmigrantes asesinados».
- El 1.04.16, junto a una fotografía de Isabel Aparicio: «Dos años después de ser exterminada por el Estado torturador, recordemos sus palabras».
- El 1.04.16, junto a una fotografía de Isabel Aparicio con texto: «Y así fue como acabaron exterminándola».
- El 1.04.16, junto a una fotografía de Isabel Aparicio con texto: «Condenada a 12 años de prisión por pertenecer al aparato de propaganda del PCE(r) [Partido Comunista de España (reconstituido)] 12 años sin lucha armada».
- El 1.04.16, junto a una fotografía de Isabel Aparicio con texto: «2 años del exterminio de Isabel Aparicio por comunista, negándole el Estado asistencia médica en prisión».
- El 1.04.16, junto a una fotografía de Isabel Aparicio con anagrama del PCE(r): «No habrá olvido ni perdón. Lo que no consiguieron es asesinar tu importante legado de lucha, vives mucho más que ellos».
- El 5.04.16: «Nueva carta de la presa política Victoria Gómez».
- El 7.04.16: «Juan Martin Luna militante del PCE(r) asesinado por la policía por defender nuestros derechos».

3. Un segundo grupo de tuits se centraba en el rey emérito y la monarquía y decía lo siguiente: El 2.12.15: «El mafioso Borbón [referencia al rey emérito, siendo Borbón el nombre de la familia real española] de fiesta con la monarquía saudí, todo se queda entre los que financian al ISIS [Estado Islámico de Irak y Siria]».

- El 25.12.15: «El ladrón Borbón [en referencia al rey emérito] no debe aprovechar la impunidad de la que goza para burlarse de nosotros».

- El 25.12.15: «Mantener la lucha hasta que un día el desahuciado sea Felipe de Borbón [el actual rey] con toda su familia de parásitos, enemigos del pueblo».
- El 25.12.15: «El mafioso de mierda el rey [emérito] dando lecciones desde un palacio, millonario a costa de la miseria de los demás. Marca España».
- El 25.12.15: «Lo más repugnante de la monarquía es que gente que es millonaria gracias a la miseria de los demás pretenda preocuparse por el pueblo».
- El 25.12.15: «El PCE apoyó la monarquía impuesta por Franco en la "transición" mientras que el PCE(r) se pasó todo el tiempo denunciando esta maniobra».
- El 27.12.15: «Miles de ancianos pasan frío y sin hogar seguro mientras los monarcas dan lecciones desde los palacios».
- El 27.12.15: «Si el pueblo quiere la monarquía tanto como dicen los entendidos mercenarios, que suelten a la Familia Real sin escolta por nuestras calles».
- El 30.12.15: «Llaman banda criminal a los grafiteros y no a la monarquía. Qué Estado más demente».
- El 18.01.16, junto a una viñeta en la que aparece el rey emérito junto a un saudí realizando una decapitación: «La monarquía mafiosa que da lecciones a los países donde no se desahucia a nadie».
- El 21.01.16: «Los amigos del reino español bombardeando hospitales mientras Juan Carlos se va de putas con ellos».
- El 21.01.16: «Una de las CUP [Candidatura d'Unitat Popular, partido independentista catalán] hablando contra la monarquía mientras IU [partido de Izquierda Unida] se ríe con ellos en la Zarzuela [Palacio - residencia del monarca]».
- El 24.01.16: «El mierda P. Iglesias [entonces líder del partido Podemos] riéndose a carcajadas en la Zarzuela sin reprochar a los Borbones las atrocidades de las que son responsables».
- El 25.01.16: «Mientras llaman a Cuba una terrible tiranía donde con menos recursos no desahucian a la gente, esconden el negocio mafioso de Borbón en Arabia Saudí».
- El 25.01.16: «Por muchos millones que inviertan en manipulación, por intocables que sean, la monarquía pasará a la historia como los parásitos que son».
- El 26.01.16, junto a una foto del rey emérito con dirigentes saudíes: «El Estado español dando armas a los criminales amigos de la monarquía para que bombardeen Yemen. Que se sepa».

- El 29.01.16, junto a la fotografía de un niño con desnutrición avanzada en una balanza: «Por culpa de Arabia Saudí los niños de Yemen sufren así. El negocio de los amigos democráticos de la mafiosa familia Borbón».
- El 21.02.16: «Ada Colau [entonces alcaldesa de Barcelona] no llamará criminal al rey [emérito] por vender armas a Arabia Saudí o vivir en el lujo a costa de la miseria, criminaliza las huelgas». El 24.12.16: «Un año más con la monarquía mafiosa y medieval insultando a la inteligencia y a la divinidad con dinero público. Parece engañoso».
- El 26 de agosto de 2016, el demandante publicó un vídeo (véase el apartado 5 *infra*) con el título «Pablo Hasel (...) Juan Carlos el Bobón» (Bobón significa «idiota» pero se parece a «Borbón») en el que se acusaba al rey emérito de despilfarrar dinero público, de asesinar a su hermano, de gastar dinero en «juergas y putas», de ser un borracho, un «mafioso» y un «cacique apestoso», de ser «útil a su camello y al dueño del puticlub», y de estar en connivencia con (Antonio) Tejero (líder del fallido golpe de Estado de 1981).

4. El tercer grupo de tuits se refería a la policía y las fuerzas de seguridad, y decían lo siguiente: 23/03/ 2014 ¿50 policías heridos? Estos mercenarios de mierda se muerden la lengua pegando hostias y dicen que están heridos.

- 24/03/14 «orgulloso de quienes respondieron a las agresiones de la policía».
- 25/03/14 Ahora van de llorones los antidisturbios cuando han golpeado y torturado siempre a miles y miles de personas, han desahuciado a porrazos, etc.
- 27/03/14 La policía asesina a 15 inmigrantes y son santitos. El pueblo se defiende de su brutalidad y somos «violentos terroristas, chusma».
- 30/03/14 Pretenden ocultar que muchas personas han salido hoy a exigir el fin de la monarquía fascista y golpean hasta a periodistas.
- 30/03/14 Policía Nazi-onal torturando hasta delante de las cámaras.
- 04/04/14 ¿Matas a un policía? Te buscan hasta debajo de las piedras. ¿Asesina la policía? Ni se investiga bien.
- 04/04/14 2 años desde que Saturnino Desiderio fue asesinado por la policía sin que haya habido condenados por ello.
- 23/04/14 ¿Guardia Civil torturando o disparando a inmigrantes? Democracia, ¿chistes sobre fascistas? Apología del terrorismo.
- 20/01/16 Quieren exterminarlo como a su camarada Marcelina Hortensia. Que se sepa. 07/02/16 Policías que con Laureano Bernardino encarcelaban y que ahora encarcelan como jueces de la Audiencia Nazi-onal.

- 14/02/16 Joseba Arregui asesinado por la policía torturándolo.
- 15/02/16 Dicen escorias policías «velamos por tu seguridad» mientras pagados por ti te vienen a desahuciar.
- 17/02/16 En la «ciudad libre de desahucios», que dijo [Manuela] Carmena [entonces alcaldesa de Madrid], la policía agrediendo y deteniendo a quien lucha contra los desahucios, ahora mismo.
- 22/02/16 Policías que te matan a un hijo, siguen impunes y encima piden dinero.
- 22/02/16 Si yo fuera el padre de Íñigo Cabacas se iba a enterar la policía que encima pide dinero por asesinarlo.
- 22/02/16 El policía que mandó disparar provocando el asesinato de Íñigo Cabacas, pide 777.000 euros a la familia por investigarlo. Es para...
- 07/03/16 La policía siembra racismo y recoge rabia ¿A quién sorprende?
- 09/03/16 hasta el policía que parezca más majo, detiene por luchas y no a los que explotan o saquean. No son amigos.
- 16/03/16 La policía trata con racismo a los inmigrantes y cuando reciben una hostia en respuesta se hacen las víctimas. El cuento de siempre.
- 17/03/16 Estudiantes responden a la brutalidad policial en Euskal Herria.
- 17/03/16 Luchar por la educación digna supone que la policía te detenga o abra la cabeza a porrazos, otra vez sucede en Gasteiz.
- 17/03/16 Cuando la policía utilice sus armas contra los opresores y no contra los oprimidos, empieza a contarnos que son aliados.
- 17/03/16, junto a una fotografía de dos Ertzainas arrestando a un joven ensangrentado: Hoy la policía, enemiga de la democracia, ha abierto cabezas y detenido a jóvenes que luchaban por una educación digna.
- 24/03/16, junto a un vídeo de la Guardia Civil disparando pelotas de goma: Luego pretenden que les lloremos cuando les pasa algo a esos monstruos llamados policías.
- 24/03/16, junto a una fotografía de un fallecido en una playa: Ningún Guardia Civil pago por los 16 inmigrantes asesinados a balazos de goma. Ahora llaman democracia a esto.
- 05/04/16 Los policías asesinos de Saturnino Desiderio no solo siguen impunes, sino que encima pedían dinero a la familia. La realidad supera la ficción.
- 07/08/16 La Policía asesina con total impunidad: Íñigo Cabacas, inmigrantes, etc. Pero Pablo Iglesias dice que nos protegen.

5. El demandante publicó asimismo el siguiente rap:

«Cuantos millones y millones ... han saqueado y derrochado durante tantos años... tantos miembros de la familia real. Luego los psicópatas que nos gobiernan dicen que no hay dinero... para derechos de primera necesidad. Pero tienen los años contados... se acerca la república popular. Esta es la historia de Juan Carlos el Idiota que quieren ocultar... Contar quien es y que hace es delito, apuntaba maneras cuando mató a su hermano Roman Erasmo (risas). Quien se cree que fue un accidente... ni Marhuenda [periodista de derechas] imaginando a Rajoy [entonces Presidente] desnudo cuando miente. Torrente [policía de ficción corrupto] es un santo al lado de Juanca [el rey emérito], ya denunciaron que a la [reina] Sofía maltrata. Que legitimidad tiene el heredero de Franco que en juergas y putas nuestra pasta está tirando. Se ríe de su impunidad en un chalé de Suiza. Imagínalo borracho diciendo "que buena mi hija". Con la pija de su amante recuerda cazas de elefantes mientras aumenta el hambre y no hay justicia que lo cace. A la cárcel van los pobres y no la infanta Cristina, pero medio país le desea la guillotina. No sabe ni hablar, "por qué no te callas". A mí no me cierra la boca semejante canalla. Juan Carlos el Idiota, capo mafioso saqueando el reino español. En televisión vomitan que es útil, si claro, pa su camello y pal dueño del puti. Juan Carlos el Idiota, tomará su palacio la revolución. No... no habrá Guardia Real que evite que los republicanos juzguemos al [rey] Felipe (...) Procrear con miembros de la misma familia pasa factura, ya procura la censura proteger su caradura. Haga lo que haga lo alaba la Guardia Civil y lo arregla con un "me he equivocado y no volverá a ocurrir". Tertulianos a su servicio lo amparan diciendo que una república saldría más cara. Te preguntas como puede manipular tanto... si... pues por todo lo que tienen en el banco. Dicen en la tele pública "que mona va la princesa"... el pueblo quiere república ese debate no les interesa. Silencia sus negocios sucios en Arabia Saudí y por contarlos quieren condenarme a mí. Les venden armas que van al ISIS, lucha contra el yihadismo más falsa que la salida de la crisis. No soy un súbdito, no me someto apestoso cacique tu trono obsoleto no merece respeto, pronto se irá a pique. Juan Carlos el Idiota, capo mafioso saqueando el reino español. En televisión vomitan que es útil, sí claro, pa su camello y pal dueño del puti. Juan Carlos el Idiota, tomará su palacio la revolución. No... no habrá Guardia Real que evite que los republicanos juzguemos al [rey] Felipe Viva la república popular de la clase trabajadora. Una vez más contando la verdad y que los censores se jodan. 2016 y aún como anarquía parece el medievo mientras nos explotan y Juan Carlos el Idiota entre lujos se rasca los huevos. Falso demócrata, mano a mano con la oligarquía fascista, para ir de jefe le vino muy bien el autogolpe del 23-F [golpe de Estado fallido del 23 de febrero de 1981]. Utilizando al pelele convencido de Tejero... pa maquillarse con cuatro reformas superficiales y ganar aún más dinero. Juan Carlos el Idiota se librará como el fascista de Fraga [antiguo político de derechas], pero sus herederos picarán piedra por tanto crimen que no pagan... cada parásito será juzgado. La historia no perdona ni a la escoria con corona y cada oprimido será juez de una jodida vez. El futuro será republicano y Juan Carlos, el borracho tirano, será recordado como la basura mafiosa que es. Juan Carlos el Idiota, la revolución tomará tu palacio».

2. Resoluciones de los tribunales nacionales

6. El 2 de marzo de 2018 la Audiencia Nacional condenó al demandante por enaltecimiento o justificación públicos del terrorismo en virtud del artículo 578 del Código Penal (véase el apartado 16 *infra*), condenándole a dos años de prisión y al pago de una multa de 13.500 euros[18].

7. La Audiencia Nacional sostuvo lo siguiente: «Al contenido, de elevada difusión dada la audiencia que tiene el acusado, y que el mismo reconoció en su declaración ante el plenario, desde una posición de ascendencia publica dada su actividad, que define como rapero y poeta, se advierte una llamada a la audiencia a apoyar a los que van "más allá" de las manifestaciones (tuit del 14.03.16), sin que en el acto del juicio haya dado explicaciones sobre que significan sus palabras ir "más allá", que en simple lógica equivalen a dejar la protesta pacífica, convirtiéndola en violenta en cualquier forma que fuere. Actuación violenta que propone como marco de actuación como cuando manifiesta en el citado tuit indica que las "manifestaciones son necesarias, pero no suficientes, con lo que se incita a adoptar posiciones más allá de la mera protesta pacífica, pasando a la protesta violenta, o como en el tuit de fecha 1/04/16, que dice "12 años sin lucha armada" por parte de Isabel Aparicio, elevando la actuación de esta en la lucha armada a la categoría de referente por su ejemplo. Y decimos actuación violenta contra Autoridades, Cuerpos y Fuerza de Seguridad del Estado a incluso Partidos políticos, ya que incluye en sus objetivos desde el rey emérito hasta líderes como pablo Iglesias y parlamentarios de IU, y Alcaldesas como Carmena y Colau. Dichos tuits, no solo tiene por objeto la llamada antes indicada, sino también *laudatio*, una alabanza hacia las personas de reconocidos miembros de grupos violentos de carácter terrorista, sin relevancia parlamentaria que han sido objeto de condenas judiciales por sus actividades criminales consignándolos como referentes de conducta. No se trata pues de un mero comentario en el que se vierte una opinión, sino que se trata de un mensaje que encierra claramente una invitación a realizar una conducta igual que la de "sus referentes", se incita a tratar de emular sus actos, en definitiva, actividad violenta y terrorista que representa una forma de lucha encomiable y positiva según su criterio, en definitiva una exaltación de la violencia que pretende solapar bajo forma de opinión, incluso con peligro para el orden constitucional y la paz social y las personas».

8. El demandante también fue condenado, en virtud del artículo 491 del Código Penal (véase el apartado 9 *infra*), como autor de un delito de injurias y calumnias contra la Corona y uso indebido de la imagen del rey, y se le impuso una multa de 10.800 euros.

18 Que posteriormente fue reducida a nueve meses y multa de 5040 euros.

9. La Audiencia Nacional consideró lo siguiente: «Dichos tuits y vídeo, vienen presentan una actuación por parte del acusado, que determina la imputación al rey emérito e incluso al actual de la comisión de múltiples delitos, incluso de homicidio y de malversación, así como también, de una conducta no acorde con la Autoridad que representan. No se trata de expresar una reivindicación política de otra forma de Estado, como pudiera ser la republicana, se advierte de la lectura de los tuits y canciones una intencionalidad como es la de injuriar y calumniar, ya que únicamente se dedican los tuits y canción a insultar y menospreciar a la monarquía y a sus integrantes, con el ánimo evidente de que por quien accede a sus tuits adopte una posición contraria a los mismos, incluso de forma violenta».

10. Por último, el demandante también fue condenado por un delito de injurias y calumnias contra las instituciones del Estado, y se le impuso una multa de 13.500 euros con arreglo al artículo 504.2 del Código Penal (véase el apartado 16 *infra*).

11. La Audiencia Nacional consideró lo siguiente: «En este apartado se ha de reseñar la gran cantidad de delitos que se imputan de forma reiterada, a los miembros de los Cuerpos y Fuerzas de Seguridad del Estado, acusándoles de asesinatos, lesiones, torturas que se integran en unos contenidos ofensivos y de marcado odio a los mismos a los que sigue acusando, a pesar de haber obtenido resoluciones judiciales que exoneraban a dichos Policías y Guardias Civiles de las responsabilidades indicadas, en cuyo caso carga contra la Autoridad Judicial, sin más acreditación por su parte que sus propias palabras y sus manifestaciones, sin otro fundamento ni probanza alguno. (...) De todo ello se aprecia, tal como se indicaba previamente la existencia de reiterados tuits en los que lejos de manifestar una opinión o de expresarse realizando una crítica de una actuación policial, judicial o de la Administración penitenciaria, se impone el discurso del odio por parte del procesado, con la finalidad de obtener en quien lea o examine sus mensajes una respuesta violenta contra las instituciones del estado citadas, ya que reiterando la acusación de asesinato, hace aparecer a estos como asesinos forjando el rechazo social a los mismos».

12. El 14 de septiembre de 2018, tras un recurso de apelación, la Audiencia Nacional redujo la condena del demandante por el delito de enaltecimiento o justificación públicos del terrorismo a nueve meses de prisión y multa de 5.040 euros, desestimando el recurso en cuanto al resto. 13. El 7 de mayo de 2020, el Tribunal Supremo desestimó el recurso de casación interpuesto por el demandante. Señaló que el ejercicio de la libertad de expresión y opinión estaba sujeto a otros derechos y requisitos constitucionales.

14. El 23 de noviembre de 2020, el Tribunal Constitucional inadmitió el recurso de amparo del demandante por falta de justificación de la especial trascendencia constitucional.

15. A raíz de una sentencia firme de la Audiencia Nacional de 31 de marzo de 2014, el demandante había sido condenado anteriormente a dos años de

prisión por un delito de enaltecimiento del terrorismo. La ejecución de dicha condena quedó suspendida a condición de que el demandante no reincidiera. La pena objeto de su recurso ante la Audiencia Nacional dio lugar al levantamiento de la suspensión de la condena anterior y, en consecuencia, el demandante ingresó en prisión.

3. Marco jurídico pertinente

16. Las disposiciones pertinentes del Código Penal (Ley Orgánica 10/1995, de 23 de noviembre) establecen lo siguiente:

Artículo 80 «Los jueces o tribunales, mediante resolución motivada, podrán dejar en suspenso la ejecución de las penas privativas de libertad no superiores a dos años cuando sea razonable esperar que la ejecución de la pena no sea necesaria para evitar la comisión futura por el penado de nuevos delitos».

Artículo 491 «1. Las calumnias e injurias contra cualquiera de las personas mencionadas en el artículo anterior, y fuera de los supuestos previstos en el mismo, serán castigadas con la pena de multa de cuatro a veinte meses. 2. Se impondrá la pena de multa de seis a veinticuatro meses al que utilizare la imagen del Rey o de la Reina o de cualquiera de sus ascendientes o descendientes, o de la Reina consorte o del consorte de la Reina, o del Regente o de algún miembro de la Regencia, o del Príncipe o de la Princesa de Asturias, de cualquier forma que pueda dañar el prestigio de la Corona».

Artículo 504.2 «Los que injuriaren o amenazaren gravemente a los Ejércitos, Clases o Cuerpos y Fuerzas de Seguridad, serán castigados con la pena de multa de doce a dieciocho meses. El culpable de las injurias previstas en el párrafo anterior quedará exento de pena si se dan las circunstancias descritas en el artículo 210 de este Código».

Artículo 578 «1. El enaltecimiento o la justificación públicos de los delitos [de terrorismo] o de quienes hayan participado en su ejecución, (...), se castigará con la pena de prisión de uno a tres años y multa (...). El juez también podrá acordar en la sentencia, (...), alguna o algunas de las prohibiciones previstas en el artículo 57. 2. Las penas previstas en el apartado anterior se impondrán en su mitad superior cuando los hechos se hubieran llevado a cabo mediante la difusión de servicios o contenidos accesibles al público a través de medios de comunicación, internet, (...)».

4. Quejas

17. El demandante se quejó en virtud del artículo 10 del Convenio de la violación de su libertad de expresión, porque la injerencia en el ejercicio de ese derecho no podía considerarse necesaria. El demandante también invocó el

artículo 9 al vincular su libertad de expresión a su libertad ideológica, alegando que sus declaraciones eran una manifestación de su ideología. Por último, denunció la vulneración del artículo 18, por considerar que la finalidad de su condena era silenciar su mensaje.

18. El demandante también invocó el artículo 13 del Convenio, alegando que no se había respetado su derecho a un recurso efectivo porque el Tribunal Constitucional, basándose en criterios de admisibilidad excesivamente formales, se había negado a pronunciarse sobre el fondo del asunto.

5. Valoración del Tribunal

En primer lugar, el Tribunal afrontará la cuestión relacionada con la inadmisión del recurso de amparo para analizar si el demandante había interpuesto correctamente o no su recurso de amparo, remitimos a la propia decisión en la que se concluirá que debido a que hay otros motivos para inadmitir el Tribunal considera que no es necesario profundizar en una posible inadmisión por falta de agotamiento de recursos internos al no haber planteado adecuadamente su recurso de amparo ante el Tribunal Constitucional (ver §§ 19-23).

En el contexto de este capítulo sobre el derecho de libertad de expresión, resulta de mayor interés centrarnos en el análisis de la inadmisión de los artículos 9 y 10 del Convenio, en el que el Tribunal usará los mismos criterios habituales y el análisis que realizó en la decisión *Jorge López c. España*, que acabamos de detallar.

En relación con el Artículo 10 sobre el derecho de libertad de expresión se reconoce que ha habido una injerencia limitando el ejercicio de esta libertad, que está prevista en el derecho y tiene un fin legítimo, por tanto, queda examinar si la injerencia era «necesaria en una sociedad democrática», remitiéndose a los criterios de *Otegi Mondragón*, y *Perinçek c. Suiza*, que ya hemos señalado más arriba (ver §§ 25-26). Se remite a continuación a la metodología que va a utilizar (ver § 27), ya descrita anteriormente en numerosa jurisprudencia, entre ellas *Yavuz y Yaylalı c. Turquía*, n.º 12606/11, § 44, de 17 de diciembre de 2013; *Erkizia Almandoz* y *Z.B. c. Francia*, y sobre el margen de apreciación *Mouvement raëlien suisse c. Suiza [GS]*, n.º 16354/06, § 59, TEDH 2012.

A continuación, va a aplicar en los aspectos en que guarda similitud, en relación con la condena por enaltecimiento o justificación pública del terrorismo, el caso *Jorge López c. España* ((dec.) [Comité], n.º 54140/21, de 20 de septiembre de 2022), que considera un claro precedente, demanda que como hemos visto se declaró inadmisible por carecer manifiestamente de fundamento: «En ese caso, la condena del demandante se basó en las conclusiones de que sus canciones y vídeos justificaban y glorificaban el terrorismo, en concreto al grupo terrorista GRAPO, a los individuos condenados por ser sus miembros y los crímenes cometidos por dicho grupo. También se determinó que las canciones incitaban al odio y la hostilidad por diversos motivos. Los tribunales nacionales consideraron que las canciones llamaban abiertamente a cometer actos violentos, transmitían a la audiencia la idea de que se justificaba el recurso a la violencia y al terrorismo, aprobaban los métodos y actos terroristas y elogiaban los atentados que se habían cobrado muchas vidas. El Tribunal también observó que se podía acceder a dichas canciones fácil y gratuitamente en internet y que fueron interpretadas en conciertos, por lo que tenían el potencial de llegar a un gran número de personas, incluidos los menores (véase la sentencia Jorge López, antes citada, § 17)» (§28). «El Tribunal también estimó que las canciones podían considerarse un llamamiento directo o indirecto o una justificación de la violencia, el odio o la intolerancia. Las letras de las canciones sugerían directamente herir o matar a políticos, a jueces, a policías, a los ricos, a la familia real y a quienes se percibiera como oponentes ideológicos. El Tribunal estuvo de acuerdo en que esas declaraciones iban mucho más allá de lo que podría percibirse como "canciones protesta", tal como fueron descritas por el demandante, y de los límites de la crítica aceptable» (véase *Jorge López*, citada anteriormente, § 19) (§29).

Se reitera que, en ese caso, «El Tribunal consideró además razonable la apreciación de los hechos por parte de los tribunales nacionales. Concluyó que el tribunal de apelación, al condenar al demandante, tuvo cuidado en apreciar su culpabilidad sobre la base de los criterios definidos por la jurisprudencia del Tribunal, teniendo en cuenta las exigencias del artículo 10.2 del Convenio, y después de haber ponderado los diferentes intereses en juego. En cuanto a la naturaleza y gravedad de las sanciones, a la luz de las circunstancias y del razonamiento de los tribunales nacionales, el Tribunal concluyó que la condena penal del demandante no podía considerarse desproporcionada en relación con el objetivo legítimo perseguido» (§ 30). A lo que se añade que «Las conclusiones del Tribunal en el asunto *Jorge López* (antes citado) son plenamente aplicables al caso que ahora se analiza» (§ 31), lo que nos permite anticipar los argumentos que se van a aplicar al presente caso y los tres criterios extraídos de la sentencia *Erkizia Almandoz* (ver § 32).

Para ello se examinan primero, como es habitual, los razonamientos elaborados por los tribunales nacionales que justificaron la condena del demandante «en la constatación de que sus mensajes en Twitter justificaban y ensalzaban el terrorismo, a personas condenadas por pertenecer a organizaciones terroristas y los delitos cometidos por éstas. También se consideró que los mensajes incitaban al odio y a la hostilidad por diversos motivos. Los tribunales nacionales consideraron que los mensajes del demandante no estaban amparados por la libertad de expresión. A juicio del Tribunal, no se trataba, como pretendía el demandante, de una sanción penal por el mero desacuerdo con la ideología política o social de terceros, sino que, dada la forma en que se expresaba y difundía el desacuerdo, se trataba de una sanción por incitación, provocación y riesgo de que terceros, enardecidos por las declaraciones en cuestión, pudieran perpetrar actos de violencia real contra instituciones y grupos concretos, al igual que habían hecho las personas condenadas por ser miembros de organizaciones terroristas citadas como ejemplo. El Tribunal observa asimismo que los mensajes del demandante eran fácil y gratuitamente accesibles en internet y, por tanto, podían llegar a un gran número de personas, incluidos los menores» (§ 33).

El Tribunal de Estrasburgo hace un examen muy detallado de los argumentos de los tribunales nacionales viendo paso a paso si han respetado las exigencias del convenio y si han realizado una adecuada ponderación. Ello reitera la importancia de los fundamentos jurídicos de estas sentencias y de la gran importancia que se les atribuye en este organismo internacional.

Al reseñar los razonamientos de esas sentencias va a respetar la interpretación realizada al considerar que «el objetivo de los tuits del demandante era la *laudatio*, una forma de elogio de personas reconocidas como miembros de grupos terroristas violentos, sin legitimidad parlamentaria alguna, que habían sido condenadas por los tribunales por sus actividades delictivas ocurridas recientemente. Por lo tanto, los atentados terroristas cometidos por ellos seguían frescos en el imaginario colectivo del país, lo que justificaba un mayor grado de regulación de las declaraciones al respecto (véanse *Jorge López*, § 18; *Perinçek*, § 250; y *Z.B. c. Francia*, § 59, todas ellas citadas anteriormente)» (§34).

Se observan ciertas similitudes con el caso *Jorge López* debido al contexto español y el tiempo en el que se emitieron estos mensajes que se dan en una misma época por lo que el análisis del contexto realizado por los tribunales internos es similar y coherente en ambos casos. Por otro lado, es esencial porque estamos en un contexto de una acusación penal responder «a la pregunta de si los mensajes podían considerarse un llamamiento directo o indirecto o una justificación de la violencia, el odio o la intolerancia» a la que «los tribunales nacionales señalaron las referencias explícitas a métodos violentos o terroristas (véase el apartado 7 supra). En resumen, los tuits comunicaban la idea general de que estaba justificado el recurso a la violencia y al terrorismo. El Tribunal coincide en que esas declaraciones fueron mucho más allá de lo que podría percibirse como mensajes de protesta, tal como los describió el demandante, y más allá de los límites de la crítica aceptable (véase *Jorge López*, citada anteriormente, § 19)» (§35).

En relación con la forma en la que se creó el mensaje y su difusión, así como su posibilidad de influir en otros ciudadanos, se destaca el poder de difusión de los twits, su amplitud y sus destinatarios que son especialmente gente joven (ver § 36). A la hora de evaluar el contexto social se tiene en cuenta la facultad de apreciación de los órganos jurisdiccionales internos [véase *M'Bala M'Bala c. Francia (dec.)*, n.° 25239/13, § 30, TEDH 2015 (extractos), con otras referencias] y la situación de terrorismo que había vivido la población española en relación con ETA y GRAPO (véase, *mutatis mutandis*, *Williamson c. Alemania (dec.)*, n.° 64496/17, § 27, de 8 de enero de

2019), citando un caso que se relaciona con la negación del holocausto en un programa de televisión emitido en Suecia de una entrevista al demandante Williamson, pero visible también en Alemania[19] (ver § 37). Un argumento importante en este tipo de casos es la existencia de numerosas víctimas de estos grupos terroristas que están vivas en la actualidad, así como de los perpetradores que están todavía en la cárcel. El caso del holocausto tiene otras peculiaridades basadas en ser crímenes contra la humanidad y delitos de genocidio y la existencia de descendientes, aunque haya pasado más tiempo que en el terrorismo del contexto español.

En el análisis final de esta decisión, se añade más jurisprudencia que la citada en el caso de *Jorge López*, como es además de la ya mencionada de *Williamson*, para insistir en la importancia de la apreciación de las autoridades nacionales en cuestiones que están relacionadas con la historia de cada país a la hora de establecer una ponderación de los derechos en juego (ver § 38), así como ver si existía una necesidad social apremiante, remitiendo además del caso ya detallado de *Z.B. c. Francia*, en contextos de terrorismo islámico, a otras situaciones de antisemitismo, como *Pastörs c. Alemania*, n.° 55225/14, § 48, de 3 de octubre de 2019, en el que un político alemán hizo un juicio negativo sobre la existencia de fechas de memoria de rechazo del holocausto (ver § 39). Además, se cita, *mutatis mutandis*, *ROJ TV A/S c. Dinamarca (dec.)*, n.° 24683/14, § 47, de 17 de abril de 2018. Este último caso se sitúa en un contexto de una compañía de televisión que emitía programas no sólo en Dinamarca, sino que también eran vistos en Alemania, promoviendo las operaciones de terror del partido turco PKK. Los demandantes fueron condenados por aplicación del Código penal danés por apoyar con sus programas las acciones terroristas del PKK (ver § 45). En este caso, el Tribunal aplicó el Artículo 17, declarando que los demandantes abusando del Tribunal pretendieron tener derecho a la libertad de expresión, de manera que el caso fue declarado inadmisible *ratione materiae* en base al artículo 17 del Convenio por intentar usar la protección de la Convención para una conducta que era contraria a los valores del propio Convenio (ver § 48).

Volviendo al caso *Rivadulla Duró*, en cuanto a la proporcionalidad de la sanción, el Tribunal tiene en cuenta que la pena de dos años de prisión impuesta al demandante se redujo a nueve meses tras ser recurrida. Por otra parte, se destaca que los actos por los que fue condenado en la presente demanda no hubieran dado lugar al encarcelamiento del demandante y que ello se debió a que había sido condenado a una pena de prisión por un delito anterior de enaltecimiento del terrorismo que había sido suspendida (véase el apartado 15 supra), con tal de que no hubiera reincidencia. Por tanto, su

19 Para un análisis detallado de esta decisión remito al artículo ya citado Elósegui, M. «El principio de proporcionalidad, la incitación al odio y la libertad de expresión en la reciente Jurisprudencia del Tribunal Europeo de Derechos Humanos: los Casos *Stomakhin c. Rusia, Williamson c. Alemania y Pastörs c. Alemania*»,

entrada en prisión fue consecuencia de sus sucesivas condenas, es decir de sus propios antecedentes penales: «El Tribunal concluye que tanto la condena penal como la pena impuesta al demandante en el presente asunto no pueden considerarse desproporcionadas en relación con el fin legítimo perseguido» (§ 41). Por tanto, se concluye que esta queja del Artículo 10 del Convenio carece manifiestamente de fundamento (ver § 42).

6. Condena por calumnias contra el jefe del Estado y las instituciones estatales

Resulta también relevante el análisis que se realiza en la decisión sobre la condena del demandante por calumnias contra el jefe del Estado y las instituciones estatales. En este caso, se repite la misma metodología (ver §§ 43 y 44), acudiendo a otra jurisprudencia no citada anteriormente como *Delfi AS c. Estonia [GS],* n.º 64569/09, § 139, TEDH 2015, y *MGN Limited c. Reino Unido*, n.º 39401/04, § 150, de 18 de enero de 2011. Merece la pena ser destacado las diferencias que se establecen entre los razonamientos que se llevaron a cabo en la sentencia de Otegi Mondragón, en la que el Tribunal consideró desproporcionada la condena de un año de prisión del demandante por haber calificado al rey de «responsable de torturadores» (ver § 45), mientras que va a considerar que en el caso presente de *Rivadulla Duró*, los tribunales nacionales han llevado a cabo una correcta ponderación. En el caso de Otegi el Tribunal de Estrasburgo tuvo en cuenta una serie de elementos: «en primer lugar, la condición del demandante, como representante político elegido por el pueblo, para hacer las declaraciones (véase Otegi Mondragón, citada anteriormente, § 51); consideró asimismo el contexto en el que se habían realizado las polémicas declaraciones - en una conferencia de prensa - y observó que eran declaraciones orales y que el demandante no había podido reformularlas, depurarlas o retractarse antes de que se hubieran hecho públicas (ibid., § 54). Además, el Tribunal consideró que las declaraciones no cuestionaban la vida privada del rey. Por último, concedió especial importancia a la severidad de la pena impuesta de un año de prisión (ibid., §§ 58 y 59)» (§ 46).

Sin embargo y como contraste, «En el presente caso, las diferentes circunstancias llevan a una conclusión distinta. El demandante no es un representante político elegido por el pueblo, sino un cantante (véase el apartado 2 supra). Sus mensajes fueron transmitidos por escrito y su canción se escribió y grabó antes de la publicación del vídeo, lo que presupone que fueron el resultado de un proceso de reflexión tal que las afirmaciones que contienen no pueden justificarse por la inmediatez del contexto. En realidad, muchos de los tuits constituyen acusaciones graves y alegaciones de graves delitos sin ninguna prueba más allá de la propia opinión del demandante (véanse los apartados 2, 3 y 4 supra). Además, únicamente se impuso una sanción de carácter económico por dichas declaraciones sobre el rey emérito (véase el apartado 8 *supra*)» (§ 47).

En relación con la condena del demandante por «el delito de injurias a las instituciones del Estado, el Tribunal señala que el demandante acusó repetidamente y sin prueba alguna a policías, a los que llamó nazis, de delitos de tortura y asesinato de migrantes (véase el apartado 2 supra)» (§ 48). El Tribunal atribuye especial peso al hecho de la continua reiteración de las injurias, a que no eran improvisadas (diferenciándola así del caso *Toranzo Gómez c. España*, n.º 26922/14, §§ 58-63, de 20 de noviembre de 2018), ni aisladas, a su falta de fundamento y de indicios fundados o pruebas, a la gravedad de las acusaciones, a su gran difusión al servirse de redes sociales, y el acceso gratuito de gran número de simpatizantes (ver § 50), como han probado los tribunales nacionales aplicando los criterios de la jurisprudencia de Estrasburgo en relación con los límites a la libertad de expresión señalados en el Artículo 10.2., considerando una vez más que dada la correcta ponderación realizada por los tribunales españoles no ve razón para separase de ella. En consecuencia, la condena penal fue proporcionada (ver § 51) y no ha habido violación del Convenio en esta condena por calumnias a las instituciones del Estado.

Por otro lado, resulta por último también novedoso el examen de la queja del demandante, relacionada con el Artículo 18 del Convenio, ya que es la primera vez que se examina en un caso español. Este artículo dice que: «Las restricciones que, en los términos del presente Convenio, se impongan a los citados derechos y libertades no podrán ser aplicadas más que con la finalidad para la cual hayan sido previstas». Según el demandante, se le había condenado con el fin de silenciarle (ver § 55). Sin embargo, no aportó ninguna prueba o indicio que permitiera al Tribunal juzgar que sus condenas habían sido por un motivo que no estuviera claramente previsto en la ley y que tuviera una motivación más allá de temas legales. Cuando el Tribunal concluye que el resto de las quejas de un demandante no son admisibles una vez analizadas, y que no ha habido ninguna violación sustantiva de ningún derecho del Convenio, no se puede invocar el Artículo 18 (véase *Rustavi 2 Broadcasting Company Ltd y otros c. Georgia*, n.º 16812/17, §§ 316-17, de 18 de julio de 2019) (ver § 56). Por lo cual se rechaza también esta queja como por carecer manifiestamente de fundamento en el sentido del artículo 35.3 (a) y deben rechazarse de conformidad con el artículo 35.4 del Convenio. Por estos motivos, el Tribunal, por unanimidad, declara la demanda inadmisible (ver § 57).

En el mismo sentido que Saúl Jorge López y Hassel, el cantante rapero Valtònyc interpuso años antes una demanda, cuyo resultado el mismo anunció en la prensa[20], que fue inadmitida por juez único el 11 de julio de 2019 y cuya inadmisión quedó reflejada en la web del Tribunal.

20 ACN, «El Tribunal de Derechos Humanos desestima la demanda de Valtònyc por la condena de España», *20 minutos*, 19/11/2019.

IV. Caso Gozalbo Moliner: decisión de inadmisión

En relación con el Art. 11, libertad de reunión, otra decisión de inadmisión es la de *Gozalbo Moliner c. España*[21]. Es una estudiante que durante unas manifestaciones por la subida de las tasas en la matrícula de universidad y pudiendo manifestarse sin ninguna cortapisa interrumpió con uso de fuerza e impidió que otra asociación de estudiantes que estaban realizando una actividad a puerta cerrada en la universidad pudiera celebrar su actividad, al entrar forzando la puerta e impidiendo que se llevara a cabo, es decir impidió el ejercicio legítimo de la libertad de reunión o perturbó gravemente el desarrollo de una reunión o manifestación legal de otros. La estudiante recibió una multa de 1050 euros por vía penal. Ante el Tribunal de Estrasburgo se queja por haber sido presuntamente condenada por una reunión realizada en el ejercicio legítimo de sus derechos a la libertad de reunión y a la libertad de expresión (ver § 1). Se consideró que el razonamiento de los tribunales domésticos había sido conforme a los criterios de la jurisprudencia del TEDH y que ella pudo ejercer su derecho a la manifestación, siendo que su condena no se debía a este hecho, sino al haber impedido a otros el ejercicio de su respectivo derecho con el uso de la coacción. Alegó además que había sido condenada por el tribunal de apelación sin audiencia, en violación del artículo 6.1, y que no tenía posibilidad de apelar su condena, en violación del artículo 2 del Protocolo núm. 7.

En este caso, se pondera el derecho de la demandante, a la que nadie impidió que se manifestara, frente a los derechos de los demás también a tener una reunión pacífica que les fue obstaculizada por la demandante, mientras que el derecho de manifestarse de esta fue respetado por las autoridades.

1. Hechos del caso

2. El 21 de marzo de 2013, un grupo de estudiantes, entre ellos la demandante, forzaron una puerta de las instalaciones de la Facultad de Derecho de la Universidad de Barcelona e interrumpieron una mesa redonda sobre el modelo universitario organizado por una asociación privada. Los manifestantes leyeron un manifiesto con un megáfono, gritaron y silbaron. Se negaron a abandonar el recinto, por lo que las autoridades universitarias acordaron con los organizadores suspender la mesa redonda para evitar un riesgo mayor. Las acciones de los manifestantes no causaron daños a ninguna persona ni a ninguna propiedad.

3. El 3 de agosto de 2018 el Juzgado de lo Penal núm. 16 declaró culpable a la demandante del delito leve de *falta de coacciones*, que prescribía al haber sido cometido más de seis meses antes. Consideró que la demandante

21 TEDH, Decisión de inadmisión, *Gozalbo Moliner v. Spain*, no 23896/21, 2 de marzo 2023.

no había cometido el delito de coacciones, ya que su conducta no había alcanzado el umbral requerido de violencia, y que sus acciones no constituían el delito de impedir o perturbar el ejercicio legítimo de la libertad. delito *de impedimento o perturbación del ejercicio de la libertad de reunión*), dado que los organizadores y participantes de la mesa redonda habían acordado suspender su asamblea.

4. Tanto el fiscal como el acusador recurrieron la sentencia de primera instancia.

5. El 28 de diciembre de 2018, la *Audiencia Provincial de Barcelona,* sin celebrar vista, anuló la sentencia de primera instancia, declaró a la demandante culpable del delito de perturbación del legítimo ejercicio de la libertad de reunión y le impuso una multa por importe de 1.050 euros.

6. El delito en cuestión está previsto en el artículo 514.4 del Código Penal español, redactado en los siguientes términos:

> «Quienes impidan el ejercicio legítimo de la libertad de reunión o manifestación, o perturben gravemente el desarrollo de una reunión o manifestación lícita, serán sancionados con pena privativa de libertad de dos a tres años si los hechos fueron perpetrados con violencia, y con pena de prisión de tres a seis meses o multa de seis a doce meses si se comete por vías **de hecho** o cualquier otro procedimiento ilícito».

7. La *Audiencia Provincial* afirmó que el artículo 514.4 del Código Penal era aplicable a los actos que impedían a los asistentes a una reunión ejercer legalmente su libertad de reunión o que les perturbaban gravemente durante dicho ejercicio, independientemente de que se hubiera utilizado la violencia, y encontró que los actos de irrumpir en una habitación cerrada forzando la apertura de una puerta e interrumpiendo una reunión entraban dentro de su ámbito.

8. La demandante interpuso recurso de nulidad ante la *Audiencia Provincial*, alegando que había sido condenada en apelación sin haber sido oída. La *Audiencia Provincial* consideró que no había sido absuelta en primera instancia y que la sentencia de apelación se había limitado a modificar la calificación jurídica de los hechos. Sus quejas sobre la interpretación del artículo 514.4 del Código Penal y el ejercicio de su derecho a la libertad de expresión y de reunión fueron declaradas inadmisibles, ya que ya habían sido abordadas en su sentencia.

9. El Tribunal Constitucional declaró inadmisible el recurso de *amparo* por considerar que el recurrente no había justificado debidamente la relevancia constitucional del caso.

10. La demandante se quejó de una violación de su derecho a una audiencia pública (Artículo 6 § 1), su derecho de apelación en materia penal (Artículo 2 del Protocolo No. 7), su derecho a la libertad de expresión (Artículo 10) y su derecho a la libertad de reunión (artículo 11).

2. Valoración del Tribunal

En relación con el artículo 6 §1 del Convenio, la demandante se quejó de que se le había condenado en una segunda instancia por la Audiencia Provincial sin haber tenido audiencia y cambiando los hechos y con una absolución en primera instancia (ver § 11). Sin embargo, conforme a la doctrina consolidada del Tribunal, sólo es necesario volver a oír al acusado si se cambiaran los hechos del caso, pero no si se hace una interpretación de derecho. El Tribunal va a considerar que la *Audiencia Provincial* asumió los hechos tal y como se habían decidido en la primera instancia y que lo único que hizo fue aportar su propia valoración jurídica de los hechos ya establecidos por el tribunal de primera instancia lo que es compatible con las garantías procesales exigidas por la jurisprudencia de Estrasburgo. Al interpretar el artículo aplicado del Código Penal 514.4: «Consideró, contrariamente a la conclusión del tribunal de primera instancia, que el delito de impedir el ejercicio legítimo de la libertad de reunión de otros no requiere necesariamente el uso de la violencia o un alto nivel de intensidad de conducta, dado que, según el artículo 514.4 del Código Penal, el delito podría cometerse por medios ilegales o cualquier otro procedimiento ilícito». La *Audiencia Provincial* consideró que las acciones del demandante, tal como lo estableció el tribunal de primera instancia, cumplían los criterios del delito penal previsto en el artículo 514.4 del Código Penal (§ 12). Por tanto, el Tribunal de Estrasburgo concluye en este punto que se han respetado las garantías procesales porque la *Audiencia Provincial* no llevó a cabo una nueva evaluación de los hechos establecidos en primera instancia y además el procedimiento fue contradictorio porque la demandante tuvo la oportunidad de presentar su versión de los hechos oralmente ante el tribunal de primera instancia, así como de presentar observaciones escritas en respuesta a las de los fiscales públicos y privados (ver § 12). Como es doctrina consolidada, hubo una apreciación directa del dolo y de la intención subjetiva realizada por la primera instancia, que la había apreciado, pero había hecho una interpretación diferente del tipo penal.

En segundo lugar, en relación con la queja en virtud del artículo 2 del Protocolo núm. 7 del Convenio, la demandante se quejaba de no haber tenido oportunidad de apelar su condena. El Tribunal responde que ha tenido derecho a dos instancias penales que son las que exige el Convenio (ver § 15-17) y por tanto no se ha violado este artículo del Convenio.

En relación con la queja de los artículos. 10 y 11, el Tribunal examinará el Artículo 11 como *lex specialis* a la luz del Artículo 10, concluyendo que no ha habido violación de ninguno de los dos. El Tribunal va a proceder al análisis del Artículo 11 que considera que es aplicable al caso y no es inadmisible de plano, dado que no se utilizó violencia, lo que hubiera llevado a un rechazo directo del examen de este Artículo porque el Artículo 11 protege sólo el derecho a manifestarse de un modo pacífico (ver *Kudrevičius y otros c. Lituania* [GC], núm. 37553/05, artículo 92, TEDH 2015) (ver § 20). Siguiendo su metodología habitual, el Tribunal examina si la aplicación de la pena tenía una base legal, es decir si estaba prevista por la ley, concluyendo que sí, y si su aplicación era previsible. Como hemos visto antes el artículo 514.4 del Código Penal español prevé que: «Quienes impidan el ejercicio legítimo de la libertad de reunión o manifestación, o perturben gravemente el desarrollo de una reunión o manifestación lícita, serán sancionados con pena privativa de libertad de dos a tres años si los hechos fueron perpetrados con violencia, y con pena de prisión de tres a seis meses o multa de seis a doce meses si se comete por vías *de hecho* o cualquier otro procedimiento ilícito».

La Audiencia Provincial consideró que participar en una mesa redonda era parte también del ejercicio del derecho de reunión de esas otras personas a las que la demandante impidió reunirse y esta interpretación no es arbitraria o impredecible, aunque la demandante no esté de acuerdo con ella. Por tanto, debería haber previsto que su interrupción de la mesa redonda podría haber sido considerada como un delito de impedir el ejercicio legítimo de la libertad de reunión o suponía perturbar gravemente el desarrollo de una reunión legal, y que esa conducta se podía tipificar bajo el artículo 514.4 del Código Penal. (ver § 21).

En relación con el fin legítimo conforme a lo previsto en el Artículo 11.2., la prohibición penal de no interferir en el derecho de otros a reunirse lo tiene porque su objetivo es proteger los derechos de otros, específicamente el derecho a la libertad de reunión de los participantes en la mesa redonda (ver § 22). En cuanto a la proporcionalidad de la medida el Tribunal aplica los criterios establecidos en la sentencia *Kudrevičius y otros c. Lituania* (citado anteriormente, §§ 142-60) (ver § 23). En cuanto al derecho de manifestación no disfruta de la misma protección privilegiada de otros derechos del Convenio como el discurso político y los Estados disfrutan de un amplio margen de apreciación en la evaluación de la necesidad de adoptar medidas para restringir dicha conducta (*ibíd.*, párr. 156). «Además, la perturbación grave e intencionada por parte de manifestantes de actividades realizadas legalmente por otros podría considerarse un «acto reprensible» y podría justificar la imposición de sanciones, incluso de carácter penal (ibid., párr. 173)» (§ 24).

En el caso concreto, el Tribunal considera como lo han hecho los tribunales nacionales que «la demandante, junto con otros estudiantes, cometió un "acto reprobable" porque, después de forzar una puerta y perturbar la mesa redonda, permanecieron en la sala, haciendo imposible para que los participantes continúen su reunión» (§ 25).

Por tanto, a la hora de analizar el test de proporcionalidad entre los derechos de reunión de la demandante y la de las demás personas de una asociación que tenían previsto una mesa redonda en un lugar en el que no estaba previsto que fuera lugar para desarrollar la manifestación de estudiantes, se considera que las autoridades nacionales lograron un justo equilibrio al imponer esa multa a la demandante, ya que está no respetó el derecho de los otros a reunirse que estaba amparado también por el Artículo 11 del Convenio, y además nadie le impidió realizar su propia manifestación, como así había hecho antes de invadir ese aula. Por tanto, la conclusión teniendo en cuenta las circunstancias concretas del caso, es que los tribunales nacionales «basaron sus decisiones en una apreciación aceptable de los hechos y en motivos pertinentes y suficientes. Por lo tanto, no sobrepasaron su margen de apreciación en relación con el tema (*ibíd.*, párr. 182). La multa impuesta al demandante, aunque fuera de carácter penal, no era desproporcionada con respecto al objetivo legítimo perseguido» (§ 26). En consecuencia, la queja de la demandante es manifiestamente infundada y debe ser rechazada de conformidad con el artículo 35 §§ 3 (a) y 4 del Convenio (ver § 27).

V. El caso Fragoso Dacosta c. España

En contraste con los casos de los raperos Jorge López y Hásel, el Tribunal de Estrasburgo ha fallado que en el caso del sindicalista *Fragoso Dacosta*[22], los tribunales internos le habían condenado sin respetar los criterios de la jurisprudencia del Tribunal. Es importante una vez más tener en cuenta el contexto de reivindicación laboral legítima en el que se produjeron los hechos y además que se basaron en una mera actuación de un día, sin ninguna repercusión social, de hecho, no se recogió en ningún medio de comunicación, es decir no tuvieron ninguna difusión (a diferencia de los casos de los cantantes señalados anteriormente).

Los hechos se sitúan en el Ferrol, es el sindicalista *Fragoso Dacosta* partició en una pequeña manifestación-huelga motivada por el impago de los salarios a unas trabajadoras de Ferrol, que trabajaban para los militares, pronunció una sola frase en ese contexto, de insulto a la bandera (ver § 5). Las protestas se llevaban a cabo a las 8 de la mañana durante la izada solemne de la bandera delante del arsenal militar, que era el lugar en el que las empleadas de la limpieza trabajaban. El Tribunal de Estrasburgo dijo que la pena impuesta por vía penal de 1.260 euros era desproporcionada dado el contexto en el que el trabajador había insultado a la bandera, que estaba dirigido más bien a ser una crítica al empleador, incluyendo la frase simbólica de que «la bandera no paga las facturas». Esta sentencia había contado en el Tribunal Constitucional con cinco votos particulares discrepantes de los siguientes magistrados: Encarnación Roca Trías, Andrés Ollero Tassara, Juan Antonio Xiol Ríos, María Luisa Balaguer Callejón y Candido Conde-Pumpido Tourón[23].

---

22 STEDH, *Fragoso Dacosta v. Spain*, n.º 27926/21, 8 de junio de 2023.

23 Pleno. Sentencia 190/2020, de 15 de diciembre de 2020. Recurso de amparo 1691-2018. Promovido por don Pablo Fragoso Dacosta en relación con las sentencias de la Audiencia Provincial de A Coruña y un juzgado de lo Penal de Ferrol que le condenaron por un delito de ultrajes a España. Supuesta vulneración de los derechos a la libertad ideológica y de expresión: respuesta punitiva proporcionada a un mensaje de menosprecio a la bandera no amparado por la libertad de expresión. Votos particulares.

Pero en ningún caso, como a veces se pretende extrapolar[24], el TEDH ha dicho que la ley o el código penal español incumpla con el Convenio por la existencia de ese delito de ultrajes a España del artículo 543 del Código Penal, tipo que castiga «las ofensas o ultrajes de palabra, por escrito o de hecho a España, a sus comunidades autónomas o a sus símbolos o emblemas». De hecho, hay muchísimos países del Consejo de Europa que estipulan delitos similares, lo que reafirma la legitimidad de ese tipo de legislaciones. La sentencia no exige ningún cambio legislativo. Lo importante es aplicar bien la legislación a las circunstancias del caso concreto y realizar una buena ponderación y eso está en manos de los jueces, no del legislador. El error fue tipificar este caso por vía penal y atribuirle un significado que no le correspondía. Todo ello se debió al hecho de que esta huelga se produjera en un contexto de un empleador que era militar. De otro modo, no hubiera tenido ninguna transcendencia. Es más, buscando noticias de cuando ocurrieron los hechos vemos que la protesta ni se había reflejado en la prensa. La publicidad se creó a posteriori dada la desproporción de la reacción penal. A mi juicio, el debate que se dio a nivel del Tribunal Constitucional se debió precisamente a las presiones que existían provenientes del mundo político y académico de querer suprimir ese delito, lo que agudizó el análisis en abstracto más allá de las concretas circunstancias del demandante que eran claras. Para ello, no era necesario mirar a Estrasburgo, ni a la jurisprudencia sobre España de este Tribunal en relación con la quema de fotos del rey, que, aunque magnificada es muy escasa, bastaba con haber aplicado el test de proporcionalidad habitual del tribunal constitucional.

En relación con la existencia de este delito en la legislación española se afirma que: «El Tribunal entiende que la injerencia denunciada estaba ´prevista por la ley`, es decir, por el artículo 543 del Código Penal español, que prevé, por elección del Parlamento español, la tipificación de ciertas conductas que pueden ultrajar los símbolos de España y que se consideran perjudiciales para los sentimientos de la sociedad española. Respecto al objetivo legítimo, el Gobierno se refirió a la protección de ´un símbolo común a todos los miembros de una nación`. Dada la importancia de promover la cohesión social, el Tribunal acepta que esto corresponde al objetivo legítimo de proteger los ´derechos de otros`, al que hace referencia el segundo párrafo del artículo 10 (compárese *Murat Vural c. Turquía*, n.° 9540/07, § 60, de 21; *Animal Defenders International c. Reino Unido [GS]*, n.° 48876/08, § 78, TEDH 2013; y *NIT S.R.L., v. Moldavia*, anteriormente citada, § 175)» (§ 24).

24 Quesada Alcalá, C. (2023) «Los ultrajes a la bandera en España y el clamor general del Consejo de Europa: análisis comparativo de la Sentencia del TEDH *Fragoso Dacosta c. España*». *Revista General de Derecho Europeo,* 61. También Álvarez Rodríguez, I. «Era libertad de expresión: el caso Fragosa Dacosta ante el Tribunal Europeo de Derechos Humanos», La Ley, n.° 10324/ Sección Tribuna, 10 de Julio de 2023.

El Tribunal centró su valoración en examinar si la pena impuesta al demandante era «necesaria en una sociedad democrática», cuyos principios generales están consolidados en la jurisprudencia del Tribunal (véase *NIT S.R.L.,* § 177) (Ver § 25). Al valorar las circunstancias les atribuye un peso diferente al que habían realizado los tribunales internos. Se tiene en cuenta que el demandante era un representante sindical y que está actuando en esta función cuando profiere esas tres frases malsonantes, en el desarrollo de una protesta pacífica. Además, la razón de dicha protesta era laboral, a saber, el impago de salarios de las limpiadoras de esa institución militar. No pretendía insultar la bandera, sino a su empleador (ver § 26). El tribunal añade que, si bien corresponde en primer lugar a las autoridades nacionales, y en concreto a los órganos jurisdiccionales internos, interpretar y aplicar la legislación interna, corresponde en última instancia al Tribunal establecer si la forma en que se interpreta y aplica dicha legislación produce efectos compatibles con el Convenio (ver § 27).

El Tribunal ha declarado que debe establecerse una distinción clara entre la crítica y los insultos y que, en algunas circunstancias, si la única intención de cualquier forma de expresión es injuriar una institución o a una persona, una sanción adecuada no supondría en principio una violación del artículo 10.2 del Convenio (véase *Skałka c. Polonia*, n.° 43425/98, § 34, de 27 de mayo de 2003) (ver § 28). En cualquier caso, incluso en este tipo de asuntos, el Tribunal, en el ejercicio de su competencia de control, debe examinar la injerencia impugnada a la vista del caso en su conjunto, incluyendo el contenido de las observaciones formuladas en contra del demandante y el contexto en el que se realizaron, y establecer si la injerencia en cuestión es «proporcionada a los objetivos legítimos» y si los motivos alegados por parte de las autoridades nacionales para justificarlos son «relevantes y suficientes» (ver § 28).

Las claves del análisis del Tribunal están en los párrafos 31 y 32. En definitiva, en su diferente apreciación de los hechos. En cierto modo la sentencia mayoritaria del TC no había admitido frente a los jueces disidentes que hubiera un nexo causal entre las frases proferidas y la situación laboral, sin embargo, el TEDH: «El Tribunal no puede aceptar la afirmación del Gobierno y del Tribunal Constitucional de que las declaraciones del demandante no guardaban relación alguna con las protestas. Indica que las autoridades militares pidieron expresamente al demandante "rebajar el tono" de su protesta durante la ceremonia solemne (véanse los párrafos 6 y 9 supra). Puede también considerar que las referencias del demandante al silencio de la bandera (véase el párrafo 7 supra) estaban relacionadas con dicha petición, tal y como se indica en la sentencia del juzgado de lo penal, y suponer una expresión de frustración en contra de dicha petición. El Tribunal considera que no puede adivinar las intenciones del demandante, pero indica que sus declaraciones podrían ser consideradas razonablemente no como meras ofensas, sino como una crítica y una expresión de protesta y descontento contra el personal militar en su calidad de trabajadores de la compañía de limpieza (véanse, *mutatis mutandis*, *Fuentes Bobo*, anteriormente citada, § 48, sobre declaraciones ofensivas contra inmigrantes; *Stern Taulats y Roura Capellera*, anteriormente citada, § 38; y *Genov y Sarbinska c. Bulgaria*, n.º 52358/15, § 82, de 30 de noviembre de 2021)» (§ 31).

Es lo que el demandante alegó ante el Tribunal de Estrasburgo y que es aceptado por el Tribunal. Es evidente que, aunque la protesta se desarrollaba ante un edificio militar, no tenía ninguna connotación política, sino que se debía simplemente al impago de salarios y a que era una empresa de limpieza subcontratada por los militares para limpiar ese edificio la que no les estaba pagando. Por tanto, el vínculo causal era claro. Que el sindicalista Fragoso pertenecería a un sindicato nacionalista gallego no tenía ninguna relación en este contexto con sus reivindicaciones labores y no añadía ningún elemento político de crítica al Estado y a sus instituciones en abstracto. Aunque la demanda se realizó bajo el Artículo 10 del Convenio, guardaba una estrecha relación con el derecho de reunión y de manifestación sindical protegido por el Artículo 11 del Convenio.

Por tanto, esas frases deben encuadrarse en ese contexto: «El Tribunal observa asimismo que el demandante era un representante sindical que realizó las declaraciones durante una protesta en contra del impago de salarios. Puede por tanto admitirse que se trataba de un debate sobre una cuestión de interés general para los trabajadores de la empresa de limpieza (véase, *mutatis mutandis*, *Palomo Sánchez y otros c. España [GS]*, n.º 28955/06 y otras 3, § 72, TEDH 2011). En este sentido, el Tribunal reitera que los miembros de un sindicato deben poder expresar a su empleador las reclamaciones con las que pretenden mejorar la situación de los trabajadores de su empresa (*ibíd.*, § 56; véase también, *mutatis mutandis*, *Straume c. Letonia*, n.º 59402/14, § 103, de 2 de junio de 2022)».

Después del análisis de proporcionalidad seguido por los tribunales internos (§ 29-33), concluye que: «Teniendo en cuenta las circunstancias del caso, el Tribunal no está convencido de que las autoridades nacionales hayan alcanzado un equilibrio justo entre los intereses relevantes en juego al condenar al demandante e imponerle una sanción excesiva. En consecuencia, se ha producido una violación del artículo 10 del Convenio» (§ 34).

Bibliografía

ACN, «El Tribunal de Derechos Humanos desestima la demanda de Valtònyc por la condena de España», *20 minutos*, 19/11/2019.

ÁLVAREZ RODRÍGUEZ, I. «Era libertad de expresión: el caso Fragosa Dacosta ante el Tribunal Europeo de Derechos Humanos», *La Ley*, n.º 10324/ Sección Tribuna, 10 de Julio de 2023.

ELÓSEGUI, M., «La negación o justificación del genocidio como delito en el Tribunal Europeo. Una propuesta a la luz de la recomendación n.o 15 de la ECRI», *UNED. Revista de Derecho Político,* 98, 2017, pp. 251-334.

ELÓSEGUI, M. «El principio de proporcionalidad, la incitación al odio y la libertad de expresión en la reciente Jurisprudencia del Tribunal Europeo de Derechos Humanos: los Casos *Stomakhin c. Rusia, Williamson c. Alemania y Pastörs c. Alemania», Revista General de Derecho Europeo*, Iustel, 51 (2020), 422514 [41 pp].

GASCÓN CUENCA, A. «La negación de los delitos de genocidio en la jurisprudencia del Tribunal Europeo de Derechos Humanos a partir de la sentencia *Perinçek contra Suiza*», *Anuario de Filosofía del Derecho*, XXXIV, 2018, pp. 177-198.

MENÉNDEZ CUENCA, L. «Estudio de la evolución jurisprudencial del delito de enaltecimiento del terrorismo. Especial referencia a aquellos casos que han adquirido mayor repercusión meidática», *Revista de Derecho Penal y Criminología*, n.º 22, 2019, pp. 59-106.

ROJO TORRECILLA, E.; «La importancia de la jurisprudencia del Tribunal Europeo de Derechos Humanos en el ámbito laboral y de protección social. Notas a la sentencia de 8 de junio de 2023, caso *Fragoso Dacosta c. España*. Sobre la libertad de expresión de un representante sindical: vulneración del art. 10.2 del Convenio (y muy amplio, y obligado, recordatorio de la sentencia del TC 190/2020 de 15 de diciembre (LA LEY 190767/2020))», http://www.eduardorojotorrecilla.es/2023/06/la-importancia-de-la-jurisprudencia-del.html, 9 de junio de 2023. Último acceso: 20/06/2023.

QUESADA ALCALÁ, C. (2023) «Los ultrajes a la bandera en España y el clamor general del Consejo de Europa: análisis comparativo de la Sentencia del TEDH *Fragoso Dacosta c. España*». *Revista General de Derecho Europeo,* 61.

SIMONELLI, M. A., «De Minimis non curat Estrasburgo? La decisión de inadmisibilidad del ETDH sobre el caso de Pablo Hasel (Pablo Rivadulla Duró c. España (dec) 27925/21, 12 octubre 2023», *blog Fundación Giménez Abad*, 16 de noviembre de 2023. https://www.fundacionmgimenezabad.es/es/de-minimis-non-curat-estrasburgo-la-decision-de-inadmisibilidad-del-tedh-sobre-el-caso-de-pablo

VOORHOF, D., «European Court of Human Rights: Jorge López v. Spain», *Iris Legal Observations of the European Audiovisual Observatory*, 2022-10:1/15, https://merlin.obs.coe.int/article/9608

Jurisprudencia

STC, Pleno. Sentencia 190/2020, de 15 de diciembre de 2020. Recurso de amparo 1691-2018. Promovido por don Pablo Fragoso Dacosta en relación con las sentencias de la Audiencia Provincial de A Coruña y un juzgado de lo Penal de Ferrol que le condenaron por un delito de ultrajes a España.

STEDH, *Bazo González v España*, n.° 30643/04 , 16 de diciembre de 2008.

STEDH, *Delfi AS c. Estonia [GS]*, n.° 64569/09, TEDH 2015.

STEDH, *Erkizia Almandoz c. Espagne*, n.° 5869/17, 22 de junio de 2021.

STEDH, *Fragoso Dacosta v. Spain*, n.° 27926/ 21, 8 de junio de 2023.

TEDH, *Gozalbo Moliner v. Spain* (dec.), n.° 23896/21, 2 de marzo de 2023.

STEDH, *G.T.B. v. Spain*, n.° 3041/19, 16 de noviembre de 2023.

STEDH, *MGN Limited c. Reino Unido*, n.° 39401/04, de 18 de enero de 2011.

STEDH, *Mouvement raëlien suisse c. Suiza [GS]*, n.° 16354/06, TEDH 2012.

STEDH, *Otegi Mondragón c. España*, n.° 2034/07, TEDH 2011.

STEDH, *Perinçek v. Switzerland* (GS), 27510/08, 15 de octubre de 2015.

STEDH, *Rustavi 2 Broadcasting Company Ltd y otros c. Georgia*, n.° 16812/17, de 18 de julio de 2019.

STEDH, *Sanchez c. France, (GC)*, n.° 45581/15, 15 de mayo de 2023.

STEDH, *Société d´exploitation d´un service d´information Cnews c. France*, n.° 52837/22, introducida el 7 de noviembre de 2022, comunicada el 25 de enero de 2023. Pendiente.

STEDH, *Stomakhin v. Russia*, 52273/07, 9 mayo de 2018.

STEDH, *Toranzo Gómez c. España*, n.° 26922/14, de 20 de noviembre de 2018.

STEDH, *Yavuz y Yaylalı c. Turquía*, n.° 12606/11, de 17 de diciembre de 2013.

STEDH, *Z.B c. Francia*, n.° 46883/15, 2 de septiembre de 2021.

TEDH, *Jorge López v. Spain* (dec.), n.° 54140/21, 20 de septiembre de 2022.

TEDH, *M'Bala M'Bala c. Francia* (dec.), n.° 25239/13, § 30, TEDH 2015 (extractos).

TEDH, *Rivadulla Duró v. Spain* (dec.), n.° 27925/21, 12 de octubre de 2023.

TEDH, *ROJ TV A/S c. Dinamarca (dec.)*, n.º 24683/14, § 47, de 17 de abril de 2018.

TEDH, *Williamson c. Alemania (dec.)*, n.º 64496/17, de 8 de enero de 2019.

TEDH, *ZB c. Dinamarca (dec .)*, n.º 24683/14, 17 de abril de 2018).

LA LIBERTAD DE EXPRESIÓN ANTE LA NEGACIÓN DE LOS DELITOS DE GENOCIDIO

Una revisión crítica de los estándares establecidos por la Convención para la Eliminación de todas las Formas de Discriminación Racial, el Pacto Internacional de Derechos Civiles y Políticos, y el Convenio Europeo de Derechos Humanos*

Andrés Gascón Cuenca

Profesor de Filosofía del Derecho
Institut de Drets Humans
Universitat de València

* Este trabajo se ha realizado en el marco del Proyecto de I+D financiado por el Ministerio de Ciencia e Innovación y fondos FEDER: «Tiempos y espacios de una justicia inclusiva. Derechos para una sociedad resiliente frente a los nuevos retos. IN_ JUSTICE». Ref. PID2021-126552OB-I00.

I. Introducción

La libertad de expresión es un derecho sin el cual no es posible construir un ordenamiento jurídico democrático y plural que garantice al conjunto de la ciudadanía el derecho a expresar y defender sus ideas. Ya la declaración francesa de los Derechos del Hombre y del Ciudadano de 1789 recogía este derecho en dos artículos, el 10 y el 11[1], reconociendo que la libre comunicación de pensamientos y opiniones es uno de los derechos más valiosos del hombre, por lo que se protegía el derecho a hablar, escribir e imprimir libremente, y a no ser incomodado *(inquiété)* por ello. Sin embargo, estos mismos artículos plantean la limitación de este derecho cuando se perturbe el orden público dispuesto por la Ley o estableciendo la obligación de responder por el uso abusivo de esta libertad en los casos determinados por el ordenamiento jurídico.

Este esquema es el que han seguido textos internacionales y nacionales en la protección de la libertad de expresión. La Declaración Universal de Derechos Humanos, en su artículo 10, lo establece como fundamental para el desarrollo del ser humano, el respeto a su dignidad y como eje fundamental en el desarrollo del propio plan de vida. En su redacción no se observa ninguna limitación[2]. Sin embargo, si nos detenemos en cómo lo recogió el Pacto Internacional de Derechos Civiles y Políticos (PIDCP), observaremos que el artículo 19 PIDCP sí que incluye una serie de limitaciones. Estas son: estar expresamente recogidas por la ley del Estado en concreto, ser necesarias para asegurar el respeto a los derechos o a la reputación de los demás, o para garantizar la protección de la seguridad nacional, el orden público, la salud o la moral públicas. Además, el artículo 20 PIDCP también especifica una serie de comportamientos que tienen incidencia en esta área, como es la obligación de los Estados parte de prohibir por ley toda propaganda en favor de la guerra, y toda apología del odio nacional, racial o religioso que constituya incitación a la discriminación, la hostilidad o la violencia.

Por otra parte, si observamos la Convención Internacional para la Eliminación de todas las formas de Discriminación Racial (CEDR), ya en su preámbulo afirma que todos los hombres son iguales ante la ley y tienen derecho a una igual protección de esta contra toda forma de discriminación e incitación a la discriminación. Y es específicamente en esta última área en la que la limi-

1 Ver: https://www.conseil-constitutionnel.fr/le-bloc-de-constitutionnalite/declaration-des-droits-de-l-homme-et-du-citoyen-de-1789

2 Aunque es necesario leerlo de forma conjunta con el artículo 29.2 de la DUDH, que establece que el ejercicio de los derechos y libertades de la DUDH está sujeto a las limitaciones que se establezca por la ley, que deberán perseguir como único fin asegurar el reconocimiento y el respeto de los derechos y libertades de los demás, y satisfacer las justas exigencias de la moral, del orden público y del bienestar general en una sociedad democrática.

tación de la libertad de expresión puede tener mayor incidencia. Así, el artículo 4 CEDR establece una serie de obligaciones para los Estados parte en la limitación de conductas materializables a través de la libertad de expresión.

A nivel internacional regional, el Convenio Europeo de Derechos Humanos (CEDH) sigue el esquema planteado por la declaración francesa de los Derechos del Hombre y del Ciudadano de 1789 y el PIDCP. A través del artículo 10.1 CEDH, establece la protección de la libertad de expresión, y a párrafo seguido, en el apartado 10.2 CEDH, específicamente señala que este derecho entraña deberes y responsabilidades adscribibles a sus ejercientes, por lo que podrá ser sometido a ciertas formalidades, condiciones, restricciones o sanciones, que deberán estar previstas por la ley. Estas limitaciones, de igual forma que en el PIDCP, deberán perseguir un objetivo legítimo que esté en línea con los defendidos por el CEDH, y que específicamente son: la seguridad nacional, la integridad territorial o la seguridad pública, la defensa del orden y la prevención del delito, la protección de la salud o de la moral, la protección de la reputación o de los derechos ajenos, para impedir la divulgación de informaciones confidenciales, o para garantizar la autoridad y la imparcialidad del poder judicial.

Como se puede observar, la regulación del derecho a la libertad de expresión es amplia, y viene desde diferentes niveles normativos, lo que complica la clarificación de qué tipo de conductas están o no protegidas bajo el paraguas de este derecho. Lo que se pretende en esta contribución es analizar críticamente los estándares internacionales de protección del derecho a la libertad de expresión establecidos por estos textos internacionales en los casos de negación de los delitos de genocidio, para determinar si existe obligación para los Estados parte de prohibir estas conductas. Además, se realizará una valoración de las consecuencias que estas prohibiciones pueden suponer dentro de la conformación de la opinión individual sobre hechos históricos, y qué consecuencias puede tener castigar la negación de unas determinadas situaciones y no de otras.

II. La Convención para la Eliminación de todas las Formas de Discriminación Racial

La CEDR, en vigor desde el 4 de enero de 1969[3], es el primer texto convencional posterior a la DUDH en el que se establecen una serie de estándares de protección frente a la discriminación racial. Como hemos afirmado, el texto reconoce la capacidad que los comportamientos discriminatorios tienen para afectar a la dignidad del ser humano, y de provocar conductas que

3 Convención a la que España se adhirió en 1968. Publicado en el BOE el 17 de mayo de 1969.

pueden derivan en la exclusión y minoración del reconocimiento y protección que ciertos grupos tienen dentro del conjunto de la sociedad.

En este sentido, el artículo 4 CEDR establece que los Estados parte deben condenar toda la propaganda inspirada en ideas o teorías basadas en la superioridad de una raza o de un grupo de personas de un determinado color u origen étnico, o que pretendan justificar o promover el odio y la discriminación raciales, cualquiera que sea su forma. Concretamente, las obligaciones para los Estados parte son:

1. Declarar acto punible conforme a la ley toda difusión de ideas basadas en la superioridad o en el odio racial, toda incitación a la discriminación racial, así como todo acto de violencia o toda incitación a cometer tales actos
2. Declarar ilegales y prohibir las organizaciones que promuevan la discriminación racial e inciten a ella, así como las actividades organizadas de propaganda y toda otra actividad de propaganda que desarrolle actividades en este sentido.
3. No permitir que las autoridades ni las instituciones públicas nacionales o locales promuevan la discriminación racial o inciten a ella

¿Podemos sostener entonces que la negación de los delitos de genocidio es una conducta que se enmarca en alguna de estas categorías? El artículo 4 CEDR ha generado hasta tres recomendaciones generales (RG) por parte del Comité para la Eliminación de Todas las Formas de Discriminación Racial (CoCEDR), junto con una cuarta que trata el discurso de odio racista.

En el quinto período de sesiones del CoCEDR[4], este emitió la RG número I (1972) en la que recordaba que las obligaciones establecidas por el artículo 4 CEDR son obligatorias para todos los Estados parte y recomienda a los que no tengan en sus ordenamientos jurídicos legislación que esté en consonancia con el artículo 4, apartados a) y b), que la desarrollen para cumplir con las exigencias de la Convención. Que el artículo 4 de la CEDR sea objeto de la primera recomendación general del CoCEDR muestra la preocupación que ya existía por la proliferación de este tipo de comportamientos, y su capacidad para generar discriminación y desigualdad.

En el trigésimo segundo período de sesiones (1985), el CoCEDR[5], en la RG VII trata la aplicación del artículo 4 CEDR. Recuerda la obligación de los Estados parte de tomar de forma inmediata todas las acciones de desarrollo legislativo necesarias para eliminar la incitación a la discriminación o a actos que materialicen comportamientos de este tipo. Constata que hay Estados parte que no han realizado ninguna acción en este sentido. Así, recuerda lo dicho en la RG I, y la obligación que estos tienen de informar en sus repor-

4 Documento UN A/87/18.

5 Documento UN A/40/18.

tes periódicos sobre las decisiones de los tribunales nacionales en los que se conozcan causas por discriminación racial, y qué tipo de medidas están desarrollando para implementar los estándares establecidos en el artículo 4 CEDR.

En el cuadragésimo segundo período de sesiones del CoCEDR[6], a través de la RG XV (1993), este reafirma la preocupación expresada en las RG I y VII, constatando el aumento de las ideologías autoritarias que promueven el racismo mediante la difusión de ideas que sostienen la superioridad racial, y las actividades organizadas susceptibles de incitar a las personas a la violencia racial. El CoCEDR, ya desde 1993, constata la existencia de violencia organizada basada en comportamientos racistas, y que su fomento se está realizando desde la política. Esta RG es relevante por cuatro circunstancias. En primer lugar, recalca la obligación sustantiva, y no solo formal, que los Estados Parte tiene en la creación de la legislación que desarrolle las obligaciones del articulo 4 CEDR. Es decir, no es suficiente con introducir o modificar la legislación para este fin, sino que además deben asegurar que estas se aplican de forma eficaz. Esto nos lleva a afirmar que los Estados parte deben, por un lado, asegurar que la normativa introducida cumple la finalidad para la que fue creada, y, por otro, que en el momento en el que no se constate lo anterior, deben introducir las modificaciones necesarias para cumplir con los objetivos sustantivos planteados por el artículo 4 CEDR. En segundo lugar, el CoCEDR concreta las cuatro categorías que, de acuerdo con el artículo 4 CEDR, deben ser prohibidas. Estas son: 1) la difusión de ideas basadas en la superioridad o el odio racial; 2) la incitación al odio racial; 3) los actos de violencia contra cualquier raza o grupo de personas de otro color y origen étnico; y 4) la incitación a cometer tales actos. En tercer lugar, el CoCEDR afronta por primera vez en una RG la compatibilidad los estándares del artículo 4 CEDR y el derecho a la libertad de expresión. Apoyándose en el artículo 20 PIDCP y en el 29.2 de la DUDH, llega a la conclusión de que la libertad de expresión es un derecho que entraña una serie de deberes especiales. Por lo tanto, debe ejercerse con responsabilidad, y que todas aquellas conductas que tienen por objetivo la difusión de ideas racistas no pueden estar protegidas por este derecho. En último lugar, hace una referencia especial a la responsabilidad de las organizaciones y de las autoridades públicas. Establece que la financiación de actividades que promuevan fines racistas debe de ser prohibida, junto con la ilegalización de las organizaciones que las promuevan.

En último lugar, la RG número 35[7] aborda la lucha contra el discurso de odio racista desde la CEDR, determinando los medios a través de los cuales

6 Documento UN A/48/18.

7 Documento UN CERD/C/GC/35

este se puede materializar 7[8]. Esta RG analiza pormenorizadamente el artículo 4 CEDR, y el CoCEDR establece los estándares que deben ser respetados por los Estados parte para cumplir con estos. El apartado 11 establece por primera vez que el castigo penal se debe reservar para aquellas manifestaciones más graves, tratando el resto a través de otro tipo de medidas. Esto supone una moderación en las recomendaciones que CoCEDR había hecho hasta el momento, haciendo hincapié en la necesidad de prohibición penal de las conductas relacionadas en el artículo 4 CEDR. Sin embargo, esto parece no encontrar acomodo en el resto de la RG, dado que, en el párrafo siguiente (13), se establece como obligación de los Estados Parte la prohibición y tipificación como delito de:

a) Toda difusión de ideas basadas en la superioridad o en el odio racial o étnico, por cualquier medio;

b) La incitación al odio, el desprecio o la discriminación contra los miembros de un grupo por motivos de su raza, color, linaje, u origen nacional o étnico;

c) Las amenazas o la incitación a la violencia contra personas o grupos por los motivos señalados en el apartado b) anterior;

d) La expresión de insultos, burlas o calumnias a personas o grupos, o la justificación del odio, el desprecio o la discriminación por los motivos señalados en el apartado b) anterior, cuando constituyan claramente incitación al odio o a la discriminación;

e) La participación en organizaciones y actividades que promuevan e inciten a la discriminación racial.

Como podemos observar, la necesidad de tipificar estas conductas no establece que deban quedar recogidas aquellas manifestaciones más graves de, por ejemplo, difusión de ideas, o de incitación directa, sino que se incluyen de forma general todas. Por lo tanto, no se entiende en qué tipo de conductas está pensado el CoCEDR cuando afirma que la tipificación como delito deba limitarse a los casos más graves[9].

8 Los principios articulados en la presente recomendación se aplican al discurso de odio racista, proferido por individuos o por grupos, en cualquier forma en que se manifieste, oralmente o en forma impresa, o difundido a través de medios electrónicos como internet y los sitios de redes sociales, así como mediante formas de expresión no verbales, como la exhibición de símbolos, imágenes y comportamientos racistas en reuniones públicas, incluidos los eventos deportivos.

9 Existe un debate amplio sobre las intenciones del Comité que se encargó de redactar la CEDR, y concretamente sobre los contenidos del artículo 4, y su posible colisión con derechos fundamentales recogidos en las constituciones de los Estados Parte. KEANE, David, «Attacking Hate Speech under Article 17 of the European Convention on Human Rights», *Netherlands Quarterly of Human Rights*, vol. 25, núm. 4, pp. 652-653.

Por otra parte, en el párrafo 14, el CoCEDR menciona por primera vez el castigo de la denegación pública de los delitos de genocidio y crímenes de lesa humanidad. Hasta el momento no había mencionado esta conducta, y tampoco aparece recogida en el articulado de la CEDR. En una redacción algo complicada, el CoEDR recomienda que se declaren actos punibles conforme a la ley, la denegación o justificación pública de delitos de genocidio y crímenes de lesa humanidad definidos por el derecho internacional, siempre que constituyan claramente incitación a la violencia o el odio racial[10]. El CoEDR combina esta necesidad con la protección de las opiniones sobre hechos históricos. Si nos detenemos en el análisis de los requisitos establecidos en este párrafo podremos detectar, como mínimo, dos problemas.

Por un lado, podemos concluir que las negaciones o justificaciones que deben ser prohibidas son aquellas que hayan sido probadas ante un tribunal de justicia. De lo contrario, no podemos salvar el requisito de garantizar la expresión de opiniones sobre hechos históricos. Es decir, negar el Holocausto puede ser sancionado porque contamos con toda una serie de procesos judiciales internacionales que determinaron cómo las políticas del Tercer Reich establecieron un plan sistemático para la eliminación de la población judía. Sin embargo, la negación del genocidio armenio, o del que está sucediendo en estos momentos en Gaza, debemos entender que son opiniones sobre hechos históricos, dado que no se ha demostrado ante un tribunal de justicia[11] que, de acuerdo con el derecho internacional, estos sean constitutivos de genocidio. Esto es altamente complicado, dado que la declaración judicial de una situación como genocidio, no en pocas ocasiones, responde a circunstancias que van más allá de la propia eliminación sistemática de la población que sufre estas atrocidades. Es decir, una situación de genocidio se puede verificar, aunque no exista una sentencia judicial que así la declare, y la articulación de la prohibición de la denegación pública de delitos de genocidio y

10 MOERDLER, Zahava, «Racializing Antisemitism: The Development of Racist Antisemitism and Its Current Manifestations», *Fordham International Law Journal,* vol. 40, núm. 4, 2017, p. 1317. Ver asimismo el informe del Relator Especial sobre las formas contemporáneas de racismo, la discriminación racial, la xenofobia y las formas conexas de intolerancia defendido en el 32.ª período de sesiones del Consejo de Derechos Humanos, que en el párrafo 9 reitera su condena a los intentos de grupos de extrema derecha de negar el Holocausto y falsear la historia, dado que estas actitudes revisionistas contribuyen al resurgimiento y la difusión del nazismo y otras ideologías extremistas y abonan el terreno para las manifestaciones nacionalistas y neonazis. Además, recuerda la importancia de tipificar como delito en la legislación nacional la aprobación o la negación del Holocausto, o la minimización de su gravedad, máxime teniendo en cuenta que esa negación podría promover el discurso racista y, por consiguiente, constituye una incitación al odio con arreglo al artículo 4 a) de la Convención Internacional sobre la Eliminación de Todas las Formas de Discriminación Racial. Documento UN A/HRC/32/49.

11 Recordemos que, en este momento se está desarrollando en la CPI la demanda de Suráfrica contra Israel por las atrocidades cometidas en Gaza.

crímenes de lesa humanidad, con la protección bajo la libertad de expresión de las opiniones sobre hechos históricos, no parece fácil de implementar.

Por otro lado, como hemos comentado, esta es la primera vez que el CoEDR establece como un estándar recogido en el artículo 4 CEDR la prohibición de estas conductas, que no se encuentran recogidas, *per se*, en el texto. ¿Tiene legitimidad el CoEDR para ampliar el catálogo de conductas prohibidas bajo este artículo? En principio, podemos afirmar que no. Existe una clara diferencia entre una evolución interpretativa de un determinado concepto jurídico, con la obligatoriedad de prohibir conductas que no se encontraban recogidas en el artículo 4 CEDR en el momento de la ratificación del texto internacional. Además, se establece el requisito de declararlos actos punibles conforme a la ley, por lo que parece estar estableciendo la necesidad de que sean perseguidos desde el punto de vista penal, lo que añade una complicación más. Esto supone una modificación *de lege lata* a través de un cauce que no es el establecido por el artículo 39 y siguientes del Convenio de Viena sobre el Derecho de los Tratados[12].

2.1. Caso de la comunidad judía de Oslo *et al.* contra Noruega

La única comunicación individual en la que el CoEDR tiene la oportunidad de estudiar un caso relativo a la negación o trivialización de los hechos ocurridos durante el Tercer Reich, es la 30/2003[13], que estudia el caso de la Comunidad Judía de Oslo *et al.*, contra Noruega. En agosto del año 2000, un grupo de personas conocidas como los *Bootboys*, participaron en una marcha en conmemoración de Rudolf Hess en una ciudad cerca de Oslo. Vestidos con uniformes semimilitares y con los rostros cubiertos, marcharon por el centro realizando manifestaciones como:

> Nos hemos reunido aquí para rendir homenaje a nuestro gran héroe, Rudolf Hess, por sus valientes esfuerzos por salvar a Alemania y Europa de los bolcheviques y de los judíos durante la segunda guerra mundial. Cada día los inmigrantes roban, violan y matan a noruegos, cada día nuestro pueblo y nuestro país son saqueados y destruidos por los judíos, que lo vacían de su riqueza y la sustituyen por ideas inmorales y antinoruegas.
>
> Nuestro querido Führer Adolf Hitler y Rudolf Hess fueron encarcelados por sus ideas; no nos apartaremos de sus principios ni de sus heroicos esfuerzos; antes bien, seguiremos sus pasos y lucharemos por aquello en lo que creemos: una Noruega nacionalsocialista.

---

12 BOE núm. 142 de 13 de junio de 1980. Página 13099 y siguientes.

13 Documento UN CERD/C/67/D/30/2003

Se promovió contra el acusado un proceso por violación del artículo 135a del Código penal noruego por un delito de promoción del odio, que resultó en absolución en primera instancia, y en condena en segunda. El caso llegó al Tribunal Supremo que revocó esta última estableciendo que castigar la aprobación del nazismo supondría prohibir las organizaciones nazis, circunstancia considerada por el Tribunal como exagerada e incompatible con el derecho a la libertad de expresión protegido en su constitución. Además, consideró que el discurso era absurdo y únicamente distribuía retórica nazi que no suponía la aprobación del exterminio masivo de personas judías durante la segunda guerra mundial. Los jueces tuvieron en cuenta la CEDR en la toma de su decisión, llegando al convencimiento de que el artículo 4 no establece la obligación de prohibir este tipo de conductas. Sin embargo, CoEDR en su revisión del caso concluyó que sí hubo una violación del artículo 4 CEDR, afirmado que la absurdidad del discurso proferido no lo abstraía de su capacidad para materializar las conductas prohibidas por este precepto. Las afirmaciones de saqueo y destrucción de Noruega, y el enaltecimiento de Hess o Hitler llevo al CoEDR a sostener que estas afirmaciones expresaban ideas basadas en la superioridad y el odio raciales[14].

Como podemos observar, este caso plasma la problemática que hemos planteado en los apartados anteriores. Pese a que el Tribunal Supremo noruego tiene en cuenta el artículo 4 CEDR, y llega al convencimiento de que este no obliga a los Estados parte a prohibir conductas simples de defensa del nazismo, el CoEDR, teniendo en cuenta también la RG 15, sí que lo incluye dentro de las conductas a perseguir. Esta decisión genera una serie de problemas que el CoEDR no aborda y que son altamente preocupantes. Si revisamos de nuevo el discurso proferido, podemos observar que este no se dirige únicamente contra la comunidad judía de Noruega, sino también contra la inmigrante, a los que acusa de robar, violar y matar. Sin embargo, la decisión adoptada se basa exclusivamente en las afirmaciones vertidas en contra del pueblo judío o en defensa de Hess y Hitler. Esto supone abstraer de la protección de la libertad de expresión el discurso racista en contra del pueblo judío, pero no el xenófobo que, por otra parte, se utiliza de forma regular por parte de los partidos de extrema derecha sin mayores repercusiones.

III. El Pacto Internacional de Derechos Civiles y Políticos

Como hemos adelantado en el apartado introductorio, el PIDCP, en vigor desde el 23 de marzo de 1976[15] contiene dos artículos que son relevantes

14 Documento UN CERD/C/67/D/30/2003 para 10.4.

15 Ratificado por España el 28 de septiembre de 1976. Publicado en el BOE el 30 de abril de 1977 https://www.boe.es/eli/es/ai/1966/12/19/(1).

para el presente estudio. Por un lado, el 19 PIDCP protege la libertad de expresión, estableciendo, al mismo tiempo una serie de deberes y responsabilidades que sirven para limitar la tipología de comportamientos que quedan cubiertos por este. Establece que los Estados parte deberán introducir restricciones que aseguren que la libertad de expresión no se utiliza para atentar contra el respeto a los derechos o a la reputación de los demás; o la protección de la seguridad nacional, el orden público o la salud o la moral públicas. Por otra parte, el 20 PIDCP amplia los comportamientos que deben estar excluidos, estableciendo la obligación de prohibir la propaganda en favor de la guerra y la apología del dio nacional, racial o religioso que constituya una incitación a la discriminación, la hostilidad o la violencia.

Con el objetivo de especificar de forma más concreta los comportamientos que se deberían castigar, el Comité de Derechos Humanos (CDH)[16] ha emitido una observación general (OG), la número 34 (2011)[17], sobre el artículo 19 PIDCP, y la número 11 (1983), sobre el 20 PIDCP.

La OG número 34 contiene una exhaustiva concreción del alcance del artículo número 19 PIDCP, por lo que aquí únicamente se comentarán los aspectos más relevantes para el objetivo del presente texto. La parte general inicia recordando que tanto la libertad de opinión como la de expresión son condiciones fundamentales para el desarrollo pleno de la persona, y que, por lo tanto, son fundamentales en cualquier sociedad libre y democrática. Afirma que los Estados parte pueden ser responsables de las vulneraciones cometidas por los poderes del Estado y de los entes semiestatales. A continuación, profundiza en cada uno de los derechos. En primer lugar, trata la libertad de opinión, afirmando que el artículo 19 PIDCP establece que nadie puede ser molestado a causa de estas, tratándose de un derecho que no autoriza excepción ni restricción alguna. En segundo lugar, aborta la libertad de expresión, sosteniendo que esta protege también las expresiones que puedan considerarse profundamente ofensivas.

Uno de los apartados más relevantes de esta OG es el que inicia en los párrafos 21 y siguientes, cuando se analiza el alcance de las restricciones contenidas en el párrafo 3.° del artículo 19 PIDCP. Aquí se enfatiza que las restricciones de los derechos anteriores únicamente pueden tener como objetivo la protección de los derechos o la reputación de otras personas o a la protección de la seguridad nacional y el orden público, o de la salud y la moral públicas, destacando que estas en ningún caso pueden poner en peligro el disfrute del derecho en sí. Es decir, no se pueden proteger comportamientos que tiendan a la destrucción del derecho a la libertad de expresión, o a

16 Además, la OG 18 (1989) trata de forma general las medidas antidiscriminatorias que se deben adoptar a partir de todos los estándares de protección contenidos en el PIDCP. A continuación, se especificarán las circunstancias más relevantes de cada una de ellas.

17 Documento ONU CCPR/C/GC/34. La OG número 10 (1983) también es referente al artículo 19 PIDCP, pero ha sido substituida por la 34, por lo que no se comenta.

cualquiera de los otros derechos protegidos en el PIDCP[18]. Así, las razones legítimas que pueden activar las restricciones previstas por las leyes nacionales de los Estados parte son: la seguridad nacional, el orden público y la salud o la moral públicas. Las limitaciones impuestas deberán ser proporcionales al fin perseguido y nunca excesivamente amplias o lesivas con el derecho limitado, si existen vías alternativas menos perjudiciales con las que se pueda conseguir la igual o mejor protección del derecho lesionado.

A continuación, el CDH especifica una serie de casos concretos en los que se estudia la posible adecuación de limitación de la libertad de expresión dentro del artículo 19.3 PIDCP. Por un lado, afirma que el debate público en el que se cuestionen figuras políticas o instituciones públicas es fundamental, y debe ser protegido sin limitaciones. Los delitos de incitación al terrorismo o a la actividad extremista, así como el elogio, la exaltación o la justificación de estos, deben estar claramente definidos para que no den lugar a una injerencia innecesaria o desproporcionada en la libertad de expresión. Asimismo, la falta de respeto por una religión u otro sistema de creencias, incluidas las leyes sobre la blasfemia, son incompatibles con el PIDCP, excepto cuando se persigan las finalidades legítimas expresadas con anterioridad.

Dentro de estos casos concretos, sin duda, el párrafo 49 es el más relevante para el asunto que aquí nos ocupa. Este establece que:

> «Las leyes que penalizan la expresión de opiniones sobre hechos históricos son incompatibles con las obligaciones que el Pacto impone a los Estados partes (sic) en lo tocante al respeto de las libertades de opinión y expresión. El Pacto no autoriza las prohibiciones penales de la expresión de opiniones erróneas o interpretaciones incorrectas de acontecimientos pasados. No deben imponerse nunca restricciones al derecho a la libertad de opinión y, en cuanto a la libertad de expresión, las restricciones no deberían exceder de lo autorizado en el párrafo 3, o de lo prescrito en el artículo 20»[19].

De la lectura conjunta de toda la OG 34, y específicamente de lo establecido en los párrafos 37 y siguientes, no se desprende la obligación de tener que castigar, y menos penalmente, las opiniones o manifestaciones en las que se nieguen los delitos de genocidio[20]. Por un lado, el CDH excluye cualquier penalización (y específicamente la penal) de las opiniones que revisan hechos históricos por muy tergiversadas o erróneas que sean. Por otro lado, la manifestación de estas opiniones a través de la libertad de expresión difícilmente puede poner en peligro algunos de los fines previsto en el artículo

18 Como veremos, esta fórmula también se recoge en el artículo 17 CEDH.

19 Documento ONU CCPR/C/GC/34, párrafo 49, página 13

20 De la misma opinión: Griffith Joel, Emilie Kao, Thomas L. Jipping, y Brett D. Schaefer, «Combatting Hate with Freedom, Not Censorship: The Example of Anti-Semitism», *Backgrounder,* núm. 3572, 2020, pp. 13-14.

19.3 PIDCP. Para que una persona sea capaz de conformar libremente un juicio personal sobre un hecho histórico (libertad de opinión), debe de tener necesariamente la libertad para buscar información sobre la situación concreta, y para que exista esta, correlativamente se debe de proteger la libertad de manifestarla (libertad de expresión). Es decir, no tiene sentido afirmar que la libertad de opinión no puede conocer de ningún tipo de restricción en su conformación sobre hechos históricos, si la de expresión sí los tiene, dado que una necesita a la otra. Si el CDH hubiera querido incluir esta categoría dentro de las prohibiciones, la debería haber especificado bajo este epígrafe, como hace con el resto de los casos concretos que enumera.

Asimismo, en los párrafos 50 a 52, el CDH analiza la relación entre los artículos 19 y 20 PIDCP. Afirma que las limitaciones incluidas en el segundo deben a su vez respetar los principios del 19.3 PIDCP, y que el rasgo que los diferencia es que el 20 PIDCP debe ser considerado como *lex specialis* del 19 PIDCP, al incluir la obligación de promulgar prohibiciones legales con respecto de las formas concretas de expresión que indica este artículo.

Respecto de la OG número 11[21], el CDH expresa de forma muy escueta cuales son los comportamientos que deben quedar prohibidos por ley. Afirma que:

> El primer apartado abarca toda forma de propaganda que amenace con un acto de agresión o de quebrantamiento de la paz contrario a la Carta de las Naciones Unidas o que pueda llevar a tal acto, mientras que el párrafo 2 está dirigido contra toda apología del odio nacional, racial o religioso que constituya incitación a la discriminación, la hostilidad o la violencia, tanto si tal propaganda o apología tiene fines internos al Estado de que se trate como si tiene fines externos a ese Estado.

Como vemos, aquí tampoco se incluye los comportamientos que nieguen los delitos de genocidio.

3.1. Informes de los Estados y comunicaciones individuales

En el párrafo 19 de las observaciones finales realizadas en el 100.º período de sesiones (2010) al informe presentado por Hungría en virtud del artículo 40 PIDCP[22], el CDH le informa al Estado parte que la criminalización de las opiniones sobre lo sucedido después de la Segunda Guerra Mundial no es compatible con lo establecido en los artículos 19 y 20 PIDCP. Esto se enmarca en leyes de memoria histórica que niegan cualquier participación de este Estado en el Holocausto, con el objetivo de borrar la colaboración de Miklós

21 Documento UN CCPR/GEC/4720/S

22 Documento UN CCPR/C/HUN/CO/5

Horthy de Nagybánya en la deportación de población judía de Hungría a campos de concentración, entre otros. Esta situación continúa hoy en día a través de toda una serie de leyes y actuaciones aprobadas por el gobierno del primer ministro Orbán. Esta decisión es interesante porque muestra los peligros de castigar las opiniones que se apartan del convencimiento mayoritario sobre lo sucedido en momentos históricos determinados. El establecimiento de una verdad oficial, y la sanción de opiniones o expresiones que se separan de estas, imponen una limitación desproporcionada que no es justificable dentro de ninguno de los objetivos del PIDCP. Esto sirve para los que ignaramente niegan la participación de sus Estados en la exterminación sistemática de su población judía durante la Segunda Guerra Mundial, pero también para los que niegan que, en general, no existieran los campos de concertación, o que no se asesinó a seis millones de personas, dado que las conductas son las mismas.

Si observamos las comunicaciones individuales, el CDH trata en dos ocasiones[23] la negación de los hechos acaecidos durante el Tercer Reich, presentadas por la misma persona, Ernst Zundel, cuya libertad de expresión se ve limitada en Canadá por la realización de una serie de conductas que describiremos a continuación. El problema principal es que en ambas ocasiones las comunicaciones son inadmitidas por el CDH. Sin embargo, su análisis es interesante, dado que en algunos párrafos se entre ve la opinión del CDH.

En la primera, Zundel era un autor que publicaba una serie de materiales en los que alegaba la defensa de los alemanes como grupo étnico, frente a las *mentiras* que se vierten en su contra sobre los hechos sucedidos en la II Guerra Mundial. Concretamente, en las comunicaciones el material que se evalúa es relativo al cuestionamiento de si realmente murieron seis millones de judíos durante el Tercer Reich, o la propia existencia de los campos de concentración de Auschwitz o Birkenau. El procedimiento nacional se inició por un superviviente de estos ante la Comisión Canadiense de Derechos Humanos, que en la evaluación de la situación no permitió que Zundel defendiera su posición, alegando que esto únicamente serviría para «añadir una dimensión significativa en términos de demora, coste y afrenta a la dignidad de quienes presuntamente han sido víctimas de estas declaraciones»[24]. Ante esto, Zendel elevó la situación llegando a reservar una sala en el Parlamento canadiense para exponer la situación, lo que no le fue permitido, y, además, se le prohibió el acceso a los edificios. El autor alega que esta exclusión vulneraba los contenidos del artículo 19 PIDCP, y aunque esta fue inadmitida, el CDH afirma que los estándares de este artículo no se extienden a la elección

23 Documentos UN CCPR/C/78/D/953/2000, comunicación 953/2000 (29 de julio de. 2003); y CCPR/C/89/D/1341/2005, comunicación número 1342/2005 (14 de mayo de 2006).

24 Traducción propia, texto original: add a significant dimension of delay, cost and affront to the dignity of those who are alleged to have been victimized by these statements.

del medio o del lugar donde se ejerce el derecho a la libertad de expresión, dado que el autor hubiera podido materializarlo en cualquier otro lugar.

En la segunda comunicación individual, Zundel interpone acción para prevenir su deportación desde Canadá a Alemania. A causa de los contenidos que regularmente publicaba, fue condenado en primera instancia a 15 meses de privación de libertad, sustituida por una libertad condicional, con la condición de que no publicara ni por escrito ni de forma oral en público, directa o indirectamente, en su nombre o en cualquier otro nombre, corporativo o personal, cualquier cosa sobre el Holocausto o cualquier tema relacionado directa o indirectamente con este. En segunda instancia, fue condenado a 9 meses de prisión, y ante el Tribunal Supremo de Canadá fue declarado inocente, dado que la regulación que se aplicó para condenarle se consideró que imponía una penalidad excesiva en el derecho a la libertad de expresión. Zundel había solicitado la nacionalidad canadiense en dos ocasiones, que le fue denegada, según su posición, por sus opiniones revisionistas. Al carecer de visado válido, fue detenido y llevado a un centro de deportación durante un tiempo. El CDH tiene en cuenta que, aunque el Estado parte deja claro que no le gustan sus opiniones históricas, nunca ha sido condenado por incitar al odio contra los judíos o cualquier otro grupo. Zundel no agotó la vía interna en este sentido, por lo que se inadmite la comunicación.

Del conjunto de documentos analizados, podemos afirmar que el PIDCP no establece la obligatoriedad de prohibir los actos que nieguen los delitos de genocidio. El CDH en ninguna de las OG emitidas por los artículos 19 y 20 PIDCP lo establece, ni tampoco lo encontramos en los documentos analizados. Al contrario, aquella legislación que tiende a establecer una verdad oficial, que limita el derecho a la libertad de expresión castigado las opiniones en contra, vulnera las garantías establecidas por estos dos artículos.

IV. Convenio Europeo para la Protección de los Derechos Humanos y de las Libertades Fundamentales

Como hemos mencionado en la introducción, el Convenio Europeo para la Protección de los Derechos Humanos y de las Libertades Fundamentales[25], o Convención Europea de Derechos Humanos (CEDH), protege la libertad de expresión en su artículo 10, siguiendo un modelo similar al artículo 19 PIDCP. El primer párrafo establece la protección de la libertad de expresión, que comprende el derecho de opinión y la libertad de recibir o de comunicar informaciones o ideas sin injerencia por parte de las autoridades públicas, sin consideración de fronteras. El segundo inciso trata las limitaciones a les que

25 BOE de 10 de octubre de 1979, número 243. https://www.boe.es/eli/es/ai/1950/11/04/(1)

este puede ser sometido, dado que entraña deberes y responsabilidades. Las restricciones, una vez más, deberán estar recogidas por la ley, ser proporcionales y las necesarias para perseguir una de las finalidades protegidas, que en este caso son: la seguridad nacional, la integridad territorial o la seguridad pública, la defensa del orden y la prevención del delito, la protección de la salud o de la moral, la protección de la reputación o de los derechos ajenos, para impedir la divulgación de informaciones confidenciales o para garantizar la autoridad y la imparcialidad del poder judicial.

Por otra parte, el artículo 17 CEDH prohíbe el abuso de derecho. Es decir, ninguna de las garantías contempladas en el CEDH puede ser utilizada para destruir algún derecho o libertad del propio CEDH.

4.1. La jurisprudencia del Tribunal Europeo de Derechos Humanos

El Tribunal Europeo de Derechos Humanos (TEDH) cuenta con una dilatada jurisprudencia en la aplicación del artículo 10 CEDH respecto de la negación de los delitos de genocidio. A lo largo de sus sentencias ha ido construyendo y establecido una serie de categorías y de estándares de protección frente a este tipo de conductas, que excluyen del ejercicio protegido por la libertad de expresión ciertas categorías de leguaje, por considerarlas un abuso de derecho (artículo 17 CEDH). Es decir, son comportamientos que imponen una penalidad excesiva sobre otros derechos también recogidos y amparados por este texto internacional.

Es necesario destacar que el TEDH establece de forma meridiana en las sentencias en las que trata esta temática, que la protección del derecho a la libertad de expresión es un pilar fundamental de las sociedades democráticas, y que, por lo tanto, su limitación únicamente procede en los casos más extremos. Asimismo, reconoce que su ejercicio conlleva responsabilidades cuyo ámbito de aplicación depende de la situación y de los significados técnicos en los que se use. Mantiene que «la libertad de expresión constituye uno de los fundamentos esenciales de una sociedad democrática, una condición básica para el progreso y el desarrollo de cualquier persona», añadiendo que «esta protección es aplicable no sólo a la información o ideas que son favorablemente recibidas o que se tienen como inofensivas o sobre una materia que es indiferente, sino que también sobre aquellas que ofenden, causan *shock* o turban al Estado o a cualquier sector de la población»[26]. Esta

26 En este sentido: STEDH de 7 de diciembre de 1976, para. 49 (asunto Handyside contra Reino Unido); STEDH de 26 de abril de 1979, para. 65 (asunto Sunday Times contra Reino Unido); Decisión de la Comisión 8348/78 y 8406/78 de 11 de octubre de 1979, pág. 194 (asunto Glimmerveen y Hagenbeek contra Holanda); STEDH de 23 de setiembre de 1994, para. 31 (asunto Jersild contra Dinamarca); STEDH de 23 de setiembre de 1998, para. 55 (Lehideux e Isorni contra Francia); Decisión de la Comisión 35071/97, para. 37 (asunto Güntüz contra Turquía).

afirmación es de vital importancia, puesto que es necesaria para reconocer que la posición del TEDH no es la de limitar cualquier ejercicio de la libertad de expresión que pueda molestar o irritar a un sector de la población, sino que se requiere que el discurso en sí tenga la suficiente entidad como para generar un verdadero clima de confrontación social, aunque este no se llegue a materializar.

Así, respecto de los tipos de discursos que no están protegidos por la libertad de expresión, identifica en primer lugar, la negación de hechos históricos claramente probados o notorios y, en segundo lugar, la defensa de las doctrinas totalitarias, dentro de la cual encontramos la negación de los delitos de genocidio, y concretamente el Holocausto judío. Así, la interpretación que realiza el TEDH del artículo 10 del CEDH excluye el amparo de discursos negacionistas o revisionistas de hechos históricos claramente probados, o notorios, de crímenes en contra de la humanidad. La argumentación que regularmente utiliza para no proteger estos comportamientos consistentes en relacionar el artículo 10 con el 17 CEDH[27], para afirmar que estas actitudes negacionistas, «además de ir en contra del texto, van en contra de los valores fundamentales del Convención tal y como se expresa en su preámbulo, a saber, la justicia y la paz»[28].

A este respecto, el TEDH ha utilizado la categoría de hechos históricos claramente probados para prohibir sistemática y exclusivamente cualquier tipo de discurso que intentara negar, trivializar o justificar los hechos ocurridos durante el III Reich en Alemania. En la decisión número 9235/81 de 16 de julio de 1982, (X contra la República Federal Alemana), la ya extinta Comisión decidió sobre el derecho de un ciudadano alemán a mostrar una serie de pancartas en las que defendía que el asesinato de millones de judíos durante la Alemania nazi fue una mentira y una estafa sionista[29]. La conducta recurrida ante el TEDH consistió en exponer estas pancartas atadas a la valla de su jardín, en la que se hacía publicidad de ideas de extrema derecha, repartiendo además una serie de panfletos en los que se describía la muerte de seis millones de judíos como una mera invención, una mentira inaceptable y una estafa sionista. Los tribunales nacionales llegaron al convencimiento de

27 En este sentido, ver el interesante artículo de Rafael Alcácer Guirao en el que señala cómo el TEDH se ha separado de alcance limitado conferido al artículo 17 CEDH cuando entiende de un tema como el aquí estudiado. ALCÁRCER GUIRAO, Rafael, «Libertad de expresión, negación del holocausto y defensa de la democracia. Incongruencias valorativas en la jurisprudencia del TEDH», *Revista de Derecho Constitucional*, núm. 97, 2003, pp. 326 y sig.

28 Decisión de la Comisión 31159/96, de 24 de junio de 1996, pág. 9 (asunto Marais contra Francia). «La Commission estime que les écrits du requerant vont a l'encontre de valeurs fondamentales de la Convention, telle que l'exprime son préambule, à savoir, la justice et la paix». En el mismo sentido: Decisión de la Comisión N.° 25062/94, de 27 de febrero de 1997 (asunto Honsik contra Austria).

29 Decisión de la Comisión N.° 9235/81, de 16 de julio de 1982 (asunto X contra Alemania). «Zionistic swindle or lie».

que el recurrente era miembro notorio de una organización política de extrema derecha, y que la pancarta y los panfletos debían ser considerados como difamatorios en contra de todos los judíos perseguidos o asesinados durante este período, y a sus familiares supérstites. En consecuencia, el TEDH declara que «describiendo los hechos históricos de los asesinatos de millones de judíos [...], como una mentira y una estafa sionista, los panfletos publicados no solamente dieron una visión engañosa de un hecho histórico relevante, sino que también contenían un ataque a la reputación de todos aquellos descritos como mentirosos y estafadores»[30]. Por lo tanto, el Tribunal excluyó de la protección del CEDH cualquier tipo de negación de los hechos ocurridos durante el III Reich.

Esta línea jurisprudencial se consolida en otras decisiones[31], llegando a ampliarla, a través de la introducción de importantes consideraciones. Así, en la STEDH de 23 de setiembre de 1998 (asunto Lehideux e Isorni contra Francia)[32], se estudia la demanda de dos ciudadanos por la limitación de su derecho a la libertad de expresión en defensa de las acciones del mariscal Pétain en Francia. El primero, secretario de Estado para la Producción Industrial en el gobierno de Pétain, era el presidente de la asociación creada para la defensa de la memoria de este mariscal. El segundo, era el abogado nombrado de oficio para asistir al decano del Colegio de Abogados de París en la defensa de Pétain, que fue condenado a pena de muerte en 1945 por colaborar con Alemania durante la ocupación de Francia.

Las actividades por las que se plantea el litigio son las siguientes. En el diario *Le Monde* de 13 de julio de 1984, se publicó un anuncio en el que se leía: «Franceses, tenéis la memoria corta» y a continuación se recordaba, mediante una serie de afirmaciones, las principales etapas de la vida pública de Pétain en el período comprendido entre 1916 a 1945, en las que se ensalzaba su figura. A través de las sucesivas afirmaciones, se le presentaba como un hombre de Estado, que había hecho todo lo posible por contener a Hitler, siendo perseguido posteriormente por Charles de Gaulle por traidor. De esta forma, los recurrentes trataron de presentar la tesis llamada del *doble juego*, en la que intentaban acreditar la habilidad de Pétain para limitar el

30 Decisión de la Comisión N.° 9235/81, de 16 de julio de 1982 (asunto X contra Alemania). «By describing the historical fact of the assassination of millions of jews, a fact which was even admitted by the applicant himself, as a lie and a zionistic swindle, the pamphlets in question not only gave a distorted picture of the relevant historical facts but also contained an attack on the reputation of all those who were described as liars or swindlers, or at least as persons profiting from or interested in such lies or swindles».

31 Decisión de la Comisión N.° 9777/82, de 14 de julio de 1983, pág. 171 (asunto T contra Bélgica); Decisión de la Comisión N.° 25096/94, de 6 de setiembre de 1995, para. 1 y 2 (asunto Remer contra Alemania); Decisión de la Comisión 31159/96, de 24 de junio de 1996, pág. 9 (Marais contra Francia).

32 Jurisprudencia seguida en STEDH de 13 de diciembre de 2005, F.° J.° 2.° (asunto Witzsch contra Alemania).

impacto de las políticas nazis en Francia, postura que ya en 1984 había sido rechazada por un amplio conjunto de historiadores, tanto franceses como extranjeros[33]. Sin embargo, a pesar de esta realidad, el TEDH afirma que la intención de Lehideux e Isorni no era hacer apología de las políticas nacional-socialistas del III Reich, sino la revisión de la condena a Pétain, puesto que «la justificación de una política pro-nazi no podría beneficiarse de la protección del artículo 10 CEDH»[34], ya que los autores en sus escritos publicados se separaron explícitamente de las atrocidades y de las persecuciones cometidas por la Alemania nazi.

La relevancia de esta sentencia también estriba en la concreción por parte del TEDH del estándar que protege el debate vivo entre historiadores, sobre temas de actualidad que ayuden al desarrollo de la sociedad en los valores de pluralidad, tolerancia y amplitud de miras[35], circunstancia para la que deviene necesaria la protección del debate público sobre temas que afectan al conjunto de la sociedad. En este sentido, el TEDH separa, por un lado, la postura que intenta revisar la condena al jefe del gobierno de Vichy, en la revisión de los actos que este cometió respecto de la tesis del *doble juego*, y, por otro lado, los hechos que el TEDH declara como «hechos históricos claramente probados —como el Holocausto— cuya negación o revisión, el artículo 17 sustraería a la protección del artículo 10»[36]. Según el TEDH, el papel desarrollado por Pétain forma parte de este vivo debate entre historiadores, reconociendo que existen dificultades para reconocer las responsabilidades individuales y de las instituciones francesas en las políticas de colaboración llevadas a cabo con la Alemania nazi[37].

Este estándar de protección se muestra altamente controvertido. La diferenciación entre las materias calificables como ampliamente discutidas en el seno de una sociedad, de aquellas que no lo están, y que, por lo tanto, mediante su negación, trivialización o justificación únicamente buscan la lesión de la dignidad de la persona o de un grupo de individuos, es una materia ampliamente discutida en torno a la cual existen vivas discusiones doctrinales. El TEDH no ofrece argumentos suficientemente convincentes para justificar la diferenciación que realiza entre la no protección como libertad de expresión de la revisión de las políticas nacionalsocialistas en Alemania, y la protección de la revisión conductas similares materializadas en otros Estados, que padecieron de una forma muy contundente las atrocidades cometidas por este régimen, como por ejemplo el caso anterior francés. Sobre todo,

33 STEDH de 23 de setiembre de 1998, para. 47 (asunto Lehideux e Isorni contra Francia).

34 STEDH de 23 de setiembre de 1998, para. 53 (asunto Lehideux e Isorni contra Francia).

35 Cómo queda claro en: STEDH de 23 de setiembre de 1998, para. 55 (asunto Lehideux e Isorni contra Francia).

36 STEDH de 23 de setiembre de 1998, para. 47 (asunto Lehideux e Isorni contra Francia).

37 STEDH de 23 de setiembre de 1998, para. 55 (asunto Lehideux e Isorni contra Francia).

porque como afirma el propio TEDH, son los tribunales nacionales los que están situados en mejor posición para conocer el parecer social sobre un determinado debate que les afecta.

Una decisión que muestra la controversia aquí planteada es la sentencia del TEDH de 13 de diciembre de 2005 (asunto Hans-Jürgen Witzsch contra Alemania). En este caso se juzga la respuesta que Witzsch ofreció a un artículo Wolffson en el que se trataba el asesinato masivo de judíos durante la etapa nacionalsocialista alemana. En esta, Witzsch afimaba que «hace ya algún tiempo, el historiador Irving de forma pública se ofreció a pagar 1.000 libras esterlinas a cualquier persona que pudiera probar que Hitler había ordenado, por razones raciales, la muerte de un solo judío. Hasta ahora, nadie ha ofrecido ninguna prueba»[38]. Continúa afirmando que «después de la guerra, miles de oficiales intachables del NSDAP ha afirmado bajo juramento no haber conocido hasta el final de la guerra el asesinato de judíos. Ningún dignatario del gobierno alemán acusado en Núremberg admitió haber conocido sobre el asesinato masivo de judíos [...]. La normalización de las relaciones entre alemanes y judíos depende del deseo de obtener la verdad histórica y requiere que no únicamente una parte sea culpada de la responsabilidad que admite, sino que también requiere que la otra parte se abstenga de eliminar su contribución negativa a la historia»[39]. Como se desprende del texto, y como se recoge en la sentencia, en esta ocasión Witzsch no realiza una negación de la existencia del Holocausto o de las cámaras de gas (como sí había realizado en otras ocasiones), sino que niega un hecho relevante establecido como circunstancia histórica probada dentro de las acciones ocurridas durante el III Reich, al considerar como falso e inconsistente desde el punto de vista histórico, que Hitler y la NSDAP hubieran planeado, iniciado y organizado el genocidio en contra del pueblo judío[40].

En este sentido, se puede afirmar que el TEDH en su jurisprudencia ha decidido que la negación, la trivialización o la justificación de los hechos ocurridos durante el III Reich en Alemania supone un abuso de derecho del

38 STEDH de 13 de diciembre de 2005 (asunto Hans-Jürgen Witzsch contra Alemania). «A long time ago, the historian Irving has publicly proposed to pay a thousand pounds to any person who could prove that Hitler had ordered, for racial reasons, the murder of one single Jew. So far, nobody has produced evidence».

39 STEDH de 13 de diciembre de 2005 (asunto Hans-Jürgen Witzsch contra Alemania). «After the war, tens of thousands of totally immaculate officials of the NSDAP have attested on oath not to have known until the end of the war about the murder of Jews. None of the dignitaries of the German Government accused in Nuremberg admitted to have known about the mass murder of Jews. [...] The normalization of the relation between Germans and Jews depends on the will to historical truth and requires not only that one party is blamed for the responsibility it admits but also that the other party refrains from suppressing its negative contribution to history».

40 STEDH de 13 de diciembre de 2005, para. 3 (asunto Hans-Jürgen Witzsch contra Alemania)

artículo 10 CEDH, en combinación con el artículo 17 CEDH[41]. Así mismo, la doctrina del TEDH considera como un abuso de derecho la protección bajo la libertad de expresión de ideologías totalitarias contrarias a la CEDH. El TEDH en la decisión del asunto B.H., M.W. H.P. y G.K. contra Austria, afirmó que «el Nacional Socialismo es una doctrina totalitaria incompatible con la democracia y los derechos humanos y es partidaria sin duda de los fines de la clase a los que se refiere el artículo 17»[42].

Es justamente en este punto donde se observa la mayor incongruencia del TEDH en la justificación de la respuesta diferente que recibe el establecimiento de los hechos históricos de la actuación del régimen nacionalsocialista en Alemania, y los diferentes comportamientos llevados a cabo por otros regímenes que estuvieron involucrados en el asesinato sistemático planeado en contra del pueblo judío, como el del mariscal Pétain en Francia. Tanto el caso de Lehideux e Isorni como el de Witzsch, los tribunales nacionales decidieron sancionar las conductas expuestas por considerarlas un abuso de la libertad de expresión que tendía a la lesión del honor de los fallecidos y de sus familiares supervivientes. Sin embargo, el TEDH en el caso de Lehideux e Isorni decidió limitar el margen de actuación nacional para decidir qué tipo de conductas deben ser consideradas una extralimitación del derecho a la libertad de expresión y protegió la revisión del papel de Pétain en Francia, circunstancia que no se observa en Witzsch, ni en ninguna de la amplia cantidad de sentencias del TEDH que confirman que la revisión de las políticas nacionalsocialistas ocurridas en Alemania deben ser consideradas *iuris et de iure* como un abuso de derecho, sin aportar mayor fundamentación jurídica sobre las razones que les llevan a diferenciar en un sentido o en otro en cada uno de los casos.

Sin embargo, el caso más controvertido lo encontramos en la STEDH de 15 de octubre de 2015[43], en la que el TEDH condena a Suiza por la limitación del derecho a la libertad de expresión de un ciudadano por negar el holocausto armenio. Aquí el TEDH, apartándose de lo comentado respecto de la negación del Holocausto, afirma que la penalización de conductas que nieguen delitos de genocidio es un hecho muy controvertido en Europa[44] y, que, por lo tanto, se deberá atender a la finalidad que pretendía el discurso,

---

41 En este sentido: Dirk Ehlers, *European Fundamental Rights and Freedoms*, De Gruyter Recht, Berlín, 2007, pp. 109.

42 Decisión de la Comisión N.° 12774/87, de 12 de octubre de 1989 (asunto B.H., M.W. H.P. Y G.K. contra Austria). «The Commission notes that National Socialism is a totalitarian doctrine incompatible with democracy and human rights and that its adherents undoubtedly pursue aims of the kind referred to in Article 17». Jurisprudencia continuada en la decisión de la Comisión N.° 36773/97, de 9 de septiembre de 1998 (asunto Nachtmann contra Austria).

43 STEDH de 15 de octubre de 2015 (asunto Perinçek contra Suiza).

44 STEDH de 15 de octubre de 2015 (asunto Perinçek contra Suiza) para. 255-257.

diferenciando aquellos que buscan la mera negación, de aquellos que intentan la justificación o la banalización de este tipo de delitos[45]. Esta sentencia introduce una diferencia muy significativa respecto de las anteriores, dado que sí entra a valorar la situación concreta de negación, diferenciándola de aquellas en las que se niega genocidio judío.

Los hechos enjuiciados corresponden a tres conferencias públicas realizadas en Suiza en las que Perinçek, director del Partido de los Trabajadores de Turquía *(Turkish Workers' Party)*, realiza una serie de manifestaciones negando el genocidio armenio, acusando a ciertos Estados de mentir con el objetivo tomar el control de ciertas zonas situadas en esta área del mediterráneo. En este sentido, en la conferencia ofrecida el 7 de mayo de 2005, sostenía: «las afirmaciones del "genocidio armenio" son una mentira internacional. ¿Puede una mentira internacional existir? Sí, una vez Hitler fue el maestro de este tipo de mentiras; ahora son los imperialistas de EE. UU y de la UE. Documentos que no únicamente provienen de Turquía sino también de los archivos rusos refutan a estos mentirosos internacionales. Estos documentos muestran que los imperialistas de occidente y de la Rusia zarista fueron los responsables de la situación asfixiante que se produjo entre árabes y armenios. [...] La mentira del "genocidio armenio" se inventó en primer lugar en 1915 por los imperialistas de Inglaterra, Francia, y la Rusia zarista, que querían dividir el Imperio Otomano durante la I Guerra Mundial»[46]. En las conferencias posteriores, las referencias a la negación de un holocausto armenio se mantienen.

En el presente caso, el TEDH utiliza ocho estándares para ponderar el conflicto de derechos planteando, que en cierta forma difieren de los utilizados en las sentencias sobre el Holocausto judío. Estos son: a. La naturaleza de las afirmaciones de Perinçek; b. El contexto en el que se produce la limitación del derecho a la libertad de expresión (que comprende el factor histórico-geográfico y el factor tiempo); c. El alcance que tuvieron las afirmaciones de Perinçek en la posible lesión de derechos de los miembros de la comunidad armenia; d. La existencia de una falta de consenso entre los Estados Miem-

45 STEDH de 15 de octubre de 2015, para. 243-248 (asunto Perinçek contra Suiza). Además de tener en cuenta que en este caso los delitos de genocidio fueron cometidos fuera de Suiza hace más de hace más de 90 años, y que, por esta razón, ese caso se diferencia de aquellos que niegan el Holocausto judío. Ver para. 234.

46 STEDH de 15 de octubre de 2015, para. 12 (asunto Perinçek contra Suiza). «The allegations of the "Armenian genocide" are an international lie. Can an international lie exist? Yes, once Hitler was the master of such lies; now it's the imperialists of the USA and EU! Documents from not only Turkish but also Russian archives refute these international liars. The documents show that imperialists from the West and from Tsarist Russia were responsible for the situation boiling over between Muslims and Armenians. The lie of the "Armenian genocide" was first invented in 1915 by the imperialists of England, France and Tsarist Russia, who wanted to divide the Ottoman Empire during the First World War. As Chamberlain later admitted, this was war propaganda».

bros de la CEDH; e. La obligatoriedad de prohibir la negación de los delitos de genocidio de acuerdo con la legislación internacional; f. La metodología empleada por los tribunales suizos para justificar la condena de Perinçek; g. La severidad de la interferencia en los derechos de Perinçek; y finalmente, h. La ponderación entre el derecho a la libertad de expresión de Perinçek y el derecho al respeto a la vida privada de los armenios. A continuación, se analizarán los más relevantes.

En primer lugar, el TEDH asevera que las afirmaciones realizadas en las conferencias descritas con anterioridad deben ser enmarcadas dentro del contexto político y no dentro del histórico, o de Perinçek como profesor de Derecho[47]. También afirma que las declaraciones realizadas no pueden entenderse como una forma de incitación al odio o a la intolerancia, puesto que Perinçek no expresó odio o desprecio hacia las víctimas de los hechos ocurridos en 1915, sino que sus palabras son un firme alegato en contra de los que define como *imperialistas*, y las artimañas que estos emplearon para enfrentar al Imperio Otomano y Turquía. Estas indagaciones no se realizan en aquellos en los que se estudia la negación del Holocausto. En sentencias anteriores en las que se valora la interferencia en el derecho a la libertad de expresión, no se evalúa si son una mera negación de los sucesos acaecidos durante el III Reich, o si son conductas que los justifican. Simplemente se asume que la primera materializa la segunda, es decir, cualquier negación sobre la existencia del Holocausto supone una incitación antisemita, y por lo tanto se procede con su prohibición.

En segundo lugar, cuando el TEDH analiza el contexto en el que se produce la limitación del derecho a la libertad de expresión (que comprende el factor histórico-geográfico y el factor tiempo), afirma que «esto es particularmente relevante respecto del Holocausto. Para el Tribunal, la justificación para criminalizar su negación se justifica no tanto en que el Holocausto es un hecho histórico verificado, sino bajo el prisma del contexto histórico de los Estados concernidos [...]. Su negación, incluso si se viste como una investigación histórica imparcial, debe ser observada de forma invariable como una ideología antidemocrática y antisemita»[48]. Por lo tanto, el TEDH utiliza esta fundamentación para no encontrar un enlace entre la condena en Suiza por la negación de unos hechos ocurridos en otro lugar, y la presencia de la comunidad armenia en Suiza como principal afectada. Además, el TEDH afirma que el paso del tiempo hace inapropiado lidiar con la misma severidad un

47 STEDH de 15 de octubre de 2015, para. 231 (asunto Perinçek contra Suiza).

48 STEDH de 15 de octubre de 2015, para. 243 (asunto Perinçek contra Suiza). «This is particularly relevant with regard to the Holocaust. For the Court, the justification for making its denial a criminal offence lies not so much in that it is a clearly established historical fact but in that, in view of the historical context in the States concerned. [...] Its denial, even if dressed up as impartial historical research, must invariably be seen as connoting an antidemocratic ideology and anti-Semitism».

caso, de otro que se haya producido en tiempo más reciente[49]. Incluso llega a afirmar que «[el paso de] más o menos 90 años, entre el momento en el que las afirmaciones fueron realizadas, hace que haya muy pocos, o ningún, superviviente de estos eventos»[50]. Esto nos lleva a preguntarnos, ¿cambiará el TEDH su jurisprudencia sobre la negación del Holocausto cuando se cumplan 80 años del exterminio? De la lectura de la contundencia con la que la anterior Comisión se pronunciaba en sus decisiones, y de las resoluciones judiciales del TEDH hasta el momento, se generan serias dudas sobre la adopción de la misma línea jurisprudencial al decidir sobre el paso del tiempo y la protección bajo el artículo 10 de la CEDH de la negación de la exterminación sistemática de personas judías llevaba a cabo por el III Reich. Por eso, la utilización de este estándar para diluir la importancia de los hechos sucedidos concretamente durante el genocidio armenio, y no en otros sucesos de este tipo, debe ser considerada muy poco acertada.

En tercer lugar, el TEDH sostiene que, puesto que las afirmaciones realizadas se limitaban exclusivamente a indicar que el llamado genocidio armenio había sido una *invención* de las potencias *imperialistas,* no se puede entender que «las declaraciones fueran tan hirientes en contra de la dignidad de los armenios que sufrieron y perecieron en estos eventos y, de la dignidad e identidad de sus descendientes, como para requerir la intervención del Derecho penal»[51], para a continuación añadir, sin mayor justificación que «los únicos casos en los que la extinta Comisión y el Tribunal han aceptado lo contrario [no tener que probar la existencia del genocidio] sin necesidad de pruebas específicas es respecto de la negación del Holocausto. [...] La comisión y el Tribunal han aceptado que la negación Holocausto, aun cuando investida como una investigación histórica imparcial, debe ser observada de forma invariable como una ideología antidemocrática y antisemita, y por lo tanto debe, en ese punto, ser observada como particularmente angustiante para las personas interesadas»[52]. El TEDH, simplemente se limita a hablar

49 STEDH de 15 de octubre de 2015, para. 249 (asunto Perinçek contra Suiza).

50 STEDH de 15 de octubre de 2015, para. 250 (asunto Perinçek contra Suiza). «About ninety years, and at the time when he made the statements there were surely very few, if any, survivors of these events».

51 STEDH de 15 de octubre de 2015, para. 252 (asunto Perinçek contra Suiza). «It cannot accept that the applicant's statements at issue in this case were so wounding to the dignity of the Armenians who suffered and perished in these events and to the dignity and identity of their descendants as to require criminal law measures in Switzerland».

52 STEDH de 15 de octubre de 2015, para. 253 (asunto Perinçek contra Suiza). «The only cases in which the former Commission and the Court have accepted the opposite without specific evidence were those relating to Holocaust denial. [...] Commission and the Court to accept that Holocaust denial, even if dressed up as impartial historical research, must invariably be seen as connoting an antidemocratic ideology and anti-Semitism (see paragraphs 234 and 243 above), and must thus, at this stage, be regarded as particularly upsetting for the persons concerned».

de la particularidad del Holocausto sin profundizar en las circunstancias que supuestamente diferenciarían el trato recibido por las víctimas de este y las armenias.

En cuanto lugar, el TEDH de forma acertada clarifica que bajo el artículo 4 de la Convención Internacional para la Eliminación de todas las formas de Discriminación Racial (como hemos visto en apartados anteriores), no existe una obligación taxativa de castigar la negación de los delitos de genocidio, además teniendo en cuenta que Suiza introdujo una reserva a este artículo, que especificaba que la regulación que incorporara este artículo de la CEDR al ordenamiento interno debía respetar debidamente la libertad de opinión[53].

En quinto lugar, respecto de la severidad de la interferencia impuesta a los derechos de Perinçek, el TEDH afirma que la utilización de la legislación penal es una de las formas más serias de intervención frente al derecho a la libertad de expresión. Siendo esto cierto, y debiendo limitarse a aquellos supuesto más graves y extremos[54], la línea jurisprudencial mantenida por el TEDH en ningún momento lo ha afirmado sobre las conductas que niegan el Holocausto, siendo esta otra diferenciación injustificada respecto del tratamiento de ambas realidades.

En último lugar, el TEDH afirma que la ponderación entre el derecho a la libertad de expresión de Perinçek y el derecho al respeto a la vida privada de los armenios realizada por los tribunales inferiores no es correcta, puesto que «las afirmaciones pertenecían a una materia de interés público y no conllevaban un llamamiento al odio o la intolerancia, que el contexto en el que fueron realizadas no se caracterizó por conllevar un clima de alta tensión a este respecto»[55], por lo que el TEDH concluye que la limitación no es necesaria en una sociedad democrática.

Esta sentencia es un claro ejemplo de la problemática que suscita la protección por parte de los Estados de verdades oficiales que pretenden evitar discursos que sostienen ideas deleznables, tergiversadas o peregrinas sobre hechos históricos traumáticos. Muchas de ellas buscan ampararse en datos obtenidos de forma seudocientífica para fabricar una verdad preconcebida,

---

53 STEDH de 15 de octubre de 2015, para. 261 (asunto Perinçek contra Suiza).

54 En este sentido ver: Ferrajoli, Luigi, *Derecho y razón: teoría del garantismo penal*, Trotta, Madrid, 1995.

55 STEDH de 15 de octubre de 2015, para. 280 (asunto Perinçek contra Suiza). «Applicant's statements bore on a matter of public interest and did not amount to a call for hatred or intolerance, that the context in which they were made was not marked by heightened tensions or special historical overtones in Switzerland, that the statements cannot be regarded as affecting the dignity of the members of the Armenian community to the point of requiring a criminal law response in Switzerland, that there is no international law obligation for Switzerland to criminalise such statements, that the Swiss courts appear to have censured the applicant for voicing an opinion that diverged from the established ones in Switzerland, and that the interference took the serious form of a criminal conviction».

prescindiendo de cualquier hecho probado y notorios. Estas conductas negacionistas no deberían prohibidas, al contrario, deberían formar parte del debate público, para así poder evidenciar y rechazar de forma común sus resultados, y las consecuencias para sus autores deberían ser la expulsión de la academia o el rechazo por parte de la sociedad, pero no el castigo penal[56].

V. Reflexiones finales

Como hemos podido comprobar, no existe la obligación de limitar la libertad de expresión en los casos de negación de delitos de genocidio desde el punto de la óptica del CEDR o del PIDCP, pese a las interpretaciones expansivas que se están haciendo del articulado estudiado. Sin embargo, la interpretación que el TEDH realiza de los artículos 10 y 17 CEDH nos lleva hacia otro lugar, mucho más complicado, en el que se ha creado una categoría específica, la exclusión de la negación del Holocausto, que no afecta a otras situaciones de eliminación sistemática de la población. Estas conductas son fraudulentas, execrables y moralmente reprobables, pero su prohibición no encuentra una justificación racional[57], y esto queda de manifiesto cuando el TEDH es incapaz de argumentar su no extensión a situaciones similares.

La negación del Holocausto no debería ser por sí misma un caso de discurso del odio[58] penalmente relevante. Por lo tanto[59], la negación de los delitos

56 En mismo sentido: PÉREZ DE LA FUENTE, Oscar, «Sobre el Holocausto: el imperativo de la memoria en el ámbito del Derecho y de la historia», *AFDUDC*, núm. 14, 2010, pp. 91-119.

57 De la misma opinión: FISH, Santley, «Holocaust Denial and Academic Freedom», *Valparaiso University Law Review*, núm. 35-3, 2001, pp. 512-524. De opinión contraria: LÓPEZ-SIDRO LÓPEZ, Ángel, «Negacionista y discurso del odio en España», en PÉREZ-MADRID, Francisca y GAS AIXENDRI, Montserrat (eds.), *La gobernanza de la diversidad religiosa. Personalidad y territorialidad en las sociedades multiculturales*, Aranzadi, Pamplona, 2013, pp. 96-99; ELÓSEGUI ITXASO, María, «La negación o justificación del genocido como delito en el Tribunal Europeo. Una propuesta a la luz de la recomendación n.° 15 de la ECRI», *UNED. Revista de Derecho Político*, núm. 98, 2017, pp. 251-334.

58 PAREKH, Bhikhu; «Hate Speech. Is there any case for banning?», *Public Policy Research*, núm. 12-4, 2006, pp. 215. En el mismo sentido: BILBAO UBILLOS, José María, «La negación de un genocidio no es una conducta punible (comentario de la STC 235/2007)», *Revista Española de Derecho Constitucional*, núm. 85, 2009, pp. 337.

59 BORJA JIMÉNEZ, Emiliano, *Violencia y criminalidad racista en Europa occidental: la respuesta del Derecho Penal*, Comares, Granada, 1999, pp. 300-306. De la misma opinión: LAURENZO COPELLO, Patricia, «La discriminación en el Código Penal de 1995», *Estudios penales y criminológicos*, núm. 19, 1996, pp. 269; LANDA GOROSTIZA, Jon Mirena. *La política contra la xenofobia y las tendencias expansionistas del derecho penal*, Comares, Granada, 2001, pp. 169-173; GÓMEZ MARTÍN, Víctor, «¿Promoción de la igualdad o protección de la seguridad? A propósito de los delitos de odio y la discriminación en el Código penal español», en MIR PUIG, Santiago y CORCOY BIDASOLO Mirentxu, *Constitución y sistema penal*, Marcial

de genocidio no debería ser considerada una actitud perseguible, puesto que esto nos llevaría a establecer verdades oficiales u objetivas sobre hechos históricos[60] abiertos a debate que, aunque ciertamente perversas, son únicamente la exteriorización de unas opiniones, no siendo tarea del Derecho el castigo de pareceres disidentes o la reprobación de investigaciones inanes.

Sin embargo, esto no significa aceptar cualquier tipo de opinión o valoración. Las expresiones injuriosas o ultrajantes, que no guarden ningún tipo de relación con la idea que se intenta exponer, y, por lo tanto, superfluas al acto de comunicación, no deberían estar protegidas. Así, en el momento en el que se utiliza la libertad de expresión para para afirmar que los miembros de un determinado colectivo representan una presencia hostil en nuestras sociedades, que imposibilita la convivencia, o actitudes que pretendan justificar delitos cometidos en su contra, entonces sí que podríamos encontrarnos ante la materialización de conductas que no deberían ser amparadas por el derecho a la libertad de expresión, puesto que pueden ser ideales para crear ese clima de confrontación, atacando a valores esenciales del Estado democrático de Derecho como son la protección de la dignidad, la igualdad formal y material, y la no discriminación.

Por lo tanto, las conductas que sí deberían ser típicas son aquellas que pretenden la justificación de los delitos de genocidio, en las que concurren juicios de valor humillantes, despectivos o denigrantes en contra de las víctimas, o que tienen por objetivo ensalzar o vanagloriar a sus verdugos. Aquí sí se observa adecuada[61], cuanto menos, la investigación de dichos comportamientos por parte de los tribunales o los comités correspondientes, dado que las actitudes descritas podrían para lesionar otros derechos protegidos por la CEDR, el PIDCP o la CEDH.

Pons, Madrid, 2012, pp. 205-206 y 215-221; Kučs, Arturs, «Denial of Genocide and Crimes against Humanity in the Jurisprudence of Human Rights Monitoring Bodies», *Journal of Ethnic and Migration Studies*, núm. 40-2, 2014, pp. 314-315;

60 Es interesante nombrar aquí la posición de Popper sobre la necesidad del desarrollo continuo de la ciencia para que esta progrese. Este afirma «la situación de la verdad en el sentido objetivo, como correspondencia con los hechos, y su papel como principio regulador pueden ser comparados con un pico montañoso que está permanentemente, o casi permanentemente, envuelto en nubes. El alpinista no solamente puede tener dificultades para llegar a él, sino que puede no saber cuándo llega a él, porque puede ser incapaz de distinguir, en medio de las nubes, la cumbre principal de algún pico subsidiario». Popper, Karl, *Conjeturas y refutaciones. El desarrollo del conocimiento científico*, Paidos, Barcelona, 1983, p. 227.

61 Laurenzo Copello, Patricia, «La discriminación en el Código Penal de 1995» *Estudios penales y criminológicos*, núm. 19, 1996, pp. 269; Laurenzo Copello, Patricia, «La protección penal frente a conductas racistas y xenófobas», Soroeta Liceras, Juan (ed.) *Cursos de Derechos Humanos de Donostia-San Sebastián*, Servicio de Publicaciones de la Universidad del País Vasco, San Sebastián, 2000-V.2, pp. 194.

VI. Bibliografía

ALCÁRCER GUIRAO, Rafael, «Libertad de expresión, negación del holocausto y defensa de la democracia. Incongruencias valorativas en la jurisprudencia del TEDH», *Revista de Derecho Constitucional*, núm. 97, 2003, pp. 309-341.

BILBAO UBILLOS, José María, «La negación de un genocidio no es una conducta punible (comentario de la STC 235/2007)», *Revista Española de Derecho Constitucional,* núm. 85, 2009, pp. 299-352.

BORJA JIMÉNEZ, Emiliano, *Violencia y criminalidad racista en Europa occidental: la respuesta del Derecho Penal*, Comares, Granada, 1999.

DIRK, Ehlers, *European Fundamental Rights and Freedoms*, De Gruyter Recht, Berlín, 2007.

ELÓSEGUI ITXASO, María, «La negación o justificación del genocidio como delito en el Tribunal Europeo. Una propuesta a la luz de la recomendación n.º 15 de la ECRI», *UNED. Revista de Derecho Político,* núm. 98, 2017, pp. 251-334.

FERRAJOLI, Luigi, *Derecho y razón: teoría del garantismo penal*, Trotta, Madrid, 1995.

FISH, Santley, «Holocaust Denial and Academic Freedom», *Valparaiso University Law Review*, núm. 35-3, 2001, pp. 499-524.

GÓMEZ MARTÍN, Víctor, «¿Promoción de la igualdad o protección de la seguridad? A propósito de los delitos de odio y la discriminación en el Código penal español», en **MIR PUIG**, Santiago y **CORCOY BIDASOLO** Mirentxu, *Constitución y sistema penal*, Marcial Pons, Madrid, 2012, pp. 175-222.

GRIFFITH Joel, Emilie **KAO**, Thomas **L. JIPPING**, y Brett **D. SCHAEFER**, «Combatting Hate with Freedom, Not Censorship: The Example of Anti-Semitism», *Backgrounder*, núm. 3572, 2020, pp. 1-19.

KEANE, David, «Attacking Hate Speech under Article 17 of the European Convention on Human Rights», *Netherlands Quarterly of Human Rights*, vol. 25, núm. 4, pp. 641-663.

KUČS, Arturs, «Denial of Genocide and Crimes against Humanity in the Jurisprudence of Human Rights Monitoring Bodies», *Journal of Ethnic and Migration Studies,* vol. 40, núm. 2, 2014, pp. 301-319.

LANDA GOROSTIZA, Jon Mirena, *La política contra la xenofobia y las tendencias expansionistas del derecho penal,* Comares, Granada, 2001.

Laurenzo Copello, Patricia, «La discriminación en el Código Penal de 1995», *Estudios penales y criminológicos,* núm. 19, 1996, pp. 223-288.

Laurenzo Copello, Patricia, «La protección penal frente a conductas racistas y xenófobas», **Soroeta Liceras**, Juan (ed.) *Cursos de Derechos Humanos de Donostia-San Sebastián*, Servicio de Publicaciones de la Universidad del País Vasco, San Sebastián, 2000-V.2, pp. 179-196.

López-Sidro López, Ángel, «Negacionista y discurso del odio en España», en **Pérez-Madrid**, Francisca y **Gas Aixendri**, Montserrat (eds.), *La gobernanza de la diversidad religiosa. Personalidad y territorialidad en las sociedades multiculturales*, Aranzadi, Pamplona, 2013, pp. 75-100.

Moerdler, Zahava, «Racializing Antisemitism: The Development of Racist Antisemitism and Its Current Manifestations», *Fordham International Law Journal*, vol. 40, núm. 4, 2017, pp. 1281-1326.

Parekh, Bhikhu, «Hate Speech. Is there any case for banning?», *Public Policy Research,* vol. 12, núm. 4, 2006, pp. 213-223.

Pérez de la Fuente, Oscar, «Sobre el Holocausto: el imperativo de la memoria en el ámbito del Derecho y de la historia», *AFDUDC*, núm. 14, 2010, 91-119

Popper, Karl, *Conjeturas y refutaciones. El desarrollo del conocimiento científico,* Paidos, Barcelona, 1983.

DISCURSO DEL ODIO CRIMINALIZADO VS. LIBERTAD DE EXPRESIÓN: UNA FINA LÍNEA DIVISORIA[1]

Carmen Alastuey Dobón
Profesora Titular de Derecho Penal
Universidad de Zaragoza

Sumario. I. Introducción. II. El castigo del discurso del odio en la legislación penal española. III. Doctrina del Tribunal Constitucional en relación con el conflicto entre la punición del discurso del odio y el respeto a la libertad de expresión. IV. Problemática jurídico-penal y constitucional de la tipificación del discurso del odio. 1. Incitación al odio y difusión de materiales idóneos para incitar al odio. 2. Negación o enaltecimiento de delitos contra la comunidad internacional. V. Propuestas *de lege lata* y consideraciones *de lege ferenda*.

I. Introducción

En el ámbito criminológico, pero también en las esferas social, mediática y política, han adquirido en los últimos años una significativa presencia las expresiones «discurso del odio» *(hate speech)* y «delitos de odio» *(hate crimes)*, aunque no existe un consenso sobre cómo deben comprenderse, técnicamente, dichos términos. Sin ánimo de adentrarme en la compleja tarea de delimitar con precisión los contornos de estos conceptos, ofreceré en estas líneas introductorias una somera aproximación a esta terminología

1 Este trabajo se inserta en una de las líneas de investigación del «Grupo de Estudios Penales» de la Universidad de Zaragoza, grupo de investigación de referencia, subvencionado por el Gobierno de Aragón.

que sirva para situar la problemática tratada en la presente contribución[2]. A la hora de definir el discurso del odio, resulta de obligada referencia la Recomendación (97) 20 del Comité de Ministros del Consejo de Europa, de 30 de octubre de 1997, en cuya virtud se entiende por tal «toda forma de expresión que difunda, incite, promueva o justifique el odio racial, la xenofobia, el antisemitismo y otras formas de odio basadas en la intolerancia, incluida la intolerancia expresada mediante el nacionalismo agresivo y el etnocentrismo, la discriminación y hostilidad contra las minorías, los inmigrantes y las personas de origen inmigrante». Esta definición ha sido actualizada por la Recomendación de política general número 15 relativa a la lucha contra el discurso del odio de la Comisión Europea contra el Racismo y la Intolerancia (ECRI), de 8 de diciembre de 2015, según la cual el «discurso del odio», a los efectos de la citada Recomendación, «debe entenderse como fomento, promoción o instigación, en cualquiera de sus formas, del odio, la humillación o el menosprecio de una persona o grupo de personas, así como el acoso, descrédito, difusión de estereotipos negativos, estigmatización o amenaza con respecto a dicha persona o grupo de personas y la justificación de esas manifestaciones por razones de "raza", color, ascendencia, origen nacional o étnico, edad, discapacidad, lengua, religión o creencias, sexo, género, identidad de género, orientación sexual y otras características o condiciones personales (...) (que) puede adoptar la forma de negación, trivialización, justificación o condonación públicas de los delitos de genocidio, los delitos de lesa humanidad o delitos en caso de conflicto armado cuya comisión haya sido comprobada tras recaer sentencia (...) o el enaltecimiento de las personas condenadas por haberlos cometido».

En cuanto a la expresión «delitos de odio», conviene advertir que no coincide ni debe confundirse con la anterior[3] pues, por un lado, no todo discurso del odio ha de considerarse necesariamente delito, y, por otro lado, entre los delitos de odio se cuentan también figuras delictivas que no castigan discursos, sino actos. Así, respecto a la primera cuestión, la ECRI, en el Memorándum Explicativo de la citada Recomendación, tras desgranar los diferentes elementos de la definición de discurso del odio que ofrece (apartados 8-20), concluye (apartado 21) que este «tiene que ver con distintas formas

2 Para una ampliación sobre estos conceptos, véanse, sin pretensión de exhaustividad, Cámara Arroyo, Sergio, «El concepto de delitos de odio y su comisión a través del discurso. Especial referencia al conflicto con la libertad de expresión», *Anuario de Derecho Penal y Ciencias Penales*, vol. LXX, 2017, pp. 146 ss.; Landa Gorostiza, Jon-Mirena, *Los delitos de odio. Artículos 510 y 22.4.º CP 1995,* Tirant lo Blanch, Valencia, 2018, pp. 23 ss.; y de Vicente Martínez, Rosario, *El discurso del odio: análisis del artículo 510 del Código penal,* Tirant lo Blanch, Valencia, 2018, pp. 31 ss. y 39 ss.

3 Sobre las consecuencias indeseadas de tratar dichos términos como sinónimos, véase García Álvarez, Pastora, «El efecto perverso de la recepción del fenómeno de los "delitos de odio" en el sistema penal español», en: Teijón Alcalá, M. (dir.), *El odio como motivación criminal,* Wolters Kluwer, Madrid, 2022, pp. 59 ss.

de expresión dirigidas contra una persona o grupo de personas por motivo de sus características personales o estado y, *la acción contra ello no implica necesariamente la imposición de sanciones penales. Sin embargo, cuando el discurso de odio toma la forma de una conducta que sea en sí misma un delito (...), también se puede considerar un delito de odio*»[4]. Se adhiere la ECRI en este punto al contenido del denominado Plan de Acción de Rabat, texto que supone la culminación de una iniciativa de la Oficina del Alto Comisionado de Naciones Unidas para los Derechos Humanos con la finalidad de «examinar la aplicación de las pautas legislativas, prácticas judiciales y políticas sobre la prohibición de la apología de odio nacional, racial o religioso que constituya incitación a la discriminación, hostilidad o violencia a niveles nacionales y religiosos, al mismo tiempo que alienta al pleno respeto de la libertad de expresión». Este documento de Naciones Unidas recomienda que se distinga claramente entre a) expresión constitutiva de delito, b) expresión sin relevancia penal, pero que puede justificar un procedimiento civil o sanciones administrativas, y c) expresión que no da lugar a sanciones penales o civiles pero que, aun así, plantea problemas de tolerancia, civismo y respeto a los derechos de los demás. A estos efectos, el texto propone un test, también asumido por la ECRI (apartado 16 del Memorándum explicativo) que permita identificar, en seis puntos, a los que haré referencia más adelante, las expresiones que alcanzan el nivel de riesgo necesario para considerarlas delictivas. Por tanto, el «discurso del odio» solo constituirá «delito de odio» cuando las expresiones que sean manifestación de aquél se encuentren descritas y amenazadas con pena en un precepto penal. Podremos hablar entonces de «delito de discurso del odio» o, como en el título del presente trabajo, de «discurso del odio criminalizado» *(hate speech crime)*.

Pero, como acabo de indicar, los delitos de odio no se limitan al castigo del *discurso*, sino que también sancionan *actos* de odio. De hecho, cuando los medios de comunicación utilizan la expresión «delito de odio» suelen hacer referencia a situaciones en las que concurre un delito clásico, que implica la lesión de un bien jurídico individual (contra la integridad física, contra el patrimonio, etc.), agravado por la motivación prejuiciosa del sujeto activo. Según la Organización para la Seguridad y Cooperación en Europa (OSCE)[5], un delito de odio es «un acto de índole penal perpetrado por motivos basados en prejuicios». Conforme a la OSCE, puede tratarse de cualquier infracción penal («amenazas, daños a la propiedad, agresiones, asesinato u otros delitos»), que haya sido perpetrada por motivos basados en prejuicios, motivaciones que «pueden definirse, a grandes rasgos, como opiniones preconcebidas, ideas estereotipadas, intolerancia u odio dirigido hacia un determinado grupo que comparte una característica común, como la raza,

4 Sin cursiva en el original.

5 Definición extraída de: https://hatecrime.osce.org/sites/default/files/2022-02/2021_ODIHR_HC_factsheet_CS_es_FINAL.docx.pdf (fecha de la consulta: 12/02/2024)

el origen étnico, idioma, religión, nacionalidad, orientación sexual, género, identidad de género, discapacidad o cualquier otra característica distintiva». Cabe concluir, por tanto, que entre los delitos de odio se cuentan los que se cometen mediante palabras (delitos de discurso del odio) y los que se cometen mediante actos (delitos de actos de odio)[6].

El Código penal español, aunque no utiliza la terminología a la que me vengo refiriendo[7], permite castigar conductas que pueden calificarse, de acuerdo con las definiciones transcritas, como actos de odio o como discursos de odio. No forma parte de los objetivos de este trabajo determinar qué figuras delictivas integran estas categorías, cuestión sobre la que no existe una opinión unánime. Baste indicar al respecto que la caracterización más o menos amplia de los delitos de odio depende, en gran medida, de si se mantiene una concepción de los mismos basada en sus orígenes de derecho antidiscriminatorio dirigido a la protección de colectivos vulnerables y/o minoritarios, como me parece más acertado[8], o si, por el contrario, se pone el acento exclusivamente en la animadversión de quien realiza los actos o expresa el discurso hacia una o varias personas por razón de su pertenencia a un colectivo, aunque este no sea uno socialmente relegado[9]. Aun desde la primera de las perspectivas indicadas cabe distinguir varios niveles de restricción del concepto de delitos de odio. En el sentido más estricto posible, son delitos de actos de odio las infracciones penales contra bienes jurídicos individuales cuando sea de aplicación la agravante de motivos discriminatorios del art. 22.4.ª CP, si bien, en un sentido más amplio, pueden incluirse, entre otros, los tipos específicamente destinados a la sanción de actos discriminatorios recogidos en los arts. 314, 522 y 512 CP. Por lo que respecta a las figuras delictivas destinadas a la represión penal del discurso del odio, podrían citarse, a título ejemplificativo[10], las amenazas a grupos tipificadas en el art. 170.1 CP, pero el precepto de referencia es, sin duda, el art. 510 CP.

---

6 Véase al respecto Landa Gorostiza, Jon-Mirena, *Los delitos de odio, op. cit.,* p. 25.

7 Por lo que no estamos ante conceptos estrictamente jurídicos. Sobre ello, respecto a la nomenclatura de «delitos de odio», Cámara Arroyo, Sergio, «El concepto de delitos de odio...», *op. cit.,* p. 153.

8 Como indica la ECRI (apartado 22 del Memorándum Explicativo de la mencionada Recomendación) la preocupación por el discurso del odio surge por su aptitud para minar la autoestima o dañar la cohesión de «grupos vulnerables», lo que fundamenta la sugerencia de medidas destinadas a «evitar el desarrollo de actitudes negativas hacia grupos minoritarios».

9 Sobre las causas de la expansión del concepto de delitos de odio y los peligros a los que conduce, véase solo Laurenzo Copello, Patricia, «No es odio, es discriminación. A propósito del fundamento de los llamados delitos de odio», en Laurenzo Copello, P. / Daunis Rodríguez, A. (coords.), *Odio, prejuicios y derechos humanos,* Comares, Granada, 2021, pp. 259 ss. A estas cuestiones me referiré más adelante.

10 Véase una enumeración de las infracciones penales que son o pueden ser consideradas delitos de odio, según cómo se delimite dicho término, Landa Gorostiza, Jon-Mirena,

Entre los delitos de odio, los que sancionan el discurso presentan una problemática específica, estrechamente relacionada con su posible fricción con el derecho a la libertad de expresión, fricción que se torna particularmente acusada cuando se trata de infracciones penales que no describen conductas lesivas para concretos intereses (bienes jurídicos) merecedores de protección, como es el caso en las figuras de incitación al odio —art. 510.1 a) y b) CP— y en las que sancionan el negacionismo o el enaltecimiento de delitos contra la comunidad internacional —art. 510.1 c) CP—, de cuyo análisis crítico me ocuparé en estas páginas. Como tendré ocasión de exponer, estas infracciones penales castigan el denominado discurso del odio como una forma de protección adelantada de determinados colectivos, con base en el peligro, más o menos próximo, de creación de un clima predelictivo. La técnica legislativa utilizada ha dado lugar a la formación de tipos delictivos excesivamente amplios, cuya redacción no se aviene con las exigencias de certeza y taxatividad. Esta expansión del discurso del odio criminalizado provoca efectos indeseados desde la perspectiva del respeto a los principios básicos del Derecho penal, fundamentalmente, aunque no solo, el principio de intervención mínima en sus distintas manifestaciones, desde el momento en que da lugar a un adelantamiento excesivo de las barreras de intervención penal, y, además, y por la misma razón, resulta difícilmente conciliable con el derecho a la libertad de expresión, al tratarse de delitos de opinión. Ambas consecuencias, en efecto, van de la mano: cuanto más acusadas sean las dudas, debido a sus déficits de ofensividad y seguridad jurídica, sobre la legitimidad de un precepto que reprima el discurso, mayor será el peligro de injerencia ilegítima en la libertad de expresión. Subyace, por tanto, la compleja cuestión de determinar los límites de la intervención penal en esta materia; cómo ofrecer una adecuada protección a determinados colectivos y a las personas que forman parte de ellos sin poner en riesgo los principios, penales y constitucionales, rectores de un Estado social y democrático de Derecho.

Planteados así los retos de la punición del discurso del odio, me propongo a continuación, en primer lugar, exponer cuál ha sido el camino escogido por el legislador español, con una breve referencia a la evolución de la legislación penal, después me adentraré en la fundamentación de los motivos por los que, a mi modo de ver, el contenido del art. 510.1 CP no logra equilibrar adecuadamente los intereses en juego, para terminar con algunas propuestas *de lege lata* y consideraciones *de lege ferenda.*

Los delitos de odio, op. cit., pp. 17 s. Véanse también, con diferentes criterios de sistematización, Güerri Ferrández, Cristina, «La especialización de la fiscalía en materia de delitos de odio y discriminación», *InDret* 1/2015, p. 6; y Fuentes Osorio, Juan Luis, «El odio como delito», *Revista Electrónica de Ciencia Penal y Criminología*, 19-27 (2017), pp. 8 s.

II. El castigo del discurso del odio en la legislación penal española

Un acercamiento a la evolución de la legislación penal española en la materia que nos ocupa pone de manifiesto la progresiva expansión de las figuras delictivas destinadas a sancionar conductas vinculadas al discurso del odio. La represión penal del discurso se origina a través de la LO 4/1995, de 11 de mayo, que introdujo en el CP de 1973 el delito de provocación a la discriminación (art. 165 ter) y el delito de apología del genocidio —art. 137 bis b)—. En el primero, se castigaba exclusivamente la provocación o incitación pública y directa a la discriminación de determinadas personas o grupos o, mediante la apología, a la comisión de delitos contra los mismos, mientras que el segundo castigaba la incitación pública y directa, por medios apologéticos, a la comisión del delito de genocidio. El Código penal de 1995, aprobado pocos meses después, mantuvo los aspectos esenciales del primer delito, al que ubicó en el art. 510.1, aunque extendió de un modo considerable su ámbito de aplicación: a la provocación a la discriminación añadió la provocación al odio y a la violencia, eliminó la referencia al carácter directo y público de la provocación e incorporó nuevos motivos de discriminación, con la consiguiente ampliación de los grupos diana. Añadió, además, en el apartado segundo del mismo precepto, una figura delictiva de injurias a grupos. De otra parte, el nuevo Código modificó sustancialmente el contenido del derogado art. 137 bis b), pues en el art. 607.2 vigente hasta 2015 ya no se tipificaba la apología del genocidio, de acuerdo con el concepto legal de apología que ofrece el párrafo segundo del art. 18.1 CP, punible solo como forma de provocación, sino que se castigaba la difusión de ideas o doctrinas que negasen o justificasen el genocidio, o pretendiesen la rehabilitación de regímenes o instituciones que ampararan ese tipo de prácticas. La aprobación de la LO 1/2015, de 30 de marzo, de reforma del Código penal, supuso el tercer hito en esta evolución, consumándose el referido proceso de expansión.

La LO 1/2015 modificó sustancialmente la regulación penal destinada al castigo de las diferentes manifestaciones del discurso del odio. Como aspecto positivo de la reforma cabe señalar la tipificación conjunta de las conductas antes sancionadas en dos preceptos distintos, desde el momento en que el negacionismo es considerado una modalidad de discurso del odio, pero, por lo demás, los aspectos esenciales de la regulación se hacen merecedores de una valoración muy crítica. El art. 510 CP consta ahora de seis tipos básicos distribuidos en dos apartados, donde se castigan todas las manifestaciones posibles del discurso del odio. El primero sanciona con prisión de uno a cuatro años y multa de seis a doce meses (a) a «quienes públicamente fomenten, promuevan o inciten directa o indirectamente al odio, hostilidad, discriminación o violencia contra un grupo, una parte del mismo o contra una persona determinada por razón de su pertenencia a aquél» por motivos de diversa índole, redactados con cierta redundancia, y ampliados por LO

6/2022, relativos a la raza, etnia, con especial referencia al antisemitismo y al antigitanismo, origen nacional, ideología, creencias, situación familiar, sexo, orientación o identidad sexual, género, aporofobia, enfermedad o discapacidad; (b) produzcan, posean o difundan materiales con contenido idóneo para provocar dicho efecto incitador; o (c) nieguen o enaltezcan los delitos de genocidio, de lesa humanidad o contra las personas y bienes protegidos en caso de conflicto armado o enaltezcan a sus autores, cuando ello favorezca un clima de violencia, hostilidad, odio o discriminación contra los mismos grupos o individuos. El segundo apartado del precepto prevé una pena de prisión de seis meses a dos años y multa de seis a doce meses para (a) los actos de humillación, menosprecio o descrédito de alguno de los citados grupos o de personas que los integran, (b) la elaboración o distribución de materiales con ese contenido y (c) el enaltecimiento o justificación pública de delitos cometidos contra esos colectivos o sus miembros. El extenso art. 510 contempla, además, varios tipos agravados (apartados 3 y 4) y recoge otras previsiones en materia de consecuencias jurídicas (apartados 5 y 6).

Como he adelantado en el epígrafe anterior, las reflexiones que siguen se dedican exclusivamente a las figuras delictivas recogidas en el apartado 1 de este precepto, dado que en ellas es más acusado el conflicto con la libertad de expresión. Todas estas conductas presentan, como eje vertebrador, un componente incitador, con la particularidad de que la estructura de los tipos permite el castigo de formas de incitación sumamente débiles, en la medida en que basta con que se trate de un discurso idóneo para favorecer un clima hostil. El grupo de conductas descritas en el apartado 2 del art. 510 presenta una problemática parcialmente distinta que aquí solo se apuntará brevemente. La modalidad típica prevista en la letra a) de dicho apartado plantea, en principio, menos problemas de legitimidad desde la perspectiva constitucional que las figuras tipificadas en el apartado 1. En efecto, tal y como expondré a continuación, el Tribunal Constitucional (TC) mantiene reiteradamente la tesis de que las conductas que impliquen un descrédito, menosprecio o humillación de personas o grupos por razón de determinadas condiciones o circunstancias personales, étnicas o sociales han de quedar al margen del amparo constitucional, por atentar contra la dignidad de la persona. Ello no significa, empero, que esta figura quede por completo libre de objeción. En este caso, las posibles dudas de constitucionalidad vendrían representadas no tanto por su falta de adecuación a la doctrina del TC cuanto por la discutible interpretación del derecho al honor y de la dignidad de la persona efectuada por este Tribunal en su jurisprudencia sobre el discurso del odio, apartada de su significado personalista[11]. Por otra parte, desde un

11 Véanse al respecto Alcácer Guirao, Rafael, «Opiniones constitucionales», *InDret* 1/2018, pp. 16 ss.; y Teruel Lozano, Germán M., «Cuando las palabras generan odio: límites a la libertad de expresión en el ordenamiento constitucional español», *Revista Española de Derecho Constitucional,* n.º 114, 2018, pp. 32 ss.; así como la crítica al art. 510.2 CP desde este enfoque en Alcácer Guirao, Rafael, «Diversidad cultural, intolerancia y Derecho penal», *Revista Electrónica de Ciencia Penal y Criminología* 18-11 (2016), pp. 47 ss.

enfoque estrictamente penal, la ausencia de contornos precisos en la descripción típica suscita dudas interpretativas que se han visto reflejadas en la aplicación práctica del precepto. Dichas dudas van referidas, fundamentalmente, a los posibles solapamientos con otros tipos penales, como las injurias o los delitos contra la integridad moral, así como con la agravante de motivos discriminatorios, a la que los tribunales parecen dejar un escaso margen cuando el discurso de odio se acompaña de actos[12]. Más criticable resulta la sanción, en la letra b) del apartado 2, de la apología de cualquier delito cometido por motivos discriminatorios, sin que se exija componente incitador alguno. Se crea así un tipo con un contenido mucho más amplio que el descrito en la letra c) del art. 510.1, y alejado de los requisitos que exige el TC para considerar compatible con la libertad de expresión el castigo de expresiones apologéticas[13].

El Preámbulo de la LO 1/2015 alegaba como motivo principal justificativo de la reforma la necesidad de adaptar la legislación española a la Decisión Marco 2008/913/JAI del Consejo, de 28 de noviembre, relativa a la lucha contra determinadas formas y manifestaciones de racismo y xenofobia mediante el Derecho penal. Adicionalmente, la reintroducción en el Código penal de la figura de negación del genocidio, que había sido declarada inconstitucional por la STC 235/2007, se justificaría por su adaptación a la doctrina plasmada en dicha sentencia, al haber incorporado al tipo la exigencia de que las conductas supongan una incitación al odio u hostilidad contra minorías. Sin embargo, en mi opinión, ninguno de los dos argumentos fundamenta sólidamente la reforma[14]. Por lo que respecta al primero, ciertamente la Decisión Marco instaba a los Estados miembros a castigar una serie de conductas constitutivas de discurso con contenido incitador a la violencia o al odio, pero una lectura comparativa de dicho texto y del tenor literal del art. 510.1 anterior a 2015 pone claramente de manifiesto lo innecesario de la reforma para cumplir con los compromisos internacionales[15]. Es más, en cuanto a

12 Véase una crítica a algunos pronunciamientos judiciales que aplican la figura y una acertada propuesta de interpretación restrictiva en LAURENZO COPELLO, Patricia, «Un delito en busca de justificación: la humillación o descrédito de colectivos discriminados». *Azafea. Rev. filos*, n.º 23, 2021, pp. 89 ss.

13 Véase al respecto el epígrafe siguiente. Sobre el art. 510.2 c), críticamente, PORTILLA CONTRERAS, Guillermo: «El retorno de la censura y la caza de brujas de anarquistas», en MIRÓ LLINARES, F. (dir.), *Cometer delitos en 140 caracteres. El Derecho penal ante el odio y la radicalización en Internet,* Marcial Pons, Madrid, 2017, pp. 102 s.; y LANDA GOROSTIZA, Jon-Mirena, *Los delitos de odio, op. cit.,* pp. 83 ss.

14 De otro parecer, GASCÓN CUENCA, Andrés, *El discurso del odio en el ordenamiento jurídico español: su adecuación a los estándares internacionales de protección,* Aranzadi, Pamplona, 2016, pp. 193 ss., quien, no obstante, se muestra crítico con la retipificación del negacionismo (p. 197).

15 Véase, al respecto, TERUEL LOZANO, Germán M., «La libertad de expresión frente a los delitos de negacionismo y de provocación al odio y a la violencia: sombras sin luces en la reforma del Código penal», *InDret* 4/2015, pp. 4-6.

las conductas de promoción o incitación al odio, lo cierto es que el vigente art. 510 CP posee un alcance sancionatorio mucho más amplio que el demandando por la Decisión Marco[16], donde no se reclama el castigo tanto de las incitaciones directas como de las indirectas, ni se proscribe la tipificación exclusiva de la incitación a cometer delitos. Además, el legislador español decidió no incorporar ninguno de los elementos restrictivos mencionados en el art. 1.2 del citado texto, en virtud del cual, los Estados miembros «podrán optar por castigar únicamente las conductas que o bien se lleven a cabo de forma que puedan dar lugar a perturbaciones del orden público o que sean amenazadoras, abusivas o insultantes». En cuanto al argumento que pretende justificar la represión penal del negacionismo, es muy discutible, como intentaré poner de manifiesto, que el precepto haya conseguido reflejar adecuadamente la doctrina constitucional.

La reforma de 2015 acusó la influencia de algunas voces procedentes de la fiscalía especializada en delitos de odio y discriminación que abogaban por revertir la interpretación restrictiva que venía realizando la jurisprudencia del art. 510.1 CP en su versión inicial, y que había dado lugar a una escasa aplicación del precepto, tendencia calificada como «preocupante»[17]. Por el contrario, a mi modo de ver, el legislador debió atender las opiniones de la doctrina dominante que, en los veinte años de vigencia de los arts. 510 y 607.2 CP, tras realizar una bien fundamentada crítica del contenido de ambos preceptos[18], se había esforzado por formular distintas propuestas de inter-

16 En este sentido, por ejemplo, PORTILLA CONTRERAS, Guillermo, «El retorno de la censura...», *op. cit.,* pp. 96 s.

17 En este sentido se manifestó AGUILAR GARCÍA, Miguel Ángel, «La reforma del art. 510 del Código penal», *La Ley Penal: revista de Derecho penal, procesal y penitenciario,* n.º 86, 2011, pp. 1 ss., en particular pp. 8 ss., donde consideraba que dicha interpretación restrictiva era contraria a los mandatos de las normas internacionales ratificados por España y a la jurisprudencia del Tribunal Europeo de Derechos Humanos (TEDH), y realizaba una serie de propuestas de reforma del art. 510.1 CP que fueron plasmadas en la nueva regulación. Sin embargo, llama la atención que, posteriormente, la propia Fiscalía General del Estado (FGE), en su Circular 7/2019 sobre pautas para interpretar los delitos de odio tipificados en el artículo 510 del Código penal, haya reconocido, en idénticos términos a los aquí señalados, que el texto del vigente art. 510.1 excede lo reclamado por la Decisión Marco.

18 Sobre la problemática de la regulación del discurso del odio anterior al 2015, desde la perspectiva del respeto al principio de intervención mínima del Derecho penal, véanse, por todos, LANDA GOROSTIZA, Jon-Mirena, *La intervención penal frente a la xenofobia. Problemática general con especial referencia al «delito de provocación» del artículo 510 del Código penal,* Universidad del País Vasco, Zarautz, 1999, pp. 216, 362 ss.; y GARCÍA ÁLVAREZ, Pastora, *El Derecho penal y la discriminación. Especial referencia al extranjero como víctima de discriminaciones penalmente relevantes,* Tirant lo Blanch, Valencia, 2004, pp. 261, 321 ss. Sobre las fricciones con el derecho a la libertad de expresión, LAURENZO COPELLO, Patricia, «La discriminación en el Código Penal de 1995», *Estudios Penales y Criminológicos,* vol. XIX, 1996, pp. 265 y 269; y BERNAL DEL CASTILLO, Jesús, *La discriminación en el Derecho penal,* Comares, Granada, 1998, pp. 92, 138 s. En particular, respecto al delito del art. 607.2, CUERDA ARNAU, M.ª Luisa, «El denominado delito de apología del genocidio. Consi-

pretación restrictiva, en un intento de aminorar las objeciones detectadas en dichas figuras delictivas[19]. Que estas tesis calasen en la jurisprudencia, y tuviese lugar, por tanto, una activación muy excepcional de los referidos preceptos, a la vista de la problemática que presentaban, no suponía, según entiendo, motivo alguno de preocupación. Sí es de lamentar, en cambio, que la reforma de 2015 haya acrecentado los defectos de esta regulación.

III. Doctrina del Tribunal Constitucional en relación con el conflicto entre la punición del discurso del odio y el respeto a la libertad de expresión

Con el fin de determinar cuál es el grado de adecuación de los tipos penales que sancionan el discurso del odio a los postulados constitucionales en materia de libertad de expresión, es preciso atender al contenido de las sentencias del TC en las que se pronuncia sobre esta cuestión. De entre todas ellas, en realidad solo la STC 235/2007 se adentra en el análisis de las bases de constitucionalidad de las figuras delictivas que aquí tratamos, esto es, las dedicadas al castigo del discurso del odio en sentido estricto, en su redacción anterior a la reforma de 2015. Previamente, el TC se había ocupado del discurso racista y negacionista del Holocausto como límite a la libertad de expresión en dos sentencias de los años 90, en las que enfoca la cuestión desde la perspectiva del conflicto entre la libertad de expresión y el derecho al honor[20]. En fechas más recientes, el TC ha analizado los límites de la libertad de expresión en supuestos en los que se le ha solicitado amparo tras haber recaído condena por el delito de injurias al Rey (STC 177/2015) y por enaltecimiento del terrorismo (SsTC 112/2016 y 35/2020), figuras delicti-

deraciones constitucionales», en: Quintero Olivares, G. / Morales Prats, F. (coords.), *El nuevo Derecho penal español. Estudios penales en memoria del profesor José Manuel Valle Muñiz,* Aranzadi, Pamplona, 2001, pp. 1125 ss.; y Sanz-Díez De Ulzurrun Lluch, Marta, «El peligro de las palabras. A propósito del delito de apología del genocidio», en: Cuerda Riezu, A. / Jiménez García, F. (dirs.), *Nuevos desafíos del Derecho penal internacional. Terrorismo, crímenes internacionales y derechos fundamentales,* Tecnos, Madrid, 2009, pp. 307 y 310; con referencia al delito del art. 510.1, Alcácer Guirao, Rafael, «Discurso del odio y discurso político. En defensa de la libertad de los intolerantes», *Revista Electrónica de Ciencia Penal y Criminología*, 18-14 (2012), pp. 16 ss.

19 Del análisis de estas propuestas de interpretación restrictiva me ocupé en Alastuey Dobón, Carmen, «Discurso del odio y negacionismo en la reforma del Código penal de 2015», *Revista Electrónica de Ciencia Penal y Criminología,* 18-14 (2016), pp. 8 ss., 24 ss.

20 Así, en la STC 214/1991 estima el recurso de amparo interpuesto por Violeta Friedmann contra la sentencia de Sala Primera del Tribunal Supremo que había confirmado su falta de legitimación activa para interponer una demanda de protección civil del derecho al honor contra Léon Degrelle por la divulgación de manifestaciones vejatorias contra el pueblo judío. En la STC 176/1995 no se otorga el amparo al director de la publicación «Hitler=SS», con contenido neonazi, que había sido condenado por un delito de injurias.

vas consideradas por el TC manifestaciones de discurso del odio. Desde mi punto de vista, no es adecuado catalogar estas infracciones penales como delitos de odio, puesto que no forman parte del Derecho antidiscriminatorio dirigido a la protección de colectivos tradicionalmente relegados[21]. Particularmente rechazable se muestra esa desnaturalización de la noción de discurso del odio cuando se recurre al concepto para excluir determinadas expresiones del ámbito de protección constitucional sin ulteriores argumentos[22]. Con todo, las afirmaciones que realiza el TC en su sentencia 112/2016[23] al desgranar los parámetros de constitucionalidad del delito de enaltecimiento de terrorismo (art. 578 CP) a partir de la doctrina sentada en la STC 235/2007, permiten extraer algunas conclusiones sobre las características que han de cumplir determinadas incitaciones públicas a la realización de actos para poder considerarlas acordes con el texto constitucional, por lo que también me referiré, siquiera brevemente, al contenido de esta sentencia.

En la STC 235/2007 el TC resuelve la cuestión de inconstitucionalidad planteada por la AP de Barcelona respecto al entonces vigente art. 607.2 CP, a raíz del caso de la «Librería Europa», declarando inconstitucional la sanción de la negación del genocidio y conforme a la Constitución la justificación del mismo delito, siempre que esta modalidad típica se interpretase de acuerdo con los criterios que proporciona la misma sentencia. El TC analiza en este pronunciamiento el discurso del odio a la luz del art. 20.1 a) CE, por lo que, más allá de su transcendencia en la valoración de las figuras delictivas de perfil negacionista y/o apologético del genocidio, en particular del holocausto nazi, la sentencia también extendió su alcance a la interpretación del antiguo art. 510.1 (provocación al odio, violencia o discriminación) y debe ser tenida en consideración en la exégesis de las manifestaciones del discurso del odio previstas en el actual art. 510 CP.

21 Véase una crítica al uso que realizan el TC y la Sala Segunda del Tribunal Supremo del concepto de «discurso del odio» en ALCÁCER GUIRAO, Rafael, «Opiniones constitucionales», *op. cit.*, pp. 4 ss.; y LAURENZO COPELLO, Patricia, «No es odio, es discriminación...», *op. cit.*, pp. 262 ss.

22 Así la STC 177/2015, en cuyo FJ 4 se afirma: «Es obvio que las manifestaciones más toscas del denominado "discurso del odio" son las que se proyectan sobre las condiciones étnicas, religiosas, culturales o sexuales de las personas. Pero lo cierto es que el discurso fóbico ofrece también otras vertientes, siendo una de ellas, indudablemente, las que persigue fomentar el rechazo y la exclusión de la vida política y aun la eliminación física, de quienes no comparten el ideario de los intolerantes», por lo que considera que la quema de la fotografía del Monarca que motivó la condena por el delito del art. 490.3 CP avala «categóricamente el significado netamente incitador al odio», argumentos que llevan al TC a desestimar el recurso de amparo. El TEDH, en su sentencia de 13 de marzo de 2018 (asunto Stern Taulats y Roura Capellera c. España), estima que en este caso se había producido una violación del derecho a la libertad de expresión y, entiende, en la línea de los votos discrepantes que acompañaban a las STC 177/2015, que la quema de retratos del Rey no puede entenderse como una forma de discurso del odio ni de provocación a la violencia.

23 En el mismo sentido STC 35/2020 FJ 4.

Como punto de partida, el TC señala la relevancia de los derechos consagrados en el art. 20.1 CE, pues «no son sólo expresión de una libertad individual básica sino que se configuran también como elementos conformadores de nuestro sistema político democrático». La libertad de expresión, en cuanto «condición previa y necesaria para el ejercicio de otros derechos inherentes al funcionamiento de un sistema democrático, se convierte, a su vez, en uno de los pilares de una sociedad libre y democrática». Profundizando en el contenido de este derecho fundamental, afirma que «la libertad de expresión comprende la libertad de crítica aun cuando la misma sea desabrida y pueda molestar, inquietar o disgustar a quien se dirige». «Al resguardo de la libertad de opinión cabe cualquiera (...) incluso las que ataquen al propio sistema democrático» pues «la Constitución protege también a quienes la niegan». De manera que «la libertad de expresión es válida no solamente para las informaciones o las ideas acogidas con favor o consideradas inofensivas o indiferentes, sino también para aquellas que contrarían, chocan o inquietan al Estado o a una parte cualquiera de la población». En este sentido, recuerda que «en nuestro sistema —a diferencia de otros de nuestro entorno— no tiene cabida un modelo de "democracia militante" esto es, un modelo en el que se imponga, no ya el respeto, sino la adhesión positiva al ordenamiento y, en primer lugar, a la Constitución». Por todo ello «el ámbito constitucionalmente protegido de la libertad de expresión no puede verse restringido por el hecho de que se utilice para la difusión de ideas u opiniones contrarias a la esencia misma de la Constitución (...) a no ser que con ellas se lesionen efectivamente derechos o bienes de relevancia constitucional». En este punto, recuerda que, como expuso en su sentencia 214/1991 (caso Violeta Friedmann), «las afirmaciones, dudas y opiniones acerca de la actuación nazi con respecto a los judíos y a los campos de concentración, por reprobables o tergiversadas que sean (...) quedan amparadas por el derecho a la libertad de expresión (...), pues (...) sólo pueden entenderse como lo que son: opiniones subjetivas e interesadas sobre acontecimientos históricos» (FJ 4).

Por supuesto, lo anterior no significa que en opinión de nuestro TC la «libre transmisión de ideas» sea «un derecho absoluto». A este respecto, indica que «en concreto, por lo que hace a las manifestaciones, expresiones o campañas de carácter racista o xenófobo (...) el art. 20.1 no garantiza "el derecho a expresar y difundir un determinado entendimiento de la historia o concepción del mundo con el deliberado ánimo de menospreciar y discriminar, al tiempo de formularlo, a personas o grupos por razón de cualquier condición o circunstancia personal, étnica o social"», pues ello implicaría admitir violaciones de los principios de igualdad y dignidad de la persona. Por atentar contra la dignidad humana «carece de cobertura constitucional la apología de los verdugos, glorificando su imagen y justificando sus hechos cuando ello suponga una humillación de sus víctimas», e igualmente, y por el mismo motivo, queda fuera de dicha cobertura «el odio y el desprecio a todo un pueblo o a una etnia». El amplio margen que el TC concede a la libertad de expresión encontraría, por tanto, su límite «en las manifestaciones vilipendiadoras, racistas o humillantes o en aquellas que incitan directamente a dichas actitudes». «Es pues el deliberado ánimo de menospreciar y discriminar a personas o grupos por razón de cualquier condición o circunstancia personal, étnica o social el que, en estos casos, priva de protección constitucional a la expresión y difusión de un determinado entendimiento de la historia o concepción del mundo» (FJ 5).

La doctrina sobre el contenido y límites de la libertad de expresión expuesta por el TC en esta sentencia debe confrontarse con la del TEDH, que parte de premisas diferentes, de las que se deduce una mayor restricción de la libertad de expresión[24]. Sin ánimo de adentrarme en la profusa jurisprudencia del TEDH dirigida a determinar qué conductas calificadas como discurso del odio pueden verse amparadas por la libertad de expresión (art. 10.2 del Convenio Europeo para la Protección de los Derechos Humanos y de las Libertades Fundamentales de 1950 —CEDH—)[25], debe reconocerse que en general el Tribunal de Estrasburgo concede un escaso margen a la libertad de expresión en los supuestos de discurso del odio. En particular, en los casos de negacionismo del holocausto nazi se sirve de la cláusula de abuso de derecho del art. 17 CEDH, y los excluye de plano del ámbito de protección del Convenio, precepto que, como expone nuestro TC en la sentencia que analizamos, «no tiene parangón en nuestro ordenamiento constitucional» (FJ 5). En cambio, otros supuestos de negacionismo y los casos de incitación al odio y a la violencia, son reconducidos al art. 10.2 CEDH por lo que, si bien en la mayoría de las ocasiones el Tribunal no estima las pretensiones de quienes consideran vulnerada su libertad de expresión, al menos lleva a cabo un juicio de ponderación de los intereses en conflicto. Como especialmente representativa de esta línea jurisprudencial restrictiva de la libertad de expresión en un caso de incitación al odio, cabe citar la sentencia del caso Féret c. Bélgica de 16 de julio de 2009. En este polémico pronunciamiento, acompañado de un voto particular firmado por tres de los siete magistrados que componen la Sala, se reiteran manifestaciones ya plasmadas en fallos anteriores, como el relativo al caso Günduz c. Turquía de 4 de diciembre de 2003, en las que el Tribunal estima «necesario, en las sociedades democráticas, sancionar e incluso prevenir todas las formas de expresión que pro-

24 Sobre estas diferencias, véase ALCÁCER GUIRAO, Rafael, «Víctimas y disidentes. El "discurso del odio" en EE. UU. y Europa», *Revista Española de Derecho Constitucional,* n.º 103, 2015, pp. 50 ss.

25 Al respecto pueden verse, por ejemplo, ALCÁCER GUIRAO, Rafael, «Libertad de expresión, negación del Holocausto y defensa de la democracia. Incongruencias valorativas en la jurisprudencia del TEDH», *Revista Española de Derecho Constitucional,* n.º 97, 2013, pp. 309 ss.; y TERUEL LOZANO, Germán M., «La libertad de expresión...», *op. cit.,* pp. 7 ss.; GASCÓN CUENCA, Andrés, *El discurso del odio..., op. cit.,* pp. 56 ss.; ROIG TORRES, Margarita, *Delimitación entre libertad de expresión y «discurso del odio»,* Tirant lo Blanch, Valencia, 2020, pp. 42 ss.; y CORRECHER MIRA, Jorge, «La banalización del discurso del odio: una expansión de los colectivos ¿vulnerables?», *InDret* 2/2021, pp. 103 ss.

paguen, inciten, promuevan o justifiquen el odio basado en la intolerancia» y considera que el discurso del odio que resulte insultante para personas o grupos no se beneficia de la protección del art. 10 del CEDH. Afirma el TEDH que la incitación al odio «no requiere necesariamente el llamamiento a tal o cual acto de violencia ni a otro acto delictivo», y argumenta que los ataques «contra las personas al injuriar, ridiculizar o difamar a ciertas partes de la población y sus grupos específicos o la incitación a la discriminación (...) son suficientes para que las autoridades privilegien la lucha contra el discurso racista frente a una libertad de expresión irresponsable y que atenta contra la dignidad, incluso la seguridad, de tales partes o grupos de la población»[26].

No obstante, como con razón se ha indicado, «la no censura del TEDH de una persecución penal en un determinado Estado no es lo mismo que una afirmación positiva de los criterios que deben informar un estándar jurídico-penal de incitación xenófoba respetuoso con la libertad de expresión»[27]. Por otra parte, es importante señalar que un examen sosegado de las sentencias del TEDH pone de manifiesto que su jurisprudencia admite diversas lecturas, dado que, pese a las afirmaciones generales que hemos reproducido *supra*, puede concluirse que en realidad el Tribunal de Estrasburgo no considera amparadas por la libertad de expresión exclusivamente las incitaciones a actos violentos o discriminatorios, que son algo distinto de las meras incitaciones genéricas a sentimientos de odio u hostilidad.

Volvamos a la STC 235/2007. Tras referirse el TC al contenido y límites de la libertad de expresión, en los términos indicados *supra*, la sentencia se centra en el ahora derogado art. 607.2, situando en primer lugar el precepto en el contexto de otros tipos penales, particularmente, los arts. 615 y 510.1. Entiende el TC que el apartado segundo del art. 607 contiene «un tipo penal independiente» del previsto en el apartado primero del mismo precepto —donde se tipificaba el delito de genocidio—, en el que ya no se requiere el dolo específico concretado en el propósito de destruir a un grupo social, sino que castiga la difusión de determinadas ideas y doctrinas sin exigir «expresamente elemento suplementario alguno», por lo que «en principio se trata de una difusión en cierto modo "neutra"». Por eso, considera que «las conductas descritas en el precepto cuestionado consisten en la mera transmisión de opiniones». «La literalidad del ilícito previsto en el art. 607.2 CP no exige, a primera vista, acciones positivas de proselitismo

---

26 Como señala Alcácer Guirao, Rafael, «Libertad de expresión...», *op. cit.,* pp. 335 s., el TEDH no entra a analizar si la concreta acción es apta para incitar a la violencia o a la intimidación, esto es, si representa un peligro concreto y actual, sino que se conforma con atisbar un peligro potencial y abstracto. Concluye, por ello, que este criterio se aproxima al *bad tendency test* que el Tribunal Supremo estadounidense mantenía en los años 30, y que fue posteriormente abandonado y sustituido por la tesis del *clear and present danger.*

27 Así, Landa Gorostiza, Jon-Mirena, «Incitación al odio: evolución jurisprudencial (1995-2011) del art. 510 CP y propuesta *de lege lata*», *Revista de Derecho Penal y Criminología*, n.º 7, 2012, p. 329.

xenófobo o racista, ni menos aún la incitación, siquiera indirecta a cometer genocidio (...). Las conductas descritas tampoco implican necesariamente el ensalzamiento de los genocidas ni la intención de descrédito, menosprecio o humillación de las víctimas». «(...) La literalidad del precepto, en la medida en que castiga la transmisión de ideas en sí misma considerada, sin exigir adicionalmente la lesión de otros bienes constitucionalmente protegidos, viene aparentemente a perseguir una conducta que, en cuanto amparada por el derecho a la libertad de expresión (...) constituye un límite infranqueable para el legislador penal». «No estamos ante un supuesto de limitación de la libertad de expresión por parte del Código penal, sino que éste interfiere en el ámbito propio de la delimitación misma del derecho constitucional». E insiste: «nuestro ordenamiento constitucional no permite la tipificación como delito de la mera transmisión de ideas, ni siquiera en los casos en que se trate de ideas execrables» (FJ 6).

A partir de aquí, se pregunta el TC si es posible llevar a cabo una interpretación del precepto conforme con la Constitución, y concluye que la respuesta ha de ser negativa por lo que respecta a la conducta de negación del genocidio, pues «la mera difusión de conclusiones en torno a la existencia o no de determinados hechos, sin emitir juicios de valor sobre los mismos o su antijuridicidad, afecta al ámbito de la libertad científica». «La mera negación del delito, frente a otras conductas que comportan determinada adhesión valorativa al hecho criminal, promocionándolo a través de la exteriorización de un juicio positivo, resulta en principio inane». No puede afirmarse «que toda negación de conductas jurídicamente calificadas como genocidio persigue objetivamente la creación de un clima social de hostilidad contra aquellas personas que pertenezcan a los mismos grupos que en su día fueron víctimas del concreto delito de genocidio cuya inexistencia se pretende, ni tampoco que toda negación per se sea capaz de conseguirlo». «En consecuencia, la referida conducta permanece en un estado previo al que justifica la intervención del derecho penal, en cuanto no constituye, siquiera, un peligro potencial para los bienes jurídicos tutelados de la norma en cuestión, de modo que su inclusión en el precepto supone la vulneración del derecho a la libertad de expresión» (FJ 8).

«Diferente es la conclusión a propósito de la conducta consistente en difundir ideas que justifiquen el genocidio. Tratándose de la expresión de un juicio de valor, sí resulta posible apreciar el citado elemento tendencial en la justificación pública del genocidio. La especial peligrosidad de delitos tan odiosos y que ponen en riesgo la esencia misma de nuestra sociedad, como el genocidio, permite excepcionalmente que el legislador penal sin quebranto constitucional castigue la justificación pública de ese delito, siempre que tal justificación opere como incitación indirecta a su comisión; esto es incriminándose (...) conductas que aunque sea de forma indirecta supongan una provocación al genocidio» (FJ 9).

En definitiva, considera el TC que es legítimo el castigo de la difusión pública de las ideas justificadoras cuando dicha difusión «entre en conflicto con bienes constitucionalmente relevantes de especial trascendencia que hayan de protegerse penalmente. Así sucede, en primer lugar, cuando la justificación de tan abominable delito *suponga un modo de incitación indirecta a su perpetración*[28]. Sucederá también, en segundo lugar, cuando con la conducta consistente en presentar como justo el delito de genocidio *se busque alguna suerte de provocación al odio hacia determinados grupos definidos mediante la referencia a su color, raza, religión, u origen nacional o étnico, de tal manera que represente un peligro cierto de generar un clima de violencia y hostilidad que puede concretarse en actos específicos de discriminación*» (FJ 9)[29].

Resulta confusa la equiparación que realiza el Tribunal en estas conclusiones entre la incitación indirecta al genocidio y la provocación mediata a la discriminación, al odio o a la violencia. Si entendemos la justificación del genocidio como ensalzamiento del crimen y de su autor y exigimos, además, como hace el TC, la intención de incitar indirectamente a su comisión, nos estamos refiriendo claramente a un supuesto de apología *stricto sensu*. El TC vendría así a declarar conforme a la Constitución, excepcionalmente, dada la gravedad del delito de genocidio, un supuesto de apología desvinculado de los requisitos de la provocación (art. 18 CP). Sin embargo, no queda claro si se estaba haciendo referencia a un criterio distinto con la alusión a la justificación del genocidio que suponga una provocación al odio hacia determinados grupos. En mi opinión, podía considerarse que el TC no pretendió adelantar las barreras de la intervención penal a una fase previa a la apología del genocidio y, por tanto, el art. 607.2 había de interpretarse como justificación del genocidio realizada con intención de incitar indirectamente a su comisión. Sin embargo, como veremos, esta confusión fue aprovechada por el legislador de 2015 para crear un tipo que no se limita a la represión penal de la incitación indirecta al genocidio.

28 La sentencia incurre en este punto en ciertas contradicciones, pues termina considerando conforme a la Constitución la justificación del genocidio que implique una incitación aunque sea *indirecta* a su comisión, mientras que en otros lugares de la sentencia parece exigir que la incitación sea *directa:* «el amplio margen que el art. 20.1 ofrece a la difusión de ideas (...) encuentra su límite en las manifestaciones vilipendiadoras, racistas o humillantes o en aquellas que incitan directamente a dichas actitudes» (FJ 5); y, aún más claramente: «el precepto resultaría conforme a la Constitución si se pudiera deducir del mismo que la conducta sancionada implica necesariamente una incitación directa a la violencia contra determinados grupos o un menosprecio hacia las víctimas de los delitos de genocidio» (FJ 7). Sin embargo, como veremos a continuación, lo que pretende el TC es dotar de un ámbito de aplicación propio al art. 607.2, que lo distinga de la conducta tipificada en el art. 510.1.

29 Las cursivas han sido añadidas.

Al margen de los supuestos particulares de negacionismo que, como vengo indicando, constituyen el objeto nuclear de la sentencia, el diverso punto de partida del TC respecto a la postura mantenida por el TEDH repercute asimismo en la interpretación que nuestro Alto Tribunal realiza de otras manifestaciones del discurso del odio. El TC dice partir, al igual que el TEDH, de la definición de discurso del odio recogida en la Recomendación (1997) 20 del Comité de Ministros del Consejo de Europa, pero lo cierto es que la restringe, pues lo define como «aquél desarrollado en términos que supongan una incitación *directa* a la violencia contra los ciudadanos en general o contra determinadas razas o creencias en particular». Y es esta manifestación del discurso del odio la que queda fuera de la libertad de expresión: «las manifestaciones vilipendiadoras, racistas o humillantes o (...) aquellas que inciten directamente a dichas actitudes» (FJ 5).

En efecto, en los últimos pasajes de la sentencia, cuando el TC enmarca el art. 607.2 en el contexto de otros preceptos con los que se encuentra relacionado, considera que la interpretación realizada de la justificación del genocidio, como «modalidad específica de incitación al delito» «dota al precepto de un ámbito punible propio y específico», distinto de la provocación directa al delito de genocidio (art. 615) y diferenciable también de la conducta del art. 510.1 que el Código «define como de "provocación" y la refiere "a la discriminación, al odio o a la violencia contra grupos o asociaciones (...)"» (FJ 9). Según entiendo, de aquí se deduce que el TC concebía el delito del art. 510.1 entonces vigente como una provocación directa a la discriminación, al odio y a la violencia, haciendo factible así la distinción entre ese delito y la justificación del genocidio del art. 607.2, configurada como incitación indirecta a su comisión[30].

La tesis expuesta por el TC en su sentencia interpretativa dictada en relación con la antigua figura delictiva de justificación del genocidio cobró actualidad y obtuvo refrendo mediante la STC 112/2016, donde se analiza la compatibilidad del delito de enaltecimiento del terrorismo (art. 578 CP) con el respeto a la libertad de expresión. Tras realizar una serie de consideraciones generales sobre el contenido y límites de la libertad de expresión, tomando como base la STC 177/2015[31], el Tribunal destaca «la similitud estructural» que presentan los tipos de enaltecimiento del terrorismo y justificación del

30 De la misma opinión, por ejemplo, ALCÁCER GUIRAO, Rafael, «Discurso del odio...», *op. cit.,* p. 23. De otro parecer, LANDA GOROSTIZA, Jon-Mirena, *Los delitos de odio, op. cit.,* p. 55.

31 Recuerda, en este sentido, el «carácter preeminente» de este derecho en los sistemas democráticos, pero también su «carácter limitado cuando entra en conflicto con otros derechos o intereses constitucionales, como sucede, por ejemplo, con aquellas expresiones que son manifestación del discurso del odio y que cabe interpretar como incitaciones a la violencia, discriminación contra colectivos, etc.». También alude a «los riesgos derivados de la utilización del ius puniendi en la respuesta estatal ante un eventual ejercicio, extralimitado o no, de la libertad de expresión por la desproporción que pueda suponer acudir a esta potestad y el efecto desaliento que ello puede generar» (FJ 2).

genocidio (antiguo art. 607.2), argumento que utiliza para extender al primero las tesis que había defendido en la STC 235/2007 respecto del segundo. Conforme a este planteamiento, dispone el TC que la sanción penal del enaltecimiento del terrorismo solo respetará el citado derecho constitucional cuando se haya acreditado la existencia de una incitación, al menos indirecta, a la violencia terrorista (FJ 3). Además, se apoya en la jurisprudencia del TEDH en la materia para concluir que el castigo de las conductas de enaltecimiento del terrorismo «supone una legítima injerencia en el ámbito de la libertad de expresión de sus autores en la medida en que puedan ser consideradas como una manifestación del discurso del odio por propiciar o alentar, aunque sea de manera indirecta, una situación de riesgo para las personas o derechos de terceros o para el propio sistema de libertades», que identifica con una incitación pública a la violencia (FJ 4); y así: «Incitar supone siempre llevar a cabo una acción que ex ante implique elevar el riesgo de que se produzca tal conducta violenta» (FJ 6).

De estas sentencias pueden extraerse conclusiones relevantes para valorar el modo en que se criminaliza el discurso del odio, u otros discursos extremos, en la vigente regulación penal. Conforme a la opinión del TC, cuando se trata de delitos de especial gravedad, que ponen en riesgo «la esencia misma de la sociedad», como el terrorismo o el genocidio, es admisible, excepcionalmente, la punición de expresiones apologéticas (enaltecimiento o justificación públicos de esos delitos o de sus autores), siempre que dichas conductas expresivas constituyan una incitación, al menos indirecta, a la comisión de esos delitos. A esta tesis puede objetarse, desde luego, que da lugar a una restricción excesiva de la libertad de expresión, al no atreverse a dar el paso de incorporar a nuestro ordenamiento jurídico el criterio estadounidense del *clear and present danger*[32]. Al respecto, mantienen su validez los argumentos tradicionalmente alegados en contra del castigo de la apología *stricto sensu.* Por un lado, limita en demasía la libertad de expresión dejar fuera de su amparo la incitación meramente indirecta al delito, por mucho que el delito a cuya comisión se incite sea uno de extrema gravedad[33]. Por otro lado, es evidente que se adelanta la intervención penal a un momento todavía muy lejano a la comisión del delito. Y ni esa excesiva limitación del derecho a la libertad de expresión ni ese extraordinario adelanto de las barreras de protección penal parecen justificadas en nuestro contexto social. Con

32 En este sentido, entre otros autores, TERUEL LOZANO, Germán M., «Cuando las palabras generan odio…», *op. cit.,* p. 35; y NÚÑEZ CASTAÑO, Elena, *Libertad de expresión y Derecho penal: la criminalización de los discursos extremos,* Aranzadi, Pamplona, 2022, pp. 184, 269, 275.

33 Como señala RODRÍGUEZ MONTAÑÉS, Teresa, *Libertad de expresión, discurso extremo y delito. Una aproximación desde la Constitución a las fronteras del Derecho penal,* Tirant lo Blanch, Valencia, 2012, p. 317, la diferencia entre acción y expresión «se diluye hasta hacerse indistinguible cuando no se exige ni la incitación a una concreta acción lesiva, ni la probabilidad, ni la inminencia de que una acción tal se produzca como consecuencia de la incitación o la provocación, sino tan solo el peligro potencial, la incitación indirecta y la provocación mediata».

todo, proyectando esta doctrina hacia el Derecho vigente, debe reconocerse que la tesis del TC permite restringir notablemente el ámbito de aplicación del delito de enaltecimiento del terrorismo, pues queda «vedada la posibilidad de sancionar meras expresiones o discursos ofensivos, hostiles, hirientes o antidemocráticos, si respecto de los mismos no se puede constatar la presencia de una finalidad de incitación, al menos indirecta, a la violencia o comisión de delitos»[34]. Idéntico requisito mínimo debe exigirse, en consecuencia, en los tipos que castigan formas de apología del genocidio. Pero enseguida veremos que el legislador de 2015 no incorporó estas exigencias al tipificar dicha figura —510.1 c) CP—.

Esta doctrina del TC también repercute en el juicio que se formule sobre la represión penal del resto de las manifestaciones del discurso del odio con contenido incitador. Conformándonos con poco, podríamos entender que los requisitos mencionados son extrapolables a toda incitación al odio punible, esto es, que solo serían legítimos, por castigar conductas no amparadas por la libertad de expresión, los tipos que exigiesen una incitación, como mínimo, indirecta, a la comisión de delitos y propiciasen una situación de riesgo para personas o derechos. Pero las afirmaciones del TC abren la puerta a otra interpretación más favorable a la libertad de expresión: el castigo de la incitación indirecta a delinquir solo se justifica, «excepcionalmente», por la gravedad de los delitos que se atisban en el horizonte, el terrorismo y el genocidio; ahora bien, fuera de esos ámbitos, es decir, cuando el objeto de la incitación es otro, la sanción del discurso debe cumplir condiciones más rigurosas para permanecer dentro de los cauces constitucionales. Por eso la STC 235/2007 se refería al art. 510.1 como un supuesto de provocación, en el que la incitación a la violencia o discriminación debía ser directa. Ninguna de estas pautas, ni siquiera las menos exigentes, han sido tenidas en cuenta en la redacción del art. 510.1 a) —ni mucho menos en el art. 510.1 b)—. La conclusión es que tras la reforma de 2015 existen, más que nunca, sólidas razones para dudar de la constitucionalidad del precepto.

IV. Problemática jurídico-penal y constitucional de la tipificación del discurso del odio

Como se indicaba en las líneas introductorias de esta contribución, la repercusión constitucional de la punición del discurso del odio desde la perspectiva de los límites de la libertad de expresión se encuentra íntimamente relacionada con la problemática jurídico-penal que presentan las figuras delictivas dedicadas al castigo del discurso. Veamos, por tanto, cuál es el diagnóstico que cabe realizar del discurso del odio criminalizado analizando sus características principales.

---

34 Núñez Castaño, Elena, *Libertad de expresión…*, *op. cit.*, p. 168.

1. Incitación al odio y difusión de materiales idóneos para incitar al odio

La infracción penal de referencia en el castigo del discurso del odio —art. 510.1 a)—, a la que abreviadamente denominaré delito de incitación al odio, describe con gran amplitud e imprecisión tanto las conductas típicas (fomentar, promover o incitar directa o indirectamente) como los objetos de la incitación (odio, hostilidad, discriminación o violencia). En mi opinión, esta construcción tan laxa fue buscada deliberadamente por el legislador, aunque resulta incompatible con las exigencias de certeza y taxatividad que han de regir la tipificación penal. Se trataba, en efecto, de desconectar el precepto de cualquier posible interpretación restrictiva tendente a aproximar los requisitos típicos a las características de la provocación de delitos (art. 18 CP), exégesis que había sido defendida mayoritariamente en la doctrina antes de la reforma de 2015 y asumida en cierto modo por la jurisprudencia, lo que dio lugar, como he avanzado, a una activación muy excepcional de la figura de provocación a la discriminación, al odio y a la violencia. Ciertamente, la regulación anterior presentaba algunas trabas que impedían identificar plenamente la provocación descrita en el art. 510.1 con el acto preparatorio de provocación del art. 18, que exige una incitación directa y pública a la perpetración de delitos, teniendo en cuenta que los conceptos de discriminación, violencia y odio no implican necesariamente la realización de un comportamiento delictivo[35], pero la antigua redacción del art. 510.1 facultaba una interpretación restrictiva. Partiendo de que la provocación genérica y la modalidad tipificada en el art. 510 compartían la misión de adelantar las barreras de tutela penal por la «idoneidad (de las conductas) para poner en peligro ciertos bienes de especial importancia», podrían trasladarse al art. 510.1 parte de los elementos de la provocación genérica: la publicidad y la exigencia de que constituya una incitación directa —esto es, que se oriente expresamente e inequívocamente a la consecución de los efectos que el provocador se propone—. Por lo demás, bastaría con que la provocación tuviera por objeto hechos antijurídicos, aunque no necesariamente ilícitos penales[36]. El TS, en la sentencia 259/2011, sobre el famoso caso de la librería Kalki, se hizo eco de estos planteamientos, —que habían encontrado, por cierto, refrendo constitucional en la STC 235/2007— absolviendo del delito de provocación al odio[37].

35 En este sentido, Gómez Martín, Víctor, «Incitación al odio y género. Algunas reflexiones sobre el nuevo art. 510 CP y su aplicabilidad al discurso sexista», en: Miró Llinares, F. (dir.), *Cometer delitos en 140 caracteres. El Derecho penal ante el odio y la radicalización en Internet,* Marcial Pons, Madrid, 2017, pp. 182 s.

36 Véase, en este sentido, Laurenzo Copello, Patricia, «La discriminación...», *op. cit.,* pp. 253 ss., con la excepción, en cualquier caso, de la provocación al odio, que recogería incitaciones que solo de un modo indirecto podrían concretarse en actos de discriminación prohibida o de violencia (pp. 264 s.).

37 STS 259/2011, de 12 de abril, FJ 1: «la utilización del término provocación ha conducido

Pero con la reforma de 2015, aunque se incorpora, acertadamente, la exigencia de publicidad, el verbo típico «provocar» es sustituido por las conductas de fomento, promoción o incitación; además, al indicarse expresamente que caben en el tipo las incitaciones indirectas, queda vedada una posible interpretación de la figura en términos semejantes al acto preparatorio de provocación. Por otra parte, entre los objetos de la incitación, no solo se mantiene la referencia al odio, fuertemente criticada, sino que se añade el no menos problemático concepto de «hostilidad». Si con la regulación anterior a 2015 ya resultaba difícil defender que la incitación había de dirigirse en todo caso a la comisión de delitos, la nueva regulación lo imposibilita[38]. Los conceptos de discriminación y violencia pueden, al menos, reconducirse a hechos ilícitos, pero no sucede lo mismo con el odio, que no es más que un sentimiento, ni con la hostilidad. Ni siquiera se exige una incitación explícita a la realización de actos concretos, dado que aquella ya no tiene que ser directa necesariamente, por lo que el tipo permite castigar incitaciones implícitas a que terceros desarrollen sentimientos de odio u hostiles hacia determinados grupos de personas o sus integrantes.

La regulación se orienta a evitar la creación de un caldo de cultivo, una situación de crispación, en definitiva, un *clima* favorable a la potencial realización de comportamientos hostiles, violentos o discriminatorios hacia determinadas personas por razón de su pertenencia a ciertos grupos[39]. No se pone en duda que la pretensión sea loable, pero ello no justifica una interven-

a sostener que es preciso que se cumplan los requisitos del artículo 18, salvo el relativo a que el hecho al que se provoca sea constitutivo de delito (...). En cualquier caso, es preciso que se trate de una incitación directa a la comisión de hechos mínimamente concretados de los que pueda predicarse la discriminación, el odio o la violencia contra los referidos grupos o asociaciones y por las razones que se especifican en el artículo». Se había manifestado en el mismo sentido la AP de Barcelona (sección 2.ª) en su sentencia 259/2010, de 26 de abril, relativa al caso de la «Librería Europa» (FJ 9). Posteriormente, esta interpretación fue acogida en la sentencia 787/2012, de 29 de junio de la AP de Barcelona (Sección 5.ª), en un caso de reparto de panfletos en campaña electoral: la provocación «debe ser directa, concreta, amenazante, definitiva y grave (...). La provocación genérica, indirecta, no cabe en el precepto». «La discriminación debe interpretarse en sentido estrictamente jurídico, debe tratarse de actos que infrinjan el mandato del artículo 14 de la Constitución Española, y tratarse de hechos ilícitos» (FJ 3). En el mismo sentido también la sentencia n.º 104/2013, de 1 de febrero, de la AP de Barcelona (sección 3.ª) —véase FJ 3—.

38 Así también, entre otros muchos, Fuentes Osorio, Juan Luis, «El odio como delito», *op. cit.*, p. 27; y Landa Gorostiza, Jon-Mirena, *Los delitos de odio, op. cit.*, p. 67.

39 Como señala Galán Muñoz, Alfonso, «Delitos de odio, discurso del odio y Derecho penal: ¿hacia la construcción de injustos penales por peligrosidad estructural?», *Revista Penal*, n.º 46, 2020, p. 46, se sancionan manifestaciones «que contribuyen a crear un clima de hostilidad que pone en peligro (...) a los integrantes de tales colectivos minoritarios, bien porque su aparición puede dar lugar a ataques delictivos contra los mismos, bien porque puede generar, cuanto menos, actuaciones o actitudes discriminatorias contra ellos, aunque no lleguen a ser delictivas».

ción penal tan adelantada[40]. A ese respecto, conviene poner de manifiesto que en la letra a) del art. 510.1 no se sancionan los actos hostiles, violentos o discriminatorios cuya ejecución, en última instancia, se intenta conjurar. Dichas conductas, de llegar a realizarse, podrían subsumirse en otros preceptos (delitos contra la integridad moral, lesiones, denegación de prestaciones, etc.). Pero tampoco se castiga en la figura que analizamos la creación del clima que puede favorecer su comisión, por la sencilla razón de que una incitación individual no puede desencadenarlo, a no ser que el contexto social sea propicio, sino que es objeto de represión penal la mera promoción del clima, esto es, la antesala del clima. El precepto faculta, en última instancia, la sanción de expresiones meramente molestas o de mal gusto, quedando en manos del juez la reconducción de los elementos típicos a cauces más ajustados a los parámetros constitucionales[41].

La configuración típica del delito de incitación al odio complica la labor de identificar el bien jurídico protegido[42]. Si ya no se castiga (o no solo)[43] la

---

40 Sobre ello, García Arán, Mercedes, «De las reformas bienintencionadas con resultados regresivos: el delito de promoción del odio», en: Morales Prats, F. / Tamarit Sumalla, J. M.ª / García Albero, R. (coords.), *Represión penal y Estado de Derecho: homenaje al profesor Gonzalo Quintero Olivares,* Aranzadi, Pamplona, 2018, pp. 867 ss.

41 Como señala Fuentes Osorio, Juan Luis, «El odio como delito», *op. cit.,* p. 41, la sanción penal del odio mediante preceptos de estas características manifiesta «una gran fe en el comportamiento responsable del juez-censor».

42 La doctrina ha formulado diferentes tesis sobre el bien jurídico protegido en la figura delictiva que tratamos, en su mayoría tendentes a considerar el delito como pluriofensivo. Véanse, por ejemplo, Portilla Contreras, Guillermo, «El retorno de la censura...», *op. cit.,* p. 92, quien considera que en los casos de incitación a la discriminación se castiga la puesta en peligro abstracto del derecho a la igualdad del colectivo, en los casos de incitación a la violencia el peligro para seguridad del grupo y el derecho a la igualdad del colectivo, y en la incitación al odio no existe bien jurídico alguno; Teruel Lozano, Germán M., «La libertad de expresión...», pp. 38 s.: derecho a la no discriminación, dignidad humana en sentido supraindividual y paz pública; Laurenzo Copello, Patricia, «La discriminación...», *op. cit.,* pp. 236 ss., particularmente p. 241, quien opina que en todo trato discriminador se ven implicados dos bienes jurídicos: uno individual, «el derecho a ser tratado como un ser humano igual a los demás», relacionado con la dignidad personal, y otro colectivo, «el modelo de convivencia plural y multicultural del que parte nuestra Constitución», si bien entiende que ambos aspectos no gozan de la misma trascendencia a la hora de fundamentar los tipos, sino que prima la perspectiva individual; y, en sentido similar, Gómez Martín, Víctor, «Incitación al odio ...», *op. cit.,* p. 187, en cuya opinión se describen conductas que lesionan «un bien jurídico mixto individual-colectivo: el derecho fundamental a la igualdad y la protección de determinadas minorías vulnerables (...)».

43 La SAP de Barcelona (sec. 5.ª) de 27 de abril de 2018 confirma la condena por el delito de incitación al odio al vicepresidente del partido «Democracia Nacional», quien al finalizar una manifestación celebrada en Barcelona con motivo del día de la Hispanidad tomó la palabra ante una concurrencia de unas 200 personas y, refiriéndose a un «periodista independentista» a quien identificó por su nombre, le llamó «rata» y pidió a los asistentes que si le veían le diesen «una buena hostia». Se trata de un caso claro de provocación a un delito de lesiones que, sin embargo, no se castiga a través del acto

provocación a la comisión de delitos, no parece acertado considerar el delito como uno de peligro abstracto para bienes jurídicos individuales[44]. Dado que la conexión causal entre la expresión incitadora y las hipotéticas posteriores conductas de los receptores del mensaje es muy débil, en los delitos que castigan la promoción de un clima predelictivo (o previo a la realización de actos ilícitos) la distancia de las conductas punibles con la lesión de la libertad individual, la integridad física, la integridad moral, o incluso el derecho a la igualdad, es abismal[45]. La protección de esos intereses puede verse solo como la «ratio legis». Otra opción es entender orientado el objeto de tutela hacia bienes jurídicos supraindividuales antepuestos. En el Código penal alemán, el tipo básico del delito de incitación al odio (§ 130 I) requiere que las conductas sean aptas para perturbar la paz pública, lo que explica que la doctrina alemana mayoritaria aluda a dicho concepto como bien jurídico protegido en ese delito. Acertadamente, los penalistas españoles se habían mostrado hasta ahora impermeables a esta influencia, con el argumento de que la vaguedad e indefinición del concepto lo hacen inservible para desempeñar las funciones de legitimación y de interpretación de los tipos propias del bien jurídico[46]. Huyendo de esta vía, pero en la misma senda tendente a la identificación de un bien jurídico supraindividual, cabe defender que el delito trata de proteger las condiciones básicas necesarias para que los miembros de los grupos referidos en el precepto «puedan desarrollar sus actividades como sujetos de pleno derecho en la sociedad»[47]. A mi modo de ver, en aras de ofrecer una interpretación *de lege lata*, esta tesis explica mejor el conteni-

---

preparatorio del art. 18 con la posible aplicación de la agravante de actuar por motivos discriminatorios por razón de la ideología (art. 22. 4.ª CP).

44 Así, no obstante, HÖRNLE, Tatjana, «La protección de sentimientos en el StGB», en: HEFENDEHL, R. (ed.), *La teoría del bien jurídico. ¿Fundamento de legitimación del Derecho penal o juego de abalorios dogmático?,* Marcial Pons, Madrid, 2007, pp. 388 s., en relación con el muy similar al español delito del § 130 I del Código penal alemán, criticando la postura dominante en Alemania, que reconduce el objeto de protección al concepto de «paz pública». Sobre ello véase a continuación en el texto. En semejantes términos, con matices, GALÁN MUÑOZ, Alfonso, «Delitos de odio...», *op. cit.,* p. 58.

45 Así, FUENTES OSORIO, Juan Luis, «El odio como delito», *op. cit.,* pp. 12 y 14. Reconoce HÖRNLE, Tatjana, «La protección...», *op. cit.,* p. 389, que estos delitos adelantan considerablemente la punibilidad, «ya que para la aparición de una lesión o de un peligro concreto para víctimas concretas es preciso un paso intermedio: las personas incitadas por el agitador deben realizar los hechos punibles como resultado de su decisión responsable». Pero la brecha se agranda si la incitación punible no va dirigida directamente a la realización de actos delictivos.

46 En este sentido, entre otros, LAURENZO COPELLO, Patricia, «La discriminación...», *op. cit.,* p. 238, indicando que, al tratarse de un bien muy difícil de precisar, también el efecto del comportamiento punible sobre él acaba siendo totalmente difuso.

47 En este sentido, LANDA GOROSTIZA, Jon-Mirena, *La intervención penal..., op. cit.,* p. 351 y, respecto a la regulación vigente, el mismo, *Los delitos de odio, op. cit.,* p. 58: «condiciones de seguridad existencial de grupos y colectivos especialmente vulnerables», con matices en las páginas que siguen.

do del art. 510.1 a), lo que no significa que se persiga aquí otorgar validez a la criminalización de toda expresión del discurso del odio, de manera que se considere poseedor de relevancia penal «cualquier comportamiento que contenga una manifestación discriminatoria»[48]. En este sentido, conviene tener en cuenta, primero, que no resulta sencillo precisar qué conductas lesionan dicho bien jurídico y, segundo, que, en cualquier caso, las que describe el precepto solo suponen un peligro abstracto para el mismo[49]. La mayoría de ellas, según su sentido gramatical, están muy lejos de alcanzar la lesividad mínima necesaria para justificar su represión penal[50].

La tendencia expansiva del precepto se pone también de manifiesto en el modo en que son descritos los colectivos a los que se pretende proteger al prohibir el discurso. Como viene señalando la doctrina, del tenor literal cabe colegir que estos colectivos se delimitan por su «estatus» (raza, etnia, sexo, género, etc.), y no por la pertenencia a una de las «clases» que conforman dichos estatus (caucásicos o negros, hombres o mujeres, etc.), con la excepción de los colectivos judío y gitano. Esta descripción permite considerar, por tanto, que el delito protege a todos los colectivos incardinables en los estatus citados, aunque no sea un grupo vulnerable, minoritario o tradicionalmente discriminado[51]. Así lo entiende la FGE en su Circular 7/2019, donde reconoce que el origen del delito está relacionado con la protección de colectivos desfavorecidos, pero concluye que la vulnerabilidad del colectivo no es un elemento del tipo que deba ser acreditado, como tampoco lo es el valor ético que pueda tener el sujeto pasivo, por lo que, en su opinión, por ejemplo, la incitación al odio hacia el colectivo de personas de ideología nazi puede ser incluida en este

48 Véase esta crítica en Fuentes Osorio, Juan Luis, «El odio como delito», *op. cit.,* pp. 17 ss.; y, en similares términos, Galán Muñoz, Alfonso, «Delitos de odio...», *op. cit*., p. 58.

49 Landa Gorostiza, Jon-Mirena, *Los delitos de odio, op. cit.* p. 63. Véase también Miró Llinares, Fernando, «Derecho penal y 140 caracteres. Hacia una exégesis restrictiva de los delitos de expresión», en: Miró Llinares, F. (dir.), *Cometer delitos en 140 caracteres. El Derecho penal ante el odio y la radicalización en Internet,* Marcial Pons, Madrid, 2017, pp. 51 s. El TS ha afirmado que se trata de un delito de peligro abstracto para un bien jurídico «generalmente colectivo, difuso, inmaterial» (STS 675/2020, de 11 de diciembre).

50 *Landa* exige un «contexto de "crisis"» (*Los delitos de odio, op., cit.* pp. 62 s.) para que la conducta sea típicamente relevante. Como dice Alcácer Guirao, Rafael, «Diversidad cultural...», *op. cit.,* p. 52, si la situación de marginación no está socialmente arraigada, la conducta que incite a la discriminación apenas tendrá capacidad lesiva, por lo que, incluso al margen de toda consideración al ejercicio de la libertad de expresión, «la escasa lesividad inherente a estas conductas debería suscitar serias dudas» acerca de su punición. Fuentes Osorio, Juan Luis, «El odio como delito», *op. cit.,* p. 29, considera en cambio que este criterio carece de capacidad restrictiva porque «siempre hay un contexto de crisis social o del colectivo», a no ser que se exija un riesgo cierto de genocidio, en cuyo caso el art. 510 nunca podría aplicarse.

51 En este sentido, Galán Muñoz, Alfonso, «Delitos de odio...», *op. cit*., p. 49, señalando que esta configuración típica aleja los delitos de odio españoles de su concepción originaria, basada en la protección de minorías vulnerables; y Landa Gorostiza, Jon-Mirena, *Los delitos de odio, op. cit.,* pp. 58 y 138.

delito[52]. Tampoco los tribunales exigen que el grupo diana sea uno discriminado o vulnerable. La STS 437/2022, de 4 de mayo, considera correctamente aplicado el art. 510.2 a) en un caso de agresión a un grupo de simpatizantes de la selección española de fútbol en una carpa instalada en Barcelona. Aunque el ataque se produjo por la vinculación de la carpa con todo lo relacionado con la nación española, entiende el TS que la vulnerabilidad del colectivo afectado no es un elemento del tipo. Parte el TS en esta sentencia de que el art. 510 pretende proteger la igualdad, con lo que castiga «la creación de la desigualdad que se origina con el odio al diferente por cualquiera de las razones o de la pertenencia a los grupos reflejados en el tipo penal. Pero el término "minorías" o el término "colectivos desfavorecidos" no está previsto ni exigido en el tipo penal, no es un elemento del tipo, dado que se debe proteger el principio de igualdad como valor superior del ordenamiento jurídico (art. 1 CE) y la prohibición absoluta de discriminación prevista en el art. 14 CE, por tanto (...) protege a toda la sociedad, sean los afectados minoría o mayoría, estén o no estén desfavorecidos en la actualidad o en el pasado».

Puede apreciarse, en definitiva, que la estructura y características del art. 510.1 a) CP lo alejan considerablemente de los estándares de constitucionalidad referidos en el epígrafe anterior. Al configurarse como un delito de peligro abstracto para un bien jurídico supraindividual e inmaterial, el tipo no exige que el discurso produzca un daño a un «derecho o interés constitucional» que justifique la limitación de la libertad de expresión. Pero tampoco se requiere una incitación, ni directa ni indirecta, a la realización de concretos actos ilícitos que causen dicho daño, sino que basta con una promoción o incitación a sentimientos de odio u hostilidad.

Estas consideraciones críticas son trasladables a la figura contenida en el art. 510.1 b) CP, que anticipa la intervención penal en mayor medida, en concreto, al momento de la venta o distribución de materiales idóneos por su contenido para que se lleve a cabo la conducta tipificada en la letra a) y, todavía antes, a la producción o elaboración de esos materiales e incluso a su mera posesión con la finalidad de distribuirlos. A mi modo de ver, este tipo penal supone un clarísimo atentado a la libertad de expresión[53], además de no superar ni siquiera un test poco exigente de compatibilidad con los principios penales más elementales.

También en este caso se aprecia la voluntad del legislador de asegurar la criminalización de conductas que hasta la reforma de 2015 eran consideradas impunes por nuestros tribunales, al entender que no reunían los requisitos típicos del art. 510.1, de acuerdo con la exégesis restrictiva del tenor literal que venía realizándose. Como argumentó el TS en la sentencia 259/2011, de 12 de abril, tratándose de editores o libreros, la posesión de ejemplares de

52 Al respecto, críticamente, CORRECHER MIRA, Jorge, «La banalización del discurso del odio...», *op. cit.,* pp. 122 s., 125 ss.

53 En este sentido, PORTILLA CONTRERAS, Guillermo, «El retorno de la censura...», *op. cit.*, p. 99.

temática discriminatoria y excluyente con la finalidad de proceder a su venta o a su distribución «no supone por sí misma un acto de difusión de las ideas más allá del mero hecho de poner sus soportes documentales a disposición de los posibles usuarios y por lo tanto, nada distinto de lo esperable de su dedicación profesional, sin que (...) se aprecie solo por ello una incitación directa al odio la discriminación o violencia contra esos grupos (...) y sin que (...) se venga a generar un clima de hostilidad que suponga un peligro cierto de concreción en actos específicos de violencia contra aquellos» (FJ 10). Sirva recordar que el precepto no exige que el editor o el librero se adhieran al contenido del mensaje reflejado en los textos, por lo que, en efecto, se les castiga únicamente por realizar «lo esperable de su dedicación profesional». Tras esta constatación, lo de menos es indicar la evidente vulneración del principio de proporcionalidad que supone castigar estos hechos con la misma pena que la establecida para las conductas descritas en la letra anterior del precepto.

2. Negación o enaltecimiento de delitos contra la comunidad internacional

El art. 510.1 c) CP dota de una nueva regulación y ubicación al antiguo delito de justificación del genocidio del art. 607.2. En dicho precepto se sanciona la negación, trivialización grave o enaltecimiento públicos de los delitos de genocidio, de lesa humanidad o contra las personas y bienes protegidos en caso de conflicto armado, o de sus autores, siempre que de ese modo se promueva o favorezca un clima de violencia, hostilidad, odio o discriminación contra los grupos que fueron objeto de esos delitos.

En el nuevo precepto se distinguen dos tipos de conductas. En primer lugar, aunque el tenor literal no utiliza el término «apología», con la clara intención de evitar una interpretación en los términos del art. 18.1 CP, es obvio que las conductas de enaltecimiento[54] del delito o de su autor tienen un contenido apologético. Sin embargo, la apología que se tipifica aquí es más débil que la apología *stricto sensu* a la que nos hemos referido *supra*. Es decir: si, al menos desde la STC 235/2007, había que entender que lo sancionado en el art. 607.2 era la justificación del genocidio como incitación indirecta a la comisión del delito, dicha tesis no ha sido acogida en la letra c) del art. 510.1, dado que esas conductas de enaltecimiento no han de dirigirse a la incitación ni siquiera indirecta *a un delito* de genocidio sino, anticipando más la intervención penal, al favorecimiento de un clima de violencia, hostilidad,

---

54 Sorprende que, pese a declarar el legislador que esta descripción típica se inspira en la STC 235/2007, no se mencione la justificación de esos delitos, cuando precisamente esa conducta fue la declarada conforme a la Constitución si se interpretaba como incitación indirecta a su comisión. Al respecto, Landa Gorostiza, Jon-Mirena, *Los delitos de odio, op. cit.*, p. 78.

odio o discriminación hacia ciertos grupos. Por tanto, nos encontramos aquí de nuevo ante un delito que castiga la promoción de un clima, que remite directamente a algunas conductas tipificadas en el art. 510.1 a) CP y se solapa con ellas[55]. Expresado de otra forma, el enaltecimiento de esos delitos o de sus autores se configura como una modalidad de incitación indirecta al odio u hostilidad contra los grupos víctimas de aquellos delitos, por lo que su tipificación independiente resulta en realidad superflua, sin más valor que el meramente simbólico. El legislador ha decidido, en consecuencia, igualar por abajo todos los tipos que castigan el discurso con contenido incitador, extendiendo la represión penal a expresiones que no representan más que peligros hipotéticos de hacer surgir en otros la decisión de realizar actos hostiles o discriminatorios contra ciertos colectivos.

En segundo lugar, se reintroduce en el Código penal la negación de esos delitos o su trivialización. Tras la declaración de inconstitucionalidad del castigo de la negación del genocidio, por considerarlo incompatible, como hemos visto, con los derechos fundamentales a la libertad de expresión y a la libertad ideológica, esta previsión sorprende sobremanera, máxime si se atiende al texto de la Decisión Marco, en cuyo considerando 15 tiene en cuenta que las consideraciones relativas a la libertad de expresión «han originado en varios Estados miembros garantías procesales y normas especiales en la legislación nacional en cuanto al establecimiento o a la limitación de la responsabilidad». Y, por ello, en el apartado segundo del art. 7 dispone que «la presente Decisión Marco no podrá tener por efecto el exigir a los Estados miembros la adopción de medidas que contradigan principios fundamentales relativos a las libertades de asociación y expresión (...) tal como se derivan de tradiciones constitucionales». De aquí se deduce claramente que el Estado español no hubiese incumplido sus compromisos internacionales si hubiera optado por no tipificar esa conducta[56].

En vez de eso, el legislador afirma que de acuerdo con la STC 235/2007 el delito de negación del genocidio no vulnera derechos constitucionales si se interpreta que su aplicación debe limitarse a los supuestos en los que la conducta constituya una incitación al odio u hostilidad contra minorías, y por esa razón incorpora el requisito típico en virtud del cual la negación o trivialización de esos delitos ha de promover o favorecer un clima de violencia, hostilidad, odio o discriminación. Pero ya sabemos que no es este el modo de argumentar del TC, quien distingue entre negación y justificación del genocidio, y considera que solo en el caso de la justificación cabe la interpretación restrictiva que conduce a concebirla como una modalidad de apología *stricto sensu.* A la negación no le aplica el mismo criterio, y acierta, por la sencilla

55 En el mismo sentido, PORTILLA CONTRERAS, Guillermo, «El retorno de la censura...», *op. cit.*, p. 101.

56 De la misma opinión, BERNAL DEL CASTILLO, Jesús, «La justificación y enaltecimiento del genocidio en la reforma del Código Penal de 2015», *InDret* 2/2016, p. 11.

razón de que no cabe imaginar cómo la negación del genocidio puede representar una incitación indirecta a la comisión del delito[57]. Del mismo modo, resulta difícil imaginar que la negación o la trivialización del genocidio, etc., puedan favorecer la creación de un clima favorable a la violencia y hostilidad contra esos grupos de personas. Estimo, en consecuencia, adelantando las conclusiones que se van a exponer en el último epígrafe, que esta modalidad típica debería derogarse.

V. Propuestas *de lege lata* y consideraciones *de lege ferenda*

En lo que atañe al delito de incitación al odio, la amplitud e imprecisión en la descripción de las conductas típicas y en la caracterización de los colectivos a los que se pretende proteger reclaman, mientras el precepto siga vigente en sus actuales términos, un ejercicio de interpretación restrictiva dirigida a aminorar el riesgo de expansión incontrolada del instrumento penal[58]. En cuanto a la delimitación de las conductas típicas, ya hemos visto que el tenor literal veta una interpretación en términos semejantes a la provocación, por lo que es preciso transitar otras vías. Con la pretensión de limitar el número de expresiones con contenido incitador que habría de abarcar el art. 510.1 a) CP, un importante sector de la doctrina propone aplicar los criterios sugeridos en el Plan de Acción de Rabat de 5 de octubre de 2012 para identificar las expresiones de odio con relevancia penal, recogidos también en la Recomendación de Política n.º 15 de la ECRI de 8 de diciembre de 2015[59]. Dicho test de rele-

57 Así, Gil Gil, Alicia, *Derecho penal internacional,* Tecnos, Madrid, 1999, pp. 344 s.

58 Un ejemplo de aplicación del precepto mediante una interpretación literal del mismo puede verse en la STS 72/2018, de 9 de febrero (caso de los tuits machistas). Se confirma allí la condena por incitación al odio —discutible, en mi opinión— con el argumento de que «el elemento nuclear del hecho delictivo consiste en la expresión de (...) expresiones (...) que contienen un mensaje de odio que se transmite de forma genérica. Se trata de un tipo penal estructurado bajo la forma de delito, bastando para su realización, la generación de un peligro que se concreta en el mensaje con un contenido propio del "discurso del odio", que lleva implícito el peligro al que se refieren los Convenios Internacionales de los que surge la tipicidad. Estos refieren la antijuridicidad del discurso del odio sin necesidad de una exigencia que vaya más allá del propio discurso que contiene el mensaje de odio y que por sí mismo es contrario a la convivencia por eso considerado lesivo. El tipo penal requiere para su aplicación la constatación de la realización de unas ofensas incluidas en el discurso del odio pues esa inclusión ya supone la realización de una conducta que provoca, directa o indirectamente, sentimientos de odio, violencia, o de discriminación. De alguna manera son expresiones que por su gravedad, por herir los sentimientos comunes a la ciudadanía, se integran en la tipicidad».

59 En este sentido, entre otros, Landa Gorostiza, Jon-Mirena, *Los delitos de odio, op. cit.,* pp. 71 s.; y Daunis Rodríguez, Alberto, «Fórmulas para una interpretación restrictiva de los delitos de odio», en Laurenzo Copello, P. / Daunis Rodríguez, A. (coords.) *Odio, prejuicios y derechos humanos,* Comares, 2021, pp. 302 s.

vancia exigiría tener en cuenta: a) el contexto en el que se utiliza el discurso de odio en cuestión (especialmente si ya existen tensiones graves relacionadas con este discurso en la sociedad); b) la capacidad que tiene la persona que emplea el discurso para ejercer influencia sobre los demás (con motivo de ser por ejemplo un líder político, religioso o de una comunidad); c) la naturaleza y contundencia del lenguaje empleado (si es provocativo y directo, si utiliza información engañosa, difusión de estereotipos negativos y estigmatización, o si es capaz por otros medios de incitar a la comisión de actos de violencia, intimidación, hostilidad o discriminación); d) el contexto de los comentarios específicos (si son un hecho aislado o reiterado, o si se puede considerar que se equilibra con otras expresiones pronunciadas por la misma persona o por otras, especialmente durante el debate); e) el medio utilizado (si puede o no provocar una respuesta inmediata de la audiencia como en un acto público en directo); y f) la naturaleza de la audiencia (si tiene o no los medios para o si es propensa o susceptible de mezclarse en actos de violencia, intimidación hostilidad o discriminación). Esta propuesta *de lege lata* me parece acertada. De hecho, la aplicación de este test de relevancia por parte de los jueces y tribunales hubiese permitido excluir del ámbito típico conductas sobre las que ha recaído sentencia condenatoria por incitación al odio[60].

Una segunda vía de restricción vendría representada por la limitación de los colectivos protegidos a los socialmente vulnerables o tradicionalmente discriminados. Aunque la literalidad del precepto no exija que la diana de la expresión incitadora sea un grupo vulnerable o un miembro de esos grupos, es factible una interpretación teleológico-restrictiva basada en el origen y sentido de la categoría de los delitos de odio como pertenecientes al derecho antidiscriminatorio, entendido, en el caso que nos ocupa, desde la perspectiva supraindividual del colectivo[61]. Enfocada la cuestión en términos de decidir si

60 Así, en el caso Germanwings —incitación al odio contra catalanes en una red social— (SJI de Cerdanyola del Vallès 25/2017, de 15 de marzo), donde tampoco se cumple el requisito que a continuación refiero en el texto, o en el caso de los tuits machistas citado *supra*. Al respecto, véanse GÓMEZ MARTÍN, Víctor, «Odio en la red. Una revisión crítica de la reciente jurisprudencia sobre Ciberterrorismo y Ciberodio». *Revista de Derecho Penal y Criminología*, n.º 20, 2018, pp. 446 ss.; y TAPIA BALLESTEROS, Patricia, «El discurso de odio del art. 5101.a) del Código penal español: la ideología como un caballo de troya entre las circunstancias sospechosas de discriminación», en: DEL-CARPIO-DELGADO, J. / HOLGADO GONZÁLEZ, M. (dirs.) / DE PABLO SERRANO, A. L. (coord.), *Entre la libertad de expresión y el delito*, Aranzadi, Pamplona, 2021, pp. 55 s.

61 Comparto, por tanto, el parecer de LAURENZO COPELLO, Patricia, «La manipulación de los delitos de odio», en: PORTILLA CONTRERAS, G. / VELÁSQUEZ VELÁSQUEZ, F. (dirs.). *Un juez para la democracia. Libro Homenaje a Perfecto Andrés Ibáñez*, Dykinson, Madrid, 2019, p. 463, en cuya opinión «los delitos de odio solo adquieren algún sentido como categoría jurídico penal si se los observa desde el Derecho antidiscriminatorio, como una forma más de generar, mantener o profundizar situaciones de exclusión o marginación de determinados colectivos socialmente subordinados, con la consecuencia de reducir las posibilidades de conducción de vida autónoma de sus miembros. Si se les desliga de los grupos discriminados y se busca su esencia únicamente en un sentimiento de aversión o incluso

las figuras delictivas del art. 510 CP que sancionan el discurso del odio (incitador o injurioso) se adscriben al «modelo de la animosidad» o al «modelo de la selección discriminatoria»[62], estimo que pertenecen al segundo[63], pues las motivaciones del autor, sin ser por completo irrelevantes, pasan a un segundo plano, siendo, en cambio, decisivo, el efecto discriminatorio que se produce (o, matizaríamos, que se quiere producir) en el colectivo al que pertenece la víctima. Este habrá de ser necesariamente uno tradicionalmente discriminado, pues solo en ese caso puede producirse un efecto de discriminación. Debería descartarse de plano, en consecuencia, que realicen el tipo del art. 510.1 a) las expresiones que promuevan el odio hacia grupos mayoritarios, dominantes o que no son ni han sido tradicionalmente objeto de discriminación, dado que las condiciones para el pleno disfrute de sus derechos en sociedad, mientras mantengan dicho estatus, no se verán socavadas[64].

En cuanto a la figura del art. 510.1 c), se impone asimismo una exégesis restrictiva, más ajustada a los parámetros constitucionales. Desde este punto de vista solo procederá su aplicación cuando las expresiones apologéticas supongan, por su contenido, una incitación indirecta a la comisión de los delitos contra la comunidad internacional referidos en el texto.

En cualquier caso, la puesta en práctica de los anteriores criterios de interpretación restrictiva, de llevarse a cabo, no conseguiría remediar los déficits de constitucionalidad y de legitimidad de la criminalización del discurso del odio sintetizados en estas páginas, por lo que procede plantear *de lege ferenda* la reforma del precepto o su derogación. Es obvio que el Derecho penal es capaz de contribuir al objetivo de proteger a colectivos vulnerables o tradicionalmente relegados socialmente, sin necesidad de limitar la libertad de expresión, mediante la creación de delitos que castiguen discriminaciones efectivas (por ejemplo, arts. 511 y 512 CP) o agravando las penas de los delitos de lesión de bienes jurídicos individuales cuando estos se cometan con un móvil discriminatorio (art. 22.4.ª CP). De lo que se trata es de averiguar si, adicionalmente, es posible reservar algún espacio para el castigo del dis-

de hostilidad hacia un grupo social cualquiera, sus perfiles se desdibujan y desaparece el motivo que concede legitimidad a una respuesta penal específica».

62 Véase una descripción del *animus* (u *hostility*) *model* y del *discriminatory selection model* y sus diferencias en Cancio Meliá, Manuel / Díaz López, Juan Alberto, ¿Discurso de odio y/o discurso terrorista? Música, guiñoles y redes sociales frente al artículo 578 del Código Penal, Aranzadi, Pamplona, 2019, pp. 61 s.

63 De otra opinión, Cancio Meliá, Manuel / Díaz López, Juan Alberto, *¿Discurso de odio…?*, *op. cit.*, p. 69, por considerar que cuando la redacción típica menciona la palabra «motivos» hay que entender que la tipificación penal se realiza desde la perspectiva del *animus model*. Ello es válido, a mi entender, para la agravante de motivos discriminatorios, lo que queda claro desde la introducción del inciso final del art. 22.4.ª CP por la LO 8/2021.

64 Cfr., no obstante, desde diferentes planteamientos, Landa Gorostiza, Jon-Mirena, *Los delitos de odio, op. cit.*, p. 58; Galán Muñoz, Alfonso, «Delitos de odio…», *op. cit.*, pp. 58 s.; y Núñez Castaño, Elena, *Libertad de expresión…, op. cit.*, p. 246.

curso del odio sin que se produzca una injerencia ilegítima en el derecho a la libertad de expresión. Responder a esta pregunta fundadamente requiere un espacio mucho más amplio del disponible aquí. Sirvan unos breves apuntes para ilustrar los términos por los que discurre el debate.

Mantener en el Código penal un precepto que tipifique el discurso del odio con contenido incitador puede sustentarse, en primer lugar, en el argumento de que la sanción del discurso viene exigida por los compromisos internacionales adquiridos por España y, en segundo lugar, en que dicha tipificación no es *per se* inconstitucional[65]. Por mucho que el TC destaque el «carácter preeminente» de la libertad de expresión, otorga a este derecho un «carácter limitado cuando entre en conflicto con otros derechos o intereses constitucionales», lo que sucedería, por ejemplo, con «aquellas expresiones que son manifestación del discurso del odio y que cabe interpretar como incitaciones a la violencia, discriminación contra colectivos, etc.» (STC 112/2016, FJ 2). Si la libertad de expresión no es un derecho absoluto, sino que encuentra sus límites en la afección a otros derechos o intereses de rango constitucional, solo las incitaciones que afecten a estos últimos quedarán fuera del amparo constitucional y podrán ser, en su caso, objeto de sanción penal[66]. Ya hemos visto *supra* cuándo se da esta circunstancia, en opinión del TC, en el caso del discurso terrorista y en el apologético de crímenes contra la comunidad internacional. En lo atinente al resto del discurso incitador, es evidente que no concurre en el fomento, promoción o incitación, directa o indirecta al odio o a la hostilidad. A mi modo de ver, estas modalidades típicas deberían suprimirse[67]. Digámoslo claro: déficits de lesividad y constitucionalidad aparte, nadie sabe qué es la incitación al odio o a la hostilidad. Se trata de términos (el odio y la hostilidad) que, por su imprecisión, no han de utilizarse en la descripción de los tipos penales, aunque, sobre todo el primero, formen parte del lenguaje político, periodístico, o criminológico, para hacer referencia a

65 Así, CANCIO MELIÁ, Manuel / DÍAZ LÓPEZ, Juan Alberto, *¿Discurso de odio...?, op. cit.,* p. 39.

66 Dejo fuera de consideración, ni mucho menos por juzgarla irrelevante, la discusión sobre si el asunto debe enfocarse, como parece hacer el TC, desde la perspectiva de que existe un ejercicio legítimo de la libertad de expresión y otro ilegítimo sancionable penalmente (discurso del odio), o si, más bien, lo adecuado es partir de que el discurso del odio no supone en ningún caso un ejercicio de la libertad de expresión, sino que está excluido de su ámbito. Véanse, al respecto, NÚÑEZ CASTAÑO, Elena, *Libertad de expresión..., op. cit.,* pp. 76 ss., 255 ss., en defensa del segundo punto de vista; y ROLLNERT LIERN, Göran, «El discurso del odio y los límites de la libertad de expresión: de la "zona intermedia" a los estándares internacionales», en: MIRÓ LLINARES, F. (dir.), *Cometer delitos en 140 caracteres. El Derecho penal ante el odio y la radicalización en Internet,* Marcial Pons, Madrid, pp. 256-258.

67 De la misma opinión ROIG TORRES, Margarita, *Delimitación entre libertad de expresión..., op. cit.,* p. 220. MIRÓ LLINARES, Fernando, «Derecho penal y 140 caracteres...», *op. cit.,* pp. 52 s., entiende que la incitación directa al odio y a la hostilidad, así como la incitación indirecta a la violencia, en tanto que ofensas, y no daños (sobre esta distinción, *ibidem,* pp. 27 ss.), podrían ser objeto de sanción penal, con restricciones, aunque no con pena de prisión.

una categoría de delitos que comparten determinadas características (delitos de odio, delitos de discurso del odio), y aunque se utilicen en textos jurídicos internacionales que, huelga recordarlo, no tipifican delitos[68].

En el otro extremo, es asimismo indudable que la incitación directa y pública a la comisión de delitos por motivos discriminatorios no puede considerarse amparada por la libertad de expresión. Nos situamos en este caso en el marco del acto preparatorio de provocación o en el de la apología, punible solo como forma de provocación (art. 18 CP). No parece haber dudas en que la intervención penal es legítima en ese caso. Ahora bien, entre una incitación directa a delinquir y una incitación directa o indirecta al odio o a la hostilidad existe una amplia zona intermedia[69] donde cohabitan las expresiones incitadoras cuyo tratamiento jurídico penal resulta más complejo. En esta zona intermedia se ubican, en primer lugar, la incitación indirecta al genocidio [(art. 510.1 c)] y al terrorismo (art. 578), pero también, en segundo lugar, y entre otras, las demás modalidades del discurso del odio incitador que ahora castiga el art. 510.1 a): la incitación indirecta a la violencia o discriminación delictivos y la incitación directa o indirecta a la violencia o discriminación que constituyan hechos antijurídicos, pero no delictivos. Pese a que el castigo de las primeras ha sido refrendado por el TC, no ha cesado el debate social y jurídico sobre su punición, significativamente, en los últimos años, respecto al art. 578 CP. Dejando de lado estos supuestos, se trata de dilucidar si el Derecho penal debe intervenir solo en el caso de incitaciones directas y públicas a delinquir[70], lo que supone un retorno a las tesis tradicionalmente defendidas, o si es admisible que su radio se extienda a ese otro discurso, ahora punible, que se encuentra en la zona intermedia. En mi opinión, aunque se considere que dichas expresiones no quedan abarcadas por la libertad de expresión, procedería explorar otras vías de intervención, pues no todo discurso del odio ha de ser delito[71]. El peligro del efecto desaliento sobre un posible ejercicio

68 Al respecto, con toda la razón, REY MARTÍNEZ, Fernando, «Discurso del odio y racismo líquido», en: REVENGA SÁNCHEZ, M. (dir.). *Libertad de expresión y discursos del odio,* Universidad de Alcalá / Defensor del Pueblo, Madrid, 2015, pp. 53-55, 62 s.

69 Sobre esta categoría, ROLLNERT LIERN, Göran, «El discurso del odio...», *op. cit.,* pp. 263 s.

70 Así, entre otros, FUENTES OSORIO, Juan Luis, «El odio como delito», *op. cit.,* pp. 44, 49; y NÚÑEZ CASTAÑO, Elena, *Libertad de expresión..., op. cit.,* pp. 105, 240 s., 268, 281 s., con base en la adopción del criterio anglosajón del test de *Brandenburg* («peligro claro e inminente»). Restringido el castigo del discurso del odio a estos supuestos, plantea esta autora la innecesariedad de mantener una regulación específica, habida cuenta de que la provocación genérica ya ofrece una respuesta a dichas conductas (*ibidem,* pp. 277 ss.). Este es otro asunto sobre el que convendría debatir.

71 Así, CANCIO MELIÁ, Manuel / DÍAZ LÓPEZ, Juan Alberto, *¿Discurso de odio...?, op. cit.*, pp. 91 ss., FUENTES OSORIO, Juan Luis, «El odio como delito», *op. cit.,* p. 42 s.; ALCÁCER GUIRAO, Rafael, «Diversidad cultural...», *op. cit.,* pp. 24 s.; REY MARTÍNEZ, Fernando, «Discurso del odio...», *op. cit.,* p. 67; y GARCÍA ÁLVAREZ, Pastora, «El efecto perverso...», *op. cit.,* pp. 59 ss.

legítimo de la libertad de expresión[72] desaconseja incluso la punición de las conductas más próximas a la provocación de delitos, las incitaciones indirectas a delinquir.

Bibliografía

AGUILAR GARCÍA, **Miguel Ángel**, «La reforma del art. 510 del Código penal», *La Ley Penal: revista de Derecho penal, procesal y penitenciario,* n.° 86, 2011, pp. 1 ss.

ALASTUEY DOBÓN, **Carmen**, «Discurso del odio y negacionismo en la reforma del Código penal de 2015», *Revista Electrónica de Ciencia Penal y Criminología,* 18-14 (2016).

ALCÁCER GUIRAO, **Rafael**, «Discurso del odio y discurso político. En defensa de la libertad de los intolerantes», *Revista Electrónica de Ciencia Penal y Criminología*, 18-14 (2012).

—«Libertad de expresión, negación del Holocausto y defensa de la democracia. Incongruencias valorativas en la jurisprudencia del TEDH», *Revista Española de Derecho Constitucional,* n.° 97, 2013, pp. 309 ss.

—«Víctimas y disidentes. El "discurso del odio" en EE. UU. y Europa», *Revista Española de Derecho Constitucional,* n.° 103, 2015, pp. 45 ss.

—«Diversidad cultural, intolerancia y Derecho penal», *Revista Electrónica de Ciencia Penal y Criminología,* 18-11 (2016).

—«Opiniones constitucionales», *InDret* 1/2018.

BERNAL DEL CASTILLO, **Jesús**, *La discriminación en el Derecho penal,* Comares, Granada, 1998.

—«La justificación y enaltecimiento del genocidio en la reforma del Código Penal de 2015», *InDret* 2/2016.

CÁMARA ARROYO, **Sergio**, «El concepto de delitos de odio y su comisión a través del discurso. Especial referencia al conflicto con la libertad de expresión», *Anuario de Derecho Penal y Ciencias Penales*, vol. LXX, 2017, pp. 139 ss.

72 Sobre este efecto en el caso del art. 510.1 CP advierten ALCÁCER GUIRAO, Rafael, «Discurso del odio...», *op. cit.,* pp. 16 y ss.; GALÁN MUÑOZ, Alfonso, «Delitos de odio...», *op. cit.*, p. 60; y CORRECHER MIRA, Jorge, «La banalización del discurso del odio...», *op. cit.,* pp. 130 ss. En general, sobre la doctrina del efecto desaliento, por todos, CUERDA ARNAU, M.ª Luisa, «La doctrina del efecto desaliento en la jurisprudencia del Tribunal Constitucional español», *InDret* 2/2022, *passim.*

CANCIO MELIÁ, Manuel / DÍAZ LÓPEZ, Juan Alberto, *¿Discurso de odio y/o discurso terrorista? Música, guiñoles y redes sociales frente al artículo 578 del Código Penal,* Aranzadi, Pamplona, 2019.

CORRECHER MIRA, Jorge, «La banalización del discurso del odio: una expansión de los colectivos ¿vulnerables?», *InDret* 2/2021.

CUERDA ARNAU, M.ª Luisa, «El denominado delito de apología del genocidio. Consideraciones constitucionales», en: QUINTERO OLIVARES, G. / MORALES PRATS, F. (coords.), *El nuevo Derecho penal español. Estudios penales en memoria del profesor José Manuel Valle Muñiz,* Aranzadi, Pamplona, 2001, pp. 1125 ss.

—«La doctrina del efecto desaliento en la jurisprudencia del Tribunal Constitucional español», *InDret* 2/2022.

DAUNIS RODRÍGUEZ, Alberto, «Fórmulas para una interpretación restrictiva de los delitos de odio», en LAURENZO COPELLO, P. / DAUNIS RODRÍGUEZ, A. (coords.) *Odio, prejuicios y derechos humanos,* Comares, Granada, 2021, pp. 285 ss.

DE VICENTE MARTÍNEZ, Rosario, *El discurso del odio: análisis del artículo 510 del Código penal,* Tirant lo Blanch, Valencia, 2018.

FUENTES OSORIO, Juan Luis, «El odio como delito», *Revista Electrónica de Ciencia Penal y Criminología*, 19-27 (2017).

GALÁN MUÑOZ, Alfonso, «Delitos de odio, discurso del odio y Derecho penal: ¿hacia la construcción de injustos penales por peligrosidad estructural?», *Revista Penal,* n.º 46, 2020, pp. 41 ss.

GARCÍA ÁLVAREZ, Pastora, *El Derecho penal y la discriminación. Especial referencia al extranjero como víctima de discriminaciones penalmente relevantes,* Tirant lo Blanch, Valencia, 2004.

—«El efecto perverso de la recepción del fenómeno de los "delitos de odio" en el sistema penal español», en: TEIJÓN ALCALÁ, M. (dir.), *El odio como motivación criminal,* Wolters Kluwer, Madrid, 2022, pp. 51 ss.

GARCÍA ARÁN, Mercedes, «De las reformas bienintencionadas con resultados regresivos: el delito de promoción del odio», en: MORALES PRATS, F. / TAMARIT SUMALLA, J. M.ª / GARCÍA ALBERO, R. (coords.), *Represión penal y Estado de Derecho: homenaje al profesor Gonzalo Quintero Olivares,* Aranzadi, Pamplona, 2018, pp. 867 ss.

GASCÓN CUENCA, Andrés, *El discurso del odio en el ordenamiento jurídico español: su adecuación a los estándares internacionales de protección,* Aranzadi, Pamplona, 2016.

GIL GIL, Alicia, *Derecho penal internacional,* Tecnos, Madrid, 1999.

Gómez Martín, Víctor, «Incitación al odio y género. Algunas reflexiones sobre el nuevo art. 510 CP y su aplicabilidad al discurso sexista», en: **Miró Llinares, F.** (dir.), *Cometer delitos en 140 caracteres. El Derecho penal ante el odio y la radicalización en Internet,* Marcial Pons, Madrid, 2017, pp. 177 ss.

—«Odio en la red. Una revisión crítica de la reciente jurisprudencia sobre Ciberterrorismo y Ciberodio». *Revista de Derecho Penal y Criminología,* n.° 20, 2018, pp. 411 ss.

Güerri Ferrández, Cristina, «La especialización de la fiscalía en materia de delitos de odio y discriminación», *InDret* 1/2015.

Hörnle, Tatjana, «La protección de sentimientos en el StGB», en: **Hefendehl, R.** (ed.), *La teoría del bien jurídico. ¿Fundamento de legitimación del Derecho penal o juego de abalorios dogmático?,* Marcial Pons, Madrid, 2007, pp. 383 ss.

Landa Gorostiza, Jon-Mirena, *La intervención penal frente a la xenofobia. Problemática general con especial referencia al «delito de provocación» del artículo 510 del Código penal,* Universidad del País Vasco, Zarautz, 1999.

—«Incitación al odio: evolución jurisprudencial (1995-2011) del art. 510 CP y propuesta *de lege lata*», *Revista de Derecho Penal y Criminología*, n.° 7, 2012, pp. 297 ss.

— *Los delitos de odio. Artículos 510 y 22.4.° CP 1995,* Tirant lo Blanch, Valencia, 2018.

Laurenzo Copello, Patricia, «La discriminación en el Código Penal de 1995», *Estudios Penales y Criminológicos*, vol. XIX, 1996, pp. 219 ss.

—«La manipulación de los delitos de odio», en: **Portilla Contreras, G. / Velásquez Velásquez, F.** (dirs.). *Un juez para la democracia. Libro Homenaje a Perfecto Andrés Ibáñez,* Dykinson, Madrid, 2019, pp. 453 ss.

—«No es odio, es discriminación. A propósito del fundamento de los llamados delitos de odio», en **Laurenzo Copello, P. / Daunis Rodríguez, A.** (coords.), *Odio, prejuicios y derechos humanos,* Comares, Granada, 2021, pp. 257 ss.

—«Un delito en busca de justificación: la humillación o descrédito de colectivos discriminados». *Azafea. Rev. filos*, n.° 23, 2021, pp. 83 ss.

Miró Llinares, Fernando, «Derecho penal y 140 caracteres. Hacia una exégesis restrictiva de los delitos de expresión», en: **Miró Llinares, F.** (dir.), *Cometer delitos en 140 caracteres. El Derecho penal ante el odio y la radicalización en Internet,* Marcial Pons, Madrid, 2017, pp. 21 ss.

Núñez Castaño, Elena, *Libertad de expresión y Derecho penal: la criminalización de los discursos extremos,* Aranzadi, Pamplona, 2022.

Portilla Contreras, Guillermo, «El retorno de la censura y la caza de brujas de anarquistas», en **Miró Llinares, F.** (dir.), *Cometer delitos en 140 caracteres. El Derecho penal ante el odio y la radicalización en Internet,* Marcial Pons, Madrid, 2017, pp. 87 ss.

Rey Martínez, Fernando, «Discurso del odio y racismo líquido», en: **Revenga Sánchez, M.** (dir.). *Libertad de expresión y discursos del odio,* Universidad de Alcalá / Defensor del Pueblo, Madrid, 2015, pp. 51 ss.

Rodríguez Montañes, Teresa, *Libertad de expresión, discurso extremo y delito. Una aproximación desde la Constitución a las fronteras del Derecho penal,* Tirant lo Blanch, Valencia, 2012.

Roig Torres, Margarita, *Delimitación entre libertad de expresión y «discurso del odio»,* Tirant lo Blanch, Valencia, 2020.

Rollnert Liern, Göran, «El discurso del odio y los límites de la libertad de expresión: de la "zona intermedia" a los estándares internacionales», en: **Miró Llinares, F.** (dir.), *Cometer delitos en 140 caracteres. El Derecho penal ante el odio y la radicalización en Internet,* Marcial Pons, Madrid, pp. 255 ss.

Sanz-Díez De Ulzurrun Lluch, Marta, «El peligro de las palabras. A propósito del delito de apología del genocidio», en: **Cuerda Riezu, A.** / **Jiménez García, F.** (dirs.), *Nuevos desafíos del Derecho penal internacional. Terrorismo, crímenes internacionales y derechos fundamentales,* Tecnos, Madrid, 2009, pp. 283 ss.

Tapia Ballesteros, Patricia, «El discurso de odio del art. 5101.a) del Código penal español: la ideología como un caballo de troya entre las circunstancias sospechosas de discriminación», en: **del-Carpio-Delgado, J.** / **Holgado González, M.** (dirs.) / **De Pablo Serrano, A. L.** (coord.), *Entre la libertad de expresión y el delito,* Aranzadi, Pamplona, 2021, pp. 25 ss.

Teruel Lozano, Germán M., «La libertad de expresión frente a los delitos de negacionismo y de provocación al odio y a la violencia: sombras sin luces en la reforma del Código penal», *InDret*, 4/2015.

—«Cuando las palabras generan odio: límites a la libertad de expresión en el ordenamiento constitucional español», *Revista Española de Derecho Constitucional,* n.° 114, 2018, pp. 13 ss.

ODIO EN LAS REDES Y PODER DE MODERACIÓN DE LAS GRANDES PLATAFORMAS: ¿PUEDEN LAS PLATAFORMAS DIGITALES RESTRINGIR LIBREMENTE LA LIBERTAD DE EXPRESIÓN DE SUS USUARIOS?

Eva Sáenz Royo
Profesora Titular de Derecho Constitucional
Universidad de Zaragoza

Sumario: I. La eficacia horizontal de los derechos fundamentales en España. Un planteamiento general. II. El replanteamiento de la eficacia horizontal de los derechos fundamentales a raíz del poder de moderación de las grandes plataformas digitales respecto a las expresiones de odio en la red. III. El poder de moderación de las grandes plataformas en EE. UU. IV. El poder de moderación de las grandes plataformas en Europa. V. El poder de moderación de las grandes plataformas en España. VI. Reflexión final. Bibliografía

I. La eficacia horizontal de los derechos fundamentales en España. Un planteamiento general

Los derechos fundamentales son «derechos públicos subjetivos», es decir, derechos frente al Estado. De hecho, el art. 53.1 CE señala que los derechos del Capítulo II del Título Primero «vinculan a todos los poderes públicos». Pero, al igual que se planteó en el constitucionalismo alemán en los años

50 y principios de los 60 y también en EE. UU. bajo la etiqueta de *state action doctrine*, tempranamente el Tribunal Constitucional español tuvo que dar respuesta a la vinculación que tienen los derechos fundamentales en las relaciones privadas.

Previamente hay que señalar que cualquier controversia sobre la aplicabilidad entre particulares de los derechos fundamentales no puede ya plantearse como un debate sobre la protección o no de los bienes tutelados por aquéllos en el seno de las relaciones jurídico-privadas (necesidad que no admite mucha discusión), sino sobre cuál sea el órgano estatal que haya de proveer, con carácter primario, a dicha tutela, el juez o el legislador.

Si se considera que la Constitución es un «ordenamiento-marco» que tiene como objeto organizar la vida político-estatal y regular la relación Estado-ciudadano, los derechos fundamentales se conciben como derechos subjetivos de libertad dirigidos a la defensa frente al Estado y «la competencia para la concretización creadora de derecho no sería una competencia concurrente de Legislador y Poder Judicial, sino que recaería (de nuevo) en el legislador»[1]. El TC no podría intervenir en la determinación de las posiciones jurídicas singulares, esta tarea correspondería al legislador democrático. Los derechos fundamentales desplegarían eficacia frente a particulares cuando y en la medida en que el legislador ordinario democrático así lo hubiese previsto. Entonces la eficacia de los derechos fundamentales sería mediata ya que la inhibición del legislador, el encargado de concretar el alcance de los derechos fundamentales en las relaciones jurídicas entre particulares no es fiscalizable en sede jurisdiccional.

Frente a esta posición, si se entiende que la Constitución «no se limita a la ordenación de la vida estatal», como señala Hesse[2], y es «la norma fundamental y fundamentadora de todo el orden jurídico» (STC 9/1981, de 31 de marzo) se excluye que el derecho constitucional y privado puedan concebirse como compartimentos estancos. En la Constitución se descubre la opción por un determinado modelo de las relaciones entre los particulares. Todas las normas de derecho privado deben pues interpretarse conforme a la Constitución. Los derechos fundamentales se configurarían como normas objetivas de principio que actúan en todos los ámbitos del Derecho[3]. En este caso el TC podría intervenir en la determinación de las posiciones jurídicas singulares.

---

1 BÖCKENFÖRDE, E-W., «Los métodos de la interpretación constitucional. Inventario y crítica», en *Escritos sobre derechos fundamentales,* Nomos Verlagsgesellschaft, Baden-Baden, 1993, pp. 40-41.

2 HESSE, K., *Escritos de derecho constitucional,* Fundación Coloquio Jurídico Europeo y CEPC, Madrid, 2011, pp. 44.

3 Señala HESSE que la parte de la Ley Fundamental «dedicada a los derechos fundamentales se alza un orden objetivo de valores y con ello se produce un reforzamiento principial de la eficacia de los derechos fundamentales... Este sistema de valores, que encuentra su

La jurisprudencia constitucional española argumentó tempranamente a favor de la tesis de la eficacia directa de los derechos fundamentales frente a los particulares. Como señala el propio TC, «(c)iertamente, el art. 53.1 del Texto constitucional tan sólo establece de manera expresa que los derechos fundamentales vinculan a los poderes públicos, pero ello no implica una exclusión absoluta de otros posibles destinatarios» (STC 177/1988, de 10 de octubre, FJ 4). Es el art. 9.1 CE, que reconoce expresamente la sujeción de los ciudadanos a la Constitución, el artículo que daría sustento a esa eficacia directa, aunque la sujeción establecida en el art. 9.1 «se traduce en un deber de distinto signo para los ciudadanos y los poderes públicos; mientras los primeros tienen un deber general negativo de abstenerse de cualquier actuación que vulnere la Constitución... los titulares de los poderes públicos tienen, además, un deber general positivo de realizar sus funciones de acuerdo con la Constitución...» (STC 101/1983, de 18 de noviembre, FJ 4). Además, señala el TC, en apoyo a la eficacia directa de los derechos fundamentales, la previsión legal de protección jurisdiccional civil y penal de los derechos fundamentales, ya que esta previsión resulta difícilmente compatible con una concepción de los derechos fundamentales en que éstos son sólo derechos frente al poder. La Sentencia 18/1984, de 7 de febrero, refiriéndose al art. 41.2 de la LOTC, declara que «esta concretización de la Ley Suprema no debe interpretarse en el sentido de que sólo se sea titular de los derechos fundamentales y libertades públicas en relación con los poderes públicos, dado que en un Estado social de derecho como el que consagra el art. 1 de la CE no puede sostenerse con carácter general que el titular de tales derechos no lo sea en la vida social, tal y como evidencia la Ley 62/1978..., la cual prevé la vía penal (aplicable cualquiera que sea el autor de la vulneración...), la contenciosa-administrativa..., y la civil, no limitada por razón del sujeto autor de la lesión».

En línea con esta argumentación, existe en nuestra jurisprudencia constitucional una tendencia al reconocimiento de la eficacia directa en ausencia de previsión legal en casos concretos[4]. No obstante, esta vinculación, tal y como se ha señalado, no es de la misma intensidad, y se limita a un deber negativo de respeto al derecho fundamental[5], un deber que todavía queda

punto central en el valor del ser humano y su desarrollo libre en la comunidad social, ha de tomarse como la decisión constitucional fundamental para todos los ámbitos del derecho». HESSE, ob. cit., p. 157.

4 Así, tempranamente, en un caso de suspensión de la relación contractual del personal femenino por el hecho de contraer matrimonio, la STC 7/1983, de 14 de febrero, señaló que «la discriminación no nace de su enfrentamiento con el artículo 17 del Estatuto y sólo desde su promulgación, sino que la situación... es discriminatoria *ex Constitutione*, esto es, por oposición al art. 14 de la Constitución»(...) «de ésta y no del Estatuto de los Trabajadores nace con plenitud el derecho fundamental de las recurrentes a no ser discriminadas por razón de sexo».

5 En los casos en donde se ha alegado el derecho a la libertad de religiosa en el ámbito de la empresa para cambiar los turnos de trabajo y permitir así disfrutar del descanso semanal

más modulado en las llamadas «empresas de tendencia», donde queda restringida la dimensión externa del derecho, es decir, la referida a poder expresar las ideas, sin sufrir por ello sanción o demérito[6].

II. El replanteamiento de la eficacia horizontal de los derechos fundamentales a raíz del poder de moderación de las grandes plataformas digitales respecto a las expresiones de odio en la red

La libertad de expresión y sus límites han adquirido nuevas dimensiones en la era digital. Como ha señalado el Tribunal Europeo de Derechos Humanos, «la posibilidad de que los individuos se expresen en internet constituye una herramienta sin precedentes para el ejercicio de la libertad de expresión. Se trata de un hecho indiscutible. Sin embargo, las ventajas de este medio van acompañadas de una serie de riesgos. Contenidos claramente ilícitos, incluido el difamatorio, odioso o violento, pueden difundirse como nunca antes por todo el mundo en cuestión de segundos, y a veces permanecer en

el día prescrito por su religión, el Tribunal afirma que la trabajadora no puede pretender que «se le dispense del cumplimiento de las obligaciones que libremente aceptó y que considera ajustadas a derecho (...) llevando así... el principio de sujeción de todos a la Constitución (art. 9.1) a extremos inaceptables...» (STC 19/1985, de 13 de febrero, FJ 1). La empresa ha cumplido, según la Sentencia, el deber negativo de respeto que impone el art. 9.1 CE a los particulares. A la demandante no se le ha impedido la exteriorización de sus creencias religiosas. El no haber dispensado del régimen laboral que tiene establecido con carácter general no equivale a «una actuación coercitiva impeditiva de la práctica religiosa», contraria al principio de neutralidad que debe presidir la conducta del empresario en este terreno (FJ 2).

6 En la STC 47/1985, de 27 de marzo, la demandante era una profesora de EGB que prestaba sus servicios en un colegio privado, no concertado, hasta el momento de ser despedida por no ajustarse en su actividad profesional al ideario del centro. Dos eran los motivos que, según la empresa, justificaban la decisión de rescindirle el contrato: «a) Por su disconformidad con las normas de la dirección del centro, creando con ello fricciones que deterioran los criterios que presiden la enseñanza en esta institución; b) Por desarrollar su actividad profesional en forma que no se ajusta al ideario que rige nuestro centro...». La profesora, que expresa su convicción de que fue despedida por haber declarado en privado a la dirección del centro no ser católica pide que se declare la nulidad radical del despido y se reconozca su derecho a no sufrir discriminación por sus ideas o creencias íntimas (art. 16 en conexión con el art. 14 CE).
Siguiendo a la STC 5/1981, la STC 47/1985 declara que una actividad docente contraria al ideario de un centro privado puede ser causa legítima de despido del profesor, siempre que resulte probado por quien alega esta causa de despido. Pero la simple disconformidad de un profesor respecto al ideario del centro no puede ser causa de despido, si no se ha exteriorizado o puesto de manifiesto en alguna de las actividades educativas del centro (FJ 3).

línea durante mucho tiempo» (asunto *Delfi AS v. Estonia*, 16 de junio de 2015, §110). En la misma línea se ha pronunciado el TJUE al señalar que:

> Además, el efecto de la injerencia en dichos derechos del interesado se multiplica debido al importante papel que desempeñan Internet y los motores de búsqueda en la sociedad moderna, que confieren a la información contenida en tal lista de resultados carácter ubicuo (caso C31/2012, ***Google Spain*** § 80).

De esta forma las expresiones de odio contra una persona o grupo de personas han encontrado en el mundo digital un campo abonado para su proliferación y penetración mediante el uso de los bots[7] u otro tipo de técnicas de comunicación digital. La enorme difusión del discurso del odio en las redes sociales y el anonimato que va detrás del mismo ha tenido un doble efecto.

Por una parte, las instituciones intentan poner límites al discurso de odio en las redes. A este respecto se plantea si una ley puede exigir responsabilidades a las plataformas de internet por el discurso de odio vertido por terceros amparados por el anonimato o cuándo puede exigirse a esas plataformas que retiren el contenido y exigirles responsabilidad en caso de no hacerlo.

Por otra parte, las grandes plataformas de Internet como Google, Facebook o Twitter[8] se han erigido en las controladoras de esas expresiones de odio creando sus propias normas para controlar el contenido que circula en ellas. A este respecto la cuestión que se plantea es si son las plataformas digitales libres a la hora de moderar sus contenidos y la eficacia mediata o

---

7 Programas informáticos que efectúa automáticamente tareas repetitivas a través de internet. Imitan el comportamiento humano, actúan a través de perfiles falsos en redes sociales y se pueden emplear para difundir contenidos. El problema se encuentra en las llamadas granjas de bots en las que una o varias personas gestionan miles de bots. *Vid.* SÁNCHEZ MUÑOZ, O., *La regulación de las campañas electorales en la era digital,* Universidad de Valladolid. Centro de Estudios Políticos y Constitucionales, Madrid, 2020, pp. 35.

8 En el ámbito digital se hace imprescindible distinguir entre los operadores que son meros intermediarios y aquellas plataformas que sí seleccionan, a través de aplicaciones algorítmicas, el contenido publicado, ejerciendo así un poder de moderación. Entre los meros intermediarios podríamos incluir: 1) Los operadores de redes que proveen la infraestructura para el acceso a la transmisión de internet entre un punto y otro; 2) Los proveedores de acceso a internet, incluyendo compañías como Une, T-Mobile, Orange, etc; 3) Los proveedores de servicios de alojamiento de la información o hosting que permiten que los usuarios almacenen o guarden la información que deseen en sus servidores. En esta categoría, podemos encontrar los servicios en la nube, como YouTube, DropBox, SkyDrive, etc. En cambio, entre las plataformas que ejercen poder de moderación podríamos incluir: 1) Los portales de internet con enlaces de noticias que seleccionan publicaciones y las clasifican; 2) Los proveedores de acceso logístico o motores de búsqueda como Google, Yahoo!, etc.; 3) Los proveedores de servicios de redes sociales como Facebook, Twitter, LinkedIn, etc. *Vid.* BARRERO ORTEGA, A., «Responsabilidad de los intermediarios de Internet en el Derecho de la UE», *Revista Española de Derecho Constitucional,* 123, 2021, pp. 109-110.

inmediata que tiene el derecho a la libertad de expresión de los usuarios respecto a estas plataformas.

Se trata de dos cuestiones complejas que, si bien exigen de respuestas coherentes para ambas, puede analizarse de manera separada. En este trabajo nos centraremos en la segunda de las perspectivas, es decir, en el replanteamiento de la eficacia horizontal de los derechos fundamentales a raíz del poder de moderación de las grandes plataformas digitales respecto a las expresiones de odio en la red.

Efectivamente la eficacia directa de los derechos fundamentales en las relaciones entre particulares se ha visto profundamente cuestionada a raíz de su aplicación en el ámbito digital y, concretamente, a raíz del poder de moderación que ejercen las grandes plataformas digitales como Google, Facebook o Twitter en las redes sociales respecto a expresiones de odio.

Estas plataformas han creado sus propias normas para controlar el contenido que circula en ellas, convirtiéndose así en controladoras del discurso público porque, si bien todos podemos producir (abrir un blog o tener una cuenta en una red social), la capacidad de poner en circulación masiva el contenido que producimos lo tienen las grandes plataformas. Estas plataformas pueden aumentar o reducir la visibilidad, colocar contenidos primeros en las búsquedas o eliminarlos, cancelar cuentas o potenciarlas. Como resultado de este poder de moderación en el cuarto trimestre de 2020 Facebook eliminó alrededor de 27 millones de contenidos clasificados como discurso de odio. El caso más paradigmático fue la decisión de Twitter de suspender la cuenta de Trump el 8 de enero de 2021, al argumentar incitación a la violencia, después del ataque contra el Capitolio, ocurrido el 6 de enero de ese año.

La jurisprudencia del Tribunal de Estrasburgo, la del TJUE y el Tribunal Supremo de EE. UU. reconocen que internet es actualmente el principal medio para ejercer el derecho a la libertad de expresión y que, por tanto, el bloquear el acceso a una de sus plataformas constituye una injerencia en ese derecho[9]. Pero, ¿el derecho a la libertad de expresión de los usuarios vincula directamente o mediatamente a las plataformas digitales? O, dicho de otra manera, ¿son las plataformas digitales libres a la hora de moderar sus contenidos? ¿Puede un tribunal limitar *ex Constitutione* ese poder de moderación (vinculación directa) o lo tiene que hacer el legislador democrático (vinculación mediata)? La respuesta a todas estas cuestiones no está siendo unánime en los distintos ordenamientos jurídicos e, incluso, dentro de un mismo ordenamiento jurídico. A continuación, analizaremos las distintas respuestas que se están dando tanto en la tradición norteamericana como en la continental europea.

9 STEDH de 18 de diciembre de 2012, asunto *Ahmet Yildirim v. Turquía*, §§54-55; STJUE de 26 de abril de 2022, C-401/19, *Polonia v. Parlamento y Consejo*, §§45-46; *Packingham v. North Carolina,* 582 US (2017).

III. El poder de moderación de las grandes plataformas en EE. UU.

En EE. UU. la jurisprudencia del Tribunal Supremo, desde *Reno vs. American Civil Liberties Union* 521 US 844, de 1997, parte de la idea de que el ciberespacio y las redes sociales constituyen los nuevos foros públicos donde tiene lugar el proceso de la comunicación pública y, por esta razón, están protegidos por la I.° Enmienda, que protege la libertad de expresión. Los poderes públicos están obligados a asegurar su libertad y accesibilidad y cualquier normativa que restringa el acceso a estos foros constituye una injerencia en la libertad de expresión que debe someterse a un escrutinio constitucional estricto. Así, en *Packingham v. North Carolina* 582 US 15-1194, de 19 de junio de 2017, el Tribunal Supremo declaró contraria a la I.° Enmienda una Ley de Carolina del Norte de 2008 que prohibía el uso de redes sociales a personas condenadas por delitos sexuales. En esta misma línea, se considera que los representantes públicos en las redes sociales tampoco pueden bloquear a usuarios de su perfil privado. Así, en *Knight First Amendment Inst. At Columbia Univ. Vs. Trump*, se declara que Donald Trump había vulnerado el derecho a la libertad de expresión de una serie de usuarios bloqueados desde su perfil privado de Twitter cuando era presidente. Para reconocer esta vinculación el tribunal considera que la cuenta privada tiene que ser usada por alguien que desempeña un cargo público y, además, tiene que publicar información relacionada con ese cargo. Se observa así la vinculación de la libertad de expresión respecto a los poderes públicos, que no son libres de limitar los contenidos en las redes sociales. La cuestión es si las plataformas están igualmente vinculadas por la libertad de expresión de los usuarios y si, por tanto, no son libres a la hora de limitar el contenido que en ellas se publica. O si son los tribunales o el legislador democrático los que pueden restringir esa libertad de moderación.

La jurisprudencia del Tribunal Supremo en EE. UU. ha reiterado que la I.ª Enmienda solo es eficaz frente a restricciones de la libertad de expresión procedentes del gobierno y no de restricciones procedentes de compañías privadas (entre otros muchos, asunto *Williby v. Zuckerberg*, n. 3:18-cv-06295-JD, Dkt. N. 19 at 1 (ND Cal. June 18, 2019). Solo resulta eficaz la libertad de expresión frente a empresas privadas si se demuestra que están operando bajo el efecto del gobierno según la *state-action doctrine*. Esta doctrina señala que, en algunas situaciones, la autoridad gubernamental domina una actividad hasta tal punto que los participantes se deben considerar que actúan con la autoridad del gobierno y deben estar sujetos a las obligaciones constitucionales (*Edmonson v. Leesville Concrete Co.*, 500 U.S. 614, 620 (1991)). Por tanto, en EE. UU. los derechos constitucionales no resultan eficaces directamente frente a los particulares y solo el legislador democrático puede establecer esa vinculación.

Este modelo se ha confirmado por la Corte del Distrito Norte de California en el caso *Trump v. Twitter*, donde se ha desestimado la pretensión de Trump de que se considerara vulnerada su libertad de expresión al haber sido bloqueado por Twitter. Según este tribunal, los derechos fundamentales como la libertad de expresión de usuarios no pueden alegarse frente a los particulares y solo si se demostrara que Twitter ha actuado siguiendo las instrucciones del poder público, conforme a la *state-action doctrine,* podría considerarse vulnerado el derecho. No obstante, el tribunal considera que alegar las declaraciones de algunos congresistas demócratas a favor del bloqueo de la cuenta de la Trump no es suficiente para aplicar la *state-action doctrine,* sino que sería necesaria una «concreta y específica acción gubernamental» que probara que la compañía privada actúa como poder público, algo que no se prueba en este caso concreto (Sentencia del Tribunal del Distrito Norte de California de 6 de mayo de 2022, asunto *Trump et al. v. Twitter*, c. 21-cv-09378-JD). Se niega así en EE. UU. la eficacia directa de los derechos constitucionales frente a las empresas privadas, siendo el legislador democrático el único que puede establecer esa vinculación.

En 1996, a través del art. 230 de la *Communications Decency Act*, se estableció en EE. UU. la inmunidad de los proveedores de servicios por los contenidos publicados por terceros incluso si las plataformas actúan «de buena fe para restringir el acceso o disponibilidad de material que el proveedor o usuario considere ser obsceno, lascivo, sucio, excesivamente violento, acosador o de otra manera objetable». Es decir, se reconocía la inmunidad de las plataformas, aunque ejercieran un cierto control editorial sobre discursos «objetables». Por tanto, aunque pudiera resultar paradójico, se establecía que las plataformas no deben considerarse editores a efectos de su responsabilidad por los contenidos publicados por terceros, pero se les reconoce cierto control editorial en esos contenidos[10], cuando tradicionalmente el reconocimiento de la libertad editorial y derecho de veto a los medios de comunicación tradicionales conlleva, lógicamente, su

10 47 U.S. Code § 230 - Protection for private blocking and screening of offensive material
(c)Protection for «Good Samaritan» blocking and screening of offensive material
(1)Treatment of publisher or speaker
No provider or user of an interactive computer service shall be treated as the publisher or speaker of any information provided by another information content provider.
(2)Civil liabilityNo provider or user of an interactive computer service shall be held liable on account of—
(A)
any action voluntarily taken in good faith to restrict access to or availability of material that the provider or user considers to be obscene, lewd, lascivious, filthy, excessively violent, harassing, or otherwise objectionable, whether or not such material is constitutionally protected; or
(B) any action taken to enable or make available to information content providers or others the technical means to restrict access to material described in paragraph.

responsabilidad solidaria por el contenido que una persona, generalmente un periodista, transmita a través de ellos[11].

Por tanto, el legislador democrático decidió reconocer expresamente un concreto control editorial o derecho de veto a las grandes plataformas. Es decir, internet es un foro público donde se ejerce la libertad de expresión, pero el derecho a la libertad de expresión de los usuarios, si bien vincula en todo caso a los poderes públicos, no es así respecto a las grandes plataformas, que además se les reconoce legalmente un derecho de veto concreto: si actúan «de buena fe para restringir el acceso o disponibilidad de material que el proveedor o usuario considere ser obsceno, lascivo, sucio, excesivamente violento, acosador o de otra manera objetable».

Estas plataformas interpretaron este derecho de veto reconocido legalmente de manera muy amplia. Por una parte, fue interpretado por las plataformas como libertad editorial que permitía eliminar libremente cualquier contenido publicado por sus usuarios. Por otra parte, estas plataformas entienden que esta libertad editorial estaría amparada, no solo por la *Communications Decency Act*, sino por la I Enmienda, que protege y garantiza la libertad de expresión —en este caso de las plataformas—. La imposición legal o judicial de la obligación de mantener una determinada publicación en contra de su criterio o sus propias políticas de moderación de contenidos sería *compeled speech* y, por tanto, una violación de la I Enmienda de la Constitución de EE. UU.[12].

Con ello la libertad de moderación de contenidos ha resultado en unas regulaciones discrecionales, ya que no son aplicadas de manera estandarizada para todos los casos, y poco transparentes para los usuarios, ya que no dan explicaciones ni abundan en detalles sobre el motivo por el cual toman una decisión determinada y la forma de apelación es confusa[13].

---

11 Vázquez Alonso, V. J., «La censura privada de las grandes corporaciones digitales y el nuevo sistema de la libertad de expresión», *Teoría y Derecho*, núm. 32, 2022, pp. 110-111. Como el propio autor señala, «no deja de ser contradictorio. Y es que si, por un lado la idea de neutralidad de la red sirve de fundamento para eximir de responsabilidad a las empresas de intermediación de contenidos, incentivado así la ausencia de controles que puedan provocar un "efecto desaliento" en el ejercicio de la libertad de expresión, por otro lado esa misma impunidad jurídica por la censura de contenidos que estas decidan llevar a cabo parece jugar en sentido contrario. Es decir, permite asimilar esta labor de control y moderación a una labor editorial clásica, solo que, en este caso, con una prerrogativa inexistente en otros ámbitos del Derecho de la comunicación: la irresponsabilidad por los contenidos que a través de ella sean difundidos» (*Ibid.*, p. 112).

12 Barata Mir, J., «Libertad de expresión, regulación y moderación privada de contenidos», *Teoría y Derecho*, n. 32, 2022, p. 104.

13 En Facebook se ha creado su *Oversighboard,* que fija unos estándares en la resolución de los *leading case* y a través de recomendaciones generales. Una visión crítica de este órgano en Cetina Presuel, R., «Un estira y afloja: la definición de las reglas para la libre expresión en las plataformas de redes sociales», *Jurídicas CUC,* 17, 1, 2021, pp. 499-556.

Pero, en el caso de EE. UU., donde la *Communications Decency Act* reconoce ya una concreta libertad de moderación a las plataformas, ¿pueden los Estados, en ejercicio de su poder legislativo, establecer algún tipo de límite al poder de moderación que no vulnere la libertad editorial reconocida en la legislación federal?

Ha habido algunos intentos legislativos por establecer vinculación de la libertad de expresión de los usuarios respecto a las grandes plataformas. Se trataría de establecer legalmente la obligación de las plataformas de facilitar el acceso a internet y el uso de sus servicios libremente y en igualdad de condiciones para cualquier usuario sin que pueda discriminar o monitorizar por razón de contenidos (la llamada *Common Carriage Doctrine)*[14].

La *Executive Order on Preventing Online Censorship,* de 28 de mayo de 2020[15], fue la respuesta de Trump ante la calificación por Twitter de dos de sus tuits como «potencialmente engañosos». Esta orden proponía que reguladores federales como la Comisión Federal de Comercio puedan sancionar a compañías tecnológicas sobre los criterios que usan para moderar contenidos. Así, se abría el camino a que cualquier usuario pudiera emprender medidas legales si considerara que las razones por la que su cuenta ha sido suspendida o su mensaje borrado hubieran sido discriminatorias o no se hubieran basado en la «buena fe», haciendo así una interpretación estricta de la libertad editorial reconocida en la *Communications Decency Act*. Las razones que se dan en dicha orden ponen de manifiesto la contracción que supone el reconocimiento de una libertad editorial a la vez que su inmunidad por los contenidos vertidos por terceros. Señala que, si estas plataformas no son estrictamente neutrales en su función de intermediación, han de ser consideradas como medios de comunicación y asumir la responsabilidad por los contenidos vertidos por terceros. En mayo de 2021 Biden revocó dicha orden.

En ese mismo mes, mayo de 2021, se aprobó en Florida una Ley que permitía sancionar redes sociales que expulsaran o sometieran a filtrado algorítmico a candidatos políticos, o cancelaran las cuentas de empresas periodísticas. Esta ley fue anulada por la Corte para el Distrito Norte de Florida. Entre otros argumentos, la Corte afirma que esta ley sería contraria a la Sección 230 de la *Communications Decency Act*, pero además se señala que las plataformas son titulares del derecho reconocido en la Primera Enmienda y, por ello, no pueden ser obligadas a publicar o mantener contenidos en contra de su propio criterio[16].

---

14 Villaverde Menéndez, I., *Los poderes salvajes. Ciberespacio y responsabilidad por contenidos difamatorios,* Marcial Pons, 2020, p. 87.

15 En línea: https://trumpwhitehouse.archives.gov/presidential-actions/executive-order-preventing-online-censorship/ (consulta 2/1/2023).

16 Sobre los argumentos en la sentencia *vid.* Barata Mir, J., «Un debate ponderado sobre leyes, redes sociales y moderación de contenidos», *Agenda Pública,* 10 de octubre, 2021.

En septiembre de 2021 en Texas se aprobó una ley que prohíbe que las plataformas de redes sociales con al menos 50 millones de usuarios activos bloqueen, eliminen o desmoneticen contenido según las opiniones de los usuarios. En coherencia con la ley federal, la ley estatal permite que las plataformas censuren ciertos discursos que «incitan a la actividad criminal o conlleven amenazas específicas». En el caso *NetChoice v. Paxton*, la compañía de redes sociales argumenta que su libertad editorial estaría amparada por la Primera Enmienda. Es interesante la argumentación del tribunal de apelaciones que, el 16 de septiembre de 2022 y contrariamente a lo ocurrido en Florida, ha fallado a favor del Estado. Señala este tribunal que la Primera Enmienda no puede proteger el derecho a censurar reclamado por las Plataformas y que, por tanto, las leyes que prohíben la censura por parte de las plataformas están protegiendo la libertad de expresión de los usuarios. Considera este tribunal que esta solución es la más coherente con la no consideración de las plataformas como medios de comunicación y la inmunidad de la que gozan por las opiniones de terceros establecida en la secc. 230 de la *Communications Decency Act*. Señala expresamente el tribunal:

> La Sección 230 refleja el juicio del Congreso de que las Plataformas no funcionan como editores tradicionales y no están «hablando» con el contenido enviado por los usuarios. El juicio del Congreso refuerza nuestra conclusión de que la censura de las plataformas no es un discurso bajo la Primera Enmienda[17].
>
> (...)
>
> La Sección 230 socava los dos argumentos de las Plataformas para sostener que su censura de usuarios es discurso protegido. Hay que recordar que se basan en dos argumentos clave: primero, sugieren que el contenido enviado por el usuario que alojan es su discurso; y segundo, argumentan que son editores similares a un periódico. La Sección 230, sin embargo, instruye a los tribunales a no tratar las Plataformas como «editores u oradores» del contenido enviado por el usuario que alojan. Identificación. § 230(c)(1). Y esas son exactamente las dos categorías que invocan las Plataformas para apoyar su argumento de la Primera Enmienda. Entonces, si § 230(c)(1) es constitucional, ¿cómo puede un tribunal reconocer que las Plataformas son editores u oradores de los contenidos que alojan sus usuarios y que están protegidas por la Primera Enmienda?

Y, aunque según la ley, resultan inmunes incluso si las plataformas actúan «de buena fe para restringir el acceso o disponibilidad de material que el proveedor o usuario considere ser obsceno, lascivo, sucio, excesivamente violento, acosador o de otra manera objetable», el tribunal señala que este control editorial debe interpretarse restrictivamente y que no da libertad editorial a las plataformas para censuras basadas en la ideología o en la geografía *(viewpoint-based or geography-based censorship)* y que no confiere

17 En línea: https://netchoice.org/wp-content/uploads/2022/09/FifthCircuitOpinion_NC-CCIAv.Paxton_Sept162022.pdf (consulta 28 de julio de 2023), pp. 39-44.

un derecho a censurar libremente. Por tanto, el parlamento de Texas está legitimado para evitar que las plataformas vulneren la libertad de expresión de los usuarios de Texas.

Tal y como puede observarse, frente a la libertad de moderación amparada en la I Enmienda que reclaman las grandes plataformas —y que resulta contradictoria con su irresponsabilidad respecto al contenido vertido por terceros—, se empieza a abrir una línea jurisprudencial que entiende que su libertad de moderación se basa estrictamente en lo reconocido por la legislación federal y que puede ser modulada por el legislador estatal.

IV. El poder de moderación de las grandes plataformas en Europa

En Europa, reconociéndose también que las redes sociales, aún de titularidad privada, se han convertido en un foro de información y debate público sin existencia de una alternativa real en su ámbito, la libertad de expresión de sus usuarios vincula a los poderes públicos y de ahí que los Estados tengan prohibido, según el artículo 15 de la Directiva 2000/31, imponer a las plataformas sistemas de filtrado o monitoraje activo de los contenidos difundidos en ellas. Han sido las propias plataformas las que han terminado estableciendo sistemas de filtrado incentivadas por las propias autoridades desde dos perspectivas. Por una parte, las instituciones públicas europeas tratan de limitar la incitación al odio en la red estableciendo códigos de buenas prácticas con las principales redes sociales[18]. Por otra parte, la jurisprudencia del TJUE y del TEDH permite que los Estados responsabilicen a las grandes plataformas por la no retirada de contenidos claramente ilícitos sin necesidad de previo aviso[19]. Por tanto, aunque los Estados no pueden imponer sistemas de filtrado en las redes, las plataformas, para no incurrir en responsabilidad o seguir las recomendaciones de buenas prác-

18 Código de conducta para la lucha contra la incitación ilegal al odio en internet, de mayo de 2016, adoptado en el marco de la Estrategia para el mercado único digital de la Comisión Europea. Este código fue suscrito por Facebook, Microsoft, Twitter y YouTube. Instagram, Google+, Snapchat, Dailymotion y Jeuxvideo.com se adhirieron posteriormente. En línea: https://commission.europa.eu/strategy-and-policy/policies/justice-and-fundamental-rights/combatting-discrimination/racism-and-xenophobia/eu-code-conduct-countering-illegal-hate-speech-online_en (consulta 6 de octubre de 2023). En la misma línea, la *Recomendación (UE) 2018/334 de la Comisión Europea, de 1 de marzo, sobre medidas para combatir eficazmente los contenidos ilícitos en línea*. En línea: https://eur-lex.europa.eu/legal-content/ES/TXT/PDF/?uri=CELEX:32018H0334&from=FR (consulta 6 de octubre de 2023).

19 Según el TJUE, en demandas por responsabilidad civil por daños, bastaría que la plataforma «haya tenido conocimiento de hechos o circunstancias a partir de los cuales un operador económico diligente hubiera debido deducir ese carácter ilícito». STJUE de 12 de julio de 2011, C_324/09, L'Oréal SA et al., §120; STJUE de 7 de agosto de 2018, C-521/17, Coöperatieve VerenigingSNB-REACT U.A. y Deepak Mehta.

ticas, tienen que tener mecanismos de control y filtrado previo. Pero, ¿son las plataformas libres a la hora de establecer ese poder de moderación en las redes o se hallan vinculadas de alguna manera por la libertad de expresión de los usuarios?

En la práctica, las grandes plataformas establecen criterios genéricos que van más allá de los límites que el ordenamiento jurídico establece respecto a la libertad de expresión por vulneración del derecho al honor de las personas o por discurso de odio hacia colectivos históricamente marginados. Además, su aplicación a través de procedimientos automatizados de inteligencia artificial elimina contenidos que, además de estar amparados por la libertad de expresión, difícilmente pueden considerarse contrarios a las propias reglas de moderación de la corporación. Todo ello supone, «una restricción a un medio importante de difusión de contenidos en línea y constituyen de tal forma una limitación del derecho garantizado en el artículo 11 de la Carta» (STJUE de 26 de abril de 2022, C-401/19, *Polonia v. Parlamento y Consejo*, §55). El Tribunal europeo reconoce una «libertad editorial» protegida por la libertad de empresa si las plataformas no se consideran medio de comunicación o por la libertad de expresión e información si se consideran como medios de comunicación, aunque matizada por su vinculación con la libertad de expresión de los usuarios. La cuestión es determinar las características que ha de tener esos sistemas de filtrado y control para que la restricción a la libertad de expresión de los usuarios sea proporcionada.

El TJUE ha señalado al respecto que, si un sistema de filtrado implicara un riesgo de que no se distingan claramente contenidos lícitos e ilícitos, «de modo que su establecimiento podría dar lugar al bloqueo de comunicaciones de contenido lícito, sería incompatible con el derecho de libertad de expresión y de información» (STJUE de 26 de abril de 2022, C-401/19, *Polonia v. Parlamento y Consejo*, §86; siguiendo la jurisprudencia sentada en STJUE de 16 de febrero de 2012, C-360/10, SABAM). Pero señala que

> La normativa que conlleve la injerencia en derechos fundamentales debe establecer reglas claras y precisas que regulen el alcance y la aplicación de la medida en cuestión e impongan unas exigencias mínimas, de modo que las personas que vean limitado el ejercicio de estos derechos dispongan de garantías suficientes que permitan protegerlas de manera eficaz contra los riesgos de abuso. En particular, dicha normativa deberá indicar en qué circunstancias y con arreglo a qué requisitos puede adoptarse tal medida, garantizando así que la injerencia se limite a lo estrictamente necesario. La necesidad de disponer de tales garantías reviste especial importancia cuando la injerencia es resultado de un tratamiento automatizado (§67).

Concretamente, el TJUE ha subrayado la necesidad de reconocimiento de recurso frente a un bloqueo (§94).

En esta línea, la normativa europea establece garantías de proceso, como deberes de transparencia, motivación de decisiones, recursos extrajudiciales (Reglamento UE 2021/784, de 29 de abril de 2021 (art. 5.2 b), sobre la lucha contra la difusión de contenidos terroristas en línea; Directiva (UE) 2018/1808 de 14 de noviembre de 2018 (art. 28 ter 3 d), sobre servicios de comunicación audiovisual; Directiva 2019/790, de 17 de abril de 2019, sobre los derechos de autor (art. 17.9)). La *Digital Service Act,* aprobada el 19 de octubre de 2022, impone obligaciones de «diligencia debida» que se traducen en obligaciones de transparencia (el deber de que cualquier plataforma tenga que informar sobre sus políticas y procedimientos de moderación de contenidos y de reclamación), de debido proceso al moderar los contenidos, estando obligadas a poner a disposición de los usuarios puntos de contacto, mecanismos de notificación y acción, así como a motivar sus decisiones de restricción. A las plataformas que son grandes empresas se les impone la obligación de tener sistemas internos de tramitación de reclamaciones sobre moderación de contenidos, así como mecanismos de resolución extrajudicial de litigios.

Por tanto, en el ámbito de la UE, si bien se reconoce un poder de moderación de las grandes plataformas, este poder de moderación debe quedar modulado por el derecho a la libertad de expresión de los usuarios, lo que se traduce en obligaciones para las grandes plataformas de transparencia y de proceso debido, incluidos mecanismos de resolución extrajudicial de litigios. Esta es la línea que deberá seguirse en los diferentes ordenamientos jurídicos en el ámbito de la UE, aunque todavía ni la normativa interna es precisa ni existen líneas jurisprudenciales coherentes, como puede observarse en el caso alemán o en el caso italiano.

En Alemania, la *Gesetz zur Verbesserung der Rechtsdurchsetzung in sozialen Netzwerken (NetzDG)*, de enero de 2018, que contempla la obligación de retirar contenidos «manifiestamente ilegales» en un plazo perentorio y en caso contrario incurrirían en responsabilidad por los mismos, también establece obligaciones en el procedimiento ya que señala que la plataforma *puede* proporcionar al usuario un derecho de respuesta antes de decidir sobre la ilegalidad del contenido en casos de ilegalidad no manifiesta (art. 3.3.ª), así como *debe* informar al usuario de su decisión y la consiguiente justificación (art. 3.2 y 5.ª).

En la jurisprudencia de los tribunales regionales alemanes hasta 2018 predominó la tendencia a considerar la moderación de contenidos bajo los cánones de la autonomía contractual, sin vinculación directa del derecho a la libertad de expresión de los usuarios. En la última jurisprudencia se reconoce una eficacia mediata del derecho a la libertad de expresión a través de las cláusulas generales del derecho privado, concretamente interpretando el poder de moderación bajo el prisma de «desventaja irrazonable» del art. 307 del *Bürgeriches Gesetzbuch* (BGB). En este sentido, el Tribunal Superior de Justicia de Múnich en el año 2018 declaró contrario al art. 307 BGB la cláusula 5.2 de la «Declaración de Derechos y Responsabilidades» de Facebook por considerar que otorgaba a Facebook un derecho unilateral y casi ilimitado a eliminar las publicaciones de los usuarios. También el Tribunal Superior de Derecho Privado en julio de 2021 anuló las cláusulas de condiciones de Facebook que permitieron el bloqueo de las cuentas de dos usuarios debido a la manifestación de discursos de odio. Este tribunal alega la vulneración del art. 307.1 BGB ya que la normativa de esta plataforma suponía una autorización genérica para eliminar publicaciones y consideró la necesidad de ponderar la libertad de expresión de los usuarios y la libertad económica de la plataforma. Este tribunal admite que la plataforma podría moderar el contenido de su red más allá del derecho penal en virtud de su derecho a la libertad de empresa, pero que debería haber informado al usuario con antelación al bloqueo, explicando los motivos de esta decisión y, sobre todo dando al usuario la oportunidad de presentar una defensa que debería ser examinada por la plataforma en una nueva decisión[20].

En cuanto a la jurisprudencia del Tribunal Constitucional alemán, todavía no hay una línea clara definida. Ante la solicitud de medidas cautelares urgentes, el Tribunal Constitucional alemán en mayo de 2019 ordena a Facebook que volviera a publicar la página del partido político de extrema derecha que Facebook había eliminado por hacer una publicación típica de «incitación al odio». Ante la duda de si el contenido publicado tenía carácter delictivo, el Alto Tribunal valora la preponderancia de los derechos fundamentales y alega el derecho fundamental de igualdad (art. 3 LF) al señalar que este artículo puede «dar lugar a requisitos de igualdad en las relaciones entre particulares»[21]. En cambio, en septiembre de 2021, el Tribunal Constitucional denegó la solicitud del partido de extrema derecha de restituir su página en Facebook, a pesar de que el partido alegó que el bloqueo podría interferir en las elecciones al Bundestag de 2021[22].

En Italia los tribunales han mantenido posiciones a favor de la vinculación directa de la libertad de expresión respecto a las plataformas, aunque con interpretaciones diferentes respecto a los límites a esa libertad de expresión. Son paradigmáticos los casos de cierre en Italia de las páginas de Facebook de las asociaciones de ideología fascista *Casa Pound* y *Forza Nuova.* Facebook cerró la cuenta del partido político *Casa Pound* y lo justificó alegando que este partido era neofascista y que su ideología violaba las condiciones generales de uso establecidas por Facebook en ejercicio de su libertad de empresa. El 12 de diciembre de 2019 el tribunal italiano que conoció el caso (Tribunale di Roma,

---

20 *Vid.* sobre estas sentencias FERREIRA MENDES, G. / OLIVEIRA FERNANDES, V., «La efectividad de los derechos fundamentales en las relaciones privadas en internet: el dilema de la moderación de contenidos en las redes sociales desde una perspetiva comparada Brasil-Alemania», en BALAGUER CALLEJÓN, F. / WOLFGANG SARLET, I., *Derechos fundamentales y democracia en el constitucionalismo digital,* Aranzadi, 2023, pp. 256, 270-276.

21 En línea: https://www.bverfg.de/e/qk20190522_1bvq004219.html

22 En línea: https://www.bundesverfassungsgericht.de/SharedDocs/Entscheidungen/DE/2021/09/qk20210920_1bvq010021.html;jsessionid=7C76CFC6FD6C38CD212F11ADC6358B69.internet961

Sezione specializzata in materia di Impresa, RG n. 59264/2019) consideró que Facebook no es exactamente asimilable a un sujeto privado y, por tanto, no podría imponer más restricciones a la libertad de expresión de los usuarios que las que el ordenamiento italiano impone al discurso público. En este caso interpreta que la cancelación de la cuenta a esta asociación de carácter político legítima en la sociedad italiana supuso una distorsión del valor constitucional del pluralismo. En cambio, el 23 de febrero de 2020 el tribunal que conoció de la cancelación de la cuenta de Facebook de *Forza Nuova* (Tribunale Ordinario di Roma, Sezione Diritti Della Persona E Immigrazione Civile, RG n. 64894/2019) consideró que dicha red social estaba cumpliendo con el ordenamiento italiano ya que el discurso de odio supone un límite a la libertad de expresión. Tal y como se comprueba, aunque llegan a conclusiones diferentes sobre los límites a la libertad de expresión respecto al discurso de odio, ambas sentencias hacen directamente vinculante la libertad de expresión de los usuarios respecto a Facebook, sin el reconocimiento de una libertad de moderación más allá de lo reconocido a los poderes públicos.

V. El poder de moderación de las grandes plataformas en España

En España no hay una normativa interna que regule el poder de moderación de las plataformas de internet. Sin embargo, de la jurisprudencia del Tribunal Constitucional podemos deducir que ese poder de moderación no entraría en el concepto de «censura previa» prohibida constitucionalmente y que el poder de moderación de las plataformas tiene como límite los derechos fundamentales de los usuarios.

Efectivamente, el poder de moderación de las grandes plataformas no puede considerarse «censura previa» y por tanto no entraría en la prohibición de la misma establecida en el artículo 20.2 CE[23]. En la línea marcada por la STC 187/1999, de 25 de octubre, la «censura» prohibida constitucionalmente es

> la intervención preventiva de los poderes públicos para prohibir o modular la publicación o emisión de mensajes escritos o audio visuales. La presión de ciu-

23 En contra el voto particular que formuló el Vocal don Lázaro al Acuerdo 146/2021, de 25 de febrero, de la JEC. Este voto particular entendió que la acción de TWITTER de suspender durante ocho días la cuenta de Vox durante la campaña electoral en Cataluña priva de acceso al conjunto de la actividad de esa cuenta. Añade que la sanción se impone inaudita parte y sin explicitar las razones que llevan a considerar que el tuit incita expresamente a la discriminación, xenofobia o racismo. De haber excesos en la libertad de expresión, lo procedente es ir a un procedimiento judicial con garantía de contradicción y defensa. Considera que lo hecho por TWITTER es un caso de censura previa proscrita por el artículo 20 de la Constitución, «un verdadero secuestro sin resolución judicial y una decisión desproporcionada». En definitiva, que consolida el poder de censura unilateral por las redes sociales y el recurso ante la Administración electoral no soluciona esa carencia de regulación.

dadanos o grupos de ellos para impedir esa difusión, aunque consiga obtener el mismo resultado, puede llegar a ser una intromisión en un derecho ajeno, con relevancia penal en más de un caso y desde más de un aspecto, pero no «censura» en el sentido que le da la Constitución.

Tampoco encaja en este concepto la que a veces ha dado en llamarse «autocensura», utilizada en algunos sectores —la cinematografía o la prensa—, en algunos países o en algunas épocas para regular la propia actividad y establecer corporativamente ciertos límites. Más lejos aún del concepto constitucionalmente proscrito está la carga, con su cara y reverso de derecho-deber, que permite e impone a los editores y directores un examen o análisis de texto y contenidos, antes de su difusión, para comprobar si traspasan, o no, los límites de las libertades que ejercen, con especial atención a los penales. Se trata de algo que, en mayor o menor grado, precede siempre a la conducta humana, reflexiva y consciente de que el respeto al derecho ajeno es la pieza clave de la convivencia pacífica. En tal sentido hemos dicho ya que la «verdadera censura previa» consiste en «cualesquiera medidas limitativas de la elaboración o difusión de una obra del espíritu, especialmente al hacerlas depender del previo examen oficial de su contenido» (STC 52/1983, fundamento jurídico 5.o). Por ello el derecho de veto que al director concede el art. 37 de la Ley de Prensa e Imprenta de 18 de marzo de 1966 no puede ser identificado con el concepto de censura previa (SSTC 171/1990 y 172/1990). Tampoco lo es la autodisciplina del editor, cuya función consiste en elegir el texto que se propone publicar, asumiendo así los efectos positivos o negativos, favorables o desfavorables de esa opción, como puedan ser el riesgo económico y la responsabilidad jurídica (STC 176/1995) (FJ 5).

Además, ese poder de moderación debe verse limitado por los derechos fundamentales de los usuarios, aún sin legislación específica que así lo establezca. Tal y como hemos señalado, el Tribunal Constitucional asume la tesis de Hesse de que la Constitución «no se limita a la ordenación de la vida estatal»[24] y de que es «la norma fundamental y fundamentadora de todo el orden jurídico» (STC 9/1981, de 31 de marzo). Ello permitiría a los tribunales, aún sin legislación específica, aplicar el derecho fundamental de libre expresión como límite también en las relaciones privadas. Los tribunales civiles, en línea con los tribunales civiles alemanes, podrían reconocer la eficacia del derecho a la libertad de expresión frente a las grandes plataformas a través de las cláusulas generales del derecho privado y, con ello, controlar la razonabilidad y proporcionalidad del poder de moderación[25]. En el ámbito de una

24 Hesse, ob. cit., p. 44.

25 Las cláusulas generales de derecho privado que permitirían ese control del poder de moderación serían la prohibición de cláusulas contrarias a la ley o abusivas que implican la renuncia de derechos de los artículos 6.2 del Código civil y el artículo 82 del Decreto Legislativo 1/2007, de 16 de noviembre, por el que se aprueba el texto refundido de la Ley General para la Defensa de los Consumidores y Usuarios. En esta línea Herrera de las Heras, R., «La suspensión de cuentas de políticos por twitter y los bloqueos de usuarios por parte de las administraciones y cargos públicos», *R.E.D.S,* 18-19, 2021, p. 157.

campaña electoral, los tribunales de lo contencioso-administrativo también podrían limitar el poder de moderación de las plataformas en aplicación de los principios de pluralismo político, transparencia, objetividad e igualdad, que presiden todo proceso electoral (art. 8.1 LOREG).

Sin embargo, sin una regulación específica sobre la materia, las decisiones judiciales no siempre han sido coherentes con la tesis de la eficacia directa de los derechos fundamentales y, en todo caso, han visto muy limitado su margen de control.

La SAP de Mallorca 124/2020, de 26 de marzo, considera que es un contrato entre privados sobre el que no se puede alegar vulneración de la libertad de expresión, en línea con la jurisprudencia en EE. UU. El Tribunal balear da la razón a Twitter al respaldar la suspensión de una cuenta en la que un usuario vertió «comentarios homófobos» de forma reiterada. Para ello se basó en que ello «en ningún caso supone que el actor se vea privado de su libertad de expresión, sino de la posibilidad de utilizar un medio concreto para ejercerlo, en este caso, una red social de titularidad privada, pero que de ninguna forma impide que pueda seguir ejercitándolo a través del mismo medio utilizado, internet, si bien por otros canales o redes sociales distintas, o de otros medios de comunicación.» Señala que no hay abuso en la cláusula que permite a Twitter eliminar una cuenta por incumplir las reglas incluidas en sus condiciones generales ya que «en ningún caso crea ningún desequilibrio frente a la otra parte, ya que en el Acuerdo de Usuario se contempla igualmente la posibilidad de que el usuario pueda cancelar su acuerdo en cualquier momento cancelando sus cuentas, sin necesidad de esgrimir motivo alguno».

En cambio, la Junta Electoral Central (Sesión JEC: 25/02/2021, núm. Acuerdo 146/2021, de 25 de febrero, núm. Expediente 293/1215) y posteriormente la STS 246/2022, de 28 de febrero, se sitúan en la tesis de la eficacia directa de los derechos fundamentales. En este caso ambos órganos declararon que la decisión de Twitter de suspender durante ocho días la cuenta de Vox durante la campaña electoral en Cataluña[26] había sido razonable y no dis-

26 La plataforma Twitter suspendió la cuenta de Vox durante 8 días durante la campaña de las elecciones catalanas de 2021, al considerar que la información que transmitía, que vinculaba la inmigración procedente del norte de África a la delincuencia, incitaba al odio hacia ese colectivo. Efectivamente Vox publicó días antes de la campaña electoral el siguiente tuit referido a la población de origen magrebí que vive en la comunidad catalana: «Suponen aproximadamente un 0,2 % y son responsables del 93 % de las denuncias. La mayoría son procedentes del Magreb. Es la Cataluña que están dejando la unánime indolencia y complicidad con la delincuencia importada. ¡Solo queda Vox!#StopIslamización». No es la primera vez en la que la publicación de un tuit por Vox o un cartel electoral de su autoría es investigado por la fiscalía por ese motivo. Los casos más conocidos son: (1) el de la publicación de un tuit en el que señalaba que los violadores de una chica en Cullera eran todos magrebíes (cuando era sabido por los medios que todos eran españoles) y añadía: «Imprescindible puntualizar el origen extranjero de la ma-

criminatoria, aunque tanto la Junta Electoral[27] como el Tribunal Supremo[28] alertan de la necesidad de una regulación del poder de moderación de estas plataformas.

Tal y como señala la Junta Electoral

> La relación de TWITTER con los usuarios es de carácter privado pero puede tener relevancia electoral, lo que justifica la intervención de la Administración electoral para velar por el respeto de los principios de pluralismo político, transparencia, objetividad e igualdad, que presiden todo proceso electoral, principios que trascienden a esa relación privada.

La Junta considera que, si bien Twitter se ha convertido en una herramienta de interacción y comunicación social con una enorme difusión y una indiscutible relevancia, su naturaleza de «... canal de comunicación que permite a sus usuarios el envío e intercambio de mensajes de texto breves a grupos reducidos de seguidores o, de forma abierta, a todo el público» hace imposible su encaje en el concepto de «medios de comunicación privados» al que hace referencia el artículo 66.2 de la LOREG. Dicho precepto restringe las decisiones editoriales de este tipo de medios de comunicación en período electoral en aras al necesario respecto de «... los principios de proporcionalidad y neutralidad informativa en los debates y entrevistas electorales, así como en la información relativa a la campaña electoral».

---

yoría de los violadores para que los españoles tomen conciencia del tipo de delincuentes a los que estáis abriendo las puertas y subsidiando con el dinero de todos». (2) El otro caso es el del cartel contra los menores inmigrantes donde aparecía la imagen de una señora de edad avanzada frente a un joven encapuchado con un pañuelo que tapaba la cara excepto los ojos, al igual que los jóvenes que participan de forma violenta en manifestaciones causando disturbios y no quieren ser reconocidos. El cartel iba acompañado de la frase en grande «UN MENA 4700 euros al mes, TU ABUELA, 426 euros de pensión/mes. Vox protege Madrid, vota seguro». Ambas investigaciones iniciadas por la fiscalía fueron archivadas.

27 Señala la Junta Electoral que «en esta materia —actuación de las redes sociales en periodo electoral— hay un vacío normativo y que es consciente de los peligros y riesgos de estas decisiones de las redes sociales, que pueden limitar seriamente la campaña electoral, sin tiempo material para obtener la tutela judicial a lo que se añade que las decisiones de los responsables de esas redes se adoptan de plano, sin oír al usuario. En tanto el legislador salva este déficit normativo, la Administración electoral sólo puede actuar en casos extremos si hay vulneración grave de los principios de pluralismo político, transparencia, objetividad o igualdad entre las candidaturas electorales, lo que no es el caso».

28 Señala el TS «lo insatisfactorio que, tanto en lo procedimental como en lo material, es el escaso tratamiento legal de ese poder censor que se reservan contractualmente las redes sociales, erigidas hoy día en medios de difusión masiva de todo tipo de contenidos, también políticos, con un poder e influencia manifiestos en tiempos electorales».

El Tribunal Supremo avala la no aplicación del artículo 66.2 de la LOREG.

Primero porque al margen de que TWITTER no sea un medio de comunicación en el sentido tradicional del término lo cierto es que, aun cuando lo fuese, es una plataforma de publicación de conversaciones en abierto que no organiza debates ni entrevistas como tampoco emite información propia, luego falla el presupuesto del citado artículo 66.2. Y la segunda razón, porque los principios llamados a ser observados por los medios de comunicación y fiscalizados por la Administración electoral conforme al artículo 66.2, cabe también deducirlos del artículo 8.1 de la LOREG.

Por tanto, los principios de pluralismo político, transparencia, objetividad e igualdad, que presiden todo proceso electoral, son principios que trascienden a esa relación privada y pueden limitar el poder de moderación de las plataformas. Entran, pues, en la proporcionalidad de la limitación a la libertad de expresión, del derecho de participación política o la igualdad y dan por hecho la vinculación directa de estos derechos sobre las plataformas digitales, aún sin regulación legal específica.

En todo caso, en la actualidad, la aprobación de la *Digital Service Act* impone límites de transparencia y proceso debido al poder de moderación de las grandes plataformas y que deberán aplicar los tribunales. En este sentido, las plataformas deben informar al usuario con antelación al bloqueo, explicando los motivos de esta decisión y, sobre todo dando al usuario la oportunidad de presentar una defensa que debería ser examinada por la plataforma en una nueva decisión. En caso contrario, podría declararse vulnerado el derecho a la libertad de expresión del usuario y obligar por sentencia a la plataforma a levantar el bloqueo.

VI. Reflexión final

Las redes sociales, convertidas en medios de difusión masiva y en un campo abonado para la proliferación de expresiones de odio hacia personas o grupos de personas, se han reservado contractualmente un poder de moderación del discurso que puede afectar al ejercicio del derecho a la libertad de expresión de los internautas. En EE. UU. esta libertad de moderación, entendida bajo el amparo de la I Enmienda, ha sido absoluta, aunque se empieza a abrir una línea jurisprudencial que entiende que su libertad de moderación se basa estrictamente en lo reconocido por la legislación federal y no en la I Enmienda y que podría ser modulada por el legislador estatal. En el ámbito de la UE, tanto normativa como jurisprudencialmente se reconoce que el poder de moderación de las grandes plataformas debe quedar modulado por el derecho a la libertad de expresión de los usuarios, lo que se traduce en obligaciones para las grandes plataformas de transparencia y de proceso debido, incluidos mecanismos de resolución extrajudicial de litigios. Esta es la línea que deberán seguir los diferentes ordenamientos jurídicos en el ámbito de la UE, aunque todavía ni la normativa interna es precisa ni existen líneas jurisprudenciales coherentes, como puede observarse en el caso alemán, italiano o español.

De cara a futuro, al margen de los límites de transparencia y procedimentales exigidos desde la UE, sería conveniente reconocer legislativamente límites sustantivos a la libertad de moderación de las grandes plataformas. En línea con la normativa europea, más estricta con las plataformas y motores de búsqueda en línea de gran tamaño —con al menos 45 millones de usuarios—, el legislador español podría distinguir entre las redes sociales que, por su diseño tecnológico y reglas de acceso, sea fácil deducir que se trata de un foro de naturaleza restringido, y empresas como Facebook o Twitter. Las redes sociales de naturaleza restringida podrían tener interés legítimo en excluir un discurso protegido por la libertad de expresión por consideraciones éticas o por consideraciones económicas y el legislador les permitiría excluir discursos protegidos por la libertad de expresión yendo más allá de lo prohibido penalmente respecto al honor de otras personas y a la dignidad de colectivos. Sin embargo, las empresas como Facebook o Twitter deberían someterse a los límites del derecho penal vigente «dada la naturaleza cuasi pública de los foros que han sido creados» por estas empresas y «de su propia posición en el mercado»[29]. Como argumenta **Vázquez Alonso**, no establecer límites sustanciales al poder de moderación de las grandes plataformas convierte a «dichas corporaciones sean usadas por el Estado como entes vicariales para que censuren en sus foros aquello que, de forma general, no podría ser vetado por ningún poder público» y denuncia que «en el ámbito de la UE las grandes corporaciones de Internet ya actúan en ciertos ámbitos como censores vicariales del Estado, al asumir dentro de sus criterios de autorregulación ciertas recomendaciones europeas»[30].

En definitiva, resulta imprescindible en este campo la intervención del legislador democrático precisando los límites del poder de moderación de las grandes plataformas porque las redes sociales, aún de titularidad privada, son foros públicos de discusión donde están en juego principios básicos de nuestro sistema democrático.

29 En esta línea Vázquez Alonso, ob. cit., p. 117-119. En cambio, Teruel Lozano solo admite una limitación de su libertad editorial desde el punto de vista procedimental, exigiendo procesos transparentes, ya que los considera «foros privados». Teruel Lozano, G. M., «Libertad de expresión, censura y pluralismo en las redes sociales: algoritmos y el nuevo paradigma regulatorio europeo», en Balaguer Callejón, F. y Cotino Hueso, L., *Derecho Público de la inteligencia artificial,* Fundación Manuel Giménez Abad, Zaragoza, 2023, p. 212.

30 Vázquez Alonso, ob. cit., p. 117-119.

Bibliografía

BARATA MIR, J., «Un debate ponderado sobre leyes, redes sociales y moderación de contenidos», *Agenda Pública,* 10 de octubre, 2021

«Libertad de expresión, regulación y moderación privada de contenidos», *Teoría y Derecho*, n. 32, 2022

BARRERO ORTEGA, A., «Responsabilidad de los intermediarios de Internet en el Derecho de la UE», *Revista Española de Derecho Constitucional,* 123, 2021

BÖCKENFÖRDE, E-W., «Los métodos de la interpretación constitucional. Inventario y crítica», en *Escritos sobre derechos fundamentales,* Nomos Verlagsgesellschaft, Baden-Baden, 1993

CETINA PRESUEL, R., «Un estira y afloja: la definición de las reglas para la libre expresión en las plataformas de redes sociales», *Jurídicas CUC,* 17, 1, 2021

FERREIRA MENDES, G. / OLIVEIRA FERNANDES, V., «La efectividad de los derechos fundamentales en las relaciones privadas en internet: el dilema de la moderación de contenidos en las redes sociales desde una perspetiva comparada Brasil-Alemania», en BALAGUER CALLEJÓN, F. / WOLFGANG SARLET, I., *Derechos fundamentales y democracia en el constitucionalismo digital,* Aranzadi, 2023.

HERRERA DE LAS HERAS, R., «La suspensión de cuentas de políticos por twitter y los bloqueos de usuarios por parte de las administraciones y cargos públicos», *R.E.D.S,* 18-19, 2021.

HESSE, K., *Escritos de derecho constitucional,* CEPC, Madrid, 2012.

SÁNCHEZ MUÑOZ, O., *La regulación de las campañas electorales en la era digital,* Universidad de Valladolid. Centro de Estudios Políticos y Constitucionales, Madrid, 2020.

TERUEL LOZANO, G. M., «Libertad de expresión, censura y pluralismo en las redes sociales: algoritmos y el nuevo paradigma regulatorio europeo», en BALAGUER CALLEJÓN, F. Y COTINO HUESO, L., *Derecho Público de la inteligencia artificial,* Fundación Manuel Giménez Abad, Zaragoza, 2023.

VÁZQUEZ ALONSO, V. J., «La censura privada de las grandes corporaciones digitales y el nuevo sistema de la libertad de expresión», *Teoría y Derecho*, núm. 32, 2022.

VILLAVERDE MENÉNDEZ, I., *Los poderes salvajes. Ciberespacio y responsabilidad por contenidos difamatorios,* Marcial Pons, 2020.

EL NUEVO DESORDEN INFORMATIVO: RETOS Y PROPUESTAS DE REGULACIÓN*

María Olga Sánchez Martínez

Universidad de Cantabria

I. Libertades y derechos de comunicación: su papel central en el Estado de Derecho

Las comunicaciones y la tecnología digital son dos de los elementos clave para comprender la sociedad del siglo XXI, ambos estrechamente relacionados. La digitalización ha alcanzado a muchos aspectos de nuestras vidas, cambiando sustancialmente las formas de comunicarnos y relacionarnos, tanto en el ámbito privado como en el ámbito público. Como consecuencia de las nuevas pautas de comportamiento que acompañan a las comunicaciones y las relaciones virtuales, se verán afectados algunos derechos fundamentales, entre ellos la libertad y el derecho a la información.

* Esta publicación es parte del proyecto de I+D+i «Inteligencia artificial jurídica y Estado de Derecho» [PID2022 – 139773OB-I00], financiado por MICIU/AEI/10.13039/501100011033 y por FEDER, UE.

Como instrumento de comunicación, la información se configura como una libertad de transmitir y un derecho a recibir noticias, íntimamente ligado a la libertad de expresión para comunicar junto a hechos, o independientemente de ellos, ideas.

Ambos derechos, expresión e información, albergan tanto una dimensión individual, como una dimensión social. En su vertiente individual implican la facultad de transmitir o recibir ideas e informaciones sin interferencias injustificadas. En su dimensión social, se configuran como garantes de valores sobre los que se construyen otros derechos fundamentales, el Estado de Derecho y el sistema democrático. En relación a otros derechos, la libertad de expresión y el derecho de información ejercen influencia sobre derechos como el libre desarrollo de la personalidad, la dignidad, la intimidad, el honor o la imagen. También se proyectan sobre derechos de ejercicio colectivo, como condición previa a su ejercicio, como el derecho de reunión, manifestación o voto. La idea de la indivisibilidad de los derechos tiene un aliado claro en estos derechos.

Además, la libertad de expresión y el derecho de información, instrumentos necesarios para elaborar posiciones críticas y de control a los poderes públicos, son el soporte y el referente del pluralismo, por ello, derechos imprescindibles para conformar la opinión pública. La opinión pública ostenta un valor político fundamental, base para que la participación ciudadana en los asuntos públicos sea posible y, en este sentido, garantía del funcionamiento del sistema democrático. Así pues, entre la libertad de expresión, el derecho de información, la opinión pública y la democracia hay una relación de continuidad lógica que condicionará la regulación de aquellos derechos. Tanto el Tribunal Constitucional español como la jurisprudencia europea han resaltado, en muchas ocasiones, la importancia de la libertad de expresión y el derecho a comunicar y recibir libremente información para garantizar la formación de la opinión pública y la existencia del sistema democrático[1].

El carácter central de estos derechos, tanto a nivel personal como político, requiere de una amplia protección jurídica. Así, los sistemas jurídicos de protección, nacionales e internacionales, recogen y establecen garantías para el ejercicio de estos derechos[2]. Ahora bien, la trascendencia que estas libertades y derechos de comunicación tienen en otros derechos y en el

1 Entre otras, STC 6/1988, de 21 de enero; STC 105/1990, de 6 de junio; STC 172/2020, de 19 de noviembre. La Sentencia del Tribunal Europeo de Derechos Humanos, de 20 de mayo de 1999, en el caso Bladet Tromso y Stensaas c. Noruega en el apdo. 59, dice que la libertad de información constituye el «perro guardián de la democracia».

2 Así sucede en el artículo 10 del Convenio Europeo de Derechos Humanos; artículo 13 de la Convención Americana de Derechos Humanos; artículo 11 de Carta de Derechos Fundamentales de la Unión Europea; artículo 20 de la Constitución española; artículo 11 de la Constitución francesa; artículo 5.0.1 de la Ley Fundamental de la República Federal de Alemania; o en la Primera Enmienda de la Constitución de EE.UU.

propio funcionamiento del sistema democrático lleva aparejado, junto a los beneficios de un adecuado funcionamiento de su ejercicio, los perjuicios de su abuso, incluido la vulneración de otros derechos. Por eso, y porque ningún derecho es absoluto, junto a la protección, se han de establecer posibilidades de limitación, necesariamente exigentes y cautelosas para preservar los valores fundamentales del Estado de Derecho.

Ya se ha señalado que la expresión y la información son elementos funcionales imprescindibles para la formación de la opinión pública y necesarios para el correcto desenvolvimiento de la democracia. Siendo así, es lógico que la desinformación, o el desorden informativo, produzca un efecto desestabilizador del sistema. El desorden informativo se manifiesta y tiene causas muy diversas, comprende las noticias falsas, las filtraciones interesadas, la descontextualización de la información, la mala praxis, la confusión entre opinión e información, la simplificación informativa, la banalización del discurso racional en favor del emocional, la fragmentación de los discursos, la polarización y radicalización de las ideas manifestadas. La desinformación que conlleva cualquiera de estas prácticas a veces se produce por exceso informativo, otras por defecto, en ocasiones por manipulación, otras por ocultación o falsedad. En cualquiera de sus formas puede ser producto del error, pero también, no en menor medida, de comportamientos intencionados, premeditados y organizados, con el propósito de dañar y deformar la opinión pública para obtener un beneficio o ventaja en favor de determinados grupos de poder, bien sean económicos o políticos.

De todas las formas que puede adoptar aquel desorden generador de desinformación, los indicadores de la verdad y la mentira son referencias imprescindibles en el análisis de los contenidos informativos y su valor en el ejercicio de los derechos propios de un Estado democrático. Ahora bien, antes de hacer de la verdad un referente incuestionable de la información se ha de plantear si existe la verdad y cómo podemos entenderla en un sistema democrático, si hay una exigencia jurídica de decir la verdad o un derecho a la verdad, o en qué medida la mentira es susceptible de ser perseguida o, incluso, si puede existir un derecho a mentir.

II. La verdad problemática: verdad o verdades

El tema de la verdad como un deber, en el terreno ético, político y jurídico, es uno de los clásicos en la historia del pensamiento. Una muestra de ello es el debate que la cuestión suscitó entre Kant y Constant. Kant consideraba la veracidad —la verdad subjetiva, es decir, lo que el sujeto considera verdad— como un deber incondicional, en tanto ley universal. La base sobre la que sustentar este deber es la importancia de mantener la confianza, porque si fuera legítimo mentir, por buenos propósitos que hubiera en ello, haría imposible el valor y la finalidad de las promesas, fundamento de todos los deberes originados en los acuerdos intersubjetivos[3]. La verdad es una obligación para consigo mismo que implica lealtad, probidad y buena fe, sin estar mediada por un fin concreto[4]. Por el contrario, la mentira, es un mal en sí misma, intencionada, siempre causa un perjuicio, bien a alguien en concreto o a la humanidad en general. En consecuencia, decir la verdad, y no mentir, es mandato de la razón que no puede ser limitado por la conveniencia o el interés[5].

Condorcet, coincide con Kant en la idea de que no es conveniente engañar al pueblo en ningún caso. La verdad, es útil en sí misma, el mayor bien de cada individuo y un beneficio general para el género humano. Añade que los mecanismos más eficaces para que la verdad prevalezca son el reconocimiento legislativo de la libertad de opinión y la educación[6]. Una posición distinta al respecto mantiene Constant, para quien, la verdad como un deber incondicional, podría llegar a destruir la sociedad. Para que existiera un deber de decir la verdad tendría que reconocerse un derecho a la misma del sujeto receptor, no pudiendo darse tal circunstancia, en el caso de que se perjudicara a un tercero[7].

Más allá de si hay un deber o no de decir la verdad, o si tal deber es incondicional, si pertenece al ámbito de la moral o del derecho, está la cuestión de si existe una única verdad y la posibilidad de conocerla. Hay quien pretende que la verdad, como señala Heidegger, sea universal y válida para todo tiempo y lugar, entonces, su permanencia estaría asegurada pese a la multiplicidad de circunstancias que confluyen en la vida real y, por tales motivos, estaría carente de excepciones. De ahí que la verdad tenga un «carácter

---

3 *Cfr.* Kant, Immanuel, «Acerca de la ilegitimidad de la mentira», en *ImmanuelL Kant y Benjamín Constant, ¿Hay un derecho a mentir? (La polémica Immanuel Kant-Benjamin Constant sobre la existencia de un deber incondicionado de decir verdad)*, edición de Eloy García, Tecnos, Madrid, 2012, pp. 7-8.

4 *Cfr.* Kant, Immanuel, «Ser sincero es también un deber hacía uno mismo», en *ImmanuelL Kant y Benjamín Constant, ¿Hay un derecho a mentir?...* cit., pp. 39-41.

5 *Cfr.* Kant, Immanuel, «Sobre un presunto derecho a mentir por filantropía», en *Teoría y práctica,* trad. de J. M. Palacios, M. F. Pérez López y R. Rodríguez Aramayo, Tecnos, Madrid, 1986, p. 65.

6 Condorcet, «Disertación filosófica y política o reflexión sobre esta cuestión: ¿Es útil para los hombres ser engañados?», en de Lucas, Javier (ed.) *¿Es conveniente engañar al pueblo? (Castillón-Becker-Condorcet. Política y filosofía en la ilustración: el concurso de 1778 de la Real Academia de Ciencias de Berlín)*, Centro de Estudios Constitucionales, Madrid, 1991, pp. 197, 204, 213.

7 Constant sustenta su posición con el ejemplo del deber de decir la verdad a un asesino acerca de dónde encontrar a la persona que quiere matar. Quien reclama esa información no tiene ningún derecho a obtenerla y el perjuicio que se causaría es de tal magnitud que no tendrían sentido exigir la verdad como derecho, ni como deber, *cfr.* Constant, Benjamín, «Decir la verdad no es un principio general al que tengan derecho todos los hombres», en *Immanuel Kant y Benjamín Constant, ¿Hay un derecho a mentir?...* cit., pp. 19-20.

del ser ideal»[8]. Habermas, para quien la verdad implica la correspondencia con la realidad, también pone de manifiesto ese carácter ideal que permite sostener la verdad. Es verdadero lo que puede ser racionalmente aceptado y resistir todos los intentos de refutación, bajo «condiciones ideales»[9].

Pero si la verdad solo puede florecer bajo presupuestos y condiciones ideales, difícilmente podrá ser una meta real alcanzable, todo lo más podremos aproximarnos a ella. No en vano, y pensando en esta dificultad, Platón en la República situaba al frente del poder, en su ciudad ideal, al gobernante filósofo. Sólo los más sabios, quienes acceden al mundo de las ideas, pueden llegar a conocer la verdad universal. Un conocimiento al alcance de muy pocos y que, por tanto, implica una concepción de gobierno elitista incompatible con principios básicos del sistema democrático. En este sentido, la verdad, como aspiración a ser única, absoluta, dogmática e inflexible, discurriría por los parajes del totalitarismo. La verdad sería la máxima expresión del poder, propio de quien tiene el privilegio de imponer su punto de vista a los demás.

Sin embargo, en un sistema democrático resulta problemático, sino incompatible, sostener una concepción de verdad absoluta. La democracia se desenvuelve mejor entre verdades relativas y convencionales, provisionales y temporales, fluidas y flexibles. Incluso, hay quien sostiene, entre verdades maleables y útiles, alternativas e interesadas, creativas y efectivas. Dando un paso más, no falta quien considera que en democracia sería posible considerar como verdad, al estilo de la sofística clásica, todo aquello que se haya logrado defender con éxito, que haya podido convencer al auditorio; aquello que aun no siendo verdad pudiera ser tomado como tal. Lo que pueda resultar verosímil, aunque no sea verdadero[10].

El procedimiento democrático parte de la interactuación y discusión de diversas y plurales percepciones de la realidad, a fin de generar acuerdos. Estos consensos son interpretaciones colectivas, que sugieren la construcción de relatos compartidos y reconocidos por todas las personas que intervienen en el debate. Desde estas perspectivas, no se trata de encontrar una verdad que ponga fin a los conflictos producidos desde interpretaciones diversas y contrapuestas, sino de hacer posible una interpretación aceptable, sin necesidad de

8 HEIDEGGER, Martin, *Lógica. La pregunta por la verdad*, trad. de J. A. CIRIA, Alianza, Madrid, 2004, p. 53

9 HABERMAS, Jürgen, *Verdad y justificación*, trad. de P. FABRA Y L. DÍEZ, Trotta, Madrid, 2002, p. 246. Ante tales circunstancias se rebaja la verdad de la pretensión de validez universal hacia una universal justificación. *Cfr*. RORTY, Richard, «Universalidad y verdad», en RORTY, Richard y HABERMAS, Jürgen, *Sobre la verdad: ¿validez universal o justificación?*, trad. de P. WILLSON, Amorrortu, Buenos Aires, 2007, pp. 13, 57.

10 *Cfr*. VILAPLANA RUIZ, Javier, *La posverdad a juicio. Un caso sin resolver*, Catarata, Madrid, 2020, pp. 27-32, 67, 70, 81.

recurrir a la violencia para imponerla. En palabras de Vattimo, la democracia implica la despedida de la verdad, un «adiós a la verdad»[11].

La verdad en democracia no es una cuestión de imposición sino de acuerdo entre ciudadanos y ciudadanas en condiciones de igualdad y en uso de su libertad, porque la democracia exige que las voluntades de todos formen parte del proceso de toma de decisiones, con las mismas oportunidades e igual valor. Unas decisiones que no han de responder necesariamente a una verdad objetiva y universal, sino a una verdad acordada en un proceso reglado a tal fin. Por ello, en un sistema democrático las verdades no se presentan como inmutables sino, como lógica consecuencia de su funcionamiento, están abiertas al cambio[12]. Y en el caso de que pudiera encontrarse aquella ansiada verdad, ya advirtió Stuart Mill, que su mejor prueba será que haya sido defendida en libre concurrencia con otras ideas y pensamientos[13].

Si descartamos que la verdad única y absoluta pueda ser alcanzada no tendríamos hechos incontrovertibles, sino narraciones controvertidas sobre hechos. Y si no hubiera una verdad, o cuando la verdad se convierte en algo totalmente inseguro y desconocemos donde está, tampoco habrá mentira o no sabremos detectarla. Sólo alcanzaríamos a encontrar entonces percepciones o interpretaciones diversas, puntos de vista alternativos. Ahora bien, si la imposición de la verdad ha podido ser considerada como una amenaza para la democracia, puede no serlo menos la inexistencia de verdad alguna[14]. Al respecto Foucault escribió que «nada es más peligroso que un régimen político que pretende imponer la verdad» y «nada es más inconsistente que un régimen político indiferente a la verdad»[15]. Por su parte, Arendt, advierte que el totalitarismo tiene mucho que ver con aquellos sujetos para quienes la distinción entre hechos y ficción, verdadero y falso no existe[16]. Conviene recordar

---

11 VATTIMO, Gianni, *Adiós a la verdad*, trad. de M. T. D´MEZA, Gedisa, Barcelona, 2010, pp. 18-19, 29, 126, 129. Ver del mismo autor, *De la realidad. Fines de la filosofía*, trad. de A. MARTÍNEZ RIU, Herder, Barcelona, 2013, pp. 203, 210

12 *Cfr*. VILLAVERDE MENÉNDEZ, Ignacio, «Verdad y Constitución. Una incipiente dogmática de las ficciones constitucionales», *Revista Española de Derecho Constitucional*, núm. 106, enero/abril 2016, pp. 155, 162-163.

13 *Cfr*. MILL, John Stuart, *Sobre la libertad*, trad. de P. DE AZCÁRATE, Alianza, Madrid, 1984, pp. 74-75.

14 Ya Platón puso de manifiesto lo rentable que a un gobernante le resultaría, aunque no fuera cierto, hacer creer a sus gobernados que el hombre justo es feliz y el injusto infeliz, *cfr*. PLATÓN, *La República*, en *Obras Completas* (Tomo IV), trad. de C. EGGERS LAN, Madrid, 1992, Libro II, p. 110. Maquiavelo señala la importancia que tiene para el gobernante saber disimular y fingir, cfr. MAQUIAVELO, Nicolás, *El Príncipe*, trad. de M. A. GRANADA, Alianza, Madrid, 1991, p. 92.

15 FOUCAULT, Michael, *Saber y verdad*, trad. de J. VARELA y F. ÁLVAREZ-URÍA, La Piqueta, Madrid, 1991, p. 241.

16 *Cfr*. ARENDT, Hannah, *Los orígenes del totalitarismo*, trad. de G. SOLANA, Taurus, Madrid, 2004, p. 289.

a propósito las palabras de Ricoeur: «la verdad congrega a los hombres, la mentira los dispersa y los enfrenta entre sí»[17].

Aunque no hubiera verdades absolutas, ni objetivas, o precisamente por no haberlas, el sistema democrático se sirve para construirlas de la deliberación y el consenso. Convencer es una de sus principales estrategias para su correcto funcionamiento. Si se pretende hacer valer como verdad cualquier cosa, acabaremos siendo escépticos respecto a ella, sin considerar nada como veraz y, por lo tanto, no habrá algo seguro sobre lo que construir[18].

La verdad en democracia se construye a base de compartir intersubjetivamente perspectivas plurales a través de las que llegar a acuerdos. Verdades compartidas y legitimadas procedimentalmente, una verdad convencional. La mentira trata de modificar aquella realidad sobre la que se construye socialmente la verdad para obtener una ventaja. Desestabiliza el marco en que se apoya la verdad consensuada, pervirtiendo el sistema comunicativo que sirve de base al acuerdo democrático y al proceso de formación de la opinión pública, base de la legitimidad democrática. Como consecuencia, el desorden informativo afecta a la libertad y a la igualdad de ciudadanos y ciudadanas, al privarlos de elementos suficientes de juicio y situarlos en desventaja, dificultando así la calidad del debate público y la toma de decisiones autónomas[19].

A aquella incidencia negativa en valores fundamentales del Estado de Derecho y del sistema democrático hay que añadir la pérdida de confianza de la ciudadanía en las instituciones, la indiferencia y falta de estímulos para la participación. La confianza, en el ámbito privado y en el público, es la base de la comunicación y la cooperación necesaria para el eficaz funcionamiento de un Estado democrático. Desde este punto de vista el desorden informativo puede socavar sus cimientos.

III. De la verdad a la veracidad, el interés público y el conflicto de derechos como referentes de la información

La verdad, aunque no como «rotundidad», pero si como «aproximación», es importante en un sistema democrático, porque lo es para un debate público de calidad y una correcta formación de la opinión pública. Por ello, es

17 Ricoeur, Paul, *Historia y verdad*, trad. de A. Ortiz García, Encuentro, Madrid, 1990, p. 145.

18 *Cfr.* Arendt, Hannah, «Verdad y política», en Id., *Entre el pasado y el futuro. Ocho ejercicios sobre la reflexión política*, trad. de A. L. Poljak Zorzut, Península, Barcelona, 1996, pp. 265-271.

19 Hay quien afirma que el mentiroso con poder para manipular la opinión pública «cosifica» a la ciudadanía, al utilizarlo como un mero objeto a quien controlar e influir en sus conductas a base de desinformarlos, *cfr.* Estrada Saavedra, Marco, «Reflexiones en torno a la mentira y la política», *Estudios Sociológicos*, vol. 22, núm. 65, 2004, p. 471.

necesario tomar en consideración algunas formas de protegerse de los elementos que generan el desorden informativo, de aquellos poderes que crean y difunden información falsa, que filtran noticias según perfiles realizados sin consentimiento de los interesados, que segmentan la información con sesgos discriminatorios, o que desplazan el foco de atención de hechos noticiosos motivados por intereses ajenos y desconocidos por quienes reciben la información. Ahora bien, la protección frente a aquellos intereses no es óbice para estar alerta de los riesgos en que, por un exceso de intervención, se pueda incurrir, en concreto, la tentación de censurar por parte de los poderes públicos[20]. Entre la privación a la ciudadanía de una información de calidad y la limitación de la libre expresión de ideas e informaciones se ha de afrontar, desde el punto de visto jurídico, la regulación de los derechos y libertades de comunicación.

El punto de partida es la necesidad de ser riguroso, cauteloso y exigente sobre las limitaciones a aquellas libertades, a fin de no entorpecer una comunicación abierta y plural, propia de los sistemas democráticos, en coherencia con el marco genérico interpretativo de los derechos humanos, y su tendencia a maximizar o ampliar su ejercicio y no a minimizarlo o restringirlo. Al respecto, nuestro Tribunal Constitucional, señaló que las diversas versiones, interpretaciones y errores en la comunicación son inevitables en un debate público libre, y de exigirse la verdad, como condición para el reconocimiento del derecho, «la única garantía de seguridad jurídica sería el silencio»[21]. Siempre será mejor alternativa y más respetuosa con las libertades, en lugar de intentar silenciar, para paliar los efectos el desorden informativo, facilitar frente al mismo otros discursos veraces, plurales, abiertos y públicos, y más si sobre el silencio puede planear la sombra de la censura[22].

Ello no obsta a que estos, como otros derechos, no son absolutos y algunos límites pueden afectar a su ejercicio. En el modelo estadounidense un peligro cierto e inminente, justifica las restricciones al derecho de informa-

20 INNERARIY, Daniel y COLOMINA, Carme, «La verdad en las democracias algorítmicas», *Revista CIDOB d'Afers Internacionals*, núm. 124, abril, 2020, pp. 18, 20. Una reflexión que lleva a decir a los autores que «la revolución digital no necesita censura, necesita ética», *Ibidem*, p. 21. Respecto a los peligros de que el poder intervenga sobre la mentira recordar que Platón, en distintos pasajes de la República, señala que los creadores de fábulas, como contadores de ficciones y mentiras han de ser controlados y, si es necesario, expulsados de la ciudad. Mientras, para el gobernante la mentira está justificada. Esta forma diferente, o doble vara de medir, implica un ejercicio de poder no aceptable en un sistema democrático.

21 STC 6/1988, de 21 de enero, FJ 5.

22 De ahí la preferencia —si no la necesidad— de actuar de forma reactiva contra los excesos, cfr. BOIX PALOP, Andrés, «La construcción de los límites a la libertad de expresión en las redes sociales», *Revista de Estudios Políticos*, núm. 173, 2016, p. 64. Sobre la necesidad de que las limitaciones no tengan un efecto desalentador sobre las libertades de expresión e información se han pronunciado, entre otras, las Sentencias STC 8/2022, de 27 de enero de 2022, FJ 3; STEDH, de 10 de julio de 2014, asunto Axel Springer A. G. c. Alemania.

ción y a la libertad de expresión. En el sistema europeo pueden admitirse restricciones si constituyen medidas necesarias en un sistema democrático para proteger la seguridad nacional, la integridad territorial, la seguridad pública, la defensa del orden, la prevención del delito, la protección de la salud, o de la moral, la protección de la reputación o los derechos ajenos, o para impedir la divulgación de informaciones confidenciales, o garantizar la autoridad y la imparcialidad del poder judicial. Nuestra Constitución otorga protección al derecho de información si es veraz y sitúa los límites, tanto a la libertad de expresión como de información, en el respeto a los derechos recogidos en el mismo Título, en los preceptos de las leyes que lo desarrollen y, especialmente en el derecho al honor, la intimidad, la propia imagen y la protección de la juventud y la infancia[23].

En base a estas pautas generales se han configurado las circunstancia y posibilidades de responder al desorden informativo, especialmente en relación a la falsedad de la información. La primera precisión que se debe realizar es que es necesario diferenciar entre información y opinión, entre libertad y derecho de información y libertad de expresión. La libertad de expresión, en su vertiente de transmisión de opinión admite menos limitaciones que la comunicación de información, en la que se toma como base la comunicación de hechos o noticias[24]. Si bien, no siempre en la práctica es fácil deslindar ambas manifestaciones comunicativas, pues la opinión necesita a veces apoyarse en hechos y la narración de hechos en ocasiones va acompañada de percepciones y opiniones sobre los mismos, de elementos valorativos con vocación de proyectarse hacia la opinión pública[25]. Pese a la dificultad de deslindar con nitidez uno y otro derecho, no es impedimento para hacerlo o, al menos, determinar cual tiene carácter preponderante en las circunstancias en que se produzcan estas libertades comunicativas en conflicto con otros derechos, ya que de ello dependerá la protección constitucional. Así, en caso de que las opiniones estén apoyadas en la narración de hechos, hay que someterlo a las exigencias de la información, ya que las valoraciones emitidas como opinión están unidas a los datos fácticos[26].

En segundo lugar, la protección en relación a la información ha de tener relevancia pública, en tanto pueda contribuir a formar la opinión pública. Ha de estar referida a asuntos públicos y no privados, versar sobre temas que afecten al conjunto de la ciudadanía. De un lado, porque es la información que puede ser determinante para conformar la opinión pública, cuya tras-

---

23 Tal como establece artículo 10.2 del Convenio Europeo de Derecho Humanos y 20.1 y 20.4 de la Constitución Española.

24 STC 143/1991, de 1 de julio, FJ 5; STC 22/1995, de 30 de enero, FJ 1; STC 144/1998, de 30 de junio, FJ 2; STC 216/2013, de 19 de diciembre, FJ 4.

25 STC 6/1988, de 21 de enero, FJ 5; STC 107/1988, de 8 de junio, FJ 2; STC 190/1992, de 16 de noviembre, FJ 5; STC 336/1993, de 15 de noviembre, FJ 4.

26 STC 8/2022, de 27 de enero, FJ 2.

cendencia para el funcionamiento del sistema democrático es el bien constitucionalmente protegido[27]. De otro lado, porque el carácter público será un elemento fundamental a determinar cuando la información afecte a derechos como la intimidad, el honor y la imagen[28].

En tercer lugar, el límite a la libertad de información no está en la verdad[29], sino en la veracidad, que no es sinónimo de verdad. La veracidad de la información se focaliza en el proceso de obtención de la información más que en el contenido informativo, en paralelismo con el sistema democrático, más centrado en el proceso de toma de decisiones que en la decisión misma y en coherencia con la relación de la democracia con la verdad, más que un fin, un procedimiento, «más que una realidad es un objetivo, una búsqueda o un camino»[30]. Una actitud hacia la verdad condición de posibilidad de la comunicación humana, porque las relaciones sociales requieren de un mínimo de confianza para procurar la cooperación necesaria entre los individuos y sobre ella sustentar la convivencia y dar continuidad a la vida social[31]. En este sentido, el error es más resistente a la pérdida de confianza que la mentira, que implica la intención de engañar, de obtener una ventaja a costa del engañado.

La veracidad «no equivale a la realidad incontrovertida de los hechos», ni una exigencia de total «rigor y exactitud en la información», ni está dirigida a producir la «concordancia con la verdad material u objetiva de los hechos narrados» sino a una información «rectamente obtenida y difundida, aun cuando su total exactitud sea controvertible» . La veracidad implica una «actitud positiva hacia la verdad»[32], es decir, tratar de obtenerla, lo que supone el reconocimiento de su valor. Podrán gozar de protección del derecho informaciones erróneas, no probadas o incompletas, pero no cuando se «actúe

---

27 STC 6/1988, de 21 de enero, FJ 5; STC 144/1998, de 30 de junio, FJ 4; STC 134/1999, de 15 de julio, F.J 8; STC 297/2000, de 11 de diciembre, FJ 2; STC 172/2020, de 19 de noviembre, FJ 7.

28 STC 197/1991, de 17 de octubre, FJ 2; STC 127/2003, de 30 de junio, FJ 9.

29 Salvo excepciones, contrariamente a la opinión de Kant, no tenemos un derecho a que se nos diga la verdad, tampoco un derecho a mentir. La mentira en un sistema democrático, en general, puede ser reprobable pero no punible. No obstante, en ocasiones sí que existe un deber de decir la verdad, como cuando la mentira vicia el consentimiento prestado en un contrato, o en el ámbito procesal cuando se declara como testigo, o en la interposición de una denuncia. En el mismo ámbito la mentira está protegida, cuando forma parte del ejercicio del derecho de defensa.

30 Galdámez Morales, Ana, «Derecho a la verdad y cánones de veracidad», *Estudios de Deusto*, vol. 69/2, julio-diciembre 2021, p. 86.

31 Si no tuviera intencionalidad sería un error, una ironía, una metáfora o una hipérbole, pero no una mentira *Cfr*. León Gómez, Adolfo, *Breve tratado sobre la mentira*, Programa Editorial Universidad del Valle, Edición Digital, 2017, p. 36.

32 Serra Cristóbal, Rosario, «De falsedades, mentiras y otras técnicas que faltan a la verdad para influir en la opinión pública», *Teoría y Realidad Constitucional*, núm. 47, 2021, p. 213.

con menosprecio a la veracidad o falsedad de lo comunicado», aquellas que se difunden con conocimiento de que no se corresponden con los hechos acaecidos y que esconden una finalidad ajena a la mera comunicación[33]. Tampoco contarán con la protección constitucional, las realizadas con un comportamiento «negligente e irresponsable», transmitiendo como hechos verdaderos «simples rumores, invenciones o insinuaciones carentes de toda constatación fáctica»[34].

Para que la información esté constitucionalmente protegida se requiere, por tanto, un deber de diligencia en la construcción de la verdad, especialmente dirigido al profesional de la información a quien se le exige que «lo que transmite como hechos haya sido objeto de previo contraste con datos objetivos»[35]. Algunos elementos que conforman aquel deber de diligencia debida a un profesional vienen determinados por la forma de obtener la información, las fuentes empleadas, la comprobación de la identidad de quien proporciona la información, la buena fe, si se ha contrastado la noticia, el interés público o si se han tenido en cuenta y se han tratado de minimizar los daños que se pueda generar a derechos de terceros[36].

Precisamente, los daños que las libertades comunicativas puedan causar a derechos de terceros o bienes constitucionalmente protegidos configuran otro de sus límites, como cuando se insta a la violencia, se humilla, discrimina, se entromete en la intimidad, atenta al honor, deteriora la imagen ajena, pretende incriminar o exonerar falsamente de un hecho delictivo, perjudica a la salud pública, altera el orden público o pone en peligro la seguridad nacional[37]. En estos casos el problema no se plantea como un conflicto en-

33 *Cfr*. Pauner Chulvi, Cristina, «Noticias falsas y libertad de expresión e información. El control de los contenidos informativos en la red», *Teoría y Realidad Constitucional*, núm. 41, 2018, p. 312.

34 Entre otras, STC 192/1999, de 25 de octubre, FJ 4; STC 171/ /1990, de 12 de noviembre, FJ 5; STC 52/2022, de 25 de febrero, FJ 5

35 Entre otras, STC 41/1994, de 15 de febrero, FJ 3; STC, de 26 de marzo 52/ 1996, FJ 6; STC 121/2002, de 20 de mayo, FJ 3; STC 54/2004, de 15 de abril, FJ 4; STC 61/2004, de 19 de abril, FJ 4; STC 53/2006, de 27 de febrero, FJ 2; STC139/2007, de 4 de junio, FJ 7, 8 y 9; STC 68/2008, de 23 de junio, FJ 3; STC 129/2009, de 1 de junio, FJ 2.

36 Entre otras, STC 240/1992, de 21 de diciembre, FJ 7; 336/1993, de 15 de noviembre, FJ 7; 129/2009, de 1 de junio, FJ 2; SSTEDH, 10 de diciembre de 2007, caso Bladet Tromso y Stensaas c. Noruega, apdo. 68; Caso Stoll c. Suiza, de 8 de enero de 20008, apdo. 141

37 Artículo 19.3 del Pacto Internacional de Derechos Civiles y Políticos: La libertad de expresión y el derecho a difundir y recibir información pueden estar sometidos a restricciones que deberán estar fijados por la ley y ser necesarias para «asegurar el respeto a los derechos o a la reputación de los demás» y «la protección de la seguridad nacional, el orden público, la salud o la moral pública»; el artículo 10.2 del Convenio Europeo de Derechos Humanos, añade como límites la prevención del delito, impedir la divulgación de informaciones confidenciales y garantizar la autoridad y la imparcialidad del poder judicial; y el artículo 20.4 CE incorpora, entre los límites, la especial protección de la juventud y la infancia. Al respecto, *Cfr.* SERRA CRISTÓBAL, Rosario, «Noticias falsas (fake news) y de-

tre verdades sino entre derechos protegidos, por eso el criterio aplicable a la limitación es el de ponderación y proporcionalidad en el sacrificio de los derechos[38].

IV. Peculiaridades de las comunicaciones en el contexto digital

La eficacia de los derechos no solo depende de los instrumentos jurídicos que permiten garantizarlos, también de las condiciones diversas, a veces adversas, en las que se produce su ejercicio. Circunstancias políticas, económicas y culturales, y, especialmente en el terreno de los derechos y libertades de comunicación, los soportes tecnológicos que los hacen posible pueden facilitar su disfrute o, por el contrario, entorpecerlo.

En principio que los derechos se ejerzan en un entorno analógico o digital, no debiera afectar a su protección, garantía y límites. En concreto, respecto a la libertad de expresión y el derecho a la información, se garantizan con in-

recho a recibir información veraz. Dónde se fundamenta la posibilidad de controlar la desinformación y cómo hacerlo», *UNED, Revista de Derecho Político*, núm. 116, enero-abril 2023, pp. 26, 28.

38 Incluso cuando la protección constitucional no necesite del requisito de la veracidad, como sucede con el ejercicio de la libertad de expresión. Nuestro Tribunal Constitucional lo planteó en el caso de Violeta Friedman contra León Degrelle por unas declaraciones que este hizo en la Revista Tiempo, en la que el demandado puso en duda la existencia del holocausto judío y alabó el régimen nazi (STC 214/1991, de 11 de noviembre). El Tribunal enmarcó las declaraciones de Degrelle en el ámbito de la libertad de expresión, no de la información, con lo cual no consideró que fuera necesario que aquellas declaraciones, pese a su evidente falsedad, fueran veraces para ser merecedoras de la protección constitucional. Pero sí que consideró sus expresiones como racistas y antisemitas, con menosprecio a las víctimas del holocausto y de clara incitación a la violencia. En este caso, la violación de derechos y valores fundamentales de nuestro ordenamiento jurídico como la dignidad, la igualdad, la no discriminación, el orden politico y la paz social operaron como límite a la libertad de expresión. En la misma línea la STC 176/1995, de 11 de diciembre, valora un comic en el que el pueblo judío vuelve a ser el destinatario de una tergiversación de la historia, para, de un lado, ensalzar a los verdugos y de otros ridiculizar y humillar a las víctimas del nazismo. El vehículo transmisor de aquellos mensajes, un comic, será la base para amparar los derechos de la juventud y de la infancia, expresos límites constitucionales a la libertad de expresión recogidos en nuestra Constitución. El Tribunal Constitucional, en la Sentencia 237/2007, de 8 de noviembre, incide en que la negación de hechos históricamente demostrables no es punible. En este caso, con motivo del recurso de inconstitucionalidad del artículo 607. 2 del Código penal, que tipifica la difusión de ideas o doctrinas que nieguen o justifiquen acciones tendentes a destruir a un grupo nacional, étnico, racial o religioso (genocidio), o pretendan rehabilitar regímenes o instituciones que amparen dichas prácticas, pero si puede ser penalizada la justificación de tales hechos, siempre que implique, aunque sea de forma indirecta, una incitación a su comisión, o un comportamiento discriminatorio, en tanto represente un peligro cierto de provocar violencia y hostilidad.

dependencia de la forma y el medio en que se transmitan, alcanzando a cualquier medio de difusión, incluido internet y las redes sociales[39]. Sin embargo, en la práctica desconocer las peculiaridades propias del contexto en que se ejercitan los derechos no favorece a su plena efectividad; resulta, por ello imprescindible, analizar el impacto que los nuevos medios de comunicación digital tienen sobre la libertad de expresión y el derecho a la información.

Los cambios que las nuevas tecnologías, internet y las redes sociales han producido en los comportamientos de la ciudadanía, sus formas de relacionarse y comunicarse son significativas y los efectos aparejados son evidentes. Uno de ellos, consiste en la atenuación de las fronteras entre lo público y lo privado, afectando especialmente a la protección de la vida privada y la intimidad. El mundo virtual carece de un espacio físico que pueda determinar con cierta claridad si aquello que en él se proyecta queda reservado al ámbito privado o pertenece al espacio público. Este es el contexto en el que se constata la necesidad de una legislación de protección de datos personales, un ejemplo de la reacción del ordenamiento jurídico con el objetivo de proteger los derechos de privacidad de ciudadanos y ciudadanas en la era internet y así evitar, o al menos paliar, el riesgo, en que se ven inmersos los usuarios de las plataformas virtuales, de perder el control sobre su propia información personal.

De gran relevancia es la transformación que, con la llegada de la digitalización de las comunicaciones, se ha producido en la posición de la ciudadanía en relación a la información. En los medios de comunicación analógicos, los ciudadanos reciben información, normalmente a través de periodistas contratados por las empresas del sector. En la red, a diferencia de aquel modo de acercarse a la noticia, el usuario ha dejado de ser un mero receptor de contenidos para convertirse en creador de sus propias informaciones y transmisor de noticias e ideas, propias o ajenas, que difunde a base de compartirlas con grupos más o menos amplios de destinatarios. Por otro lado, parte del contenido informativo que circula en la red procede de perfiles que ni siquiera se corresponden con una persona física identificada, ni proceden de profesionales de la información, sino que se generan y difunden de forma automática. Son las propias plataformas y las redes sociales quienes las crean, seleccio-

39 STC 27/2020, de 24 de febrero de 2020, FJ 3 y 4. El caso se refiere a la información personal contenida en una red social. El Tribunal afirma que difundir dicha información en otros espacios, sin el consentimiento expreso de su titular, ha de estar justificada por el interés público y sometido a la veracidad, del mismo modo que se debe producir en el entorno analógico. A estos efectos, internet no es equivalente a un lugar público y, por tanto, los aspectos de nuestra vida privada expuestos en internet y redes sociales no significa que hayamos comprometido nuestro derecho a la intimidad y a la imagen, ni que pueda presuponerse un consentimiento tácito para ser utilizada la información personal allí contenida por cualquier persona en cualquier contexto. En el mismo sentido también se pronuncia el Tribunal Europeo de Derechos Humanos, STEDH, de 10 de marzo de 2009, caso Times Newspapers LTD (núm. 1 y 2) c. Reino Unido, apdo. 27.

nan y filtran, en muchas ocasiones, utilizando algoritmos opacos y complejos inaccesibles a la ciudadanía que recibe tal información[40].

En uno y otro caso se está desarrollando una actividad, antes reservada a los profesionales de la información, por personas o tecnologías que carecen de la pericia, conocimientos y herramientas que al periodista le es exigible y sin someterse a sus códigos deontológicos.

Precisamente, la elaboración de la doctrina del Tribunal Constitucional, a propósito de la interpretación de la extensión y límites de la libertad de información reconocida en el artículo 20.1 d) de la Constitución, ha tenido como centro a la profesión periodística. El Tribunal ha reconocido explícitamente que el derecho de información es una libertad que corresponde a «la colectividad y a cada uno de sus miembros»[41] y no solo a profesionales del periodismo. No obstante, también ha dejado claro que la información es la razón de ser de dicha profesión, el cauce más común para hacer efectivo las libertades de opinión e información, lo cual les hace merecedores del reconocimiento de la cláusula de conciencia y del deber de secreto profesional, a la vez que les exige el sometimiento a sus códigos deontológicos y a las reglas propias del cumplimiento de sus funciones con la diligencia debida[42].

El hecho de que cualquier ciudadano, independientemente de su formación, su profesión, sus cualidades, capacidades y habilidades, pueda generar y difundir contenidos informativos, no es una garantía de que pueda tener acceso y estar familiarizado con las fuentes, sepa dónde acudir para contrastar la información o pueda deslindar con cierta claridad el interés público de la información, en definitiva que tenga las herramientas adecuadas para poder ser diligente en la búsqueda de la verdad o su información pueda tener garantías de veracidad. Por ello y, en atención a que el concepto de veracidad ha sido construido por nuestro Tribunal Constitucional tomando como referencia la diligencia debida propia del profesional de la información, se aboga que para este informante de la era digital, no profesional, se puedan flexibilizar las exigencias que determinan la protección de la información, teniendo en cuenta criterios como cual sea la intención del mensaje —si, en su caso, ha habido error o intención de engañar—; si existe o no ánimo de lucrarse económicamente; la actitud del difusor de mensaje, —si se limitó a reenviarlo o intentó averiguar su origen—; la capacidad de difusión de los contenidos,

40 Se han calificado como «armas de destrucción matemática», O'Neil, Cathy, *Armas de destrucción matemática. Cómo el big data aumenta la desigualdad y amenaza la democracia*, trad. de V. Arranz de la Torre, Capitán Swing, Madrid, 2017.

41 STC 14/2003, de 28 de enero, FJ 8; STC, de 8 de noviembre, 199/1999, FJ 3.

42 *Cfr*. Azurmendi Adarraga, Ana, «De la verdad informativa a la información veraz de la Constitución española de 1978. Una reflexión sobre la verdad exigible desde el derecho de la información», *Comunicación y Sociedad*, vol. XVIII, núm. 2, 2005, p. 42.

teniendo en cuenta el número de seguidores y el efecto que produce su capacidad de influencia[43].

Por otro lado, se han difuminado las fronteras espaciales, temporales y subjetivas del alcance de la comunicación. Se puede llegar a cualquier parte del mundo, a un número ilimitado de destinatarios, en un corto espacio de tiempo y permanecer ilimitadamente en la red. Capacidad de difusión masiva, velocidad, inmediatez y permanencia configuran el nuevo contexto de la comunicación. La celeridad e inmediatez de la información no permite disponer del tiempo necesario para consultar las fuentes o contrastar las noticias, convierten así la red en un ecosistema propicio para la difusión de noticias falsas. La multidireccionalidad en la emisión y recepción de mensajes —los mensajes se crean, envían y reenvían— permiten amplias posibilidades de manipulación.

Por otro lado, la verdad y veracidad no son las únicas referencias relativas a la información y sobre las que proyectan sus efectos las nuevas formas de comunicación. Con la verdad compite la mentira —cada vez más trivializada y menos penalizada— y la verosimilitud, por la que lo virtual se confunde con lo real. A estos efectos, hay que añadir que la desinformación en la era digital, junto con su amplificación a través de la difusión masiva, se ha convertido en una materia de negocio rentable[44], que conduce a hace primar, en el ámbito de la comunicación, «la viralidad sobre la veracidad»[45].

Su enorme capacidad de difusión permite que la información pueda llegar a una enorme cantidad de personas, pero también a segmentar o parcelar la información, según gustos e intereses particulares, lo que dificulta que puedan existir unas bases de información comunes sobre las que establecer un debate público común y, en consecuencia, llegar a acuerdos estables. En el ámbito político, los partidos políticos transmiten diversas versiones según los intereses y características del destinatario de sus propuestas, lo que hace que pierda parte de su sentido un proyecto ideológico compartido que pueda proyectarse en las acciones de gobierno. La información parcelada proviene del conocimiento de nuestros intereses particulares que llegan a conocer los servidores de internet por el rastro que dejamos en la red. Un conocimiento que carece de reciprocidad y que coloca a la ciudadanía en una situación de desventaja y de pérdida de control sobre el destino de su propia información y que, en buena medida, viene marcado por los resultados en las plataformas

---

43 *Cfr.* Galdámez Morales, Ana, «Derecho a la verdad y cánones de veracidad», cit., p. 104.

44 Que se sirve de la falsedad, la propaganda y la pseudociencia, *cfr.* D´Ancona, Matthew, *Posverdad. La nueva guerra contra la verdad y cómo combatirla*, trad. de A. Pradera, Alianza, Madrid, 2019, p. 57.

45 Pauner Chulvi, Cristina, «Noticias falsas y libertad de expresión e información. El control de los contenidos informativos en la red», cit., p. 302.

de búsqueda, definidas y organizadas por algoritmos no transparentes; un nuevo centro de poder, a la par que de desigualdad[46].

Una de las consecuencias más perversas de la cadena de efectos derivados del desorden informativo, es la polarización de ideas en la sociedad y la dificultad, cada vez mayor, de alcanzar acuerdos. Una polarización que tiene su origen en la pérdida de confianza en aquella información que nos llega a través de canales que no coinciden con aquellos que identificamos como ideológicamente afines y que nos acaba encerrando en burbujas que nos hacen discurrir ideológicamente por mundos paralelos, sin intercambio de ideas con el diferente. En este sentido, la mentira acomodada en la sociedad y la manipulación de hechos y opiniones sobre cuestiones delicadas para la convivencia ciudadana pueden ser capaces de erosionar algunas de las bases fundamentales en que apoyar la política democrática[47]. En un escenario tal, la mentira deliberada encuentra el lugar apropiado para instalarse en el discurso político, y la palabra perderá gran parte de su valor para debatir, convencer y acordar, con sus consiguientes efectos desestabilizadores del sistema democrático[48].

En una información cuantitativamente desmedida el discurso pierde en calidad, los mensajes se simplifican para alcanzar al mayor número de gente posible, la racionalidad estará dispuesta a ceder todo el espacio posible a las emociones. La distinción entre opinión e información se vuelve más difusa motivada por lo mensajes cortos, la necesidad de generar impacto y la emocionalidad que discurre por la red. El convencer cede su espacio al vencer.

V. El desorden informativo y la preocupación sobre sus efectos en el sistema democrático

El desorden informativo, y en especial las noticias falsas, han alcanzado en la era digital una dimensión tal que ha llegado a ser calificado como una «epidemia», o una «infodemia», cuyos efectos se teme que aboquen en la implantación en nuestras sociedades de una «cultura de lo falso»[49]. Inde-

46 *Cfr*. Innerarity, Daniel y Colomina, Carme, «La verdad en las democracias algorítmicas», cit., pp. 11-23.

47 *Cfr*. Rubio Núñez, Rafael, «Los efectos de la posverdad en la democracia», *UNED, Revista de Derecho Político*, núm. 103, septiembre-diciembre 2018, p. 197.

48 Una de las razones de la erosión democrática motivada por la mentira es la pérdida de confianza, especialmente dañina cuando se hace difícil descubrir tanto las mentiras, como la verdad, cfr. García Morales, Verónica Yazmín, «Donde habitan las mentiras», *CIDOB d´Afers Internacionals*, núm. 124, abril 2020, p. 28.

49 *Cfr*. Aba-Catoira, Ana, «Los desórdenes informativos en un sistema de comunicación democrático», *UNED Revista de Derecho Político*, Núm. 109, septiembre-diciembre, 2010, p. 127. Una de las características más inquietantes de los cambios derivados de la cul-

pendientemente de esos temores, la desinformación puede suponer una vulneración del derecho a la información y un límite a la libertad de expresión. Una red libre y segura es, en la actualidad, un elemento clave para un eficaz disfrute de muchos derechos. Para conseguir tal propósito, es preciso que la red sea accesible, transparente y que la información que contenga sea veraz. Así pues, la veracidad de la información publicada en red constituye uno de los «bienes comunes» que debe preservarse en la era digital[50]. A tal fin, las noticias falsas fueron consideradas en el Foro contra las *fake news* organizado por el Parlamento Europeo, celebrado en Madrid el 8 de mayo de 2018, como una auténtica «amenaza» contra la democracia y sus libertades[51].

El alcance de la desinformación en la era digital y sus posibles efectos adversos en la formación de la opinión pública, en el correcto funcionamiento del sistema democrático y su especial incidencia sobre grupos vulnerables, se ha convertido en una de las grandes preocupaciones de organismos nacionales e internacionales[52]. La inquietud alcanza a la desinformación que provenga de poderes privados o públicos y está referida tanto a su creación y difusión, como a las medidas que puedan establecerse para remediarla, por su posible incidencia negativa en derechos fundamentales de la ciudadanía, especialmente en la libertad de expresión y el derecho a la información. La inquietud es lógica si se tiene en cuenta la histórica participación de algunos organismos políticos en campañas de desinformación, propaganda y, en general, la relación —más bien la mala relación— entre la verdad y el poder, la verdad y la política.

tura digital, en relación a la información, es lo irrelevante que pueden llegar a ser para la ciudadanía las mentiras y la generalización de su uso indiscriminado, aunque provengan de colectivos que antes hacían de la verdad un mérito profesional. El control de la información se ha ido dispersando y con ello los centros de poder tradicionales, hasta el punto que más que una cruzada por la verdad, a veces, parece que la hay por conseguir el monopolio de la mentira, cfr. Márquez Guerrero, María «El trasfondo cínico de la posverdad», *Dominio Público*, 27/01/2021.

50 *Cfr*. Morente Parra, Vanesa, «La libertad de los modernos en la sociedad digital: "El control de los datos os hará libres"», *Derechos y Libertades*, núm. 45, junio 2021, p. 212.

51 *Cfr*. Richter Morales, Ulrich, *El ciudadano digital. Fake news y posverdad en la era de internet*, Océano, Ciudad de México, 2018, pp. 30, 42.

52 Alemania cuenta con una ley contra la publicación en redes sociales de discursos de odio, pornografía infantil, artículos relacionados con el terrorismo e información falsa (NetzDG), en vigor desde enero de 2018. Se aplica a los proveedores de servicios de internet siempre que tengan más de 2 millones de usuarios registrados. Se establece la obligación de eliminar los contenidos «claramente ilícitos» e impedir el acceso a ellos, en veinticuatro horas desde la recepción de la queja de un usuario. Si no es evidente la ilegalidad hay un plazo de 7 días para investigar y eliminarlo bajo la sanción de multas de hasta 50 millones de euros. Las críticas a esta ley han sido numerosas, los cortos plazos y las elevadas multas se han considerado poco proclives a que las plataformas asuman riesgos favorables a la libertad de expresión.

La preocupación es tal que la ONU, junto con la Organización de Estados Americanos, la Organización para la Seguridad y Cooperación en Europa y la Comisión Africana de Derechos Humanos, a través de sus Relatores Especiales sobre Libertad de Expresión y Opinión, adoptaron una Declaración Conjunta sobre *Libertad de Expresión y Noticias Falsas. Desinformación y Propaganda* el 3 de marzo de 2017. En esta Declaración se ponía de manifiesto la inquietud que generan las campañas de desinformación y propaganda dirigidas a engañar a la ciudadanía. Con ellas, se interfiere en el derecho de información, a obtener un conocimiento cierto de la realidad y el derecho a la libertad de expresión. Asimismo, se pone énfasis en el peligro que este tipo de actividades pueden entrañar para la privacidad y la reputación de las personas. Y mucho más inquieta aún, lo pernicioso que pueden resultar cuando implican discriminación, hostilidad o incitación a la violencia contra determinados grupos vulnerables.

La preocupación va en aumento cuando la difusión de noticias falsas y las campañas de propaganda y desinformación provengan directamente de autoridades e instituciones públicas, a quienes corresponde fomentar un entorno favorable a la paz, la convivencia, la integración, la protección contra la discriminación y, muy especialmente, a la libertad de expresión y el derecho a la información. Al respecto, la Declaración insiste en que las restricciones a las libertades de expresión y el derecho a la información han de estar rigurosamente justificadas y que las actuaciones de los órganos públicos han de centrarse en promover un entorno de comunicaciones plurales. A su vez, y como una de las claves para abordar la desinformación y la propaganda, se recomienda a medios de comunicación y periodistas establecer sistemas efectivos de autocontrol para garantizar la veracidad de las noticias, incluyendo los derechos de corrección y réplica[53]. Otra Declaración Conjunta de los mismos órganos, adoptada en Londres el 10 de julio de 2019, recoge la desinformación entre los desafíos para la libertad de expresión en la década de los años 20 del siglo XXI[54].

Una preocupación que está también presente en el ámbito de la Unión Europea. En el año 2018 el Grupo de Expertos de Alto Nivel sobre Noticias Falsas y Desinformación de la Unión Europea, presentó su Informe sobre las *fake news* y la desinformación *on line*. El grupo de expertos define la desinformación como la información falsa, inexacta o engañosa, dirigida a causar intencionadamente daños públicos y a obtener un beneficio. Con meridiana

---

53 *Cfr*. http://www.ohchr.org/SP/NewsEvents/Pages/DisplayNews.aspx?NewID=21287&LangID=E

54 También y relacionado: «la incitación al odio; la discriminación y la violencia; el reclutamiento y la propaganda; la vigilancia arbitraria e ilegal; la interferencia respecto al uso de las tecnologías de encriptación y el anonimato, y el poder de los intermediarios en línea». Puede verse la declaración en: http://www.oas.org/es/cidh/expresion/showarticle.asp?artID=1146&lID=2

claridad se señala que la desinformación afecta negativamente al sistema democrático, sus valores y procedimientos, a la seguridad nacional, al tejido social y contribuye a socavar la confianza en la sociedad de la información y el mercado digital. El desorden informativo, en todas sus manifestaciones, se considera un problema multidimensional que cuenta en la actualidad con una infraestructura potente, destinada no sólo a producir la información defectuosa, sino también a distribuirla y amplificarla para lograr sus objetivos.

VI. De la preocupación a la acción: propuestas de regulación

Diversas iniciativas tratan de poner remedio a los efectos perniciosos que el desorden informativo pueda tener en los derechos de la ciudadanía, y sus repercusiones sociales, políticas y culturales, como consecuencia del auge de la tecnología digital. Teniendo en cuenta la diversidad de causas, motivaciones, actores y consecuencias de la desinformación, lógico es que variadas sean las soluciones que se propongan.

Entre las causas encontramos: la pérdida de credibilidad y la consiguiente desconfianza en los medios de comunicación; la velocidad a la que circulan las noticias y la competencia por ser los primeros en transmitirlas, lo cual implica asumir el riesgo de eludir su comprobación y de pérdida de rigor informativo; la ausencia en la red de criterios fiables para identificar fuentes de autoridad creíbles; la carencia de instrumentos efectivos de verificación; o el recurso excesivo a titulares llamativos, con merma de la precisión en la comunicación de los hechos noticiosos.

Por lo que se refiere a las motivaciones, son económicas e ideológicas. Desde el punto de vista económico, la desinformación responde en muchas ocasiones al intento de aumentar el tráfico en páginas web, plataformas o redes sociales, ya que la recaudación en publicidad está en función de criterios cuantitativos, del número de visitas al lugar que contiene la noticia. No depende, en cambio, de la calidad o importancia de la información. Desde el punto de vista ideológico, las campañas (des)informativas son una poderosa herramienta para influir en la opinión pública. Pueden pretender una reacción favorable a una determinada posición ideológica o, por el contrario, opuesta a ella; crear confusión, desconfianza en las instituciones e, incluso, desestabilizar un gobierno.

Causas y motivaciones apuntan a los distintos actores que intervienen en estos procesos de desinformación: medios de comunicación, empresas prestadoras de servicios de internet, órganos de poder privados y públicos. Pero estos actores, principales beneficiarios de la manipulación informativa, no encontrarían apoyo sin una ciudadanía motivada, unos usuarios de plataformas y webs dispuestos a creer, incluso crear, y reproducir aquellas comunicaciones que le resultan rentables, apetecibles o conformes con sus ideas.

Partiendo de estos presupuestos, en el Informe del Grupo de Expertos en noticias falsas y desinformación en línea de marzo de 2018, se proponen algunas medidas destinadas a proporcionar soluciones a este complejo problema, tratando de evitar que se vea afectadas las libertades de expresión e información[55]. Las medidas se dirigen principalmente a mejorar la transparencia, la confianza y la formación mediática e informativa de ciudadanos y profesionales. Así se contemplan iniciativas cuya finalidad es facilitar búsquedas que privilegien contenidos creíbles, que permitan identificar las fuentes de desinformación, o establecer sistemas de filtrado para acceder a información comprobada. Se trata de estimular a los medios para que se hagan con sistemas de transparencia, como el *fact-checking* u otros equipos de verificación. Sistemas y medidas que puedan potenciar la información de calidad y diluir los canales de desinformación, tratando de evitar, o al menos aminorar, el valor económico de los bulos y las noticias falsas. Sin duda, acercarse a estos objetivos requeriría mejorar la formación y educación digital, para garantizar una lectura crítica de los contenidos a que tenemos acceso en la red. Un aprendizaje semejante podría aumentar nuestra resistencia ante las múltiples formas de desinformación; así como, favorecer la sostenibilidad y la diversidad de los medios de comunicación profesionales y serios. Finalmente, el Informe propone crear una estructura sólida de implementación y evaluación de las medidas, además de elaborar un código de buenas prácticas, específicamente orientado a afrontar y evitar la desinformación[56].

En diciembre de 2018 se produjo una Declaración Conjunta del Parlamento Europeo, el Consejo de Europa y del Comité Europeo Económico y Social, denominada *Plan de Acción contra la Desinformación*. La Declaración parte de la importancia que tiene una información plural y veraz en el desarrollo de las sociedades democráticas. En esta línea de entendimiento, se considera que la información falsa y engañosa, creada y difundida para confundir a la opinión pública y obtener beneficio económico, es causante de un daño público. Las campañas de desinformación son consideradas una «batalla híbrida», que puede provenir tanto de agentes internos como externos, y que cuenta, entre sus armas específicas, con el ciberataque, las cuentas falsas o el pirateo en redes. Para luchar en esta batalla se requiere de acciones coordinadas de todos los miembros de la Unión, dispuestos a contraatacar mejorando la capacidad de sus instituciones para detectar y analizar la desinformación, fortaleciendo la coordinación y las respuestas conjuntas a los

55 A propósito de la necesidad de que las medidas contra la desinformación no afecten a la libertad de expresión y otros derechos fundamentales, puede verse: SEIJAS, Raquel, «Las soluciones europeas a la desinformación y su riesgo de impacto en los derechos fundamentales», *Revista de Internet, Derecho y Política*, núm. 31, octubre 2020, pp. 1-14.

56 Report of the Independent High Level Group on fake news and online disinformation, *A Multi-dimensional approach to disinformation, cfr*. https://op.europa.eu/es/publication-detail/-/publication/6ef4df8b-4cea-11e8-be1d-01aa75ed71a1

ataques, movilizando al sector privado frente a ellos y sensibilizando y potenciando la capacidad de respuesta de la sociedad[57].

En el ámbito de la seguridad nacional, en especial cuando la amenaza proviene de países extranjeros, a través de ciberataques o campañas masivas de desinformación, con el objetivo de desestabilizar las democracias occidentales, la necesidad de intervención se ha percibido de forma más acuciante. Estos intentos de desestabilización ya han sido utilizados en diversos momentos en procesos electorales en Europa, como por ejemplo en la campaña sobre el Brexit en Reino Unido[58] o más recientemente, con repercusiones normativas en el ámbito de la Unión Europea, las emisiones (des)informativas desde Rusia con motivo de la invasión de Ucrania[59]. La Estrategia de Seguridad de la Unión Europea, de 24 de junio de 2020, adoptada para el periodo 2020-2025, advierte de la necesidad de hacer frente a las campañas de desinformación y la radicalización de la narrativa política[60].

Dentro de la adopción de medidas conjuntas dirigidas al sector privado, en 2018 se aprobó un Código de Buenas Prácticas para las plataformas en

57 *Cfr.* https://data.consilium.europa.eu/doc/document/ST-15431-2018-INIT/es/pdf

58 La preocupación por la incidencia de estas campañas en las elecciones ha marcado la legislación francesa. La Ley de Libertad de prensa sanciona la publicación, difusión y reproducción de noticias falsas cuando perturbe la paz pública. La Ley n.º 2018-1202 de 23 de diciembre de 2018 faculta en su artículo 33-1-1 al Conseil supérieur de l´audiovisuel para suspender tres meses antes de elecciones emisiones de contenidos que, realizados bajo influencia de Estados extranjeros, afecten a intereses fundamentales de la nación. Por orden judicial, a solicitud de cualquier partido político o particular, se podrá retirar información masivamente difundida de forma automatizada que sea inexacta o engañosa y que pueda afectar a las elecciones, en un plazo de 48 horas. El Consejo Constitucional, en su decisión de 20 de diciembre de 2018, estimó fuera de la Constitución la intervención administrativa no judicial para impedir el acceso a Internet o declarar la ilegalidad de los contenidos en la web. En cuanto a la intervención judicial exigió que el engaño o la inexactitud de la información había de ser manifiesta, que la alteración del sentido del voto había de ser evidente y que la información debía ser difundida de forma masiva, automatizada y deliberada en internet.

59 Reglamento UE 350/2022, 1 de marzo, que modifica el artículo 2f) del Reglamento 833/2014. Como consecuencia se procedió a la suspensión en todo el territorio comunitario de los canales de radiodifusión Sputnik y Russia Today, por su carácter propagandístico y atentatorio contra la seguridad europea.

60 A fin de detectar y actuar contra estas campañas, en España, se creó en 2013 el Consejo Nacional de Ciberseguridad. El Informe Anual de Seguridad Nacional de España de 2019 incluyó como una amenaza a la seguridad las campañas desinformativas difundidas por internet y las redes sociales. El 30 de octubre de 2020 se aprobó la Orden PCM 1030/2020, por la que se establece el procedimiento de actuación contra la desinformación aprobada por el Consejo de Seguridad Nacional. Las campañas de desinformación fueron incluidas en la Estrategia de Seguridad Nacional 2021, aduciendo que producen inestabilidad, socavan la cohesión social, erosionan las instituciones e influyen en los procesos democráticos, Real Decreto 1150/2021, de 28 de diciembre, por el que se aprueba la Estrategia de Seguridad Nacional 2021.

línea, los anunciantes y otros agentes clave en materia de información *on line*. Quienes adoptaron el Código se comprometieron a tomar medidas orientadas a frenar la desinformación. Entre estas medidas, el aumento de los mecanismos de transparencia, de rendición de cuentas y establecer un marco apropiado para realizar el seguimiento dirigido a evaluar y mejorar las políticas contra la desinformación[61]. En mayo de 2021 se elaboraron unas directrices con la finalidad de reforzar el Código de Buenas Prácticas, cuyo resultado ha sido el Código Reforzado de Prácticas sobre Desinformación que la Comisión Europea presentó en junio de 2022[62]. Su finalidad es fomentar la colaboración de las plataformas y agentes de interés que actúan en red para tomar medidas dirigidas a controlar los ingresos publicitarios, incluyendo la desmonetización de los proveedores de desinformación; garantizar la integridad de los servicios online, incidiendo en la transparencia, la claridad y los procesos de verificación de datos y en el funcionamiento de los algoritmos; insistir en la responsabilidad de las plataformas para la detección y actuación frente a contenidos falsos, introduciendo medidas para identificar y suprimir cuentas falsas y bots maliciosos; establecer sistemas de *fact checkers* independientes[63]; capacitar a los usuarios para comprender y denunciar la desinformación; mejorar en la elaboración de un marco de seguimiento sólido y eficaz, incluyendo un sistema de monitoreo con indicadores fiables que permitan medir el impacto del código; establecimiento de mecanismos de corrección de la desinformación en línea y elaboración de informes periódicos[64].

Las plataformas ya están tomando medidas contra la desinformación, a través de mecanismos de autorregulación. Los principios básicos de sus actuaciones tienen que ver —en la línea de los Códigos de Buenas Prácticas— con la transparencia en las políticas de control de contenidos y en el funcionamiento de los algoritmos; la verificación de cuentas y la eliminación cuando provengan de bots maliciosos o de grupos coordinados con fines de engaño; la contratación de *fack cheekers* acreditados e independientes; la

61 *Cfr.* https://digital-strategy.ec.europa.eu/en/policies/code-practice-disinformation

62 *Cfr.* http://cde.ugr.es/index.php/union-europea/noticias-ue/1207-la-comision-presenta-unas-directrices-para-reforzar-el-codigo-de-buenas-practicas-en-materia-de-desinformacion.

63 El Instituto Poynter fundó en 2015 la Red Internacional de Verificación (IFNC) que reúne la mayor organización de *fact cheekers*. Forman parte de la red Agencias de noticias, plataformas que se dedican a la verificación y medios de comunicación. En el año 2016 aprobaron un Código Internacional de Principios de Verificación por el que asumen el compromiso de actuar con imparcialidad y equidad, transparencia en las fuentes, en la financiación y en la metodología, publicidad y honestidad en su política de correcciones.

64 *Cfr.* Serra Cristóbal, Rosario, «Noticias falsas (fake news) y derecho a recibir información veraz. Dónde se fundamenta la posibilidad de controlar la desinformación y cómo hacerlo», cit., pp. 33-34.

utilización de estándares de etiquetado de actores y contenidos de desinformación; o la implantación de procedimientos de denuncia y reclamación[65].

Ahora bien, siendo importantes los modelos de autorregulación, los intereses particulares de las plataformas no necesariamente han de ser coincidentes con los de los distintos Estados y los derechos de la ciudadanía, por eso es necesario avanzar hacia modelos híbridos de regulación, o de corregulación, tal y como se prevé en la reciente normativa europea sobre servicios digitales[66]. El Reglamento de Servicios Digitales de la Unión Europea establece un conjunto normativo único para la UE cuyo objetivo es prevenir las actividades ilegales y nocivas en línea y la difusión de la desinformación. Sus principales destinatarios son los intermediarios, las plataformas en línea y de intercambio de contenidos, los proveedores de servicios de internet, los servicios de alojamiento de datos, de mensajería, los mercados y las redes sociales, con algunas disposiciones especiales para las plataformas y los motores de búsqueda en línea de muy gran tamaño[67].

La garantía de la seguridad para empresas y usuarios y los derechos fundamentales de la ciudadanía son la base sobre la que se asienta todo el entramado regulador, de tal manera que, a lo largo de su articulado, se advierte la intención de establecer un equilibrio en las posiciones de los usuarios, las plataformas y los poderes públicos, en coherencia con los valores y principios de la comunidad europea: democracia, igualdad y Estado de Derecho. Partiendo de esta declaración de intenciones se establecen diversas medidas, algunas de prevención y otras de corrección y respuesta.

A efectos de agilizar y facilitar la aplicación de las disposiciones previstas en el Reglamento se implanta una estructura organizativa única de supervisión y contacto. Desde el punto de vista de los prestadores de servicio, todas las plataformas han de designar un punto único de contacto con los órganos competentes que establece el Reglamento: la Comisión, los coordinadores de servicios digitales —son las autoridades nacionales designadas por cada Estado— y la Junta Europea de Servicios Digitales —grupo consultivo independiente formado por los coordinadores[68]—. El Reglamento incrementa las funciones de supervisión con los llamados alertadores fiables —artículo 22—.

65 Pueden verse distintas medias adoptadas por las plataformas en COTINO HUESO, L., «Quién, cómo y qué regular (o no regular) frente a la desinformación», en *UNED. Teoría y Realidad Constitucional*, núm. 49, 2022, pp. 215-217.

66 Se trata del Reglamento UE 2022/2065 del Parlamento Europeo y del Consejo de 19 de octubre de 2022, relativo al mercado único de servicios digitales que actualiza la Directiva Europea sobre Comercio Electrónico (Directiva 2000/31/CE del Parlamento Europeo y del Consejo, de 8 de junio de 2000).

67 La Comisión es quien designa a estas plataformas y los motores de búsqueda como de gran tamaño en atención al impacto social económico significativo en la UE, para ello precisan tener, al menos, 45 millones de usuarios en la UE.

68 Artículos 11, 12, 51 y 61 del Reglamento de Servicios Digitales

Estos órganos serán los encargados de que se cumplan las exigencias previstas en el Reglamento.

Entre otras medidas se incluyen obligaciones de transparencia informativa para los prestadores de servicio; los deberes a este fin incluyen los algoritmos utilizados, especialmente aquellos que tenga que ver con las actividades de moderación de contenidos. Junto con el deber de tener accesible la política de moderación de los contenidos y de comunicar con claridad al usuario los motivos de la reducción o supresión de sus contenidos en la plataforma, se exige que se incorporen procedimientos de reclamación e impugnación —artículo 20 y 21— como una garantía a las libertades comunicativas de la ciudadanía y a su derecho de defensa. El Reglamento también impone la incorporación de herramientas para evitar y, en su caso, rectificar los sesgos, especialmente en relación a los menores y grupos vulnerables —artículo 28—. Para las plataformas de gran tamaño se establecen obligaciones adicionales, relativas a la gestión de riesgos, su evaluación y corrección; mecanismos de respuesta a las crisis; incremento de las obligaciones de transparencia; sometimiento a auditorías externa independientes, deber de compartir datos con autoridades e investigadores y rendición de cuentas[69]. Como ya se ha señalado, se apuesta por un sistema de corregulación y a tal fin se fomenta y facilita la elaboración de Códigos de conducta y protocolos de crisis.

VII. Reflexiones finales

Los efectos disruptivos de las tecnologías digitales han afectado a muy diversos aspectos de nuestras sociedades, a las relaciones interpersonales, a la cultura, a la política, al Derecho y a los derechos, especialmente los relativos al ámbito de las comunicaciones y su proyección sobre el sistema democrático.

Afrontar jurídicamente esta nueva realidad no es fácil. La globalización, la celeridad de los avances tecnológicos y una realidad virtual carente de espacio físico, imposibilita el control de la red y la eficacia de las normativas nacionales. Frente a estos inconvenientes, se incrementa la percepción de los males de la red, sin que se aminore el ritmo de ampliación de sus usos y usuarios.

La necesidad de una regulación que sea capaz de equilibrar los distintos intereses, que abarque el universo virtual, que sea capaz de adaptarse temporalmente a los cambios que se producen en la red, que no desincentive la inversión e investigación de las empresas tecnológicas, que sea respetuosa con los derechos de ciudadanos y ciudadanas y los procesos democráticos, precisa apostar por los modelos de regulación híbrida o corregulación, implicando a Estados, organismos internacionales, empresas tecnológicas y usuarios de la red.

69 Artículos 33 a 43 del Reglamento de Servicios Digitales.

En este sentido, la Unión Europea se ha convertido en un modelo de actuación y la Ley de Servicios digitales es un ejemplo. No es posible aún valorar los resultados de su implantación, a efectos de mitigar las consecuencias más indeseables de los avances tecnológicos, pero es un paso importante, y necesario, en un camino que puede hacerse entre todos los implicados o se hará por quienes estén en mejores condiciones y tengan más poder para hacerlo.

Bibliografía

Aba-Catoira, Ana, «Los desórdenes informativos en un sistema de comunicación democrático», *UNED Revista de Derecho Político*, núm. 109, septiembre-diciembre, 2010, pp. 119-151.

Arendt, Hannah, «Verdad y política», en Id., *Entre el pasado y el futuro. Ocho ejercicios sobre la reflexión política*, trad. de **A. L. Poljak Zorzut**, Península, Barcelona, 1996, pp. 239-277.

Arendt, Hannah, *Los orígenes del totalitarismo*, trad. de **G. Solana**, Taurus, Madrid, 2004.

Azurmendi Adarraga, Ana, «De la verdad informativa a la información veraz de la Constitución española de 1978. Una reflexión sobre la verdad exigible desde el derecho de la información», *Comunicación y Sociedad*, vol. XVIII, núm. 2, 2005, pp. 9-48.

Boix Palop, Andrés, «La construcción d ellos límites a la libertad de expresión en las redes sociales», *Revista de Estudios Políticos*, núm. 173, 2016, pp. 55-112.

Condorcet, «Disertación filosófica y política o reflexión sobre esta cuestión: ¿Es útil para los hombres ser engañados?», en **de Lucas**, Javier (ed.) *¿Es conveniente engañar al pueblo? (Castillón-Becker-Condorcet. Política y filosofía en la ilustración: el concurso de 1778 de la Real Academia de Ciencias de Berlín)*, Centro de Estudios Constitucionales, Madrid, 1991, pp. 181-219.

Constant, Benjamín, «Decir la verdad no es un principio general al que tengan derecho todos los hombres», en *Immanuel Kant y Benjamín Constant, ¿Hay un derecho a mentir? (La polémica Immanuel Kant-Benjamin Constant sobre la existencia de un deber incondicionado de decir verdad)*, edición de Eloy García, Tecnos, Madrid, 2012, pp. 9-23.

Cotino Hueso, L., «Quién, cómo y qué regular (o no regular) frente a la desinformación», en *UNED. Teoría y Realidad Constitucional*, núm. 49, 2022, pp. 199-238.

D´Ancona, Matthew, *Posverdad. La nueva guerra contra la verdad y cómo combatirla*, trad. de A. Pradera, Alianza, Madrid, 2019.

Estrada Saavedra, Marco, «Reflexiones en torno a la mentira y la política», *Estudios Sociológicos*, vol. 22, núm. 65, 2004, pp. 461-481.

Foucault, Michael, *Saber y verdad*, trad. de J. Varela y F. Álvarez-Uría, La Piqueta, Madrid, 1991.

Galdámez Morales, Ana, «Derecho a la verdad y cánones de veracidad», *Estudios de Deusto*, vol. 69/2, julio-diciembre 2021, pp. 77-110.

García Morales, Verónica Yazmín, «Donde habitan las mentiras», *CIDOB d´Afers Internacionals*, núm. 124, abril 2020, pp. 25-47.

Habermas, Jürgen, *Verdad y justificación*, trad. de P. Fabra y L. Díez, Trotta, Madrid, 2002.

Heidegger, Martin, *Lógica. La pregunta por la verdad*, trad. de J. A. Ciria, Alianza, Madrid, 2004.

Innerarity, Daniel y Colomina, Carme, «La verdad en las democracias algorítmicas», *Revista CIDOB d´Afers Internacionals*, núm. 124, abril, 2020, pp. 11-23.

Kant, Immanuel, «Sobre un presunto derecho a mentir por filantropía», en Id., *Teoría y práctica*, trad. J. M Palacios, M. F. Pérez López y R. Rodríguez Aramayo, Tecnos, Madrid, 1986, pp. 61-68.

Kant, Immanuel, «Acerca de la ilegitimidad de la mentira», en Id. y Constant, Benjamín, *¿Hay un derecho a mentir? (La polémica Immanuel Kant-Benjamin Constant sobre la existencia de un deber incondicionado de decir verdad)*, edición de Eloy García, Tecnos, Madrid, 2012, pp. 5-8.

Kant, Immanuel, «Ser sincero es también un deber hacía uno mismo», en Id. y Constant Benjamín, *¿Hay un derecho a mentir? (La polémica Immanuel Kant-Benjamin Constant sobre la existencia de un deber incondicionado de decir verdad)*, edición de Eloy García, Tecnos, Madrid, 2012, pp. 25-43.

León Gómez, Adolfo, *Breve tratado sobre la mentira*, Programa Editorial Universidad del Valle, Edición Digital, 2017.

Maquiavelo, Nicolás, *El Príncipe*, trad. de M. A. Granada, Alianza, Madrid, 1991.

Márquez Guerrero, María «El trasfondo cínico de la posverdad», *Dominio Público*, 27/01/2021.

MILL, John Stuart, *Sobre la libertad*, trad. de P. de **AZCÁRATE**, Alianza, Madrid, 1984.

MORENTE PARRA, Vanesa, «La libertad de los modernos en la sociedad digital: "El control de los datos os hará libres"», *Derechos y Libertades*, núm. 45, junio 2021, pp. 199-231.

O´NEIL, Cathy, *Armas de destrucción matemática. Cómo el big data aumenta la desigualdad y amenaza la democracia*, trad. de **V. ARRANZ DE LA TORRE**, Capitán Swing, Madrid, 2017.

PAUNER CHULVI, Cristina, «Noticias falsas y libertad de expresión e información. El control de los contenidos informativos en la red», *UNED. Teoría y Realidad Constitucional*, núm. 41, 2018, pp. 297-318.

PLATÓN, *La República*, en *Obras Completas* (Tomo IV), trad. de **C. EGGERS LAN**, Madrid, 1992.

RICHTER MORALES, Ulrich, *El ciudadano digital. Fake news y posverdad en la era de internet*, Océano, Ciudad de México, 2018.

RICOEUR, Paul, *Historia y verdad*, trad. de **A. ORTIZ GARCÍA**, Encuentro, Madrid, 1990

RORTY, Richard, «Universalidad y verdad», en **RORTY**, Richard y **HABERMAS**, Jürgen, *Sobre la verdad: ¿validez universal o justificación?*, trad. de **P. WILLSON**, Amorrortu, Buenos Aires, 2007.

RUBIO NÚÑEZ, Rafael, «Los efectos de la posverdad en la democracia», *UNED, Revista de Derecho Político*, núm. 103, septiembre-diciembre 2018, pp. 191-218.

SEIJAS, Raquel, «Las soluciones europeas a la desinformación y su riesgo de impacto en los derechos fundamentales», *Revista de Internet, Derecho y Política*, núm. 31, octubre 2020, pp. 1-14.

SERRA CRISTÓBAL, Rosario, «De falsedades, mentiras y otras técnicas que faltan a la verdad para influir en la opinión pública», *Teoría y Realidad Constitucional*, núm. 47, 2021, pp. 199-235.

SERRA CRISTÓBAL, Rosario, «Noticias falsas (fake news) y derecho a recibir información veraz. Dónde se fundamenta la posibilidad de controlar la desinformación y cómo hacerlo», *UNED. Revista de Derecho Político*, núm. 116, enero-abril 2023, pp. 13-46

VATTIMO, Gianni, *Adiós a la verdad*, trad. de **M. T. D´MEZA**, Gedisa, Barcelona, 2010.

VATTIMO, Gianni, *De la realidad. Fines de la filosofía*, trad. de **A. MARTÍNEZ RIU**, Herder, Barcelona, 2013

VILAPLANA RUIZ, Javier, *La posverdad a juicio. Un caso sin resolver*, Catarata, Madrid, 2020.

VILLAVERDE MENÉNDEZ, Ignacio, «Verdad y Constitución. Una incipiente dogmática de las ficciones constitucionales», *Revista Española de Derecho Constitucional*, núm. 106, enero/abril, 2016, pp. 149-201.

INTELIGENCIA ARTIFICIAL Y DERECHOS HUMANOS: UNA DISTOPÍA POSIBLE[1]

Miguel L. Lacruz Mantecón
Profesor Titular de Derecho civil
Universidad de Zaragoza

I. Los sistemas inteligentes de reconocimiento y los derechos fundamentales

El día 6 de diciembre de 2022, la activista Isabel Vaughan-Spruce fue arrestada en Birmingham frente a un centro de abortos. El motivo de su arresto

1 Trabajo escrito al amparo del Proyecto de investigación «Derecho e inteligencia artificial: nuevos horizontes jurídicos de la personalidad y la responsabilidad robóticas», IP. Margarita Castilla, (PID2019-108669RB-100 / AEI / 10.13039 / 501100011033).

fue que su actitud, en silencio y con la mirada baja, podía interpretarse, y de hecho así se hizo por la policía inglesa, como si estuviera rezando mentalmente, y rezar es algo que no se permite en la proximidad de las clínicas abortivas. Como relata la web *Infovaticana*[2], las imágenes de video de su arresto muestran a un oficial de policía que le pregunta si estaba rezando, a lo que ella responde: «Podría estar rezando mentalmente».

Pues bien, este perspicaz policía inglés cuenta en la actualidad con un auxiliar muy eficaz que podría incluso confirmar sus sospechas de que la detenida había incurrido en este rezo mental, y me refiero a los sistemas de Inteligencia artificial, o IA. En este trabajo veremos cómo gracias a la tecnología de la IA ya existen sistemas de control y seguimiento individualizado de las actividades privadas, en particular en China, con sus sistema de crédito social, mientras que otros sistemas inteligentes nos examinan al desembarcar en los aeropuertos, o predicen nuestras posibilidades de pagar un crédito, o de reincidir penalmente; incluso se están desarrollando sistemas que ya permiten leer los pensamientos humanos, traduciéndolos a imágenes o palabras.

Es un lugar común entre los científicos o en general entre los comunicadores el anunciar un importante cambio social como consecuencia de la nueva tecnología inteligente, hablándose de una tecnología disruptiva, y de una auténtica revolución similar a la industrial del siglo XIX. Como nos dice el profesor de Oxford, Luciano **Floridi**[3], estamos ante un nuevo capítulo de la historia de la humanidad: «La revolución digital sólo sucederá una vez, y esa vez es ahora. Hemos pasado una página en la historia humana y un nuevo capítulo ha comenzado». Pero quizá no se ha insistido en que estamos ante una tecnología tremendamente invasiva, muy «fisgona», que facilita y reproduce un vicio humano muy común, como es la curiosidad por las vidas ajenas, y otro defecto humano también bastante extendido, como es la pasión por la manipulación y control de los demás. A esto se une, como indican **Pollicino** y **Paolucci**[4], el hecho de que las nuevas ciudades son ciudades inteligentes, cuyo funcionamiento implica interconexión mediante «...la combinación del Internet de las Cosas (IoT), el *Big data*, la computación ubicua y la nube. Todos estos elementos son los fundamentos de la arquitectura sobre las que descansa la (ideal) ciudadanía inteligente, y son los encargados de hacerlo más abierta, optimizable y, sobre todo, controlable». Aquí hay que poner el acento en el control de la ciudadanía: la IA aporta increíbles novedades como

---

2 https://infovaticana.com/2023/02/06/retiran-los-cargos-contra-la-inglesa-que-rezaba-en-silencio-frente-a-un-abortorio/

3 Floridi, Luciano, *The Ethics of Artificial intelligence*, Oxford University Press, Oxford, 2023, p. xi.

4 Pollicino, Oreste y Paolucci, Federica, «Digital constitutionalism to the test of the smart identity», *Journal of E-Learning and Knowledge Society*, Vol. 18, No. 3 (2022), pp. 8-21. P. 9. DOI: https://doi.org/10.20368/1971-8829/113581

técnica para la vigilancia policial de las calles, para la identificación de personas, para la investigación criminal, y asimismo para la influencia ideológica en las personas y el control de la ciudadanía.

El resultado puede ser una sociedad en la que no exista privacidad, en la que todo sea visible. El profesor de la Universidad George Washington, Jonathan **Turley**[5] denomina *sociedades-pecera* a aquéllas en las que no existe ningún tipo de intimidad, y señala que este tipo de distopía o antiutopía ha sido una creación literaria y cinematográfica de éxito, así en títulos como *1984*, *Fahrenheit 451*, *Minority Report* o *Total Recall*. Pues bien, la IA puede hacer de estas pesadillas una realidad.

Como vamos a ver, la tecnología inteligente implica unos riesgos evidentes para los derechos humanos, y señala al respecto **Megías Quirós**[6] que la limitación de los riesgos derivados de la IA va a ser el objetivo que inspire las más recientes elaboraciones regulatorias en la materia, como son la *Recomendación sobre la Ética de la Inteligencia Artificial* de la UNESCO de noviembre 2021[7] (y el subsiguiente *Report of the International Bioethics Committee on the ethical issues of neurotechnology*, de 15 de diciembre de dicho año), y la europea *Ley de la Inteligencia Artificial*, de 21 de abril 2021[8]. En la doctrina, esta idea de la peligrosidad de la IA es compartida por bastantes autores, como Martin **Ebers**[9], que nos dice que los sistemas de IA pueden dañar de manera impredecible la vida, la salud y la propiedad de las personas, así como «... afectar a los valores fundamentales en los que se basan las sociedades occidentales, dando lugar a violaciones de los derechos fundamentales de las personas, incluidos los derechos a la dignidad humana y a la autodeterminación, a la privacidad y a la protección de los datos personales, a la libertad de expresión y de reunión, a la no discriminación o al derecho a la tutela judicial efectiva y a un juez imparcial, así como a la pro-

---

5 Turley, Jonathan, «Anonymity, Obscurity and Technology: Reconsidering Privacy in the Age of Biometrics», *Boston University Law Review*, Vol. 100:2179, 2020, En https://www.bu.edu/bulawreview/files/2021/01/TURLEY.pdf

6 Megías Quirós, José Justo, «Derechos humanos e Inteligencia artificial», *Revista DIKAIOSYNE*, N.° 37, número especial sobre DDHH, en coedición con el Observatorio de Derechos Humanos de la Universidad de Los Andes. Mérida - Venezuela. Enero, 2022, p. 140.

7 Conferencia General de la Organización de las Naciones Unidas para la Educación, la Ciencia y la Cultura (UNESCO), reunida en París del 9 al 24 de noviembre de 2021, en su 41.ª reunión.

8 Propuesta de Reglamento del Parlamento Europeo y del Consejo por el que se establecen Normas Armonizadas en Materia de Inteligencia Artificial (Ley de Inteligencia Artificial) y se modifican determinados actos legislativos de la Unión, COM/2021/206 final.

9 Ebers, Martin, «El futuro marco jurídico europeo de la inteligencia artificial», *Revista General de Legislación y Jurisprudencia*, 2023, número 2, pág. 254.

tección de los consumidores». **Pollicino** junto a **de Gregorio**[10] advierten que la tecnología inteligente puede ser lesiva *per se* para los derechos de las personas, como consecuencia de su falta de transparencia. Es decir, tiene repercusiones negativas sobre derechos fundamentales de las personas, como el derecho a la libre determinación, libertad de expresión y privacidad. Pero además «la difusión de la toma de decisiones automatizada también desafía a los sistemas democráticos por su impacto en el discurso público y la imposibilidad de comprender las decisiones que se realizan mediante sistemas automatizados que afectan a los derechos y libertades individuales». Otros, como **Matefi** y **Darius**[11] afirman que, aunque la IA nos trae innegables beneficios en muchos ámbitos, también en el del Derecho, pese a ello hay que asumir que «...derechos fundamentales como el derecho a la intimidad, a la dignidad, a la libertad de expresión, a la libertad de movimiento y a la seguridad de las personas, y muchos otros derechos de la personalidad o fundamentales reconocidos internacionalmente, son infringidos por el uso inapropiado de la IA».

Estos peligros, por otra parte, derivan precisamente de la perfección del funcionamiento de los sistemas inteligentes, que como nos señala el mismo **Megías Quirós**[12], al tiempo que traen muchos beneficios, plantean evidentes riesgos para los derechos humanos, «en especial los derechos a la integridad física, la vida privada, la igualdad, la libertad de expresión y de reunión, la tutela judicial efectiva, etc., riesgos que se agudizan cuando afectan a grupos vulnerables» (menores, inmigrantes, personas con discapacidad, edad avanzada, etc.). En este sentido, recoge **De Asís Roig**[13] las palabras de Michelle Bachelet, Alta Comisionada de las Naciones Unidas para los Derechos Humanos, en su discurso «Derechos humanos en la era digital ¿Pueden marcar la diferencia?» de 17 de octubre de 2019, cuando dijo: «Es esencial que en esta era digital prestemos especial atención a los derechos humanos... La revolución digital plantea un considerable problema de derechos humanos a escala mundial. Sus beneficios indudables no anulan sus riesgos evidentes».

Es precisamente para minimizar los riesgos que afectan a estos derechos para lo que la Unión europea ha seguido dos modelos de regulación distintos, uno ético y otro jurídico, elaborando primero textos de fijación de directrices éticas, y luego de propuestas normativas, que culminan en la

---

10 Pollicino, Oreste y De Gregorio, Giovanni, «Constitutional Law in the Algorithmic Society», *Constitutional Challenges in the Algorithmic Society*, Cambridge University Press, 2021, pp. 3-24. DOI: https://doi.org/10.1017/9781108914857.002, p. 4.

11 Matefi, Roxana, y Darius, Cupu, «Artificial intelligence and its impact on personality rights», en *Tratado de Inteligencia artificial y Derecho en el nuevo milenio*, Olejnik, Santiago de Chile, 2022, págs. 75-76.

12 Megías Quirós, «Derechos humanos e Inteligencia artificial», cit., p. 143.

13 De Asís Roig, Rafael Francisco, «Ética, Tecnología y Derechos», en *Inteligencia Artificial y Filosofía del Derecho*, Ediciones Laborum, Murcia, 2022, p. 35.

ya citada Ley de la Inteligencia artificial[14]. Este texto, como señala **Megías Quirós**[15], concreta los derechos reconocidos en la Carta de Derechos Fundamentales de la UE que pueden verse afectados por el uso de sistemas inteligentes. Serían los siguientes: El derecho a la dignidad humana (art. 1) y a la vida privada y familiar y la protección de datos de carácter personal (arts. 7 y 8). El derecho a la no discriminación y la igualdad entre hombres y mujeres (arts. 21 y 23). El derecho a la libertad de expresión y reunión (arts. 11 y 12), el derecho a la tutela judicial efectiva y a un juez imparcial, a la presunción de inocencia y los derechos de la defensa (arts. 47 y 48). Asimismo, los derechos de determinados grupos, como el de las condiciones justas y equitativas del trabajador (art. 31), o el derecho a la protección del consumidor (art. 28), los derechos del niño (art. 24) y la integración de las personas discapacitadas (art. 26).

La preocupación por la irrupción de los sistemas inteligentes, y su posible efecto negativo para la protección de los derechos de las personas, se detecta en otros textos europeos, destacando **Coca Payeras**[16] la *Resolución del Parlamento Europeo, de 6 de octubre de 2021, sobre la inteligencia artificial en el Derecho penal y su utilización por las autoridades policiales y judiciales en asuntos penales*. Este texto impone la necesidad de garantizar el respeto a los derechos y libertades fundamentales consagrados en la Carta de derechos fundamentales, así como la necesidad de que la tecnología de IA se desarrolle de manera que sitúe a las personas en su centro. Además, alerta sobre la utilización de herramientas de IA por las autoridades judiciales para la toma de decisiones sobre prisión preventiva, o para dictar sentencias, calcular las probabilidades de reincidencia y determinar la libertad condicional o resolver litigios en línea.

Esta Resolución expresa también gran preocupación por el uso por parte de las fuerzas policiales y servicios de inteligencia de bases de datos de reconocimiento facial, como la base *Clearview AI*, una base de datos de más de 3000 millones de imágenes que se han recopilado de redes sociales y otros lugares de internet. Asimismo, se preocupa por el uso de la inteligencia artificial en el control de fronteras, como el proyecto europeo *iBorderCtrl*, un sistema inteligente de detección de mentiras que, como dice **Coca Payeras** *(Ibid.)*, «elabora perfiles de los viajeros a partir de una entrevista automatizada por ordenador realizada a través de la cámara web del viajero antes del viaje y un análisis de 38 microgestos basado en la inteligencia

14 *Propuesta de Reglamento del Parlamento Europeo y del Consejo por el Que se establecen normas armonizadas en materia de Inteligencia Artificial (Ley de Inteligencia Artificial) y se modifican determinados actos legislativos de la Unión*, de 21.4.2021, COM(2021) 206 final.

15 Megías Quirós, «Derechos humanos e Inteligencia artificial», cit., p. 158.

16 Coca Payeras, Miguel, «Las iniciativas de la Unión europea sobre inteligencia artificial: de la persona electrónica, al difícil equilibrio entre la necesidad de impulsarla y evitar sus riesgos», *Revista de Derecho Civil*, vol. X, núm. 2, especial (junio, 2023), p. 24. En http://nreg.es/ojs/index.php/RDC

artificial, probado en Hungría, Letonia y Grecia». Ante estos sistemas de reconocimiento o biométricos, la Resolución pide a la Comisión que, por medios legislativos y no legislativos, y si es necesario a través de procedimientos de infracción, prohíba el tratamiento de datos biométricos, incluidas las imágenes faciales, mediante vigilancia masiva en espacios públicos con fines coercitivos (epígrafe 31).

II. Control de los sistemas de IA y su incidencia en los derechos fundamentales

2.1. El paso de la regulación ética a la normativa: La Ley de la IA

Centrándonos en el ámbito europeo, la vía por la que se opta es más la del establecimiento de principios éticos y la defensa de los derechos de la persona, que la creación de nuevos neuroderechos. Resume **Megías Quirós**[17] la evolución de la normativa europea sobre IA y protección de los derechos humanos señalando que los primeros textos europeos sobre cuestiones éticas de la IA siguen un camino similar al de la UNESCO, fijando inicialmente algunos principios éticos objetivos en tema de IA, pero luego incidiendo en la vía jurídico-normativa. El primer texto del Parlamento Europeo con contenido ético significativo fue la Carta sobre robótica, en la Resolución de 16 de febrero de 2017[18]. Le sigue la Resolución de 12 de febrero de 2019[19], sobre política industrial global europea en materia de inteligencia artificial, en la que, «además de instar a la Comisión a revisar y adaptar la legislación europea a la nueva realidad desde una perspectiva ética, concretaba nuevos principios para complementar la legislación e insistía en la aprobación "de una carta ética de buenas prácticas para la IA"». Ésta viene a ser la carta *Directrices éticas para una IA fiable (Ethics Guidelines for Trustworthy Artificial Intelligence)*, del Grupo independiente de expertos de alto nivel sobre IA, de 8 de abril de 2019. Como señalan **García Inda, González Ordovás,** y **Muñoz Soro**[20],

17 Megías Quirós, José Justo, «Derechos humanos e Inteligencia artificial», *Revista DIKAIOSYNE*, N.º 37, número especial sobre DDHH, en coedición con el Observatorio de Derechos Humanos de la Universidad de Los Andes. Mérida - Venezuela. Enero, 2022, pp. 155 y ss.

18 *Resolución del Parlamento Europeo, de 16 de febrero de 2017, con recomendaciones destinadas a la Comisión sobre normas de Derecho civil sobre robótica* (2015/2103(INL)).

19 *Resolución del Parlamento Europeo, de 12 de febrero de 2019, sobre una política industrial global europea en materia de inteligencia artificial y robótica (2018/2088(INI))*

20 García Inda, Andrés, González Ordovás, María José y Muñoz Soro, José Félix, «IA y Filosofía del Derecho: derechos, normas y sesgos», en Proyecto IASAC Unizar, Ciencias sociales y jurídicas, http://unidigitaliasac.unizar.es/ficha/la-ai-vista-desde-la-filosofia-del-derecho

el documento basa la fiabilidad de la IA en el cumplimiento de tres requisitos: que sea lícita, ética y robusta. Y añade «cuatro grandes principios éticos que pueden servir de referencia para pensar la relación entre el Derecho y la IA: el principio de respeto de la autonomía humana, el de prevención del daño, el de equidad y el de explicabilidad. O, dicho con otras palabras, la IA debe ser respetuosa, benigna, equitativa y transparente (o explicable)».

Por nuestra parte, en España tenemos la *Carta de derechos digitales*, adoptada en julio de 2021 por el Gobierno, que se inscribe en el contexto de la Estrategia Española Nacional de Inteligencia Artificial de 2020, pero que carece de efectos normativos.

En la doctrina, señala Francisco **DE ASÍS ROIG**[21], se estima que la evitación del daño a los derechos humanos pasa por una defensa de los derechos fundamentales con base jurídica, eventualmente complementada con el reconocimiento de nuevos *neuroderechos* (con la precaución de no crear una inflación de los mismos que los devalúe), y asimismo con nuevas normas y textos internacionales. Resalta este autor que la Oficina del Alto Comisionado de Naciones Unidas para los Derechos Humanos, en su informe sobre *El derecho a la privacidad en la era digital* (2021), proclamaba que los Estados deben establecer mecanismos de supervisión y reparación relacionados con la privacidad. Y también la UNESCO, a través de su Comité Internacional de Bioética, emitió un informe el 15 de diciembre de 2021 sobre *Cuestiones Éticas de la Neurotecnología*, en el que se encuentran sugerencias como las siguientes: *a) Agregar protocolos a los tratados internacionales, como la Declaración Universal de los Derechos Humanos, para abordar los desafíos que plantean las neurotecnologías. b) Reforzar la Declaración Universal de los Derechos Humanos, considerando que la neurotecnología desafía los derechos humanos existentes y que se requerirán nuevas garantías en función de las posibilidades de vulneración. c) Elaborar una Nueva Declaración Universal de Derechos Humanos y Neurotecnología*. En esta línea, el Congreso chileno aprueba el 12 de abril 2021 una reforma constitucional reconociendo el derecho a la integridad neuronal.

Volviendo al ámbito europeo, a partir de 2020 la UE reconoce la insuficiencia del marco ético para una protección eficaz de los derechos humanos frente a la IA, —se trata de la *Resolución de 20 de octubre sobre aspectos éticos de la IA, robótica y tecnologías conexas*— y se opta por una defensa propiamente jurídica, proponiendo a la Comisión la aprobación de dos Reglamentos de aplicación en los Estados de la UE. Como nos dice **MEGÍAS QUIRÓS**[22], «El primer Reglamento propone un marco regulador de la IA con la conversión de principios éticos en obligaciones jurídicas, porque "los principios éticos comunes solo son eficaces cuando están también asentados en

21 DE ASÍS ROIG, «Ética, Tecnología y Derechos», cit., p. 38.

22 MEGÍAS QUIRÓS, «Derechos humanos e Inteligencia artificial», *Revista DIKAIOSYNE*, cit., pp. 155 y ss.

Derecho" y porque las orientaciones éticas son un buen punto de partida, pero no garantizan que los desarrolladores, desplegadores y usuarios actúen de manera justa ni aseguran la protección eficaz de las personas». El segundo Reglamento es la *Resolución 20 de octubre de 2020, con recomendaciones destinadas a la Comisión sobre un régimen de responsabilidad civil en materia de inteligencia artificial*, que propone el establecimiento de un régimen de responsabilidad civil, objetiva y subjetiva, para que pueda ser reclamado cualquier daño causado por la IA.

Sin embargo, el paso definitivo hacia una regulación de una IA que va más allá de la ética lo da en 2021 la *Propuesta de Reglamento del Parlamento europeo y del Consejo por el que se establecen normas armonizadas en materia de Inteligencia Artificial*[23], la llamada *Ley de Inteligencia Artificial* (LIA), que establecería un marco jurídico mediante normas claras para garantizar una IA fiable, segura y respetuosa con los derechos fundamentales. Destaca en este sentido **Coca Payeras**[24], que entre los objetivos de la Ley de la IA según su Exposición de motivos, están los de «garantizar que los sistemas de IA introducidos y usados en el mercado de la UE sean seguros y respeten la legislación vigente en materia de derechos fundamentales y valores de la Unión», y «mejorar la gobernanza y la aplicación efectiva de la legislación vigente en materia de derechos fundamentales y los requisitos de seguridad aplicables a los sistemas de IA». En definitiva, no bastan los principios éticos para la salvaguarda de los derechos fundamentales, y por eso la Exposición de motivos de la LIA dice que, en consecuencia, «... las normas relativas a la IA ...deben estar centradas en las personas, a fin de que la población tenga la seguridad de que la tecnología se usa de un modo seguro y en consonancia con la ley, lo que también implica respetar los derechos fundamentales».

Los últimos textos europeos siguen también esta línea, en particular la *Declaración conjunta del Parlamento Europeo, el Consejo y la Comisión de 23 de enero de 2023 sobre los Derechos y Principios Digitales para la Década Digital*[25]. Como dice **Coca Payeras**[26], en su Preámbulo esta Declaración insiste en su primer capítulo en que las personas constituyen el núcleo de la transformación digital de la Unión Europea, y que esta tecnología debe servir y beneficiar a todos los europeos para que cumplan sus aspiraciones, *...en*

23 Bruselas, 21.4.2021, COM(2021) 206 final, 2021/0106(COD)

24 Coca Payeras, Miguel, «Las iniciativas de la Unión europea sobre inteligencia artificial: de la persona electrónica, al difícil equilibrio entre la necesidad de impulsarla y evitar sus riesgos», *Revista de Derecho Civil*, vol. X, núm. 2, especial (junio, 2023), p. 24. En http://nreg.es/ojs/index.php/RDC

25 *Diario Oficial de la Unión Europea*, 23.1.2023, C 23/1.

26 Coca Payeras, «Las iniciativas de la Unión europea sobre inteligencia artificial... », cit., p. 37.

total seguridad y respetando plenamente sus derechos fundamentales. Nos comprometemos a: ... b) adoptar las medidas necesarias para que los valores de la UE y los derechos de los ciudadanos reconocidos por el Derecho de la Unión se respeten tanto en línea como fuera de línea; c) fomentar y garantizar una acción responsable y diligente por parte de todos los agentes digitales, públicos y privados, en el entorno digital; d) promover activamente esta visión de la transformación digital, también en nuestras relaciones internacionales. Como vemos, una reiteración continua de la necesidad de respeto de los derechos de las personas (y, por tanto, un reconocimiento del riesgo que plantean estas nuevas técnicas para estos derechos).

2.2. La clasificación de la LIA de los sistemas de riesgo para los derechos de las personas

2.2.1. Sistemas prohibidos (con excepciones)

En la citada Ley de la IA, Propuesta de Reglamento europeo de abril de 2021, se distingue inicialmente en su articulado, tras una serie de conceptos y definiciones, una serie de *Prácticas de Inteligencia Artificial Prohibidas*, según reza el Título II de esta Ley. Veamos cuáles son estas aplicaciones técnicas de la IA que son prohibidas por conllevar riesgos inaceptables para los derechos fundamentales, señalando así el artículo 5 LIA que quedan prohibidas las siguientes *prácticas* de inteligencia artificial:

– Las técnicas subliminales *que trasciendan la conciencia de una persona para alterar de manera sustancial su comportamiento* provocando perjuicios físicos o psicológicos a esa persona o a otra. Es decir, técnicas de persuasión subliminal. Asimismo, las *técnicas de persuasión* que aprovechen vulnerabilidades de grupos específicos de personas debido a su edad o discapacidad física o mental *para alterar de manera sustancial el comportamiento de una persona que pertenezca a dicho grupo* de un modo que provoque o sea probable que provoque perjuicios físicos o psicológicos a esa persona o a otra. En definitiva, técnicas de persuasión y alteración subliminal de comportamientos.

– La utilización de sistemas de IA por las autoridades públicas para evaluar o clasificar a personas físicas *atendiendo a su conducta social o a características personales o de su personalidad conocidas o predichas*, de forma que la clasificación social resultante dé lugar a situaciones de trato perjudicial o desfavorable en contextos sociales sin relación con el que generó los datos de clasificación, o que sea desproporcionado con respecto al comportamiento social clasificado. Estamos ante técnicas de perfilado de sujetos y calificación social de los mismos.

– El uso de *sistemas de identificación biométrica remota «en tiempo real» en espacios de acceso público* salvo que sea estrictamente necesario para la búsqueda selectiva de víctimas concretas de un delito, incluidos menores desaparecidos; la prevención de una amenaza específica, importante e inminente para la vida o la seguridad física de las personas físicas, como un atentado terrorista. En particular, la identificación de personas relacionadas con delitos especialmente importantes como pertenencia a organización delictiva, terrorismo, trata de seres humanos, explotación sexual de niños y pornografía infantil, tráfico de drogas o de armas[27]. Una técnica de identificación biométrica se traduce en la vigilancia espacial de los sujetos en tiempo real, y como veremos, se puede trasladar sus resultados, una vez identificado el sujeto, al ámbito de la calificación social del mismo.

Estos sistemas de identificación biométrica son especialmente agresivos para los derechos fundamentales, por lo que además de esta prohibición, se establece en la Ley de la IA una serie de cautelas para su utilización, como son el tener en cuenta sus consecuencias para los derechos y las libertades de las personas implicadas, la adopción de salvaguardias para su uso, establecimiento de limitaciones temporales, geográficas y personales y, además *autorización previa por parte de una autoridad judicial o una autoridad administrativa independiente del Estado miembro donde vaya a utilizarse dicho sistema*.

2.2.2. Sistemas de alto riesgo

No terminan aquí las amenazas de la IA a los derechos fundamentales, aparte de estos sistemas prohibidos o de riesgo inaceptable, la Ley de la IA también refiere una serie de sistemas que se admiten pero que son calificados como de *alto riesgo*. Se trata de sistemas de IA referidos en los Anexos II y III de esta Ley que se aplican a tareas como las relacionadas con la salud, funcionamiento del tráfico rodado y el suministro de agua, gas, calefacción y electricidad, o sistemas de selección para el acceso a instituciones educativas y acceso al empleo. Asimismo, se incluyen los sistemas para la calificación crediticia o solvencia, o los sistemas empleados por las autoridades públicas para la aplicación de la ley, o la administración de justicia y la gestión de la migración, el asilo y el control fronterizo.

Pero como puede comprobarse, aquí no se está haciendo referencia a una aplicación técnica de la IA en particular, sino a la utilización de los sistemas inteligentes en funciones de control de ámbitos sensibles (datos médicos, regulación del tráfico, control de suministro de agua y energía) en los que se

27 Se trata de los delitos recogidos, como nos dice el art. 5.1.iii de esta Ley de la IA, en la Decisión Marco 2002/584/JAI del Consejo, *para el que la normativa en vigor en el Estado miembro implicado imponga una pena o una medida de seguridad privativas de libertad cuya duración máxima sea al menos de tres años...*

precisa una vigilancia especial para evitar daños a las personas. Es decir, que el concepto de *alto riesgo* va aquí referido a determinados ámbitos de utilización de la IA, mientras que el concepto de *prohibición* o riesgo inaceptable se aplica directamente a técnicas concretas de IA que actúan inmediatamente sobre las personas.

2.2.3. Diferencia entre ambos tipos de sistemas

A partir de lo anterior, veo que es posible diferenciar, por un lado, sistemas inteligentes que son, por el riesgo que producen para los derechos fundamentales, lesivos *per se* para estos derechos, y cuya utilización o está prohibida o sólo es posible con carácter excepcional y con fuertes medidas de control; y por otro lado, están los ámbitos en los que el mal funcionamiento de sistemas inteligentes conlleva un riesgo de afectación a los derechos fundamentales, ya por gestionar infraestructuras o instalaciones básicas para la vida en sociedad (suministros de agua, electricidad, líneas de datos), ya por tratarse de actividades que implican intervención pública o que tienen carácter especialmente delicado (administración de justicia, educación, empleo, instituciones financieras), en las que puede ser fácil que se produzcan lesiones a los derechos de las personas por un funcionamiento sesgado o por una avería del sistema.

Esto es lo que diferencia la lesión en uno y otro caso: en el supuesto de los sistemas inteligentes de riesgo inaceptable o prohibidos, los daños se producen por el buen funcionamiento del sistema, que consigue resultados que van más allá de lo que se podría esperar mediante la intervención exclusivamente humana; en cambio, en los sistemas inteligentes que actúan en ámbitos sensibles o de alto riesgo, los daños derivan del mal funcionamiento del sistema, que padece errores o disfunciones (sesgos, averías, bucles o caídas del sistema) que producen lesión a los derechos de las personas.

Veamos a continuación de qué riesgos estamos hablando, y cuáles son estas técnicas de IA peligrosas para los derechos fundamentales.

III. Las aplicaciones de la IA y el posible daño a los derechos fundamentales

3.1. Los sistemas de datos biométricos e identificativos, en general

A continuación, veremos los distintos sistemas inteligentes que hoy se aplican a tareas de vigilancia en calles y comercios, tareas de identificación y control social de la ciudadanía, comenzando por un breve examen de los datos biométricos que sirven de base para su funcionamiento.

Los sistemas de reconocimiento de personas por sus datos biométricos son invasivos por sí mismos, e impactan directamente en la protección de datos personales prescrita en el artículo 16 del Tratado de Funcionamiento de la Unión europea. Se trata de la utilización de sistemas inteligentes que, a través de videocámaras, reconocen los rasgos faciales de las personas y a partir de éstos, la identidad de cada persona en particular. A esto se puede añadir que, mediante diversos periféricos (medidores de tensión arterial, cámaras termográficas, scanner de huellas, micrófonos), se obtienen otros datos corporales como huellas dactilares, temperatura corporal, frecuencia cardiaca, sudoración o respiración del sujeto, tono de voz, movimiento de las pupilas, datos que permiten ampliar la exploración a informes sobre el estado de salud, emociones o incluso pensamientos de la persona, como luego veremos.

La Ley de la IA de 2021 procede a definir los «Datos biométricos» en el art. 3, n.º 33) como *...los datos personales obtenidos a partir de un tratamiento técnico específico, relativos a las características físicas, fisiológicas o conductuales de una persona física que permitan o confirmen la identificación única de dicha persona, como imágenes faciales o datos dactiloscópicos*[28]. Distingue **Cotino Hueso**[29] entre identificadores «fuertes», más utilizados por las tecnologías identificadoras de primera generación (huellas dactilares, ADN, estructura del iris, rostros, voz) e identificadores «débiles» que cada vez cobran más protagonismo (formas de andar, patrones de vasos sanguíneos, patrones de pulsación de teclas etc.): «Con la nueva generación de tecnologías se va más allá de la finalidad de identificación y se habla de "biometría del comportamiento" para el perfilado, reconocimiento de emociones o categorización de personas. Es por ello que, frente a los datos biométricos ligados únicamente a la identificación, se propone el concepto más amplio inclusivo de "datos basados en la biometría"». Por ejemplo, el dato de la pulsación de teclas puede llevarnos al diagnóstico del Parkinson en el sujeto, como investiga en el MIT un equipo del que forman parte los españoles Álvaro Sánchez-Ferro y Carlos Sánchez Mendoza[30].

A continuación, pasa el art. 3 LIA a definir los distintos sistemas de datos biométricos, definiciones que nos proporcionan una muestra de las diferentes aplicaciones de esta técnica: *34) Sistema de reconocimiento de emocio-*

---

28 Repite la definición del art. 3 de la Directiva (UE) 2016/680 del Parlamento Europeo y del Consejo, de 27 de abril de 2016, relativa a la protección de las personas físicas en lo que respecta al tratamiento de datos personales: *13) «datos biométricos»: datos personales obtenidos a partir de un tratamiento técnico específico, relativos a las características físicas, fisiológicas o de conducta de una persona física que permitan o confirmen la identificación única de dicha persona, como imágenes faciales o datos dactiloscópicos*.

29 Cotino Hueso, «Reconocimiento facial automatizado y Sistemas de identificación biométrica bajo la regulación superpuesta de Inteligencia artificial y protección de datos», *Derecho Público de la inteligencia artificial,* Coordinadores Balaguer Callejón, Francisco, Cotino Hueso, Lorenzo, Fundación Manuel Giménez Abad, Zaragoza, 2023, p. 348.

30 neuroQWERTY. Massachusetts Institute of Technology, https://neuroqwerty.mit.edu/

nes: un sistema de IA destinado a detectar o deducir las emociones o las intenciones de personas físicas a partir de sus datos biométricos. 35) Sistema de categorización biométrica: un sistema de IA destinado a asignar a personas físicas a categorías concretas, como un sexo, edad, color de pelo, color de ojos, tatuajes, origen étnico u orientación sexual o política, en función de sus datos biométricos. 36) Sistema de identificación biométrica remota: un sistema de IA destinado a identificar a personas físicas a distancia comparando sus datos biométricos con los que figuran en una base de datos de referencia, y sin que el usuario del sistema de IA sepa de antemano si la persona en cuestión se encontrará en dicha base de datos y podrá ser identificada. A su vez, estos sistemas de identificación remota pueden funcionar *en tiempo real*, es decir procediendo a una identificación instantánea, o *en diferido*.

Apunta **Ebers**[31] a que el art. 5.1.d) de la LIA prohíbe los sistemas de IA de identificación biométrica remota (*biometric identification system* o BIS) «en tiempo real» en espacios de acceso público (por ejemplo, los sistemas de reconocimiento facial utilizados para identificar a una persona en la calle), pero que este enfoque de prohibir únicamente los sistemas de identificación biométrica utilizados para la aplicación de la ley es demasiado restrictivo, y sus excepciones demasiado amplias. Critica también que el reconocimiento automatizado de características como el sexo, la sexualidad o el origen étnico, lo que se conoce como *biometric categorization systems* o BCS, así como el reconocimiento automatizado de las emociones (*emotion recognition system* o ERS)[32], no están prohibidos por la LIA.

Por su parte, el Gobierno estadounidense elabora en octubre de 2022 un texto de directrices denominado *AI Bill Of Rights - Making Automated Systems Work For The American People*[33], en el que se tiene en cuenta la identificación biométrica. Y autores como Margaret Hu[34] advierten que estos sistemas biométricos, que ya están siendo usados para fines de vigilancia y control de fronteras, seguridad e inmigración, son de «alto riesgo», y pueden colisionar con derechos constitucionales fundamentales y derechos humanos. En definitiva, se trata de un desafía normativo-constitucional de primer orden.

31 Ebers, «El futuro marco jurídico europeo de la inteligencia artificial», cit., p. 267.

32 Un sistema inteligente de reconocimiento de emociones trata de detectar diferentes emociones del sujeto mediante la información procedente de las expresiones faciales, el movimiento corporal, los gestos y el lenguaje.

33 *AI Bill Of Rights - Making Automated Systems Work For The American People,* October 2022. En https://www.whitehouse.gov/wp-content/uploads/2022/10/Blueprint-for-an-AI-Bill-of-Rights.pdf

34 Hu, Margaret, «Biometrics and an AI Bill of Rights» ((2022), *William & Mary Law School Scholarship Repository*, Faculty Publications, Summer 2022. En https://scholarship.law.wm.edu/facpubs/2078

El análisis de estos datos biométricos permite conseguir toda una serie de resultados que vamos a ver a continuación, y su incidencia sobre los derechos fundamentales de las personas puede ser radical. Es cierto que tiene esta técnica una serie de utilidades prácticas, como la de utilizar la «huella facial» para desbloquear un teléfono móvil, o acceder a cuentas bancarias, pero su utilización principal es policial, como veremos. Da cuenta **LUCASIEWICZ**[35] de una curiosa utilización del reconocimiento facial, la de encontrar en los bancos de gametos a los donantes más semejantes a los receptores del material genético, para lograr que los hijos se les parezcan.

Pero pese a estos usos poco conflictivos, y como señala **COTINO HUESO**[36], la tecnología biométrica tiene el potencial de impactar prácticamente en todos los derechos fundamentales de las personas: «Entre otros, la Agencia de la Unión Europea para los Derechos Fundamentales (FRA) menciona los siguientes derechos: «la dignidad humana, al respeto de la vida privada, la protección datos personales, la no discriminación, los derechos del niño y de los mayores, los derechos de las personas con discapacidad, la libertad de reunión y asociación, la libertad de expresión, el derecho a una buena administración, y el derecho a un recurso efectivo ante la ley y a un juicio justo». Y esto en las distintas aplicaciones de la recolección de datos biométricos, que pasamos a examinar.

3.2. Aplicaciones de los datos biométricos

3.2.1. Sistemas de identificación y localización de personas

Los sistemas biométricos llevan tiempo siendo utilizados para asuntos como desbloquear el teléfono móvil, pero su aplicación estrella consiste en la vigilancia policial, identificación de personas y seguimiento de las mismas. La incidencia de estas técnicas sobre los derechos fundamentales es brutal. Como señala **COTINO HUESO**[37], nada impide hoy a la policía detectar a un ciudadano en la vía pública o en una manifestación, identificarlo y analizar si está en alguna base de datos específica, georreferenciarlo y reconstruir sus

35 LUCASIEWICZ, Rafal, «Facial recognition. Matching in gamete donation using AI», Tratado de Inteligencia artificial y Derecho en el nuevo milenio, Ediciones Olejnik, Santiago de Chile, 2022, pp. 391 y ss.

36 COTINO HUESO, Lorenzo, «Sistemas de inteligencia artificial con reconocimiento facial y datos biométricos. Mejor regular bien que prohibir mal», *El Cronista del Estado Social y Democrático de Derecho*, N.°. 100 (Septiembre-Octubre), 2022 (Ejemplar dedicado a: Inteligencia artificial y derecho), p. 71.

37 COTINO HUESO, «Sistemas de inteligencia artificial con reconocimiento facial y datos biométricos...», cit., p. 72.

recorridos, interacciones con otras personas y evaluar su comportamiento. Cabe añadir que, si además procesamos los datos de su teléfono móvil, la información puede completarse con todos los perfiles que quepa extraer de dicho dispositivo.

Pero estas tecnologías suponen un ataque a la intimidad personal, y ya hay sentencias que afirman la lesividad de las mismas, como la del Tribunal de Apelaciones del Noveno Circuito de los Estados Unidos, en *Patel v. Facebook, Inc.*[38], que condenó a *Facebook* en 2019 por la recopilación no consensuada de archivos faciales de los usuarios. El tribunal concluyó que la creación de una base de datos de rostros e identidades constituía una conducta contraria a la *Illinois Biometric Information Privacy Act (BIPA)*.

Dada su potencial peligrosidad, el tratamiento jurídico que reciben estos sistemas en la Ley de la IA europea no es suficientemente protector de los derechos fundamentales. Como señala **Cotino Hueso**[39], las prohibiciones y restricciones de los arts. 5 y 6 de la indicada Ley no impiden realmente la vulneración de derechos, pues los «sistemas de identificación biométrica» que en principio estarán prohibidos son los que funcionan «en tiempo real», en espacios de acceso público y con fines policiales. Luego a contrario, «...no estarían prohibidos los reconocimientos faciales que no funcionen a partir de imágenes en tiempo real, algo que ha sido especialmente criticado... Tampoco estarían prohibidos en los lugares que no sean de acceso al público, como locales de empresas y fábricas, oficinas y lugares de trabajo, las prisiones, zonas de control fronterizo y espacios en línea (Considerando 9 AIA[40]). Cabe recordar que, por exclusión, también quedan fuera de la prohibición las finalidades de defensa e inteligencia. Asimismo, los usos de estos sistemas en el ámbito de "migración o de asilo" parecen admitirse (art. 5.4 AIA, versión Presidencia checa 2022)». En el contexto privado, no hay que excluir las finalidades de seguridad privada en establecimientos de acceso público (supermercados, transporte, estadios, escuelas, y no estarían prohibidas las finalidades privadas de marketing, comercio u otras.

Desde el punto de vista de la normativa de protección de datos, el tratamiento de los datos obtenidos mediante técnicas biométricas está sometido al régimen general de protección de datos de la ley española, Ley Orgánica 3/2018, de 5 de diciembre, de Protección de Datos Personales y garantía de los derechos digitales (LOPD), en su art. 9, al tratarse de una *categoría especial* de datos. Aparecen específicamente mencionados los datos biométricos como categoría especial también en el art. 9 del Reglamento (UE) 2016/679

38 Patel v. Facebook, Inc., No. 18-15982 (9th Cir. 2019)

39 Cotino Hueso, «Sistemas de inteligencia artificial con reconocimiento facial y datos biométricos...», cit., pp. 69 y 70.

40 AIA es el equivalente en inglés a la LIA: *Artificial Intelligence Act*.

del Parlamento Europeo y del Consejo, de 27 de abril de 2016[41] (RGPD), y se les suman las garantías de los tratamientos automatizados del art. 22 de dicho Reglamento. Sin embargo, el mismo art. 9 RGPD permite excepcionalmente el tratamiento de estos datos especiales cuando *g) el tratamiento es necesario por razones de un interés público esencial, sobre la base del Derecho de la Unión o de los Estados miembros, que debe ser proporcional al objetivo perseguido, respetar en lo esencial el derecho a la protección de datos y establecer medidas adecuadas y específicas para proteger los intereses y derechos fundamentales del interesado*.

Apunta **Cotino Hueso**[42] que el uso de sistemas biométricos en el ámbito policial y penal quedará bajo la regulación especial de la Directiva 2016/680 del Parlamento Europeo y del Consejo, de 27 de abril de 2016, relativa a la protección de las personas físicas en lo que respecta al tratamiento de datos personales en el ámbito penal (testigos, víctimas o encausados)[43]. En esta Directiva, el tratamiento de los datos biométricos como datos personales aparece en el art. 10: *El tratamiento de datos personales que revelen el origen étnico o racial, las opiniones políticas, las convicciones religiosas o filosóficas, o la afiliación sindical, así como el tratamiento de datos genéticos, datos biométricos dirigidos a identificar de manera unívoca a una persona física… solo se permitirá cuando sea estrictamente necesario, con sujeción a las salvaguardias adecuadas para los derechos y libertades del interesado y únicamente cuando: a) lo autorice el Derecho de la Unión o del Estado miembro…* Y la necesidad estricta, y consiguiente autorización, nos la señala el art. 5 de la LIA, que permite el uso de sistemas de identificación biométrica remota «en tiempo real» en espacios de acceso público para fines de aplicación de la ley con los objetivos siguientes: *i) la búsqueda selectiva de posibles víctimas concretas de un delito, incluidos menores desaparecidos; ii) la prevención de una amenaza específica, importante e inminente para la vida o la seguridad física de las personas físicas o de un atentado terrorista; iii) la detección, la localiza-*

---

41 Reglamento (UE) 2016/679 del Parlamento Europeo y del Consejo, de 27 de abril de 2016, relativo a la protección de las personas físicas en lo que respecta al tratamiento de datos personales y a la libre circulación de estos datos y por el que se deroga la Directiva 95/46/CE (Reglamento general de protección de datos). «DOUE» núm. 119, de 4 de mayo de 2016. Artículo 9. Tratamiento de categorías especiales de datos personales: *1. Quedan prohibidos el tratamiento de datos personales que revelen el origen étnico o racial, las opiniones políticas, las convicciones religiosas o filosóficas, o la afiliación sindical, y el tratamiento de datos genéticos, datos biométricos dirigidos a identificar de manera unívoca a una persona física, datos relativos a la salud o datos relativos a la vida sexual o la orientación sexual de una persona física…*

42 Cotino Hueso, «Sistemas de inteligencia artificial con reconocimiento facial y datos biométricos…», cit., p. 73.

43 De la misma fecha es el Reglamento (UE) 2016/679 del Parlamento Europeo y del Consejo, de 27 de abril 2016, relativo a la protección de las personas físicas en lo que respecta al tratamiento de datos personales y a la libre circulación de éstos, que sustituye al anterior Reglamento General de Protección de Datos de 1995.

ción, la identificación o el enjuiciamiento de la persona que ha cometido o se sospecha que ha cometido alguno de los delitos mencionados en el artículo 2, apartado 2, de la Decisión Marco 2002/584/JAI del Consejo 62, precepto éste que hace referencia a una larga serie de delitos[44].

Señala **Turley**[45] que, a diferencia de inventos anteriores, esta nueva técnica no es el resultado de un simple avance tecnológico como en las escuchas telefónicas o los dispositivos de escucha no intrusivos como los micrófonos direccionales. Además, está diseñada en gran parte para utilizar imágenes o datos que se coloquen por el propio sujeto a disposición de cualquiera colgándolas en Internet. Los datos de los que se nutre son variadísimos, como ya se ha visto: desde la imagen facial o del iris a sistemas que identifican a las personas por su manera de caminar, o por reconocimiento de su voz, sistemas de reconocimiento de pulsaciones de teclas, sistemas de reconocimiento de venas en las manos y muchos más. Como dato curioso, el ejército estadounidense utiliza una tecnología llamada vibrometría láser, que puede detectar con láseres infrarrojos la *firma cardíaca* única de personas con una precisión del 95 % y un alcance de 200 metros.

La utilización policial de estos sistemas ha sido discutida desde su inicio, como exponen **Pollicino** y **Paolucci**[46]: Frente a la utilización por la policía inglesa de sistemas de reconocimiento de asistentes a eventos públicos, entre mayo de 2017 y abril de 2019, un activista por los derechos humanos, el Sr. Bridges, reclamó ante los tribunales exigiendo el respeto a su derecho a la privacidad. Rechazada su demanda en primera instancia, el tribunal de apelación la admitió, declarando ilegal el uso de la tecnología biométrica por lesión a la privacidad y a la protección de datos de los particulares, con efectos negativos sobre la libertad de expresión y asociación[47]. Por su par-

---

44 Como son: -pertenencia a organización delictiva, - terrorismo, - trata de seres humanos, - explotación sexual de los niños y pornografía infantil, - tráfico ilícito de estupefacientes y sustancias psicotrópicas, - tráfico ilícito de armas, municiones y explosivos, - corrupción, - fraude ... - blanqueo del producto del delito, - falsificación de moneda..., - delitos de alta tecnología, en particular delito informático, - delitos contra el medio ambiente, incluido el tráfico ilícito de especies..., - ayuda a la entrada y residencia en situación ilegal, - homicidio voluntario, agresión con lesiones graves, - tráfico ilícito de órganos y tejidos humanos, - secuestro, detención ilegal y toma de rehenes, - racismo y xenofobia, - robos organizados o a mano armada, - tráfico ilícito de bienes culturales, incluidas las antigüedades y las obras de arte, - estafa, - chantaje y extorsión de fondos, - violación de derechos de propiedad industrial y falsificación de mercancías, - falsificación de documentos administrativos y tráfico de documentos falsos, - falsificación de medios de pago, - tráfico ilícito de sustancias hormonales..., - tráfico ilícito de materiales radiactivos..., - tráfico de vehículos robados, - violación, - incendio voluntario, - delitos incluidos en la jurisdicción de la Corte Penal Internacional, - secuestro de aeronaves y buques, - sabotaje.

45 Turley, «Anonymity, Obscurity, And Technology: Reconsidering Privacy ...», cit., pp. 2206 y 2207.

46 Pollicino y Paolucci, «Digital constitutionalism to the test of the smart identity», cit. p. 9.

47 Bridges v. South Wales Police, Case No: C1/2019/2670

te, relata **Cotino Hueso**[48] que la utilización de sistemas de reconocimiento para fines policiales de vigilancia o seguridad pública es ya un hecho incluso en las democracias europeas, dando cuenta de su uso en países como Inglaterra, Alemania, EE. UU.., Brasil, Países Bajos o Italia. En los Países Bajos, varios municipios utilizan reconocimiento facial durante los carnavales y otros grandes eventos y desde 2016 la policía holandesa utiliza el sistema de reconocimiento facial CATCH a través de las imágenes de los teléfonos inteligentes, las cámaras corporales y la nube. En Italia el Garante italiano de la protección de datos considero inadmisible el 16 de abril de 2021 el «Sistema Automatico di Riconoscimento Immagini» *SARI*, utilizado desde 2019. En Alemania, en Hamburgo con motivo de una reunión del G20 en 2017 se implantó un sistema de reconocimiento facial a partir de grabaciones para la detección e investigación de delitos. Se usa también esta identificación por empresas privadas, sobre todo almacenes y tiendas, y así en España, la cadena de supermercados *Mercadona*, recibió una fuerte sanción por implantar un sistema inteligente biométrico que controlaba si quienes accedían a algunos establecimientos estaban en sus listas de «personas con una orden de alejamiento o medida judicial análoga en vigor»[49].

3.2.2. El perfilado predictivo

El perfilado se define en el art. 4.4 del Reglamento (UE) 2016/679 de protección de datos (RGPD): *4) «elaboración de perfiles»: toda forma de tratamiento automatizado de datos personales consistente en utilizar datos personales para evaluar determinados aspectos personales de una persona física, en particular para analizar o predecir aspectos relativos al rendimiento profesional, situación económica, salud, preferencias personales, intereses, fiabilidad, comportamiento, ubicación o movimientos de dicha persona física.* Surge como técnica que parte de la obtención de datos del sujeto, para empezar el de su identidad personal y digital (su dirección IP, número de móvil, dirección de correo electrónico, avatar o *nickname*), y otros acerca de sus intereses vitales (políticos, deportivos, ideológicos o religiosos), nivel económico y de gasto, preferencias de consumo y de entretenimiento, etc. Su objeto es obtener una imagen del sujeto que permita abordarlo con mensajes de todo tipo, desde publicidad y ofertas de turismo o inmobiliarias a información política o económica, con el objeto de provocar decisiones de compra o actuaciones

48 Cotino Hueso, «Reconocimiento facial automatizado y Sistemas de identificación biométrica bajo la regulación superpuesta de Inteligencia artificial y protección de datos», *Derecho Público de la inteligencia artificial,* Coordinadores Balaguer Callejón, Francisco, Cotino Hueso, Lorenzo, Fundación Manuel Giménez Abad, Zaragoza, 2023, p. 348.

49 Resolución de la Agencia Española de Protección de Datos, procedimiento sancionador PS 120/2022

de cualquier tipo en dicho sujeto-objetivo. Todos tenemos la experiencia de los reclamos que llegan a nuestro móvil, comerciales o de ocio.

La incidencia del perfilado en los derechos fundamentales tiene lugar sobre todo en el derecho a la intimidad y privacidad: su funcionamiento implica la creación de bases de datos de características personales de conjuntos de sujetos muy amplios. Bien es verdad que en muchos casos el identificador del sujeto no es sino una dirección IP, pero a partir de ahí y relacionando este dato con otros, es fácil llegar a la identidad real del mismo. Desde una finalidad sobre todo mercantil y publicitaria, el perfilado evoluciona a un ámbito de predicción de la conducta futura del sujeto, partiendo de los datos obtenidos y de las conductas observadas en el pasado, y de datos de tipo emocional obtenidos indirectamente.

El perfilado implica la clasificación de las personas según las características que se determinen en el algoritmo. A esto se refiere el art. 3 de la LIA cuando define en su número 35 a un «Sistema de categorización biométrica» como …*sistema de IA destinado a asignar a personas físicas a categorías concretas, como un sexo, edad, color de pelo, color de ojos, tatuajes, origen étnico u orientación sexual o política…* Pero el perfilado va más allá, añadiendo datos económicos e intereses de consumo. O peor, datos médicos y neurológicos, pues como nos cuenta **González Tapia**[50], mediante inteligencia artificial se puede lograr una extracción indirecta de datos de las personas a través de patrones de comportamiento, detección de emociones, tono y modulación del lenguaje, y datos biométricos. Y pone como ejemplo «… la detección temprana de enfermedades que puede hacerse, entre otros medios, a través del patrón de tecleo en el móvil con relación al Parkinson, de deambulación con respecto al Alzheimer o patrones de atención… Así mismo, datos relativos a navegación por las redes sociales y el análisis de los mensajes arrojados en ellas, permiten detectar riesgos como comportamientos o ideaciones suicidas; datos obtenidos en el entorno laboral sobre las emociones sentidas por sus trabajadores, pueden informar sobre su motivación».

Además del marketing y la publicidad, otro ámbito en el que se desarrolla el perfilado es el de la averiguación de tendencias políticas, pues como señala **Garriga Domínguez**[51], el desarrollo actual de la tecnología de IA permite el perfilado ideológico de los usuarios de cualquier plataforma, tanto con finalidades de marketing como políticas: «… La aplicación de la IA en estos ámbitos permite el perfilado ideológico individual y, a través de las técnicas de focalización podrá elaborarse información política personalizada,

50 González Tapia, M.ª Isabel, «Protección penal de los neuroderechos: el uso directo de las Neurotecnologías sobre el ser humano», *Inteligencia Artificial y Filosofía del Derecho*, Fernando H. Llano Alonso, Director, Ediciones Laborum, Murcia, 2022, p. 328.

51 Garriga Domínguez, Ana, «Inteligencia artificial y el fenómeno de la desinformación: el papel del RGPD1 y las garantías recogidas en la propuesta de la ley de servicios digitales», en *Inteligencia Artificial y Filosofía del Derecho*, Ediciones Laborum, Murcia, 2022, p. 452.

El desarrollo de los procesos de segmentación de mercados ha evolucionado hacia una segmentación psicográfica avanzada, que se basa en un algoritmo que determina una serie de rasgos demográficos y de actitud que permite distinguir a cada individuo para cada segmento objetivo y que permite hacer predicciones precisas de la reacción de la audiencia objetiva ... la cantidad y calidad de la información personal que se encuentra en las redes sociales, permite a los anunciantes mejorar el alcance e impacto de su publicidad ... Obviamente, estas técnicas pueden utilizarse para vender un producto determinado, pero también para favorecer una determinada ideología».

Naturalmente, a partir de esta personalización, se abre la vía hacia la interpretación interesada, el *nudge* político y la información parcial o sesgada. En suma, la desinformación del sujeto, cuyas decisiones dejan de ser libres porque no han sido libremente formadas. Como ejemplo de esto, es bien conocido el escándalo de *Cambridge Analytica*, una consultora política británica, que obtuvo los datos de millones de usuarios de Facebook sin su consentimiento y mediante sistemas de IA los utilizó para crear perfiles psicológicos. Estos perfiles luego se utilizaron para ofrecer anuncios políticos personalizados en la campaña presidencial americana de 2016. Este campo del perfilado proporciona información para luego proceder a enviar *nudges* que influyan en la conducta de los sujetos, concepto éste del que luego nos ocuparemos.

También nos advierten de las consecuencias negativas del perfilado **G.ª Inda, González Ordovás,** y **Muñoz Soro**[52], que, citando a José María Lasalle, dicen: «..."se nos neutraliza en la capacidad decisoria jugando con la sutileza algorítmica que hace que las personas no actúen según su juicio sino que se optimice este en nuestro propio beneficio. (...) Se disuelve la espontaneidad de la conducta bajo el peso de una mezcolanza de datos que se manipulan desde fuera de nosotros para determinarnos". Dicho con otras palabras, la IA puede ser un recurso para mejorar las condiciones de vida y ampliar la libertad del ser humano, compensando sus limitaciones "naturales" y facilitando la toma de decisiones en contextos complejos; o puede convertirse en un instrumento de dominación, limitando o suplantando esa libertad y esa capacidad de decisión en función de intereses espurios». Como dicen las *Directrices éticas para una IA fiable* (parágrafo 50), la IA puede ser un medio para «subordinar, coaccionar, engañar, manipular, condicionar o dirigir a los seres humanos de manera injustificada».

El perfilado, como estudio probabilístico o actuarial del individuo y la posibilidad de que observe un determinado comportamiento, ha sido desarrollado sobre todo en el ámbito penal, donde **Solar Cayón**[53] advierte

52 García Inda, González Ordovás y Muñoz Soro, «IA y Filosofía del Derecho...», en Proyecto IASAC cit., p. 6.

53 Solar Cayón, José Ignacio, «Inteligencia artificial y justicia digital», en *Inteligencia Artificial y Filosofía del Derecho*, Ediciones Laborum, Murcia, 2022, p. 382.

que es habitualmente empleado en la mayoría de jurisdicciones estatales para informar las decisiones judiciales sobre medidas cautelares, en particular la concesión o no de libertad provisional. Señala que estos sistemas de evaluación de riesgos de reincidencia criminal se basan en modelos estadísticos «... generados automáticamente mediante técnicas de *machine learning* que, a partir del análisis de grandes volúmenes de datos correspondientes a casos pretéritos, son capaces de detectar una serie de correlaciones entre determinados factores personales y sociales y el riesgo de comisión de futuros delitos... indicadores relativos a las circunstancias personales del acusado (edad y sexo, nivel de estudios, contexto familiar, situación socio-laboral, consumo de drogas...), elementos socio-demográficos (lugar de residencia, contexto socioeconómico, relaciones sociales...) y su historial judicial (detenciones y delitos previos, historial de violencia, precedentes de incomparecencia ante el tribunal...)»[54]. Todos estos datos son factores predictores del riesgo de reincidencia futura, asignando a cada uno un valor en función del análisis de los casos pretéritos. Por su parte, **Juliá-Pijoan**[55] nos señala, como ejemplos de estos sistemas, el programa americano COMPAS *(Correctional Offender Management Profiling for Alternative Sanctions)* o el catalán RISCANVI, programas de gestión penitenciaria que en base a datos personales del sujeto detectan su posibilidad de reincidencia delictiva. Y advierte que el sesgo en el que pueden incurrir estos programas es el de la búsqueda de diferencias cerebrales a partir de un modelo de «normalidad cerebral» puramente arbitrario.

Naturalmente, el siguiente paso consistirá en pasar de la ayuda para la decisión administrativa a la decisión judicial automática, a los «jueces-robot», como nos cuenta **De Asís Pulido**[56] que ya funcionan en China, si bien todavía en funciones de apoyo y dejando la decisión final al juez humano, como el programa Xiao Zhi, en la Corte Suprema Popular de China: «... esta máquina organiza los eventos del proceso, analiza la presentación de los casos en lo relativo a su admisibilidad, resume los puntos en los que las partes están en desacuerdo, ayuda en la evaluación de las pruebas y crea propuestas de re-

54 También señala este autor que los sistemas de decisión automática ya se utilizan en España en los procedimientos administrativos sancionadores, así el Reglamento general sobre procedimientos para la imposición de sanciones por infracciones de orden social y para los expedientes liquidatorios de cuotas de la Seguridad Social, tras la reforma operada por el Real Decreto 688/2021, de 3 de agosto, permite a la Inspección detectar incumplimientos basados en el análisis masivo de datos sin que se requiera la intervención directa de ningún funcionario.

55 Juliá-Pijoan, Miquel, «Una aproximación al perfilaje criminal desde la investigación neurocientífica», *FODERTICS 11.0 Derecho, entornos virtuales y tecnologías emergentes,* Comares, Granada, 2023, pp. 443 y ss.

56 González Tapia, M.ª Isabel, «Protección penal de los neuroderechos: el uso directo de las neurotecnologías sobre el ser humano», *Inteligencia Artificial y Filosofía del Derecho*, Ediciones Laborum, Murcia, 2022, p. 328.

soluciones judiciales (Chen/Li, 2020, 15)». Estos sistemas pueden funcionar tanto en modo decisorio como en predictivo, pero este tema excede de los límites de este breve trabajo. O incluso cabe dar un paso más y, como nos dicen los argentinos **Salvi y Nigri**[57], entrar en el terreno de la ciencia-ficción, configurando sistemas predictivos que se anticipen a la comisión del crimen, como se ve en la película *Minority Report*.

La posibilidad de perfilado ya la vaticinó Víctor **Drummond**[58], al considerar que las simples *cookies*, pese a su aspecto inofensivo, permitían un control de la navegación en Internet del sujeto y de sus perfiles y hábitos de consumo: «Esta problemática es propia de los sitios web que practican el comercio electrónico, ya que cuando se efectúa una compra o cualquier otro negocio en la red, el usuario deberá proporcionar voluntariamente una serie de datos personales. En ese momento, su nombre, dirección, número de tarjeta de crédito, entre otros datos, se integrarán automáticamente a una misma base de datos, junto con otras informaciones involuntariamente recogidas a través de las cookies... Este cruce de datos es un ejemplo auténtico de la transformación de datos en un principio irrelevantes en un perfil peligrosamente público del ciudadano».

Las cookies ya están superadas, el problema actual lo plantean las técnicas de detección de la huella digital, de las que nos habla **Fernando Pablo**[59]: Estas técnicas permiten el seguimiento de comportamiento en Internet de los usuarios finales, sin la protección de la Directiva 2002/58/CE, información que se puede recopilar con fines de identificación y seguimiento, utilizando técnicas que se describen como «toma de huellas digital del dispositivo» (generalmente sin el conocimiento del usuario), generando datos sobre sus actividades en línea o la ubicación física de su equipo. Como señala la Propuesta de Reglamento del Parlamento Europeo y del Consejo sobre el respeto de la vida privada y la protección de los datos personales en el sector de las comunicaciones electrónicas[60] en su Considerando 15, ...*a medida que la tecnología avanza, aumentan también los medios técnicos para la interceptación. Dichos medios pueden abarcar desde la instalación de equipos que recopilan datos de los equipos terminales de las zonas seleccionadas, como los deno-*

57 Salvi, Nicolás y Nigri, Santiago, «Minority Report: the Road to a Deterministic Theory for the Philosophy of Criminal Law», June 28th, 2022, *Opinión Jurídica*, 21(46), Special Edition 2022, pp. 1-18, https://doi.org/10.22395/ojum.v21n46a2

58 Drummond, Víctor, *Internet, privacidad y datos personales*, Traducción y notas de Isabel Espín Alba, Reus, Madrid, 2004, pp. 117-118.

59 Fernando Pablo, Marcos M., «Capítulo I: Construyendo la dignidad digital de la persona en el entorno digital. De los datos de tráfico, a la plaza y mercado de los servicios de comunicaciones electrónicas», en *Desafíos éticos, jurídicos y tecnológicos del avance digital* / coord. por Alicia Rodríguez Sánchez, Pilar Talavera Cordero; José Luis Domínguez Álvarez (dir.), Daniel Terrón Santos (dir.) Iustel, Madrid, 2023, págs. 21-40. P. 33.

60 COM/2017/010 final - 2017/03 (COD

minados receptores de IMSI (identidad internacional de abonado móvil), hasta algunos programas y técnicas que, por ejemplo, efectúan un seguimiento subrepticio de los hábitos de navegación para crear perfiles de usuarios finales.

3.2.3. El reconocimiento de emociones y la detección del pensamiento

Ya hemos visto que uno de los campos en los que la captación de datos biométricos es muy efectiva es el de los datos sobre frecuencia cardiaca, respiración, expresión facial, movimiento de las pupilas, temperatura corporal, cuya combinación puede indicar la presencia de determinados estados emocionales. Por ejemplo, el software de la compañía española *Decoditive* permite determinar mediante una sencilla cámara si el sujeto está haciendo trampas al ajedrez o la eficacia real de los anuncios que está contemplando[61], simplemente examinando el campo visual y movimiento de las pupilas del sujeto.

La misma Ley de la IA hace expresa referencia a la utilización de los datos biométricos para la labor policial en los interrogatorios, y la averiguación de la veracidad o falsedad de las declaraciones de las personas. Se está refiriendo a datos que revelan estados emocionales, tales como frecuencia cardiaca, sudoración, movimiento de las pupilas, tono de voz o incluso frecuencia y fuerza de pulsación de las teclas del ordenador. Es en concreto en el Considerando 38 en el que se expone que son de alto riesgo los sistemas de IA para la aplicación de la ley, entre los que deben incluirse *...en particular, los sistemas de IA que las autoridades encargadas de la aplicación de la ley utilicen para realizar evaluaciones del riesgo individuales, los polígrafos y herramientas similares, o los sistemas utilizados para detectar el estado emocional de una persona física*. Y en su art. 3.34 la LIA define al «Sistema de reconocimiento de emociones» como *un sistema de IA destinado a detectar o deducir las emociones o las intenciones de personas físicas a partir de sus datos biométricos*.

Da cuenta **Cotino Hueso**[62] que estos sistemas permiten leer emociones, detectar la verdad de las manifestaciones, y predecir futuros comportamientos y que desde hace años se utilizan para el control de fronteras en EE. UU., con el denominado Agente Virtual Automatizado para la Evaluación de la

61 «El CEO de Decoditive, Joan Buch, recogió el premio en la categoría e-commerce de la Barcelona New Economy Week (BNEW 2021) de manos de la ministra Nadia Calviño». El Español, 21 octubre 2021, en https://www.elespanol.com/invertia/disruptores-innovadores/disruptores/startups/20211028/startup-cazaba-tramposos-ajedrez-atrapar-clientes-neuromarketing/622687953_0.html

62 Cotino Hueso, «Reconocimiento facial automatizado y Sistemas de identificación biométrica bajo la regulación superpuesta de Inteligencia artificial y protección de datos», cit., p. 348.

Verdad en Tiempo Real (AVATAR - *Automated Virtual Agent for Truth Assessments in Real Time*), que analiza el comportamiento no verbal y verbal de los viajeros. En Europa, la Comisión Europea financió el proyecto *Intelligent Portable Control System (iBorderCtrl*), con herramientas de detección del engaño y de evaluación de respuestas de solicitantes de visa de entrada, que generó una relativa reacción desde la sociedad civil, y que finalmente ha sido retirado. Las grandes compañías de aplicaciones informáticas han producido sistemas de reconocimiento biométrico y facial para identificar personas y detectar emociones y estados de ánimo, así en junio de 2022, Microsoft anuncia que retira sus sistemas *Azure Face*.

Y al lado de estas técnicas, tenemos la IA aplicada a una nueva rama de la neurología, la neurotecnología, que define **Moreu Carbonell**[63] de modo muy amplio como el conjunto de métodos e instrumentos que permiten una conexión directa de dispositivos técnicos con el cerebro y el sistema nervioso, con independencia de si se trata de técnicas de estimulación cerebral invasivas o no invasivas: «La neurotecnología es un concepto interdisciplinar en el que confluyen la inteligencia artificial, la informática y las neurociencias. Las investigaciones del cerebro pueden ya medir, registrar, alterar y manipular la actividad cerebral; es lo que se conoce como neuromodulación o alteración de la actividad cerebral por medio de la introducción de estímulos».

Hoy por hoy, la neurotecnología tiene un uso beneficioso para la humanidad, pero presenta riesgos jurídicos, éticos y morales, amenazando, como nos dice la autora, la privacidad y la seguridad de las personas, y la propia definición de persona. Para evitar estos males, propone la autora el desarrollo de una nueva especialidad jurídica, el Neuroderecho, y la conformación de nuevos neuroderechos de las personas.

La nueva tecnología supone un paso más en la invasión de la privacidad, pues ya no se trata de inferir estados emocionales a partir de datos biométricos, sino directamente de acceder a los pensamientos de la persona mediante una lectura de los patrones de estímulo eléctrico cerebral. Estamos ante la lectura de los pensamientos, cuya aplicación puede ser muy beneficiosa en medicina, como recogen **Vicente Domingo** y **Rodríguez Cachón**[64], refiriéndose al proyecto *Neuralink* impulsado por Elon Musk, que diseña implantes cerebrales para que los pacientes con parálisis cerebral puedan controlar dispositivos con la mente. Y también *Facebook*, hoy *Meta*, ha iniciado un programa de 40 millones de dólares para conseguir mediante cascos de electrodos no invasivos, convertir en texto lo que está pensando una persona, sin

---

63 Moreu Carbonell, Elisa, «La regulación de los neuroderechos», *Revista General de Legislación y Jurisprudencia*, 2022, n.º 1, enero-marzo, pp. 71-100, p. 72.

64 Vicente Domingo, Elena y Rodríguez Cachón, Teresa, «Derecho de la Persona, Neurodatos y Neuroderechos: *A Research Agenda*», *Revista General de Legislación y Jurisprudencia*, 2023, número 3, pp. 495-526, p. 499.

necesidad de implantes o scanner cerebral. Mientras que, desde las universidades de Singapur y Hong Kong, los investigadores Chen, Qing y Zhouy[65] dan cuenta de la posibilidad de decodificación directa de las señales cerebrales en imágenes y videos, utilizando la resonancia magnética. Mediante esta técnica, se capturan y codifican datos sobre la actividad cerebral del sujeto, y un sistema de reconocimiento traduce dichos datos a imágenes, en algunos casos muy fidedignas.

Los neuroderechos adquieren por tanto su verdadero significado frente a esta neurotecnología inteligente, que como vemos es especialmente invasiva. Recoge **Moreu Carbonell**[66] de los investigadores Marcello Ienca y Roberto Andorno cuatro neuroderechos: Derecho a la libertad cognitiva o «autodeterminación mental», una actualización del derecho a la libertad de pensamiento y de conciencia. Derecho a la privacidad mental, que protege frente a cualquier información que pueda obtenerse de nuestros cerebros por medio de neurotecnologías. Derecho a la integridad mental, contra las intrusiones en el cerebro. Y, por último, derecho a la continuidad psicológica, que garantiza la percepción de la propia identidad como seres humanos.

Vicente Domingo y **Rodríguez Cachón**[67], por su parte, recogen la enumeración de la *NeuroRights Foundation*, del neurólogo Rafael Yuste (derecho a la identidad e integridad personal y mental, al libre albedrío, a la privacidad mental, al acceso equitativo y a la protección contra los sesgos), y afirman que una eventual aceptación de esta propuesta de los neuroderechos como nueva categoría de Derechos Humanos llevaría aparejada una modificación de la Declaración Universal de los Derechos Humanos.

Sin embargo, para otros no es tan urgente crear nuevos neuroderechos, y en particular un neuroderecho a la privacidad mental, como ocurre con **Ligthart, Douglas, Bublitz** *(et al.)*[68], que opinan que no es necesario, en especial en el ámbito de la lectura mental forense, bastando con ampliar la protección derivada de la jurisprudencia del Tribunal europeo de Derecho humanos a estos casos.

---

65 Chen Zijiao, Qing Jiaxin y Zhouy Juan Helen, «CinematicMindscapes: High-quality Video Reconstruction from Brain Activity», preprint en *arXiv*:2305.11675, https://doi.org/10.48550/arXiv.2305.11675

66 Moreu Carbonell, «La regulación de los neuroderechos», cit., p. 83.

67 Vicente Domingo y Rodríguez Cachón, «Derecho de la Persona, Neurodatos y Neuroderechos: *A Research Agenda*», cit. P. 513.

68 Ligthart, Sjors, Douglas, Thomas, Bublitz, Christoph, Kooijmans, Tijs y Meynen, Gerben (2021), «Forensic Brain-Reading and Mental Privacy in European Human Rights Law: Foundations and Challenges», Neuroethics, 2021, 14, pp. 191-203, https://doi.org/10.1007/s12152-020-09438-4

3.3 Las técnicas subliminales y el *nudge*

La Ley de la IA también se ocupa, para declararlas prácticas prohibidas en su artículo 5 —como ya se ha dicho—, de los sistemas de IA que utilicen «...técnicas subliminales que trasciendan la conciencia de una persona para alterar de manera sustancial su comportamiento de un modo que provoque ... perjuicios físicos o psicológicos a esa persona o a otra». O bien sistemas que aprovechen vulnerabilidades de un grupo específico de personas, ya por edad o discapacidad física o mental para alterar de manera sustancial el comportamiento de personas de dicho grupo.

En cuanto a estas técnicas, ha señalado **Ebers**[69] que ni el artículo 5 ni el Considerando 16 de la LIA definen qué es una «técnica subliminal», o en qué consiste alterar *sustancialmente* el comportamiento de una persona. Y además este art. 5 sólo cubre las prácticas de IA que tienen la intención directa de perjudicar a otras personas. En realidad, la mayoría de estas prácticas serán ilegales conforme al Derecho penal en la mayoría de los Estados, si lo que intentan es engañar a las personas (posiblemente para estafarlas), y además la Directiva sobre prácticas comerciales desleales (2005/29/CE) ya prohíbe las prácticas comerciales que distorsionan el comportamiento humano en determinadas condiciones.

Como advierte **de Miguel Asensio**[70], todas estas técnicas están prohibidas por el art. 5 de la LIA por generar riesgos inadmisibles que contravienen los valores de la Unión europea. Sin embargo, opina el autor que además de esta normativa, el perjudicado por sistemas inteligentes puede acudir a la normativa de protección del honor, intimidad y propia imagen, a la de protección de datos personales e incluso a la de protección del consumidor y a la de responsabilidad por productos defectuosos. Por ello el autor estima que la nueva LIA viene a cubrir estos espacios desprotegidos, los daños de difícil encuadre en las figuras «normales» del daño.

¿A qué técnicas de modificación de comportamientos se puede referir la LIA? La influencia inconsciente en el comportamiento de las personas fue el tema de una famosa obra del año 1957, *The Hidden Persuaders*, de Vance Packard (traducida al español como *Las formas ocultas de la propaganda*). En este libro, dedicado a la publicidad y su influencia en los consumidores, se toma como premisa la falta de racionalidad de muchos comportamientos de consumo, y la anécdota que mejor muestra este aspecto es la siguiente: «Un bazar cuyos dueños consideraban con creciente escepticismo la racionalidad de sus clientes puso a prueba un experimento. Uno de los renglones de menor salida era un artículo que valía catorce centavos. Cambió el precio

---

69 Ebers, «El futuro marco jurídico europeo de la inteligencia artificial», cit., p. 265.

70 De Miguel Asensio, Pedro A., «Propuesta de Reglamento sobre Inteligencia artificial», *La Ley Unión Europea*, n.º 92, mayo 2021, p. 4.

ofreciendo dos de dichos artículos por veintinueve centavos. Las ventas aumentaron rápidamente en un 30 % al ofrecerlo a precio "rebajado"»[71].

Es decir, que las técnicas de marketing y publicidad investigan los motivos que realmente deciden las conductas del consumidor, y nos dicen que la compra del producto no se basa en la lógica y racionalidad. Manipulando las imágenes asociadas al producto, se intenta influir sobre las conductas de compra del consumidor: el hecho básico es que el ser humano es manipulable.

Más allá del marketing, una de las técnicas que se usa en la actualidad para influir en los comportamientos sociales es el *nudging*. Señalan **Costas Pérez** y **Tucat**[72] que los *nudges* o «empujones» se popularizan a partir de la publicación del libro *Nudge: Improving Decisions About Health, Wealth, and Happiness,* de Cass Thaler y Richard Sunstein, en 2009. Los *nudges* (palabra que significa pequeños «empujones» o «codazos»; también se ha traducido como «acicates») son intervenciones que buscan modificar la toma de decisiones individuales, intentando cambiar el comportamiento de las personas en una dirección concreta, pero sin prohibir ninguna opción, ni alterar en gran medida los incentivos económicos. Es decir, que no son órdenes coercitivas para los ciudadanos, sino que inducen a un comportamiento que se considera adecuado o deseable, como señalaban Thaler y Sunstein.

Los *nudges* actúan precisamente partiendo de la posibilidad de influencia en el comportamiento humano de toma de decisiones, pues como hemos visto muchas decisiones se toman siguiendo criterios no estrictamente racionales sino emocionales. Esta técnica pasa del mundo del marketing al de la Administración pública, siendo utilizado para fomentar las conductas que resultan más beneficiosas (aunque no se concreta para quién lo son, si para la Administración o los ciudadanos)[73]. Como señalan los indicados autores,

---

71 Packard, Vance, *Las formas ocultas de la propaganda*, Editorial Sudamericana, Buenos Aires, Decimooctava Edición, Junio de 1992, p. 15.

72 Costas Pérez, Elena, y Tucat, Pablo, (2021). «Nudges: diseño y evaluación», *Gestión y Análisis de Políticas Públicas*, (25), 8-22. DOI: https://doi.org/10.24965/gapp.i25.10868, Pág. 9

73 Cuentan Antonio Cabrales Goitia y Pedro Rey Biel que según el modelo de Bemelmans-Videc las políticas públicas se clasifican como *palos, zanahorias o sermones*: «Los palos son herramientas reguladoras que buscan forzar el comportamiento de los ciudadanos. Las zanahorias proveen de incentivos para seducir a los individuos, mientras que los sermones, buscan persuadirles. Clasificar a los *nudges* en uno de estos tres grupos no es tarea sencilla. Los *nudges* claramente no son palos, puesto que no restringen las opciones disponibles para el individuo ni le castigan si no se comporta como el regulador pretende. Tampoco son zanahorias, puesto que buscan guiar al ciudadano de una forma inconsciente ... Por último, los *nudges* tampoco son sermones, pues no pretenden persuadir a los ciudadanos de forma abierta mediante la provisión de información... Los *nudges* se encuentran en un término medio entre la zanahoria y el sermón» («Mas allá de los *nudges*: Políticas públicas efectivas basadas en la evidencia de las ciencias del comportamiento», *Gestión y Análisis de Políticas Públicas*, (25), Pág. 40, DOI: https://doi.org/10.24965/gapp.i25.10864).

los *nudges* en las políticas públicas utilizan «los conocimientos de las ciencias económicas, la neurociencia y la psicología, para incentivar o desincentivar actuaciones concretas de los distintos agentes, y alcanzar así objetivos establecidos por los dirigentes públicos»[74].

Por su carácter no normativo, los *nudges* constituyen un importante instrumento de políticas públicas en la acción de gobierno que escapa a un control político. El ejemplo más citado es el de incluir en los documentos médicos la opción por defecto de ser donante de órganos, y estableciendo por tanto que el rechazo ha de ser expreso. Con esta modificación, el porcentaje de donantes es significativamente mayor que si la opción de ser donante se tiene que elegir expresamente. Como señala **Ortiz de Zárate-Alcarazo**[75], el *nudging* milita en el campo de lo políticamente correcto: «los *nudges* son un tipo de intervenciones que, aprovechando las limitaciones cognitivas humanas, nos ponen en el "buen camino" o la "buena dirección", sin consecuencias negativas para aquella persona que elige no seguir el camino recomendado. Por el carácter orientador de los *nudges* hacia ciertos objetivos o metas y, simultáneamente, su respeto por la autonomía y libertad individual de las personas, al *nudging* también se le denomina paternalismo liberal (libertarian paternalism) ...Por tanto, los *nudges* son mecanismos coercitivos alineados con los valores de las democracias liberales (Strabheim, 2020)».

Pues bien, la unión de estas técnicas de *nudging* con la IA produce interesantes resultados. Como advierte **Ortiz de Zárate-Alcarazo**[76], la aplicación de la IA puede mejorar la implementación de *nudges* en el sector público, e incluso puede llegar a transformar este tipo de intervenciones dando lugar a lo que podríamos denominar «políticas conductuales inteligentes y, más concretamente, *intelligent nudging*. Los *nudges* inteligentes tendrían niveles de eficacia y eficiencia más elevados que los de sus hermanos no inteligentes gracias al uso de tecnologías de reconocimiento facial, detección de objetos, procesamiento del lenguaje natural, predicción, análisis en tiempo real, etc., que permitirían mejorar todos los pasos del proceso».

En este sentido, el investigador de la Universidad de Seikei, Yukari **Yamazaki**[77] nos anuncia la llegada del *Hypernudge*, como resultado de la unión del *nudge* y la IA, es decir, el *nudge* creado por una IA entrenada mediante *machine*

---

74 Costas Pérez y Tucat, (2021). «Nudges: diseño y evaluación», cit., p. 9

75 Ortiz de Zárate-Alcarazo, Lucía (2023). «Las Políticas conductuales inteligentes: Oportunidades y riesgos ético-políticos de la Inteligencia Artificial para el nudging», *Revista Española de Ciencia Política*, 62, 67-93. Doi: https://doi.org/10.21308/recp.62.03. P. 69.

76 Ortiz de Zárate-Alcarazo, «Políticas conductuales inteligentes: Oportunidades y riesgos ético-políticos de la Inteligencia Artificial para el nudging», cit., p. 82.

77 Yamazaki, Yukari, «An Empirical Study for The Acceptance of Original Nudges and Hypernudges», *Societal Challenges in the Smart Society* / coord. por Mario Arias Oliva, Jorge Pelegrín Borondo, Kiyoshi Murata, Ana María Lara Palma, 2020, ISBN 978-84-09-20273-7, págs. 323-336. En Dialnet: https://dialnet.unirioja.es/servlet/articulo?codigo=7867256

learning, y advierte que las condiciones de autonomía, dignidad y transparencia, que deben regir el empleo de *nudges*, desaparecen en este caso. En base a un estudio estadístico, concluye que hay que estar alerta en la utilización de los *hypernudges* por su menor aceptación que los *nudges* originales. En suma, el *hypernudge* añade a los problemas intrínsecos del *nudge* los problemas específicos derivados de la IA, especialmente la derivada de redes neuronales, como la opacidad algorítmica, los problemas de privacidad, los sesgos, la falta de rendición de cuentas, y sobre todo el ataque a la privacidad e intimidad de las personas, derivando en un paternalismo agobiante.

Desde la Filosofía del Derecho, señala **de Asís Roig**[78] que los *nudges* se introducen en el ámbito de las aplicaciones tecnológicas, para actuar como consejeros morales en sistemas inteligentes. Cita así los modelos computacionales *Truth-Teller* y *Sirocco,* y el programa *MeEthEx*, que es una especie de asesor ético en el campo de la medicina para ayudar a resolver dilemas éticos, y que se apoya en los principios de ética biomédica. Otros modelos se configuran como asistentes-guía en la toma de decisiones, como el modelo computacional diseñado por Robbins y Wallace, «... herramienta para ayuda en la toma de decisiones basado en el modelo creencia-deseo-intención y en la resolución colaborativa de problemas, simulando diferentes papeles (asesor, facilitador de grupo, entrenador de interacción y pronosticador). O, también la propuesta de F. Lara, ...de un asistente virtual para fortalecer nuestra moralidad potenciando la autonomía personal. Se trata de un asistente basado en el método dialéctico socrático si bien proyectado hacia el aprendizaje moral. El asistente, que denomina *SocrAI*, lo que pretende es formar al usuario no tanto en principios éticos sustantivos sino en pautas generales sobre cómo razonar mejor». Coincide el autor en la peligrosidad de los *hypernudges*, por la posibilidad de manipulación que conllevan. Naturalmente, el problema de estas técnicas potenciadoras de la eficacia mediante la IA, es que también potencian los problemas del *nudging*, como son la disminución de la libertad individual, de la capacidad de decisión y elección de los ciudadanos, la manipulación y el determinismo. Por ello, **Ortiz de Zárate-Alcarazo**[79] matiza su consideración acerca de estas técnicas diciendo: «En este sentido, la posible perversión de las políticas conductuales inteligentes y su principal riesgo sería el de generar escenarios en los que la ciudadanía tuviera importantes dificultades para salirse del camino establecido y quedasen fácilmente atrapados en senderos de dependencia».

Más allá del *nudge* veremos ahora una técnica de vigilancia y represión (y no modificación) de los comportamientos de los ciudadanos de consecuencias aterradoras: la calificación social.

---

78 De Asís Roig, «Ética, Tecnología y Derechos», cit. p. 33.

79 Ortiz De Zárate-Alcarazo, «Políticas conductuales inteligentes: Oportunidades y riesgos ético-políticos de la Inteligencia Artificial para el nudging», cit., p. 85.

3.4. Los sistemas de calificación o crédito social

A esta técnica, utilizada tanto para influir en el comportamiento de las personas como para controlarlo, alude el art. 5 LIA al prohibir los sistemas de IA utilizados por autoridades públicas o en su representación, *c) ...con el fin de evaluar o clasificar la fiabilidad de personas físicas durante un período determinado de tiempo atendiendo a su conducta social o a características personales o de su personalidad conocidas o predichas...*[80]. Estamos ante un sistema por el que cada persona, convenientemente identificada por técnicas biométricas, de identificación y rastreo en red o por teléfono móvil, recibe una puntuación o créditos, positivos o negativos según su comportamiento sea considerado aceptable o inaceptable, cuya suma determina su calificación o crédito social. El origen del invento está en algo que, al principio —como tantas otras cosas— pareció una buena idea, en concreto en las calificaciones crediticias y las listas de morosos, información comercial que existe en cualquier país (así en España las listas ASNEF, CIRBE o RAI) combinadas para que actuasen como *nudge* para los comportamientos sociales adecuados y la promoción de la confianza. Pero luego esto se complica cuando se amplía la calificación con los ingredientes de las plataformas sociales y bases de datos, las tecnologías de reconocimiento biométrico y las de seguimiento de la actividad de los teléfonos móviles, y de la mera calificación crediticia a efectos de valorar la solvencia del sujeto se pasa a valorar al sujeto en sí, a partir de todo su comportamiento.

Apunta Cotino Hueso[81] que estos preocupantes sistemas biométricos de categorización, si son privados, ni están prohibidos, ni en general son de alto riesgo, sino solo sometidos al artículo 52 de la Ley de IA: Artículo 52. Obligaciones de transparencia para determinados sistemas de IA ... *2. Los usuarios de un sistema de reconocimiento de emociones o de un sistema de categorización biométrica informarán del funcionamiento del sistema a las personas físicas expuestas a él. Esta obligación no se aplicará a los sistemas de IA utilizados para la categorización biométrica autorizados por la ley para fines de detección, prevención e investigación de infracciones penales*. Opina el autor que sería más adecuado que o bien se regulen como sistemas de alto riesgo o en algunos casos directamente se prohíban.

---

80 Sigue el precepto: *...de forma que la clasificación social resultante provoque una o varias de las situaciones siguientes: i) un trato perjudicial o desfavorable hacia determinadas personas físicas o colectivos enteros en contextos sociales que no guarden relación con los contextos donde se generaron o recabaron los datos originalmente; ii) un trato perjudicial o desfavorable hacia determinadas personas físicas o colectivos enteros que es injustificado o desproporcionado con respecto a su comportamiento social o la gravedad de este.*

81 Cotino Hueso, «Sistemas de inteligencia artificial con reconocimiento facial y datos biométricos...», cit., p. 73.

Para **Ebers**[82], hay que aclarar cuándo la calificación social tiene lugar *en representación* de las autoridades públicas, pues estas prácticas se realizan mayoritariamente por el sector privado, extendiendo sus efectos a la administración u otras autoridades públicas. Al restringir la prohibición de la calificación social a las autoridades públicas, la LIA «ignora el uso de tales sistemas por parte de entidades privadas, incluso en ámbitos de alto riesgo que podrían afectar a los derechos fundamentales de las personas»; por ejemplo, en las calificaciones crediticias.

Como todo el mundo sabe, pero intenta olvidar, es el sistema de partido único chino el máximo exponente de la implantación de los sistemas de calificación social. Según nos cuenta Lizzy **Rettinger**[83], la idea del «crédito social» se adecúa perfectamente al carácter chino, por reproducir la idea de la confianza social predicada por Confucio.

Como señalan Roberts, Cowls, Morley y otros[84], esta tecnología viene a ser sancionada por el *Plan de Desarrollo de la Inteligencia Artificial de la Nueva Generación,* aprobado por el supremo órgano del gobierno chino, el Consejo estatal. Este plan tiene tres ámbitos de proyección: Desafío internacional, Desarrollo económico y Gobernabilidad o «Construcción» social, siendo este último el que más nos interesa. El Sistema de Crédito Social todavía no se ha implantado a nivel nacional, pero como nos dicen los citados autores, los ambiciosos objetivos del mismo «...ofrecen un convincente ejemplo de la intención del gobierno de confiar en la tecnología digital, no sólo para gobernanza social, sino también para una regulación más detallada del comportamiento»[85]. Añade **Rettinger**[86] que, en 2018, cuarenta gobiernos municipales y provinciales establecieron planes piloto de sistemas de crédito social, y que la situación actual muestra un sistema fragmentado en tres ámbitos: «sistema de listas negras» a nivel nacional, sistemas de crédito social en determinados municipios, y sistemas de crédito social a efectos financieros pilotados por instituciones financieras.

En definitiva, se trata del control de los comportamientos sociales, cuya implantación es un proyecto perfectamente establecido, como se deduce del documento «Esquema para el establecimiento de un sistema de crédito social» del Consejo estatal para la implantación del sistema, publicado en

---

82 Ebers, «El futuro marco jurídico europeo de la inteligencia artificial», cit., p. 267.

83 Rettinger, Lizzy, «The Human Rights Implications of China's Social Credit System», *Journal of High Technology Law*, vol. XXI, n.º 1, (2021), pp. 1-33, p. 3.

84 Roberts, Huw, Cowls, Josh, Morley, Jessica *et al.*, «The Chinese approach to artificial intelligence: an analysis of policy, ethics, and regulation». *AI & Society* 36, 59-77 (2021). https://doi.org/10.1007/s00146-020-00992-2

85 Roberts, Cowls, Morley *et al.*, «The Chinese approach to artificial intelligence: an analysis of policy, ethics, and regulation», cit. p. 66.

86 Rettinger, «The Human Rights Implications of China's Social Credit System», cit., p. 6.

2014. Este documento subrayó que el Sistema de Crédito Social no solo tenía como objetivo regular las finanzas y acciones corporativas de empresas y ciudadanos, sino el comportamiento social de los individuos, persiguiendo conductas como evasión fiscal, alarmas sobre la seguridad alimentaria y deshonestidad académica, mediante el sistema de «listas negras». Pero a ello hay que añadir otros datos, como que la ciudad de Fuzhou enriquece el currículo social de sus ciudadanos con una cifra que expresa su empleabilidad, según datos de desempeño y constancia en el trabajo; a lo que hay que sumar el desarrollo de ciudades inteligentes, con tecnologías de vigilancia basadas en el reconocimiento facial y seguimiento de teléfonos móviles para rastrear a quienes el gobierno presenta como potenciales disidentes o terroristas, sobre todo de la etnia uigur.

Señala **Cotino Hueso**[87] que, en China, el uso de las tecnologías biométricas combina las tecnologías de identificación, categorización y reconocimiento de emociones para su famoso sistema de crédito social, pero también para el control policial de la ciudadanía, de la lealtad al partido o para el seguimiento de la atención atención de los escolares y evaluación y control mental en el ámbito educativo. Naturalmente, la base para el funcionamiento del sistema de crédito social está en la perfecta identificación tanto de personas como empresas, para lo que China cuenta con un sistema de seguimiento en Internet, un análisis de grandes datos y 626 millones de cámaras de reconocimiento facial[88]. Una vez identificado el sujeto, nos dice **Rettinger**, se publica en las plataformas de crédito social, la nacional o las municipales, como la de Pekín. La reputación de los sujetos deriva de su inclusión en listas negras (mala reputación) o rojas (buena).

Las consecuencias pueden ser muy peligrosas para las personas, pues como señala el periodista Serrano Martínez[89], «los ciudadanos pueden entrar en una lista negra con bastante facilidad, lo que tiene graves consecuencias en la vida real. Acciones tan cotidianas como saltarse un semáforo, fumar en lugares prohibidos, tener deudas impagadas o cometer fraude, además de su correspondiente sanción administrativa, conlleva ciertas restricciones: como la prohibición de viajar en avión o en trenes de alta velocidad, y la compra de artículos de lujo. En algunas ciudades, se publicita la información de las

---

87 Cotino Hueso, «Sistemas de inteligencia artificial con reconocimiento facial y datos biométricos...», cit., p. 71.

88 Rettinger, «The Human Rights Implications of China's Social Credit System», cit., p. 11.

89 Serrano Martínez, Alejandro, «Crédito social chino: el sistema de puntos que ya se exporta a otras sociedades», *El Economista,* 17/06/2023. Añade el autor que también Rusia quiere completar una red de reconocimiento biométrico combinando sus propios algoritmos de IA con su enorme sistema de vigilancia pública: Así, en enero de 2020, Moscú implementó un nuevo sistema de reconocimiento facial en tiempo real en toda la ciudad, con más de 160.000 cámaras: https://www.eleconomista.es/economia/noticias/12325879/06/23/credito-social-chino-el-sistema-de-puntos-que-ya-se-exporta-a-otras-sociedades.html

personas morosas en pantallas LED de centros comerciales, camiones o paradas del autobús, desvelando datos personales y suponiendo un escarnio social para la persona afectada y su familia. Por si fuera poco, si el crédito social es negativo, consecuencias de estar en una lista negra pueden consistir en que no se puede viajar en avión, o en determinados trenes, no se pueden contratar algunos destinos turísticos, o alojarse en ciertos hoteles, o no se puede inscribir a los hijos en los mejores colegios». Desde esta perspectiva, está claro que las palabras de **COTINO HUESO** sobre la devastadora incidencia de esta técnica sobre los derechos fundamentales no son nada exageradas.

Para **TURLEY**[90], la realidad es que el gobierno chino está intentado abiertamente crear una sociedad-pecera, en la que ni siquiera sea necesario el control policial. Si se implanta una tecnología de reconocimiento facial completa, las personas serán reacias a asistir a protestas o manifestaciones si el gobierno puede determinar su identidad, y tampoco tendrán contactos con personas o empresas que sean consideradas problemáticas por el gobierno, especialmente teniendo en cuenta las consecuencias de su sistema de «calificación social» o «puntuación ciudadana». Además, gran parte de los esfuerzos del reconocimiento biométrico en China han estado dirigidos a identificar minorías, especialmente los uigures y otras etnias vistas como una amenaza para el régimen comunista.

Zygmunt **BAUMAN**[91] advertía que las dos antiutopías más célebres en la segunda mitad del siglo pasado, *Un mundo feliz*, de Huxley, y *1984*, de Orwell, compartían el dato de que ambas reflejaban mundos en los que la población estaba estrechamente controlada, y la libertad individual no sólo era inexistente, sino que ofendía gravemente a todos los pobladores de ambas distopías. A algo parecido se está llegando, pues la aceptación del sistema de crédito social entre la población china parece buena. Como nos dicen **ROBERTS, COWLS Y MORLEY**[92], según una encuesta realizada en China por especialistas occidentales, se detectaron altos niveles de aprobación dentro de la población, aunque ello más por falta de conocimiento de las repercusiones del sistema que por un apoyo explícito. **RETTINGER**[93] precisa que, en un estudio efectuado en 2019, hasta un 80 % de los encuestados aprobaba el sistema de crédito social, y solamente un 1 % lo desaprobaba. Decía **BAUMAN**[94] que el sentimiento de libertad «... implica alcanzar un equilibrio entre los deseos,

---

90 TURLEY, «Anonymity, Obscurity, And Technology: Reconsidering Privacy ...», cit., pág. 2185.

91 BAUMAN, Zygmunt, *Modernidad líquida*, Fondo de Cultura Económica, Buenos Aires, 2004, p. 58.

92 ROBERTS, COWLS, MORLEY *et al.*, «The Chinese approach to artificial intelligence: an analysis of policy, ethics, and regulation», cit. p. 67.

93 RETTINGER, «The Human Rights Implications of China's Social Credit System», cit., p. 12.

94 BAUMAN, *Modernidad líquida*, cit., p. 22.

la imaginación y la capacidad de actuar: nos sentimos libres siempre y cuando nuestra imaginación no exceda nuestros verdaderos deseos y ni una ni los otros sobrepasen nuestra capacidad de actuar. Por lo tanto, el equilibrio puede alcanzarse y conservarse inalterable de dos maneras diferentes: agostando, recortando el deseo y/o la imaginación, o ampliando la capacidad de acción». El sistema de crédito social controla a la población haciendo que recorte sus deseos a la necesidad de tener una puntuación alta.

3.5. La falsificación de la realidad

Hemos visto hasta ahora las amenazas que para los derechos fundamentales de las personas suponen los sistemas de IA basados en la utilización de datos biométricos, persuasión subliminal y calificación social, todos los cuales aparecen definidos o mencionados en la LIA y en otros textos europeos.

Queda tratar ahora una nueva aplicación de la IA claramente lesiva para los derechos humanos, invasiva de la intimidad, pero también atentatoria contra otros derechos, como el derecho a una información veraz, a la libre formación de la opinión, a la libertad de expresión, lesiones que derivan de la falsificación de la realidad mediante sistemas de IA, y la creación de versiones adulteradas de la misma, generalmente con fines fraudulentos.

Esta amenaza deriva no de la capacidad de la IA de controlar gran cantidad de identificadores o de calcular a partir de los datos biométricos los estados de ánimo, tendencias o pensamientos de las personas inspeccionadas. Esta nueva amenaza no aparece mencionada en textos internacionales ni en estudios gubernamentales, porque proviene de una capacidad de la IA que no pensamos que pueda lesionar ningún derecho: Se trata de la capacidad y fuerza creativa de los sistemas inteligentes, de la que en principio sólo derivan ventajas y ayuda a los seres humanos.

La IA puede ser creativa en un nivel medio-alto, esto es algo que en la actualidad viene a ser admitido, si acaso se discute si puede llegar a un nivel de genialidad, pero el nivel medio se alcanza en la actualidad sin problemas, como explico en otro trabajo[95]. Pues bien, esta fuerza creativa se puede dirigir a la creación de nuevas obras intelectuales y artísticas, o al descubrimiento de nuevos avances en ciencia, y de hecho así se está haciendo. Pero también se puede dedicar a la creación de réplicas de la realidad, procediendo el sistema como algunos pintores hiperrealistas, que aspiran a una imitación tan fiel de la realidad que no sea posible distinguir sus obras de las fotografías de los objetos pintados en el lienzo.

95 Lacruz Mantecón, Miguel L., *Inteligencia Artificial y Derecho de Autor*, Editorial Reus, Madrid, 2021.

Con una capacidad creativa mejorada, un sistema entrenado en utilizar datos de la realidad, también biométricos, puede combinarlos para emitir versiones nuevas (y fingidas) de la realidad, ya sustituyendo a las personas por otros sujetos, ya creando sujetos enteramente nuevos. De esta manera se puede fingir la existencia de una realidad inventada, en videos o en fotografías, que puede ser admitida como auténtica por los sujetos destinatarios y alcanzar el fin que se persigue, generalmente de engaño, o para modificar su opinión, o simplemente —se dice— para entretenerse o reírse. Estos sistemas, nos dice **Navas Navarro**[96], se ubican dentro de lo que la LIA (que es una Propuesta de Reglamento, no lo olvidemos), tras las enmiendas introducidas en el Parlamento, versión de 14 de junio de 2023, llama «modelos fundacionales generativos», *generative foundational models*, que define en su art. 3.1.c como «... modelos de IA que son entrenados con una amplia cantidad de datos a escala, designados para obtener una generalidad de resultados y que pueden adaptarse a un amplio abanico de tareas diversas». Se caracterizan porque pueden ser utilizados para muy distintas tareas, siendo capaces de generar nuevos resultados a partir de los datos de entrenamiento iniciales sin necesidad de recibir nuevos *inputs*, pues son capaces de recolectar sus propios datos de la realidad o de Internet.

Los ejemplos más claros son los últimos sistemas inteligentes polivalentes com *ChatGpt, Dall-E, Stable Diffusion*, etc., y su uso es sencillo, así el sistema de producción gráfica *Midjourney* convierte las palabras e instrucciones escritas de sus usuarios en imágenes, más o menos realistas, a demanda del cliente. Son muy comunes para los teléfonos móviles las aplicaciones y sitios web para la creación de fotos y videos falsos, que generalmente repiten el esquema de cambiar la cara del utilizador por la de un famoso o a la inversa: *Neocortext, Inc., Reface, FacePlay, FaceJoy, Deep Nostalgia, Doublicat, Familiar, Reflect, Wombo.ia*... Pero también sitios web en la que se puede crear videos de contenido sexual cambiando las caras por las de conocidos o menores, como ocurrió recientemente en nuestro país en Almendralejo, caso en el que unos menores crearon videos porno con la cara de unas niñas compañeras de colegio. Aquí el ataque que se produce entra de lleno en el Código penal. Las falsificaciones llegan también a la voz, con aplicaciones como *Lingojam, Resemble AI, Freemium, ReadSpeaker, Modulate.ai*, que pueden ser utilizadas para timos telefónicos en los que la voz sintetizada reproduce perfectamente a la del sujeto imitado.

Estas creaciones o imitaciones de la realidad, o mejor, de una realidad paralela, puede incidir en la lesión de algunos de los derechos fundamentales, pero en mi opinión el daño es más importante, porque al falsificar la realidad se produce una pérdida de los referentes reales y del marco auténtico de la vida humana. Corremos un serio peligro de perder la certeza acerca de

96 Navas Navarro, Susana (2023), *Chatgpt y modelos fundacionales. Aspectos jurídicos de presente y de futuro*, Reus, Madrid, 2023, p. 18.

nuestros registros de la realidad, con el resultado de producirse una desinformación general y una inverificabilidad de hechos y pruebas. En medios periodísticos e informativos ya no son novedad las intoxicaciones y falsas noticias o *fake news* creadas con IA y expandidas con propósitos malintencionados. En el campo del arte se anuncian producciones de nuevas obras de pintores clásicos, fallecidos hace siglos, cuya obra se crea hoy con su estilo y su arte. En cinematografía se «resucita» a actores fallecidos, y se les hace actuar junto a los vivos, o se rejuvenece a los actores ya ancianos, para hacer efecto de regresión en el tiempo. En la educación, corremos el riesgo de lo que yo llamo «deslocalizar» nuestra inteligencia, al trasladar la producción de resultados inteligentes de nuestro propio cerebro al de la máquina. Ya no es posible distinguir la labor intelectual humana de la de la máquina, produciéndose un general descenso del nivel de inteligencia, que es precisamente lo que nos indica la llamada «regresión del efecto Flynn» de la que hablo en otros trabajos[97].

Sin embargo, la peligrosidad de estos «modelos fundacionales» de propósito general no suele apreciarse en su justa medida, es más, en el texto del Parlamento europeo sobre LIA de 14 de junio 2023 todo lo más somete a estos sistemas inteligentes a los requisitos y obligaciones de los sistemas de alto riesgo, como nos señala **Navas Navarro**[98]. Ello posiblemente deriva de su carácter general y polivalencia, que hace que las utilizaciones más habituales, como instrumentos de trabajo o de entretenimiento desvíen la atención de sus utilizaciones lesivas.

IV. Epílogo: *Doomers* contra *boomers*

La situación actual nos muestra una utilización cada vez mayor de estos sistemas biométricos en los ámbitos de vigilancia y perfilado de personas, sin entrar en el sistema de crédito social chino, vigente en ámbitos por ahora limitados. Y desde luego, una invasión masiva de los sistemas generalistas o modelos fundacionales, capitaneados por el famoso *ChatGpt*. Como decía Luciano **Floridi**[99], la revolución digital inaugura un nuevo capítulo de la historia de la humanidad, añadiendo a continuación «Las futuras generaciones no sabrán lo que era una realidad analógica, predigital y off-line. Somos la última generación en experimentarla». Lo que significa, en definitiva, dos cosas: que somos dinosaurios, y que ya no hay vuelta atrás, que no podemos «desinventar» la IA.

---

97 Lacruz Mantecón, Miguel L., «La deslocalización de la Inteligencia», *Diario La Ley*, N.º 62, Sección Ciberderecho, 20 de Mayo de 2022, Wolters Kluwer.

98 Navas Navarro (2023), *Chatgpt y modelos fundacionales…*, cit., p.22.

99 Floridi, *The Ethics of Artificial intelligence*, cit., p. xi.

La IA ha venido para quedarse, y las consecuencias de esta invasión empiezan a hacerse sentir en ámbitos como el de la traducción profesional, el diseño gráfico, la música y las listas de reproducción *on line*, los bancos de imágenes, o la publicidad. En todos éstos, se puede decir que se comienza a ver las orejas al lobo. ¿Qué es lo que está pasando? Que por fin está llegando la IA «de verdad», la IA fuerte o de nivel similar al humano. Pero también que el mundo va a ser muy distinto, y que puede parecerse a una distopía de pesadilla.

Sin embargo, ya se aprecia una cierta reacción de cautela por parte de los especialistas y los responsables gubernamentales, así la UNESCO, en un texto de 2023 titulado *Kit de herramientas global sobre IA y el Estado de derecho para el poder judicial*[100], señala directamente la incidencia de la IA en los derechos fundamentales: «...el despliegue de IA podría utilizarse para limitar la libertad de expresión de las personas o su capacidad para participar en actividades políticas o para identificar a los disidentes políticos. La IA también podría dañar los derechos humanos en situaciones en las que se utilizan datos de capacitación de baja calidad, diseño de sistemas o interacciones complejas entre el sistema de IA y su entorno». El resultado de esta utilización de la IA puede ser una potenciación del discurso de odio o la incitación a la violencia, así como la desinformación sobre asuntos políticos y públicos, especialmente en tiempos de elecciones, con la consiguiente manipulación de los resultados.

En la UE tenemos la *Recomendación (UE) 2023/2425 de la Comisión, de 20 de octubre de 2023*, «sobre la coordinación de las respuestas a incidentes, especialmente los derivados de la difusión de contenido ilícito, en anticipación de la plena entrada en aplicación del Reglamento (UE) 2022/2065». Se emite para luchar contra la difusión en línea de contenidos ilícitos y nocivos, o de desinformación e información errónea, en relación con las crisis internacionales provocadas por la agresión de Rusia a Ucrania y el ataque terrorista de Hamás a Israel. Y el reciente proyecto de ley francés *Proposition de loi n°1630 visant à encadrer l'intelligence artificielle par le droit d'auteur,* de 12 de septiembre de este año 2023, nos pone en guardia en su exposición de motivos sobre las fotografías, textos y vídeos creados digitalmente, que, aparte de problemas de Derecho de autor, nos dice que plantea cuestiones de ética, entorpece nuestro libre albedrío e incluso causa problemas para la supervivencia de nuestra creatividad humana.

El 30 de octubre el presidente Biden dicta una *Orden ejecutiva sobre el desarrollo y uso seguro y confiable de la inteligencia artificial*[101], que tiene

100 Publicado por la Organización de las Naciones Unidas para la Educación, la Ciencia y la Cultura © UNESCO 2023, acceso abierto bajo la licencia Attribution-ShareAlike 3.0 IGO (CC-by-sa 3.0 IGO), https://unesdoc.unesco.org/ark:/48223/pf0000387331_spa

101 https://www.whitehouse.gov/briefing-room/presidential-actions/2023/10/30/executive-order-on-the-safe-secure-and-trustworthy-development-and-use-of-artificial-intelligence/

como objeto promover un uso responsable de la IA. Señala que la IA tiene un gran potencial para hacer que nuestro mundo sea más próspero, productivo, innovador y seguro, pero también puede «...exacerbar daños sociales como el fraude, la discriminación, los prejuicios y la desinformación, así como sustituir y quitar poder a los trabajadores, reprimir la competencia y plantear riesgos para la seguridad nacional. Aprovechar la IA para siempre y aprovechar sus innumerables beneficios requiere mitigar sus riesgos sustanciales. Este esfuerzo exige un esfuerzo de toda la sociedad que incluya al gobierno, el sector privado, la academia y la sociedad civil». Para evitar estos males se imponen nuevos estándares oficiales de seguridad, requiriendo que las empresas que desarrollen sistemas que represente un riesgo grave para la seguridad nacional, la economía o la salud y seguridad públicas notifiquen al gobierno federal cuando entrenen al sistema, y compartan con éste los resultados de todas las pruebas de seguridad. Asimismo, se involucra a las agencias federales de supervisión de la investigación en la preservación de la intimidad de los ciudadanos y vigilancia de los datos que se manejan para el entrenamiento de los sistemas.

Luego los días 1 y 2 de noviembre de 2023 se reúnen en Inglaterra, en Bletchley Park precisamente[102], representantes de los países más avanzados y de instituciones académicas o de investigación (la Universidad de Oxford, el Instituto Alan Turing) en una «Cumbre sobre seguridad de la IA» *(AI Safety Summit)*. En la Declaración[103] que se suscribe, se alerta sobre los importantes riesgos que conlleva la IA, ante los que se hace necesario abordar la protección de los derechos humanos, así como «...la transparencia y la explicabilidad, la equidad, la rendición de cuentas, la regulación, la seguridad, la supervisión humana adecuada, la ética, la evitación de sesgos, la privacidad y la protección de datos. También observamos el potencial de riesgos imprevistos derivados de la capacidad de manipular contenido o generar contenido engañoso». Se consideran especialmente peligrosos los sistemas inteligentes de propósito general, o modelos fundacionales, que podrían ser objeto de usos indebidos, ya intencionalmente, ya por pérdida del control del sistema: «Estos problemas se deben en parte a que esas capacidades no se comprenden completamente y, por lo tanto, son difíciles de predecir».

Como vemos, empiezan las reacciones a la intromisión de sistemas inteligentes en la vida de los ciudadanos. Otro síntoma de esta respuesta está en la dimisión del director ejecutivo de la compañía *OpenAI*, creadora de *Chat-Gpt*, y su fulgurante reposición en el puesto pocos días después, suceso del

102 Bletchley Park, a medio camino entre Oxford y Cambridge, fue el lugar donde se instaló en la II Guerra mundial el centro de codificación y cifrado en el que Alan Turing descifró el código de la máquina *Enigma*.

103 https://www.gov.uk/government/publications/ai-safety-summit-2023-the-bletchley-declaration/the-bletchley-declaration-by-countries-attending-the-ai-safety-summit-1-2-november-2023

que han dado cuenta todos los periódicos. Nos cuenta así Pérez Giménez[104], recogiendo los hechos de *The Economist*, que el 17 de noviembre, la junta directiva de *OpenAi* formada por seis miembros expulsó a Sam Altman, creador de *ChatGpt*, y con él, renunciaba también el presidente de *OpenAi*, Greg Brockman, yéndose a trabajar a *Microsoft*. Pero tres días después «...casi la totalidad de los 770 empleados de la startup firmaban una carta en la que exigían el retorno de Altman o todos se irían con él a trabajar a *Microsoft*. Al día siguiente, 21 de noviembre, Altman y Brockman regresaban a *OpenAi*».

Esta secuencia es una muestra de la lucha entre los «pragmáticos o aceleracionistas» de la IA, también llamados *boomers*, frente a los «idealistas académicos o fatalistas», *doomers*. Microsoft, y ahora también *OpenAi*, son un terreno tomado por los *boomers*, y el desarrollo de los sistemas generalistas o modelos fundacionales, en particular *ChatGpt-5*, sigue adelante sustituyendo en cada vez más tareas inteligentes a los humanos. Por su parte, los *doomers* o catastrofistas se hicieron visibles desde que el *Future of life Institute* promovió la petición de una moratoria de al menos 6 meses en el desarrollo de la IA, mediante una carta firmada entre otros por Elon Musk, Stuart Russell o Yuval Noah Harari. En ella se pregunta si debemos arriesgarnos a perder el control de nuestra civilización, afirmando que «Estas decisiones no deben delegarse en líderes tecnológicos no electos. Sólo se deberían desarrollar potentes sistemas de IA una vez que estemos seguros de que sus efectos serán positivos y sus riesgos manejables».

Lo que late en esta discusión entre aceleracionistas y catastrofistas es el miedo a la IA superhumana, la «Superinteligencia», escenario planteado por Nick Bostrom[105] que plantea la posibilidad de que, mediante autoaprendizaje, un sistema inteligente supere a la inteligencia humana y reemplace al ser humano como gestor de la vida social y económica. La posibilidad de una Superinteligencia aparece en autores como Ray Kurzweil o Stuart Russell, pero, en general, la doctrina la rechaza, así el científico-jefe de Meta, Yann LeCun, o Andrew Ng, investigador de Meta, para quienes es una hipótesis sin sentido. Desde luego, la visión apocalíptica de una Superinteligencia que domine y dirija los destinos de la especie humana, es algo difícil de aceptar. Pero la idea de unos sistemas de IA general que gestionen los asuntos humanos, de acuerdo con las directrices que los humanos decidamos, eso es un escenario que parece cada día más cercano. Y este uso general de la IA va a suponer, como he expuesto, un cambio social de primer orden. La incertidumbre es completa.

---

104 PÉREZ GIMÉNEZ, Alberto «Inteligencia Artificial: 5 días de guerra en Openai que cambian el mundo y "dan miedo"», *Vozpopuli*, 25/11/2023 04:4, https://www.vozpopuli.com/opinion/inteligencia-artificial-openai.html

105 BOSTROM, Nick, *Superinteligencia*, TEELL, Zaragoza, 2016, pág. 19.

Somos la última generación en valorar la inteligencia humana como gestora de los asuntos humanos, porque pensar es agotador, y ya tenemos máquinas que piensan por nosotros. La sociedad que se avecina pondrá la esencialidad de lo humano en otros valores, y desde luego, no cultivará la inteligencia como don preciado y del que se obtienen ventajas evolutivas. Vamos hacia una sociedad que será gestionada por sistemas inteligentes, en la que los resultados inteligentes se obtienen de máquinas, dirigiéndose los esfuerzos humanos a otros fines: No va a ser una sociedad particularmente inteligente.

Frente a este panorama, ¿qué puede hacer la sociedad, qué el Derecho? Estimo que la respuesta debe venir de tres ámbitos. Primero, y, ante todo, una respuesta técnica: todo contenido generado por una IA debe delatar criptográficamente su origen, debe ser verificable, para evitar toda confusión entre resultados inteligentes humanos y los que vienen de una máquina. Segundo, una respuesta educativa: en todos los niveles educativos se debe dejar bien claro que la utilización de la IA desplaza a la propia inteligencia, y no produce resultados evaluables. El uso de la IA en educación pocas veces tiene una utilización meramente instrumental, suele serlo sustitutiva. Tercero, una respuesta jurídica: Regulación y medidas de seguridad. Se debe asegurar la indicada verificabilidad de las producciones sintéticas, y aumentar la protección de las personas contra la intoxicación producida por IA. La vía de los neuroderechos parece iniciada, pero se trata de un concepto vago y quizá sólo sea necesaria una interpretación correcta de los derechos ya existentes.

Y, para terminar, una reflexión: La mayoría de los problemas que nos causa la IA no provienen de su mal funcionamiento, sino de la perfección no humana de su funcionamiento. Que se suma a un error humano bastante común: tendemos a pensar que un sistema inteligente, como produce resultados parecidos a los de la inteligencia humana, tiene algo de humano. Y eso sí que es un gran error, la inteligencia artificial no es en absoluto humana, para empezar, es incansable. Este es el error que comete Mickey Mouse (en *Fantasía*, Walt Disney, 1940) cuando hechiza a la escoba para que haga su trabajo llenando el depósito de agua: piensa que, como haría él mismo, cuando el depósito estuviera lleno, la escoba, cansada, dejaría de trabajar.

Bibliografía

Bauman, Zygmunt, *Modernidad líquida*, Fondo de Cultura Económica, Buenos Aires, 2004.

Cabrales Goitia, Antonio y **Rey Biel, Pedro**, (2021). «Mas allá de los nudges: Políticas públicas efectivas basadas en la evidencia de las ciencias del comportamiento», *Gestión y Análisis de Políticas Públicas*, (25), pp. 38-45. DOI: https://doi.org/10.24965/gapp.i25.10864.

Chen Zijiao, Qing Jiaxin y **Zhouy, Juan Helen**, (2023). «Cinematic Mindscapes: High-quality Video Recons-truction from Brain Activity», preprint en *arXiv*:2305.11675, https://doi.org/10.48550/arXiv.2305.11675

Coca Payeras, Miguel, (2023), «Las iniciativas de la Unión europea sobre inteligencia artificial: de la persona electrónica, al difícil equilibrio entre la necesidad de impulsarla y evitar sus riesgos», *Revista de Derecho Civil,* vol. X, núm. 2, especial (junio, 2023). En http://nreg.es/ojs/index.php/RDC

Costas Pérez, Elena, y **Tucat, Pablo**, (2021). «Nudges: diseño y evaluación», *Gestión y Análisis de Políticas Públicas*, (25), 8-22. DOI: https://doi.org/10.24965/gapp.i25.10868

Cotino Hueso, Lorenzo, (2023). «Reconocimiento facial automatizado y Sistemas de identificación biométrica bajo la regulación superpuesta de Inteligencia artificial y protección de datos», *Derecho Público de la inteligencia artificial,* Coordinadores **Balaguer Callejón**, Francisco, **Cotino Hueso**, Lorenzo, Fundación Manuel Giménez Abad, Zaragoza, 2023.

Cotino Hueso, Lorenzo, (2022). «Sistemas de inteligencia artificial con reconocimiento facial y datos biométricos. Mejor regular bien que prohibir mal», *El Cronista del Estado Social y Democrático de Derecho*, N.° 100 (Septiembre-Octubre), 2022 (Ejemplar dedicado a: Inteligencia artificial y derecho).

De Asís Pulido, Miguel, (2022). «La justicia predictiva: tres posibles usos en la práctica jurídica», en *Inteligencia Artificial y Filosofía del Derecho*, pp. 285-308, Ediciones Laborum, Murcia, 2022.

De Asís Roig, Rafael Francisco, (2022). «Ética, Tecnología y Derechos», en *Inteligencia Artificial y Filosofía del Derecho*, pp. 25-40, Ediciones Laborum, Murcia, 2022.

De Miguel Asensio, Pedro A., (2021). «Propuesta de Reglamento sobre Inteligencia artificial», *La Ley Unión Europea*, n.° 92, mayo 2021.

Drummond, Víctor, (2004). *Internet, privacidad y datos personales*, Traducción y notas de Isabel **Espín Alba**, Reus, Madrid, 2004.

Ebers, Martin, (2023). «El futuro marco jurídico europeo de la inteligencia artificial», *Revista General de Legislación y Jurisprudencia*, 2023, número 2, pp. 185-21.

Fernando Pablo, Marcos M., (2023). «Capítulo I: Construyendo la dignidad digital de la persona en el entorno digital. De los datos de tráfico, a la plaza y mercado de los servicios de comunicaciones electrónicas», en *Desafíos éticos, jurídicos y tecnológicos del avance digital* / coord. por Alicia **Rodríguez Sánchez**, Pilar **Talavera Cordero**; José Luis **Domínguez Álvarez** (dir.), Daniel Terrón Santos (dir.) Iustel, Madrid, 2023, págs. 21-40.

Floridi, Luciano, *The Ethics of Artificial intelligence*, Oxford University Press, Oxford, 2023.

García Inda, Andrés, **González Ordovás, María José** y **Muñoz Soro, José Félix**, «IA y Filosofía del Derecho: derechos, normas y sesgos», en Proyecto IASAC Unizar, Ciencias sociales y jurídicas, http://unidigitaliasac.unizar.es/ficha/la-ai-vista-desde-la-filosofia-del-derecho

Garriga Domínguez, Ana, (2022) «Inteligencia artificial y el fenómeno de la desinformación: el papel del RGPD1 y las garantías recogidas en la propuesta de la ley de servicios digitales», en *Inteligencia Artificial y Filosofía del Derecho*, pp. 451-473. Ediciones Laborum, Murcia, 2022.

González Tapia, M.ª Isabel, (2022). «Protección penal de los neuroderechos: el uso directo de las neurotecnologías sobre el ser humano», *Inteligencia Artificial y Filosofía del Derecho*, pp. 313-335 Ediciones Laborum, Murcia, 2022.

Hu, Margaret, (2022). «Biometrics and an AI Bill of Rights», 60 *Duquesne Law Review* pp. 283-301 (2022). En *William & Mary Law School Scholarship Repository*, Faculty Publications, Summer 2022. https://scholarship.law.wm.edu/facpubs/2078

Juliá-Pijoan, Miquel, (2023). «Una aproximación al perfilaje criminal desde la investigación neurocientífica», *FODERTICS 11.0 Derecho, entornos virtuales y tecnologías emergentes,* pp. 441-453, Comares, Granada, 2023.

Lacruz Mantecón, Miguel L., *Inteligencia Artificial y Derecho de Autor*, Editorial Reus, Madrid, 2021.

— «La deslocalización de la Inteligencia», *Diario La Ley*, N.º 62, Sección Ciberderecho, 20 de Mayo de 2022, Wolters Kluwer.

Ligthart, Sjors, **Douglas, Thomas**, **Bublitz, Christoph**, **Kooijmans, Tijs** y **Meynen, Gerben** (2021), «Forensic Brain-Reading and Mental Privacy in European Human Rights Law: Foundations and Challenges», *Neuroethics*, 2021, 14, pp. 191-203, https://doi.org/10.1007/s12152-020-09438-4

Lucasiewicz, Rafal, (2022). «Facial recognition. Matching in gamete donation using AI», *Tratado de Inteligencia artificial y Derecho en el nuevo milenio*, pp. 385-401. Ediciones Olejnik, Santiago de Chile, 2022.

Matefi, Roxana, y **Darius, Cupu**, (2022). «Artificial intelligence and its impact on personality rights», en *Tratado de Inteligencia artificial y Derecho en el nuevo milenio*, pp. 70-89, Olejnik, Santiago de Chile, 2022.

Megías Quirós, José Justo, (2022). «Derechos humanos e Inteligencia artificial», *Revista DIKAIOSYNE*, N.° 37, pp. 140-163, número especial sobre DDHH, en coedición con el Observatorio de Derechos Humanos de la Universidad de Los Andes. Mérida - Venezuela. Enero, 2022.

Moreu Carbonell, Elisa, (2022). «La regulación de los neuroderechos», *Revista General de Legislación y Jurisprudencia*, 2022, n.° 1, enero-marzo, pp. 71-100.

Navas Navarro, Susana (2023), *Chatgpt y modelos fundacionales. Aspectos jurídicos de presente y de futuro*, Reus, Madrid, 2023.

Ortiz de Zárate-Alcarazo, Lucía. (2023). «Las Políticas conductuales inteligentes: Oportunidades y riesgos ético-políticos de la Inteligencia Artificial para el nudging», *Revista Española de Ciencia Política*, n.° 62, julio 2023, pp. 67-93. Doi: https://doi.org/10.21308/recp.62.03.

Packard, Vance, (1992). *Las formas ocultas de la propaganda*, Editorial Sudamericana, Buenos Aires, Decimoctava Edición, Junio de 1992.

Pollicino, Oreste y **De Gregorio, Giovanni**, (2021). «Constitutional Law in the Algorithmic Society», *Constitutional Challenges in the Algorithmic Society*, Cambridge University Press, 2021, pp. 3-24. DOI: https://doi.org/10.1017/9781108914857.002, p. 4.

Pollicino, Oreste y **Paolucci, Federica**, (2022). «Digital constitutionalism to the test of the smart identity», *Journal of E-Learning and Knowledge Society,* Vol. 18, No. 3 (2022), pp. 8-21. DOI: https://doi.org/10.20368/1971-8829/113581

Rettinger, Lizzy, «The Human Rights Implications of China's Social Credit System», *Journal of High Technology Law*, vol. XXI, n.° 1, (2021), pp. 1-33.

Roberts, Huw, Cowls, Josh, Morley, Jessica, Taddeo, Mariarosaria, Wang, Vincent, Floridi, Luciano, (2021). «The Chinese approach to artificial intelligence: an analysis of policy, ethics, and regulation». *AI & Soc.* 36, 59-77 (2021). https://doi.org/10.1007/s00146-020-00992-2

Salvi, Nicolás y **Nigri, Santiago**, (2022). «Minority Report: the Road to a Deterministic Theory for the Philosophy of Criminal Law», June 28th, 2022, *Opinión Jurídica*, 21(46), Special Edition 2022, pp. 1-18, https://doi.org/10.22395/ojum.v21n46a2

Solar Cayón, José Ignacio, (2022). «Inteligencia artificial y justicia digital», en *Inteligencia Artificial y Filosofía del Derecho*, pp. 381-425, Ediciones Laborum, Murcia, 2022.

Turley, Jonathan, (2020). «Anonymity, Obscurity and Technology: Reconsidering Privacy in the Age of Biometrics», *Boston University Law Review*, Vol. 100: 2020, pp. 2179-2261. En https://www.bu.edu/bulawreview/files/2021/01/TURLEY.pdf

Vicente Domingo, Elena y **Rodríguez Cachón, Teresa**, (2023). «Derecho de la Persona, Neurodatos y Neuroderechos: *A Research Agenda*», *Revista General de Legislación y Jurisprudencia*, 2023, número 3, pp. 495-526. P. 499.

Yamazaki, Yukari, (2020). «An Empirical Study for The Acceptance of Original Nudges and Hypernudges», *Societal Challenges in the Smart Society* / coord. por Mario **Arias Oliva**, Jorge **Pelegrín Borondo**, Kiyoshi **Murata**, Ana María **Lara Palma**, 2020, ISBN 978-84-09-20273-7, págs. 323-336. En *Dialnet*: https://dialnet.unirioja.es/servlet/articulo?codigo=7867256

LOS *INFLUENCERS*: ENTRE LA LIBERTAD DE EXPRESIÓN Y LA RESPONSABILIDAD SOCIAL

Gerardo Aguas Valero

Universidad de Zaragoza

Sumario. I. Introducción. II. La libertad de expresión: del ágora a las redes sociales. III. Los *influencers*. Algunos conceptos y datos. IV. Normativa e *influencers*. V. Los *influencers* en las redes sociales: modelando comportamientos y actitudes. VI. Los *influencers* y la libertad de expresión: un delicado equilibrio. VII. Las redes sociales como «lugar de comisión de delitos». VIII. El control de contenidos de los prestadores de servicios. IX. Conclusiones. X. Bibliografía citada.

I. Introducción

En una reciente entrevista, Meryl Streep, Premio Princesa de Asturias de las Artes 2023, hacía referencia a la responsabilidad inherente a su estatus de celebridad. En efecto, era plenamente consciente del impacto que generaban sus palabras en el público en general. Quizá no sea muy ortodoxo comenzar un trabajo dedicado a los *influencers* con las manifestaciones vertidas por una profesional conocida por su carrera como actriz, aunque lo cierto es que posee más de quinientos mil seguidores en *Instagram*, pero su reflexión ejemplifica la responsabilidad que recae, sobre ciertas personas, cuando realizan declaraciones que trascienden de su habitual entorno.

Si tenemos en cuenta que, de acuerdo con ciertas encuestas[1], ocho de cada diez jóvenes optan por adquirir información mediante las diversas apli-

1 Fuente: RTVE noticias. Disponible en https://www.rtve.es/noticias/20220925/como-se-informan-jovenes-tiktok/2402820.shtml. Consulta realizada el 19 de septiembre de 2023.

caciones existentes, y que el éxito de los protagonistas de este estudio depende del alcance y repercusión de lo que pretenden transmitir, comenzaremos a vislumbrar la magnitud de la cuestión a la que nos enfrentamos.

A lo largo de las siguientes páginas exploraremos el papel de los *influencers* en la sociedad actual, los efectos que pueden dimanar de sus manifestaciones públicas y la eventual necesidad de equilibrar su libertad de expresión con la protección del bienestar de los ciudadanos. Y es que los *influencers,* gracias a su popularidad y a su conocimiento sobre determinados temas, influyen decisivamente sobre el comportamiento de sus seguidores y aunque, en principio, pudiéramos pensar que su trabajo posee cierto carácter altruista, como veremos, este extremo rara vez sucede.

II. La libertad de expresión: del ágora a las redes sociales

Antes de abordar el análisis de los especiales caracteres de la libertad de expresión en las redes sociales, considero interesante comenzar precisando su significado[2]. Del análisis de diversas sentencias judiciales (entre otras: STS 556/2014, 10 de Octubre de 2014; STS 378/2015, 7 de Julio de 2015; STC 216/2013, 19 de Diciembre de 2013) y, según Molina Martínez[3], podemos definir la libertad de expresión como aquel principio que va a garantizar a las personas expresar sus opiniones, ideas o pensamientos sin injerencias, censuras o represalias. Un derecho que comprende las distintas formas de comunicación (oral, escrita, artística...) y que protege la libre comunicación y el acceso a la información de todos los ciudadanos.

La esencia de este derecho es fruto de un largo proceso en el que la evolución hacia sistemas democráticos ha sido determinante. Y es que, la democracia, además de impulsar el progreso y la participación ciudadana, fomentó la creación de los entornos precisos para que la diversidad de opiniones quedara garantizada. Aunque no es mi propósito, ni este es el lugar adecuado, para dar cuenta de todos y cada uno de los episodios del *iter* de este capital derecho (para eso ya existen, además, los «buscadores» o las enciclopedias), en las siguientes líneas, relataré alguno de los que, en mi opinión, pudieron ser cruciales para su evolución y consolidación, intercalándolos con pensamientos de ilustrados personajes y alguna que otra curiosidad.

Aunque para diversos autores las primeras manifestaciones inequívocas, en la defensa y reconocimiento de este derecho, no iban a llegar hasta la

2 Véase sobre el particular, por todos: DOYLE, Andrew, *La libertad de expresión. Y por qué es tan importante*, Alianza Editorial, Madrid, 2022.

3 MOLINA MARTÍNEZ, Lucía, «Honor y libertad de expresión en las redes sociales», *Derecho Privado y Constitución,* núm. 41, 2022, pp. 227-276.

Inglaterra del siglo XVII[4], lo cierto es que mucho tiempo antes y con el término *isegoría* se aludía en la Antigua Grecia a la capacidad que poseían los ciudadanos de transmitir su opinión en el «ágora». Así Demóstenes defenderá: «No puede caer sobre un pueblo peor desgracia que la privación de la libertad de palabra».

Aunque la denominada *libertas ex orare* atravesará periodos más o menos oscuros y restrictivos en Roma, lo cierto es que, aun en las etapas más liberales de esta prominente civilización, y como Parra Martín[5] nos recuerda, tuvo este este derecho legal sustento. Y es que, según Diaz de Valdés[6], más que de un derecho propiamente, deberíamos entenderlo como una prerrogativa política que era ejercida en concretos escenarios. Recordemos las «lisonjeras» palabras de Cicerón a Piso en el Senado tildándolo de: «bestia, furia, pedazo de ganado sin sentido, pedazo de carne podrida, cerdo, inmundicia, desgracia».

Sobresaliente fue también al respecto el pensamiento de autores modernos como Erasmo de Rotterdam, quien en 1511 y en su satírica obra el *Elogio de la locura*[7], desplegó una crítica ingeniosamente cargada de ironía, utilizando un discurso retórico, para cuestionar diversas instituciones, entre las que se destacan la Iglesia y la Corte. Además, no escatima en señalar a individuos como filósofos, teólogos y jurisconsultos, sometiéndolos a un análisis perspicaz y mordaz. En este ejercicio literario, Erasmo reveló una agudeza crítica que, a través de la ironía, ofrecía una perspectiva reflexiva sobre la naturaleza de estas entidades y personalidades, desafiando así las normas establecidas y estimulando el pensamiento crítico en el lector. Erasmo defendía la libre expresión crítica en los siguientes términos:

> «[...]siempre ha gozado el ingenio de la libertad de burlarse sin temor de las cosas humanas, en tanto que la licencia no se desmande hacia el furor. Por ello extraño mucho la delicadez de oído de este siglo que no puede sufrir sino los títulos aduladores, y así te parecerá absurdo que algunos religiosos toleren mejor los ultrajes más horribles contra Cristo que la broma más ligera dirigida a un pontífice o a un monarca, sobre todo si hay algo en ella que les toque el pan. Así, pues, pregunto: Cuando alguien critica las costumbres de los hombres sin zaherir

---

4 El 16 de diciembre de 1689 se aprobó en Inglaterra el denominado *Bill of Rights*. que, entre otros muchos aspectos establecía las normas para regular la libertad de expresión en el Parlamento británico.

5 Parra Martín, M. D. (2021) «Notas sobre la «libertas ex orare» en el imperio romano», *Fundamentos romanísticos del Derecho contemporáneo*, Tomo I, ed. BOE, Madrid, pp. 145 y ss.

6 Díaz De Valdés, J. M. (2009) «Libertad de expresión en Roma», *Revista de Estudios Histórico-Jurídicos,* (31). Disponible en: https://www.rehj.cl/index.php/rehj/article/view/509 (Accedido: 28 febrero 2024).

7 Erasmo de Rotterdam, *Elogio de la locura,* Imprenta de José Tauló, Barcelona, 1842.

a nadie por su nombre, ¿es mordacidad, o enseñanza y consejo? Por lo demás, ¿no me critico yo mismo con pelos y señales? Añadiendo que quien no pasa por alto ninguna clase social, no puede ser tachado de hostil a los vicios de una persona, sino a los de todos. Por ello, si alguien hay que se dé por ofendido, es que quiere callar a la conciencia o al miedo».

También Kant defendía las virtudes de la libertad de expresión al proclamar: «La libertad de pluma es el único paladín de los derechos del pueblo». No obstante y, a modo de advertencia, añadirá: «siempre que se mantenga dentro de los límites del respeto y el amor a la Constitución en que se vive [...]»[8]. Nada que objetar.

Estos pensamientos liberales se irán consagrando finalmente en los textos normativos. Así el artículo 11 de la *Declaración de los Derechos del Hombre y del Ciudadano* —considerado el documento precursor de los derechos humanos— proclamará: *«La libre comunicación de pensamientos y opiniones es uno de los derechos humanos más preciosos: todo ciudadano puede, por tanto, hablar, escribir e imprimir libremente, salvo para responder del abuso de esta libertad en los casos determinados por la ley».*

Tal y como Aniceto Masferrer[9] nos recuerda, el derecho a la libertad de expresión iba a insertarse, poco después, en los textos constitucionales de alguno de los Estados de ultramar. De este modo y, siguiendo el camino emprendido por la primigenia Constitución francesa[10], los Estados Unidos de Norteamérica aprobarán la Primera Enmienda a su Constitución de 1791 que disponía: *«El Congreso no podrá hacer ninguna ley con respecto al establecimiento de la religión, ni prohibiendo la libre práctica de* la misma; ni limitando la libertad de expresión, ni de prensa; ni el derecho a la asamblea pacífica de las personas, ni de solicitar al gobierno una compensación de agravios».

Dos décadas después la libertad de expresión terminará germinando en el sistema normativo español. Así y aunque la Constitución de Cádiz de 1812 tuviera un corto recorrido —recordemos que fue derogada tan solo dos años después de su promulgación— el artículo 371 dispondrá: *«Todos los españoles tienen libertad de escribir, imprimir y publicar sus ideas políticas sin*

8 KANT, Immanuel, «En torno al tópico: "Tal vez eso sea correcto en teoría, pero no sirve para la práctica"», en IDEM, *Teoría y práctica,* Tecnos, Madrid, 1993, p. 47.

9 MASFERRER, Aniceto, «Una lección histórica de la libertad de expresión», *El Mundo,* miércoles 3 de marzo de 2021. En: *https://www.elmundo.es/opinion/2021/03/03/603e21dafc6c83466a8b467a.html*

10 *La Constitución francesa de 1791* establecía como derechos naturales y civiles, en su Título Primero, la libertad de todos los hombres de hablar, de escribir, de imprimir y publicar su pensamiento sin que los escritos estén sujetos a censura o inspección alguna antes de su publicación, y de ejercer el culto religioso al que estén adscritos.

necesidad de licencia, revisión o aprobación alguna anterior a la publicación, bajo las restricciones y responsabilidad que establezcan las leyes».

Aunque a lo largo de los siglos XIX y XX[11] el derecho a la libertad de expresión irá calando en los sistemas legales de numerosos Estados, su reconocimiento, como derecho universal, no llegará hasta la redacción y posterior aprobación de la denominada *Declaración de los Derechos Humanos*[12] de 1948. Un ideal común que, en su artículo 19, dispone: *«Todo individuo tiene derecho a la libertad de opinión y de expresión; este derecho incluye el de no ser molestado a causa de sus opiniones, el de investigar y recibir informaciones y opiniones, y el de difundirlas, sin limitación de fronteras, por cualquier medio de expresión».* Deberíamos puntualizar que, si bien en la actualidad este derecho está arraigado en los textos legales de los Estados democráticos, su ejercicio no siempre va a desarrollarse de manera pacífica. Y es que la inexistencia de un sistema normativo que lo regule exhaustivamente[13], al menos en nuestro país, sumada a su frecuente colisión con otros derechos, como el derecho al honor, hace que se deba recurrir, como veremos posteriormente, al auxilio de los tribunales.

Tal y como hemos adelantado en el prefacio, otro factor ha influido decisivamente en la consagración y configuración de este fundamental derecho: la evolución tecnológica. Y es que cómo obviar la influencia que han tenido invenciones, como las de Gutemberg, Bell o Marconi, en el alcance y repercusión de los mensajes. Aunque por razones evidentes tampoco nos detendremos, en esta ocasión, a enumerar todos y cada uno de dichos avances, si debemos reconocer sus virtudes canalizando y amplificando opiniones, anteriormente cercenadas, favoreciendo y democratizando el acceso a la información. Y es que «ingenios», como la imprenta, la radio o la televisión, facilitaron la difusión de opiniones, ideas o críticas de un modo ignoto hasta la fecha.

A continuación, debemos aludir a la incidencia que tuvo (y sigue teniendo) la llegada de Internet y las redes sociales. Y es que, con la digitalización del espacio público, además de multiplicarse exponencialmente el número de «receptores», cada individuo se ha convertido en un potencial emisor de con-

11 Entre los textos constitucionales podemos citar la Constitución holandesa de 1815 o la de la República Italiana de 1947.

12 La *Declaración Universal de los Derechos Humanos* representa un hito significativo en la historia de los derechos humanos. Fue redactada por representantes de diversas regiones del mundo, con antecedentes jurídicos y culturales diversos y estableció los derechos humanos fundamentales que deben protegerse a nivel global. Fuente: Naciones Unidas. Disponible en: https://www.un.org/es/about-us/universal-declaration-of-human-rights

13 El art. 20.4 de la CE recoge los lindes de este derecho de manera genérica cuando dispone: «Estas libertades tienen su límite en el respeto a los derechos reconocidos en este Título, en los preceptos de las leyes que lo desarrollen y, especialmente, en el derecho al honor, a la intimidad, a la propia imagen y a la protección de la juventud y de la infancia».

tenidos, descentralizándose así el poder de la comunicación y catapultándolo a otra dimensión. Este cambio de paradigma, desde lo analógico hacia lo digital y de lo presencial hacia lo virtual, queda reflejado, año tras año, en las apabullantes cifras que nos proporciona el INE[14] sobre el uso de Internet en España. La digitalización y su colosal incidencia en el derecho central de este trabajo fue detectada hace mucho tiempo por los especialistas de los medios de comunicación; en un artículo publicado, hace ya más de quince años, la periodista Jo Glanville aseveró con rotundidad: «Internet ha sido una revolución tanto para la censura como para la libertad de expresión, algo que los grandes padrinos libertarios de la red no esperaban».

Como ocurre con la mayoría de los avances tecnológicos, los réditos procurados por la tecnología digital también presentan una cara, digamos, menos amable. Nos referimos a la propagación de desinformación, el acoso en línea o la polarización de opiniones. Funestas consecuencias que nos invitan a reflexionar sobre cómo proteger y promover la libertad de expresión en un entorno en el que, como veremos a continuación, el alcance de las palabras se expande exponencialmente y un simple mensaje puede generar un impacto social de alcance.

III. Los *influencers*. Algunos conceptos y datos

Si bien la mayoría de nosotros se encuentra familiarizado, en mayor o menor medida, con las redes sociales, creo necesario aportar, antes de proseguir, alguna aclaración terminológica; según el «Observatorio de palabras» de la Real Academia Española, «*influencer* es un anglicismo usado en referencia a una persona con capacidad para influir sobre otras, principalmente a través de las redes sociales». Añadiendo además que, «como alternativa, en español, se recomienda el uso de "influyente", "influidor" o "influenciador"».

Por tanto y, aunque parezca una perogrullada, dos elementos son necesarios para ser considerado *influencer*: crear contenido en las redes sociales y, además, poder acreditar un número elevado de seguidores.

Hago un pequeño inciso porque, si bien he considerado necesario insertar la docta explicación vertida por la RAE, no quisiera parecer tampoco un ser del Pleistoceno o un reaccionario. De ahora en adelante seguiré utilizando el término anglosajón que manejamos la mayoría de nosotros: *influencer.*

Aunque no existe una clasificación formal que distinga, por grupos, a estos generadores de contenidos, debido a las restricciones del formato y con

14 Según el Instituto Nacional de Estadística, el 99,9 % de la población masculina y el 99,7 % de la femenina (en la franja de edad de los 16 a los 24 años) ha consultado internet en los últimos 3 meses.

el propósito de facilitar la comprensión al público más profano, los agruparé atendiendo a dos parámetros: el número de seguidores y el tipo de contenidos.

Comenzando por el aspecto cuantitativo. Según la plataforma HubSpot[15] podemos distinguir entre:

- Nano *influencer*: entre 1000 y 10.000 seguidores
- Micro *influencer*: entre 10.000 y 100.000 seguidores
- Macro *influencer*: de 100.000 a 1.000.000 de seguidores
- Mega *influencer*: Más de 1.000.000 de seguidores.

Aunque quizá esta inoficiosa clasificación solo nos haya aportado frías cifras, lo cierto es que da cuenta del alcance que puede tener una recomendación, idea o sugerencia vertida por personas como Manu Ríos, Paula Echevarría o Teresa Macetas que cuentan, respectivamente, con once, cuatro y más de medio millón de seguidores.

Por último y, advirtiendo que la lista sería inagotable, y en relación al contenido de sus publicaciones, podemos distinguir entre:

- *Influencers* dedicados a la moda, belleza y maquillaje.
- Los denominados *gamers*, que aportan experiencias sobre juegos electrónicos.
- Los *foodies*: que promocionan marcas y otros asuntos relacionados con la comida.
- Los especializados en viajes.
- Etc.

Haré un pequeño pero necesario paréntesis para incluir una nueva categoría que, aunque quizá pudiera adscribirse a cualquiera de las anteriores, por su innegable y rabiosa actualidad debería ser, al menos, citada sucintamente: los *influencers* virtuales. Esta nueva «especie» de generadores de contenidos no son personas físicas —como su propio nombre indica— sino que, gracias a los avances que nos proporciona la evolución de la tecnología digital, realizan una labor que emula a la que desarrollan sus homólogos colegas «reales». Su aparición, relacionada con la famosa y recurrente inteligencia artificial, no está exenta de polémicas éticas y está provocando *de facto* no pocos debates doctrinales. La virtualidad es ya un hecho y el incremento de su presencia resulta imparable. Durante la preceptiva revisión de este trabajo he tenido conocimiento de la labor que desempeñará una presentadora virtual de informativos en un conocido canal de televisión español: Alba Renai. No es ni el momento ni el escenario para manifestar mi opinión al respecto.

---

15 Fuente: HubSpot. Disponible en: https://blog.hubspot.es/marketing/marketing-influencers. Consulta realizada el 19 de septiembre de 2023

Retomando el asunto que estamos analizando, debemos advertir que no todos los contenidos que generan los *influencers* poseen un carácter hedonístico o recreativo, y es que, en las redes sociales, también se abordan otros asuntos como la política, la religión o la economía. Veamos algunos ejemplos:

- Inés Hernand, que posee 481.000 seguidores en Instagram, muestra, con frecuencia, su apoyo a un determinado partido político.
- María Pombo, con más de 3 millones de seguidores en *Instagram* ha posteado, mensajes que dejan claro cuáles son sus inclinaciones políticas y religiosas.
- Los dos millones de seguidores de Fran Romero reciben puntualmente información sobre cómo gestionar las finanzas personales.

Añadiré otras abrumadoras cifras que nos ayudarán a comprender la dimensión y trascendencia que posee, en nuestro país, el asunto que estamos abordando[16].

- Existen más de 40 millones de usuarios de redes sociales (un 85,6 % de la población).
- Cada usuario utiliza de media 6 plataformas diferentes de redes sociales. Por número de usuarios el ranking lo encabeza *YouTube* —con 40,7 millones—, seguido de *Instagram, Facebook, TikTok* y *LinkedIn*.
- El tiempo que invierten los usuarios en las redes sociales tiene como objetivo principal contactar con sus familiares y amigos (50,2 %), entretenernos (45,3 %) o informarnos (43,3 %).

IV. Normativa e *influencers*

Aunque, como sabemos, diversos preceptos de nuestro sistema normativo regulan el trabajo de los *influencers*, en esta ocasión solo aludiré al más reciente, es decir, la Ley General de Comunicación Audiovisual. Norma que transpone la Directiva (UE) 2018/1808 del Parlamento Europeo y del Consejo y que fue diseñada para regular el mercado audiovisual.

Debo advertir que, a lo largo de las siguientes líneas, tan solo nos limitaremos a abordar aspectos relacionados con la regulación de las actividades de nuestros protagonistas. De hecho y, aunque su contenido es mucho más amplio, popularmente ya se la conoce como la «Ley de *influencers*». Es importante señalar que esta norma tan solo va a afectar a aquellos creadores de contenido que generen ingresos significativos, conocidos como «usuarios de especial relevancia en el mercado audiovisual» (UER). Y es que este término

16 Fuente: «Una vida online». Disponible en: https://unavidaonline.com/estadisticas-redes sociales/#estadisticas%20sp. Consulta realizada el 19 de septiembre de 2023.

subraya la intención del legislador al reconocer que el trabajo de estos creadores tiene un impacto considerable en el público en general, especialmente en las audiencias más jóvenes. Basta con analizar someramente su preámbulo para tomar conciencia de cuál es el espíritu y finalidad de la norma y extraer las siguientes conclusiones:

- Primera: se reconoce la importancia y considerable impacto de los nuevos tipos de contenidos audiovisuales.
- Segunda: se considera que, dada su trascendencia, estos servicios deben contribuir a transmitir unos valores basados en la igualdad y la veracidad y, además, educar y formar a los miembros de las comunidades de las redes sociales.
- Y tercera: el denominado «social media» debe ser «un instrumento idóneo para el ejercicio de la libertad de expresión e información, derechos fundamentales consagrados en el artículo 20 de la Constitución Española, así como para garantizar la diversidad y el pluralismo de opinión».

Una vez analizado el clarificador prefacio, debemos añadir que, aunque en el mismo se haya aludido a la libertad de expresión, a lo largo del articulado de la ley se establecen una serie de sanciones, de índole económica, para castigar al que desarrolle conductas que vulneren el espíritu de la norma. Si el agravio fuera importante la ley prevé la obligatoriedad del cese de su actividad. Para tal fin se ha previsto la creación de un registro estatal, dependiente del Ministerio de Asuntos Económicos y Transformación Digital, en el que se deberán inscribir aquellos *influencers* que, como hemos advertido anteriormente, posean especial relevancia en las redes sociales. Dicho registro además de poder ser consultado por cualquier persona posibilitará a las autoridades llevar a cabo las acciones sancionadoras citadas previamente.

Además, según la norma, los *influencers* también deberán habilitar algún mecanismo, como un buzón de quejas o sugerencias, que permita a los usuarios notificarles que, determinados contenidos están vulnerando las obligaciones que impone la ley.

Debo hacerme eco de algunas voces discordantes que consideran que la ley adolece de ciertas ambigüedades o carencias que impedirán su eficaz puesta en práctica. Sin ir más lejos la Comisión Nacional de los Mercados y la Competencia ha manifestado, en un informe, sus dudas sobre qué considera el legislador que es un «usuario de especial relevancia» o por qué no ha sido este organismo el que, al igual que ocurre en otros países de nuestro entorno, sea el encargado de gestionar el registro mencionado anteriormente. A ese respecto, ha puesto en marcha una consulta pública que quizá pueda ayudar a concretar y desarrollar las imprecisiones normativas detectadas.

Concluiré añadiendo que, aunque en mi opinión era necesaria una ley como la analizada, una parte significativa de los *influencers* se ha pronunciado en contra de su promulgación. Según argumentan, el control que los poderes públicos ejercerán sobre el contenido que publican constituye una amenaza a su legítimo derecho a la libertad de expresión.

V. Los *influencers* en las redes sociales: modelando comportamientos y actitudes

Tal y como estamos viendo resulta indiscutible el poder que ejercen los *influencers* en la vida de sus seguidores; no solo influyen profundamente en sus hábitos de consumo, sino que se han erigido como su modelo a seguir, es decir, su referencia. Esta relación, en mi opinión, puede ser beneficiosa para ambas partes siempre que el emisor cuente con aptitudes suficientes y el receptor posea suficiente criterio. Aunque los más jóvenes pudieran pensar que estas mediáticas figuras surgieron con la llegada de las redes sociales, debo aclararles que este no es un fenómeno nuevo, lo que ha variado es el medio y (quizá) también el alcance de sus opiniones o recomendaciones. Basta con retroceder un poquito en el tiempo para comprobar la influencia y poso que nos dejaron personajes como John Lennon, Coco Chanel o Nelson Mandela.

Aunque en el siguiente apartado analizaremos detenidamente el asunto objeto de este breve trabajo, creo interesante, con carácter previo, detenerme y analizar *grosso modo* alguno de los principales efectos que ejercen los *influencers* sobre sus seguidores. Comenzando por los efectos positivos debemos destacar:

- Obtención de abundante información actualizada y, en muchos casos, emitida por personas especialistas en una determinada materia.
- Interacción: dado que el éxito de los *influencers* depende del número de seguidores, se van a preocupar de que exista una relación permanente y fluida entre las partes, lográndose así que, aquellas personas que tienen dificultad para relacionarse puedan hacerlo con mayor facilidad.

En cuanto a los efectos negativos citaremos los siguientes:

- Disminución de la autoestima: algunos seguidores tan solo ven los aspectos positivos que —de manera interesada— filtran los *influencers* de su vida.
- Seguimiento en cascada: determinados usuarios, emulando a su modelo, van a seguir a otros *influencers*, aunque inicialmente no compartan con ellos ningún tema en común.
- Interacción: como las dos caras de una misma moneda, la interacción —cuando es excesiva— provocará la adicción del usuario a las redes sociales.

- Noticias falsas o *Fake news:* cada vez más abundantes, van a provocar que los seguidores entren en un peligroso círculo de desinformación. Las más habituales son:
- Sátiras o parodias.
- Contenido engañoso, impostor o, directamente, falso.
- Contenido manipulado

Como ejemplo de estas últimas conscientes o inconscientes erratas, deseo ponerles un ejemplo de un *tweet* que, en su momento más que sorprenderme, me indignó: «Contra el Coronavirus *—Jengibre— 2 limones en 4 pedazos —hervir por 5 minutos— miel de abeja pura, canela, ajo, cebolla morada con 2 aspirinas y tomarlo bien caliente. Funciona».*

Añado algún otro ilustrativo dato[17] que nos ayudará a comprender la trascendencia de este fenómeno.

- El 75 % de los profesionales del marketing considera que los *influencers* son una herramienta efectiva.
- El 70 % de los consumidores españoles sigue a *influencers* en las redes sociales.
- El 61 % de los consumidores españoles se fía de las recomendaciones de los *influencers.*

Aunque no esté relacionado directamente con el motivo principal que me llevó a redactar este trabajo, creo necesario hacerme eco de la creciente preocupación por garantizar unos estándares éticos mínimos en el trabajo de los *influencers.* A este respecto, en el año 2020, vio la luz el denominado «Código de conducta sobre el uso de *influencers* en la publicidad»[18], un conjunto de reglas que, aunque solo van a vincular a aquellos que lo suscriban —tanto empresas como *influencers*— estableció un marco de actuación para que los destinatarios de los mensajes puedan identificar, con claridad y facilidad, el carácter publicitario, o no, de las comunicaciones realizadas. Del documento en cuestión cabe destacar lo siguiente:

- Los contenidos publicitarios que hayan sido objeto de remuneración tienen que ser identificables de manera explícita mediante la utilización de expresiones como «contenido publicitario» o «patrocinado por...».

---

17 Fuente: «Estudio de redes sociales 2022». Disponible en: https://iabspain.es/iab-spain-presenta-el-estudio-de-redes-sociales-2022/. Consulta realizada el 20 de septiembre de 2023.

18 El Código de conducta sobre el uso de *influencers* en la publicidad forma parte del denominado Protocolo de fomento de la autorregulación en medios digitales y fue suscrito por la Asociación Española de Anunciantes (AEA); la Asociación para la Autorregulación de la Comunicación Comercial (AUTOCONTROL); la Secretaría de Estado de Telecomunicaciones e Infraestructuras Digitales y la Secretaría de Estado de Digitalización e Inteligencia Digital, así como con la Secretaría General del Ministerio de Consumo.

- La identificación debe mantenerse visible —en todo momento— cuando el contenido publicitario se comparte en otros perfiles.
- Los mensajes publicitarios deberán respetar las reglas y códigos aplicables. Habida cuenta de que no existe un perfil del seguidor perfectamente definido y, en relación al art. 4 de la Ley 3/1991, de 10 de enero, de Competencia Desleal, «se entenderá como perfil medio del consumidor habituado a seguir a un *influencer,* a aquel consumidor activo y conocedor de las nuevas tecnologías de la información, normalmente atento e informado, con capacidad suficiente para el acceso y comprensión de los medios digitales y la autonomía de buscar, discriminar y adaptar los contenidos de la red en su proceso de navegación en función de sus gustos o intereses».
- Las empresas adheridas; la AEA; las Administraciones Públicas; asociaciones de consumidores o consumidores particulares podrán reclamar las eventuales infracciones cometidas ante el Jurado de la Publicidad[19].

Desafortunadamente este código no deja de ser, en ocasiones, un decálogo de buenas intenciones. Sin ir más lejos, el año 2021, determinados generadores de contenidos incitaron a realizar apuestas *online* a través de sus redes sociales sin advertir previamente del carácter publicitario de sus mensajes. Analicen ustedes mismos el *modus operandi* de estos «buenos samaritanos» que mantenían la siguiente conversación con sus seguidores:

> - ¿Cuánto ganas en las redes sociales y tal?
> - Eso es un poco privado. Pero lo que os puedo contar es que hace poco empecé a apostar en el fútbol y es con lo que más estoy ganando. El otro día empecé con 30€ y acabé con 1.040€ en una sola tarde.
> - Empiezan con un Q & A; os voy a poner el perfil de dos de ellas que son las que he pillado más heavy.
> - Es más sencillo de lo que parece. Yo estoy en un canal gratuito de Telegram que me recomendó un amigo [...]
> - Ya sabéis que yo no suelo promocionar nada, pero como estoy viendo que os interesa bastante...

Tal y como adelantaba, estos «benefactores» fueron finalmente denunciados ante la Dirección General de Ordenación del Juego del Ministerio de Consumo. Y es que, además de haber vulnerado el contenido del código previamente expuesto, el artículo 23 del Real Decreto 958/2020, de 3 de noviembre, de comunicaciones comerciales de las actividades de juego, impi-

19 El Jurado de la Publicidad es un organismo extrajudicial independiente encargado de resolver controversias y reclamaciones en materia publicitaria. Está acreditado como entidad de resolución alternativa de litigios por la Dirección General de Consumo del Ministerio de Sanidad, Consumo y Bienestar Social.

de —salvo excepciones— que los servicios de la sociedad de la información alojen comunicaciones comerciales de los operadores de juego.

La preocupación por el modo en el que los *influencers* desarrollan sus actividades publicitarias no solo ha originado la publicación de multitud de artículos académicos o periodísticos, también ha suscitado la intervención de las autoridades europeas. El pasado año y, a petición de la Presidencia española, el Comité Económico y Social Europeo emitió un esclarecedor dictamen[20] sobre «La publicidad a través de *influencers* y su impacto en los consumidores».

El citado dictamen, aun reconociendo la existencia de una normativa interna adecuada, en cada Estado miembro, da cuenta de un problema que, por desgracia cada vez es más frecuente y realiza las siguientes recomendaciones, advertencias y/o matizaciones:

1. Debe asegurarse una regulación uniforme de las prácticas ilegales llevadas a cabo por los *influencers* sean o no residentes en la Unión Europea.

2. Se insta a los administradores de plataformas y redes sociales a asumir responsabilidad conjunta por el contenido ilegal generado por los creadores de contenido y a actuar inmediatamente ante denuncias de actividad ilícita, exigiendo a los primeros la posesión de un seguro de responsabilidad civil para abordar posibles daños derivados de conductas ilegales.

3. Aquellas actividades que posean un fin publicitario deberán ser claramente identificables y en las mismas y, en todo caso, deberá imperar «la protección de la salud y la seguridad de consumidores y usuarios, especialmente de los menores y de otros colectivos vulnerables».

A modo de epílogo y, como colofón, añadiré que una vez se ha detectado el enorme poder que ostentan los *influencers*, era previsible la actuación de las autoridades. Y es que solo mediante un riguroso y estricto control se puede garantizar una mayor transparencia y responsabilidad en el desarrollo de su actividad.

VI. Los *influencers* y la libertad de expresión: un delicado equilibrio

Ya hemos apuntado alguna de las consecuencias que pueden tener ciertas opiniones vertidas por los *influencers*. A lo largo de los siguientes epígrafes y a través de una breve disección de dos decisiones judiciales nos detendremos a analizar, si sus opiniones están o deberían estar sometidos a un con-

20 Dictamen del Comité Económico y Social Europeo sobre «La publicidad a través de influencers y su impacto en los consumidores» (Dictamen exploratorio a petición de la Presidencia española) (2023/C 349/15) Ponente: Bernardo HERNÁNDEZ BATALLER Coponente: Stefano PALMIERI.

trol *ad hoc* o, dicho de otro modo, plantearnos si quizá se debiera adaptar la concepción tradicional del derecho a la libertad de expresión a la era digital. Y es que, como veremos a continuación y sentencia el apotegma, «en la red no todo vale».

Traigo a colación la sentencia del Tribunal Constitucional 51/2021 de 10 de mayo. He de advertir que si me he decantado por este caso en particular no ha sido por la condición de *influencer* de su protagonista —puede que no lo fuera— sino porque, en su momento captó mi atención especialmente (el trágico suceso ocurrió en Aragón) y puso de manifiesto las singularidades que entraña el uso de las redes sociales.

No voy a realizar un análisis exhaustivo de la sentencia, que supuso la desestimación del recurso de amparo presentado por doña Piedad Ángeles Peris, ni tampoco los pormenores del *iter* procesal. No obstante, sí considero esencial proporcionarles un contexto breve, delineando de manera sucinta algunos de los aspectos clave del asunto.

El 9 de julio de 2016 el torero don Víctor Barrio Hernanz fallece en la plaza de toros de Teruel, como consecuencia de una cornada. Tan solo un día después, una concejala del Ayuntamiento de Catarroja (Valencia) publicará en su cuenta de *Facebook:* «Podemos tratar de ver el aspecto positivo de las noticias para no sufrir tanto...Ya ha dejado de matar [...]»

Tanto la Audiencia Provincial de Segovia como posteriormente el Tribunal Supremo corroboraron la sentencia dictada por el Juzgado de Primera Instancia e Instrucción de Sepúlveda: la demandada, además de retirar los controvertidos mensajes de su página de Facebook, debería indemnizar con 7.000 euros a los familiares del señor Barrio.

Llegado este momento, la señora Peris recurrirá en amparo ante el Tribunal Constitucional al considerar que la condena impuesta —relacionada con sus manifestaciones— vulneraba su derecho a la libertad de expresión.

Aunque el medio utilizado por la recurrente para manifestar sus polémicas opiniones no va a influir en la decisión final del Tribunal Constitucional —aunque si se disertará ampliamente sobre ello— la argumentación presentada en la sentencia e incluso el voto particular emitido por la magistrada María Luisa Balaguer Callejón, contienen unas reflexiones —que incorporo de manera sinóptica a continuación— que, según la profesora Lucía Molina Martínez[21], podrían suponer una «nueva doctrina constitucional sobre el ejercicio de la libertad de expresión en las redes sociales».

- Primera: para abordar la libertad de expresión en las redes sociales de manera adecuada, es necesario establecer un conjunto de criterios de evaluación específicos, los cuales deben basarse en la jurisprudencia emanada del Tribunal Europeo de Derechos Humanos.

21 Molina Martínez, Lucía, «Honor y libertad de expresión en las redes sociales», *op. cit.*

- Segunda: existe una «mayor potencialidad lesiva de los derechos fundamentales» —entre otros— al honor, a la intimidad personal y familiar y a la propia imagen, derivada de los especiales caracteres de los entornos digitales.
- Y tercera: transcribo literalmente la sentencia; «si la conducta es lesiva del derecho al honor fuera de la red, también lo es en ella».

Como conclusión considero relevante mencionar, al menos, la objeción discordante planteada por el Ministerio Fiscal, quien argumentó que esta sentencia podría generar un «efecto paralizante» en el ejercicio legítimo del derecho fundamental a la libertad de expresión.

VII. Las redes sociales como «lugar de comisión de delitos»

Aunque el asunto que voy a presentar a continuación quizá no esté directamente relacionado con el derecho a la libertad de expresión, he decidido finalmente incluirlo. Hago referencia a la sentencia del Tribunal Supremo 547/2022 del 2 de junio, que resuelve un caso que, como sostiene Pardeza Nieto[22], podría estar en la órbita del delito de odio, aunque ya adelanto que finalmente se observó la comisión de un delito distinto.

En esta ocasión, tampoco abundaré en los detalles del asunto y, aunque comprendo que se trata de una situación excepcional —que no representa el comportamiento típico de los *influencers*— he optado por mencionarlo debido a las razones que expondré tras este parvo y esquemático resumen de los antecedentes del caso.

- Un seguidor de un *youtuber* le propone el siguiente reto: rellenar galletas de una conocida marca, retirarles la capa de crema que tienen en su interior, sustituirla por pasta de limpieza dental y entregarlas a personas en la vía pública.
- El *youtuber* en cuestión acepta modificando levemente el desafío: se las ofrecerá a personas sin hogar, junto con 20 euros.
- Don Silvio, acepta la limosna y tras ingerir las galletas en cuestión vomitará y tendrá molestias digestivas.
- Tras colgar el correspondiente video que contenía la «hazaña» realizada, el *youtuber* recibió importantes críticas en su canal.

El comportamiento del *youtuber* en cuestión, ilustra la falta de moralidad de la que adolecen determinadas personas que, pretendiendo ganar en no-

---

22 Pardeza Nieto, María Dolores, «La ciberdelincuencia. Lugar de comisión del delito. Análisis de la Sentencia del Tribunal Supremo de Pleno 547/2022, de 2 de junio» (2022) *Diario La Ley*, núm. 10182.

toriedad y beneficiarse económicamente, son capaces de hacer o manifestar cualquier cosa. Imaginen lo que podría pasar si, en contra de lo que sucedió finalmente, sus seguidores hubieran emulado su comportamiento. Quiero destacar —aunque la sentencia no lo subraye— la generalizada y crítica reacción de los usuarios de *YouTube* ante un video que consideraron denigrante. De hecho, su loable respuesta y el miedo a las posibles consecuencias económicas y penales hicieron que, finalmente, el creador de contenido intentara enmendar sus actos. Está claro que los más leales seguidores también pueden ser los más mordaces.

Aunque ninguna parte lo alegara a lo largo del procedimiento judicial, el fallo quizá pudiera atentar contra el derecho a la libertad de expresión del *influencer*. Recordemos que un partido político, tras el cierre de su canal de *YouTube* —esta vez por motivos distintos— denunció la vulneración de ese fundamental derecho[23].

Debemos recordar que, el fallo dictado por el Alto Tribunal estimó que las redes sociales pueden considerarse efectivamente como un «lugar de comisión del delito». Como resultado, el recurrente será condenado al cierre de su canal y se le prohibirá la creación de contenidos en la plataforma *YouTube* durante un período de 5 años.

VIII. El control de contenidos de los prestadores de servicios de alojamiento de datos

Obligado resulta aludir —al menos sucintamente— al control que, los denominados «prestadores de servicios» pueden llegar a efectuar sobre la actividad de los *influencers*. Y es que, como veremos a continuación, las diversas plataformas de redes sociales —como *Instagram*, *TikTok* o *YouTube*— en ocasiones cercenan el contenido alojado en los servidores. A lo largo de las siguientes líneas analizaremos brevemente el modo mediante el cual estos operadores pueden interponer ciertas barreras al libre ejercicio de su libertad de expresión, para ello pondremos el foco en lo que acontece en los Estados Unidos y en la Unión Europea.

Tal y como sostiene Cotino Hueso[24] y, en relación con el control sobre los contenidos efectuados por las plataformas norteamericanas «el régimen general de responsabilidad de los prestadores e intermediarios que se aplica es el de la Sección 230 de la *Communications Decency Act* de 1996 (Ley de Decencia en las Comunicaciones), que confiere un «puerto seguro» *(safe*

---

23 Fuente: https://www.elespanol.com/invertia/observatorios/digital/20190618/youtube-cierra-canal-vox/407210227_0.html. Consulta realizada el 11 de octubre de 2023.

24 Cotino Hueso, Lorenzo, «Responsabilidad de intermediarios y prestadores de servicios de internet en Europa y Estados Unidos y su importancia para la libertad de expresión». *Revista de Derecho, Comunicaciones y Nuevas Tecnologías,* núm. 17, 2017.

harbour) a los proveedores de «servicios interactivos» por el discurso y contenidos ilícitos de sus usuarios».

El citado precepto es una verdadera declaración de intenciones del legislador pues, según declara: «Ningún proveedor o usuario de un servicio informático interactivo será tratado como el editor o altavoz de cualquier información proporcionada por otro proveedor de contenido de información».

Según sigue aduciendo el citado autor, este control exhibe una gran laxitud. Y es que, en general, los tribunales en sus sentencias no solo van a tener en cuenta el respeto a la libertad de expresión que, según ellos, debería presidir Internet, sino que suelen exonerar de responsabilidad a las empresas tecnológicas por los contenidos que terceros hayan alojado.

Como Heráclito advertía «Todo fluye, todo cambia, nada permanece». Y es que antes de enviar este trabajo para su publicación, he tenido conocimiento de que el Tribunal Supremo de los Estados Unidos podría estar a punto de tomar una decisión que quizá pudiera afectar al modo en el que los prestadores de servicios ejercen sus actividades[25] y, por ende, a los protagonistas de nuestro estudio.

Este (¿probable?) cambio de rumbo podría dimanar de las demandas interpuestas por determinados Estados norteamericanos (como Misuri o Luisiana), a la Administración de Joe Biden por unas (supuestas) presiones —relacionadas con las elecciones legislativas y el Covid-19— de varios funcionarios de la Casa Blanca a diversas plataformas de Internet.

Aunque este próximo mes de junio se espera el pronunciamiento del tribunal norteamericano, no está muy claro que las cosas vayan a alterar sustancialmente el *modus operandi* de unas empresas tecnológicas que no suelen intervenir sobre el contenido incluido en sus plataformas. De hecho, hace tan solo doce meses, este mismo tribunal dio la razón a *Google, Twitter y Facebook* que habían sido demandadas porque su inacción había alcanzado incluso a mensajes vertidos por grupos terroristas.

Por último y en cuanto a lo que acontece dentro de las fronteras europeas, aludiré al marco normativo que establece el *Reglamento (UE) 2022/2065*[26], aplicable a servicios como: motores de búsqueda, mercados en línea, redes sociales y plataformas, que utilizamos diariamente millones de usuarios.

Pues bien, en el citado reglamento, denominado DSA (acrónimo de *Digital Services Act*) además de reconocer y elogiar los avances normativos que,

25 Fuente: https://efe.com/mundo/2024-03-19/el-supremo-de-ee-uu-evalua-un-caso-que-fijara-las-normas-de-libertad-de-expresion-en-internet/. Consulta realizada el 20 de marzo de 2024.

26 Reglamento (UE) 2022/2065 del Parlamento Europeo y del Consejo de 19 de octubre de 2022 relativo a un mercado único de servicios digitales y por el que se modifica la Directiva 2000/31/CE (Reglamento de Servicios Digitales).

determinados Estados, han realizado en la materia (en nuestro caso, entre otros, en la citada Ley General de Comunicación Audiovisual), su «considerando (3)» constituye una verdadera declaración de intenciones, advirtiendo de la necesidad de que los prestadores de servicios intermediarios proporcionen el entorno adecuado para que los ciudadanos puedan ejercer libremente su derecho a la libertad de expresión y de información e instándolos a que «se comporten de modo responsable y diligente para crear un entorno en línea seguro, predecible y digno de confianza».

Aunque no me detendré a analizar el grueso de la norma europea ya adelanto que, en su articulado, no todo son obstáculos e injerencias a la actividad que desarrollan los aludidos actores y es que, dada la globalización a la que estamos sometidos, el legislador europeo también pretende el fomento de servicios digitales innovadores. Para tal fin, a lo largo del reglamento se han dispuesto una serie de medidas con las que se pretende garantizar una seguridad jurídica que permitirá a los prestadores de servicios ejercer sus actividades en un entorno estable y predecible.

Situaciones como la generada por el recurso de anulación que presentó la República de Polonia ante el Tribunal de Justicia de la Unión Europea[27] quizá podrán evitarse tras la aprobación de este reglamento. Y es que el citado Estado consideraba que el artículo 17 de la Directiva —relacionado con los derechos de autor y derechos afines en el mercado único digital— implicaba, *de facto*, una restricción en el ejercicio del derecho fundamental de la libertad de expresión. Su preocupación se centraba específicamente en la forma de proceder de los proveedores de servicios, quienes, al ser obligados a realizar un filtrado previo, vulneraban el ejercicio legítimo de este derecho.

Concluiré añadiendo que, si bien el tribunal europeo reconoció las alegaciones realizadas, aludirá finalmente en su sentencia que «las obligaciones impuestas a los prestadores no restringen de manera desproporcionada el derecho a la libertad de expresión y de información de los usuarios». No obstante, recordará que el control efectuado no debe, en ningún caso, afectar a los contenidos lícitos.

IX. Conclusiones

Con este trabajo he pretendido poner de manifiesto el enorme alcance que poseen las recomendaciones, ideas o acciones que transmiten o realizan los *influencers*. Y es que su influjo no se limita a que sus seguidores opten por consumir determinados productos, también puede afectar a cuestiones tan trascendentales como, por ejemplo, la política, la religión o cuestiones ambientales.

27 Resolución del Tribunal de Justicia de la de la Unión Europea C-401/19.

Mi disertación sobre la forma de actuar de los *influencers* no debería interpretarse como un intento de limitar su derecho a expresarse, es una llamada a que, sean conscientes de su capacidad de contribuir en la construcción de una sociedad más respetuosa, humana y comprensiva y es que, como dijo alguien una vez, «un gran poder, conlleva una gran responsabilidad». Y es que, en la compleja sociedad contemporánea, la necesidad de modelos que trasciendan la superficialidad y promuevan valores profundos como el respeto, la tolerancia y la equidad se hace cada vez más urgente. No obstante, deberíamos tener en cuenta que, si bien los *influencers* pueden tener un impacto significativo en las tendencias y decisiones de la sociedad, la responsabilidad de transmitir estos valores no recae únicamente en ellos, sino en todas las figuras públicas y en cada individuo que ostente una posición de influencia, ya sea grande o pequeña.

Es esencial que los modelos no solo prediquen estos valores, sino que también los practiquen en su vida cotidiana y en sus acciones públicas. La coherencia, entre lo que se dice y lo que se hace, es fundamental para generar confianza y credibilidad en la sociedad.

En un mundo saturado de información y donde las redes sociales amplifican las voces de manera exponencial, los modelos a seguir tienen una responsabilidad aún mayor de ser ejemplos positivos y constructivos. Deben utilizar su plataforma para educar, inspirar y promover un cambio positivo en la sociedad, priorizando siempre el bienestar colectivo sobre el interés personal.

Finalizaré reconciliándome con los protagonistas de este trabajo. «Gigi» Hadid[28] nos demuestra, en la siguiente reflexión, cómo los *influencer*s pueden también utilizar sus redes sociales para inspirar positivamente a sus seguidores, fomentando un diálogo constructivo en la sociedad:

> «Mis pensamientos están con todos los afectados por esta tragedia injustificable, este conflicto se cobra diariamente vidas inocentes y, muchas de ellas, son niños. Siento una profunda empatía y angustia por la lucha palestina y la vida bajo ocupación. También siento la responsabilidad de aclarar a mis amigos judíos que mis sueños y esperanzas para los palestinos no incluyen el daño a una persona judía.
>
> Aterrorizar a personas inocentes no está alineado con el movimiento "Palestina Libre" ni le hace ningún bien. La idea de que así sea ha alimentado un doloroso ciclo de décadas de represalias de ida y vuelta (del que ningún civil inocente, palestino o israelí, merece ser víctima), y ayuda a perpetuar la falsa idea de que ser pro-palestino es igual que ser antisemita. Estés con quien estés y, estés donde estés, comparto mi más sentido pésame con mis seres queridos, tanto palesti-

28 Jelena Noura Hadid «Gigi» es una modelo e *influencer* norteamericana con millones de seguidores en las redes sociales. Sus raíces paternas provienen de Palestina y en el año 2022 cerró su cuenta de *Twitter* proclamando en *Instagram:* «Durante mucho tiempo, pero especialmente con su nuevo liderazgo, se está convirtiendo cada vez más en un pozo negro de odio e intolerancia, y no es un lugar del que quiera ser parte»

nos como judíos y, si estás sufriendo, te envío mi amor y mi fuerza. A pesar de la existencia de sentimientos complejos y personales, es fundamental reconocer que todo ser humano merece disfrutar de derechos básicos, ser tratado con dignidad y gozar de seguridad, sin importar su nacionalidad, religión, etnia o lugar de nacimiento. Sé que mis palabras nunca serán suficientes, ni sanarán las heridas profundas de tantos, pero rezo por la seguridad de las vidas inocentes, siempre».

Bibliografía

COTINO HUESO, Lorenzo, «Responsabilidad de intermediarios y prestadores de servicios de internet en Europa y Estados Unidos y su importancia para la libertad de expresión». *Revista de Derecho, Comunicaciones y Nuevas Tecnologías,* núm. 17, 2017.

DOYLE, Andrew, *La libertad de expresión. Y por qué es tan importante,* Alianza Editorial, Madrid, 2022.

ERASMO DE ROTTERDAM, *Elogio de la locura,* Imprenta de José Tauló, Barcelona, 1842.

KANT, Immanuel, «En torno al tópico: "Tal vez eso sea correcto en teoría, pero no sirve para la práctica"», en IDEM, *Teoría y práctica,* Tecnos, Madrid, 1993.

MASFERRER, Aniceto, «Una lección histórica de la libertad de expresión», *El Mundo,* miércoles 3 de marzo de 2021.

MOLINA MARTÍNEZ, Lucía, «Honor y libertad de expresión en las redes sociales», *Derecho Privado y Constitución,* núm. 41, 2022, pp. 227-276.

PARDEZA NIETO, María Dolores, «La ciberdelincuencia. Lugar de comisión del delito. Análisis de la Sentencia del Tribunal Supremo de Pleno 547/2022, de 2 de junio» (2022) *Diario La Ley,* núm. 10182.

ALGUNAS REFLEXIONES SOBRE LOS LÍMITES A LA AUTONOMÍA DE LA VOLUNTAD EN RELACIÓN A LOS CAPÍTULOS PRENUPCIALES EN ARAGÓN[1]

Carmen Bayod López
Catedrática de Derecho civil
Universidad de Zaragoza

Sumario. I. Consideraciones generales. II. Límites a la libertad de pactos familiares. 2.1. *Standum* est *chartae*: fuente del Derecho foral de Aragón. A) Lo que dice el *Standum* de la ley civil aragonesa. B) Su ámbito de aplicación: todo el Derecho civil aragonés posible: «conservación modificación y desarrollo». C. Ámbito de no aplicación: El Derecho civil de competencia exclusiva del Estado. 2.2. Los límites del *Standum*. A) Lo imposible B) La Constitución: el orden público. C) Las normas imperativas del Derecho aragonés. 2.3. La autonomía de la voluntad en el sistema constitucional y europeo en los años veinte del siglo XXI: los nuevos derechos. III. Un posible contenido de los capítulos prenupciales en el Aragón del siglo XXI. 3.1. Los principios del sistema. 3.2. Pactos en el ámbito personal. A) Reflexiones previas. B) Efectos del matrimonio: infracción de los deberes conyugales. C) Indemnización por ruptura del matrimonio. D) Domicilio y lugar. 3.3. Sobre el régimen económico: normas de liquidación y reparto. 3.4. Asignación compensatoria y trabajo para la casa: pactos y renuncias. A) Asignación compensatoria (art. 83 CDFA)

1 Este estudio se desarrolla en el marco del Grupo de investigación S.15-R23 financiado por el Gobierno de Aragón y dentro de las actividades de la Cátedra de Derecho civil y foral de Aragón. Ip y Directora Carmen Bayod.

o pensión compensatoria (art. 97 CDFA). B) Trabajo para la casa: el art. 1438 Cc. 3.5. Pactos en relación a la vivienda familiar. 3.6 Pactos en relación a los hijos: custodia, alimentos, educación. IV. Eficacia de los pactos. 4.1. La cláusula *rebus sic stantibus:* ¿es aplicable a los pactos prematrimoniales? A) En el ámbito del Derecho Estatal. B) ¿Y en Derecho aragonés? V. Control judicial: ¿sobre qué y hasta dónde? Bibliografía. Listado de sentencias aragonesas.

I. Consideraciones generales

El art. 185 CDFA, ubicado en el Título Primero, *Efectos Generales del matrimonio*, del Libro II, *Derecho de Familia*, CDFA, es el punto de partida para discurrir sobre las cuestiones que nos ocupan al consagrar, con carácter general, el *Principio de libertad de regulación*. A estos efectos dicha norma dispone: *Los cónyuges pueden regular sus relaciones familiares en capitulaciones matrimoniales, tanto antes como después de contraer el matrimonio, así como celebrar entre sí todo tipo de contratos, sin más límites que los del principio standum est chartae.*

Es importante caer en la cuenta, por un lado, que esta norma mantiene la esencia de los pactos familiares tradicionales[2], al consagrar la posibilidad de acuerdos en el ámbito familiar, tanto en relaciones personales (entre los cónyuges, los hijos y otros parientes), como en relaciones patrimoniales (normas de régimen económico, liquidación, alimentos, asignación compensatoria, etc.), al efecto de regular la convivencia y economía matrimonial y las consecuencias de una posible ruptura; por otro lado, mantiene la tradicional norma de competencia aragonesa que, desde 1247, faculta la contratación entre cónyuges, sobre cualesquiera materias. Los límites que, a estos pactos entre esposos o cónyuges, impone el legislador son los que se derivan del principio *standum est chartae*, regulado en el art. 3 CDFA: *que no resulte de imposible cumplimiento o sea contrario la Constitución o a las normas imperativas del Derecho aragonés*.

En razón de ello, procede, en primer lugar, indicar en qué consisten estos límites, para, seguidamente y, en segundo lugar, exponer, teniendo en cuenta los principios tradicionales del Derecho foral de Aragón, sobre qué contenidos y hasta dónde pueden pactar los esposos o cónyuges.

Dicho esto, y antes de continuar, conviene advertir que hoy el Derecho foral de Aragón, no es sólo un Derecho autonómico y español, sino un Derecho europeo más, aplicable a propios y foranos, si así lo establece la ley aplicable a los efectos del matrimonio: (arts. 16, 9.2 y 9.3 Cc. y arts. art. 22 a 26 y 33 y 35 RU2016/1103 del Consejo, de 24 de junio de 2016, sobre ley

2 Sobre ello Bayod López, C.: *Sujetos de las capitulaciones matrimoniales aragonesas*, IFC, Zaragoza, 1995.

aplicable en materia de regímenes económicos matrimoniales, si hay un elemento de extranjería)[3].

II. Límites a la libertad de pactos familiares

2.1. *Standum est chartae*: fuente del Derecho foral de Aragón[4]

A) Lo que dice el *Standum* de la ley civil aragonesa

El art. 3 CDFA recoge uno de los principios tradicionales aragoneses que, desde Joaquín Costa, en lo que atañe al Derecho civil, se vincula a la libertad civil, a la autonomía de la voluntad, como principio que debe regir en Derecho privado y en particular en el Derecho civil[5].

Junto al profesor Delgado Echeverría[6] podemos afirmar que los pactos, la autonomía privada, no es fuente del Derecho en Aragón, pero sí lo es este principio tradicional; a mi juicio, el más importante; prueba de ello es su ubicación en el Título Preliminar informando a todo el ordenamiento civil foral.

---

3 Sobre la aplicación del Derecho civil foral de Aragón a los extranjeros *vid.* Bayod López, C.: *El Derecho civil aragonés en el siglo XXI: cuestiones prácticas de aplicación*, ed. Ed. Gobierno de Aragón. Departamento de Presidencia y Justicia, Zaragoza, 2022; Diago Diago, P.: «Aplicación del Derecho civil aragonés a los extranjeros» en *Actas de los XXXI Encuentros de Foro de Derecho aragonés,* ed. El Justicia de Aragón, Zaragoza, 2023, pp. 43-62; Loriente Rojo, M.A.: «Las sucesiones transfronterizas y Reglamento UE 650/2012» en *Actas de los XXXI Encuentros de Foro de Derecho aragonés,* ed. El Justicia de Aragón, Zaragoza, 2023, pp. 85-109.

4 Para la redacción de este apartado me sirvo de un estudio previo ya publicado sobre el *Standum*, lo que me permitirá aligerar las citas y el fundamento de los argumentos, todo ello está en: Bayod López, C.: «La autonomía de la voluntad. Un análisis desde el Derecho civil aragonés (Fuentes del Derecho civil, Derecho supletorio y *Standum*)» en *Revista Jurídica del Notariado* núm. 112, 2021, págs. 577- 621

5 Ya mucho antes, en la Edad Moderna, este brocardo aragonés se asoció a las libertades del Reino de Aragón y se mostró en la vieja Europa y en América del Norte como un ejemplo a seguir en la configuración del Estado moderno. *Vid*: Morales Arrizabalaga, J., *Fueros y libertades del Reino de Aragón. De su formación medieval a la crisis preconstitucional (1076-1800)*, ed. Rode, Zaragoza, 2007, págs 76 a 83; Magoni, C., *Fueros y libertades. El mito de la Constitución aragonesa en la Europa Moderna*. Traducción de Antonio Pérez Martín, ed. El Justicia de Aragón, Zaragoza 2012.

6 Sigo lo dicho por el maestro en «Las fuentes del Derecho civil aragonés» en *Manual de Derecho civil aragonés. Conforme al Código del Derecho foral de Aragón*; 4.ª edición, Dirigido por Delgado Echeverría y coordinado por Parra Lucán, ed. El Justicia de Aragón, Zaragoza, 2012, pp. 93 y ss.

En efecto, la ubicación sistemática del art. 3 CDFA produce dos importantes efectos: por un lado, que *la autonomía privada preside todas las materias civiles aragonesas que se puedan comprender en la expresión conservación, modificación y desarrollo del Derecho civil foral o especial*, y no solo en la contratación privada sino también el Derecho de familia, las sucesiones y todo el Derecho civil patrimonial. Por otro lado, *esta primacía de la voluntad hace que las leyes gocen de una presunción de supletoriedad*, lo que se traduce en entender que las leyes aragonesas son dispositivas y, por lo tanto, pueden ser desplazadas por la voluntad de los particulares; ello no impide, evidentemente, que el legislador aragonés establezca las normas imperativas que tenga por conveniente. Un ejemplo de ello podemos verlo en el referido art. 183.2 CDFA al afirmar que: *Las normas de los artículos 183, 184, 186 a 190 y 194 son imperativas*.

B) Su ámbito de aplicación: todo el Derecho civil aragonés posible: «conservación modificación y desarrollo»

Como afirma el profesor **Delgado**, el *Standum* opera en la totalidad del ordenamiento civil de competencia aragonesa: «hasta donde podría legislar el legislador aragonés, y con la misma libertad, pueden disponer los aragoneses mediante sus pactos o disposiciones»[7]. Esto significa, como he dicho en otro lugar, que el Derecho supletorio del Estado, por serlo, no es un límite a la autonomía de la voluntad de los aragoneses, puesto que, si pactan sobre una materia de competencia aragonesa y no regulada, el sistema de fuentes aragonés cierra el paso a la aplicación del Derecho del Estado (art. 1.2 CDFA y 149.3 CE): no hay laguna que cubrir.

En una materia como la que estamos tratando, los pactos prematrimoniales, no hay regulación en el Derecho supletorio, al margen de una construcción doctrinal y jurisprudencial que admiten su validez y señalan sus límites de acuerdo a los principios que informan la legislación civil estatal, que no coinciden, en muchos aspectos, con los principios aragoneses, y todos ellos forman parte del orden público español, aun cuando sean diferentes (art. 16.1.2.ª Cc.)

Por otro lado, Aragón sí regula estos pactos, bajo el paraguas de los capítulos, de la libertad civil, dejando a los particulares que hagan un traje a la medida de su necesidad, eso es lo que dispone el art. 185 CDFA en relación con los arts. 3 y 195 CDFA, y eso es lo que hicieron los aragoneses en capítulos matrimoniales durante más de setecientos años.

---

7 Delgado Echeverría, J.: *Manual de Derecho civil aragonés* ed. El Justicia de Aragón, Zaragoza, 2012. pp. 95 y 96.

C) Ámbito de no aplicación: El Derecho civil de competencia exclusiva del Estado

El *Standum est chartae,* sujeto a los límites que la misma norma señala, tiene aplicación en el marco de la competencia civil autonómica, pero no en aquellas materias civiles que son competencia exclusiva del Estado. Estas normas producirán en Aragón (lo mismo que en Madrid, en Sevilla o en Barcelona) los efectos que le son propios y de acuerdo al sistema de fuentes del art. 1 del Cc.; en el que no opera el *Standum o paramiento fuero vienze* del Derecho navarro; si me permiten la broma, juegan en otra liga, y si son normas imperativas, no cabrá pacto en contrario.

2.2. Los límites del *Standum*

El art. 3 del CDFA establece como límites a la autonomía de la voluntad, *lo imposible, la Constitución y la norma imperativa aragonesa*. Los particulares sujetos a la ley civil aragonesa, pueden pactar en todas las materias civiles forales susceptibles de regulación por las Cortes de Aragón. Por lo tanto, los aragoneses y foranos, sujetos a nuestra ley, podrán llevar a cabo los acuerdos prematrimoniales que tengan por conveniente, con los siguientes límites:

A) Lo imposible

Desde la redacción originaria de este precepto en la Compilación de 1967, se ha supeditado la validez y eficacia de los pactos y disposiciones acordados por los particulares a que «no resulten de imposible cumplimiento». Este límite, como afirmara **Lacruz**, puede referirse a obstáculos físicos, morales o legales[8]. Por su parte, **Delgado** señala, igualmente, que este límite se refiere tanto a una imposibilidad física como jurídica y tal vez, por ello, este límite pocas veces se transgredirá en la práctica pero su existencia muestra «en positivo que está al alcance de la autonomía de la voluntad todo lo que es posible sin excepción, ni precisión de ningún fundamento: también lo inusitado, lo desconocido hasta entonces, aun lo arbitrio y caprichoso (...) sin más apoyo para la validez del acto de autonomía que el principio *Stadum est chartae* (...)»[9].

B) La Constitución: el orden público

La Constitución viene a desempeñar la función que históricamente correspondió al Derecho natural, a la vez que proporciona también los principios de orden público español que han de respetarse en todo caso: son de aplicación general y directa en todo el territorio nacional y representan los valores

8 Lacruz Berdejo, J.L.: «Comentario al art. Comp. del Derecho civil de Aragón» en *Comentarios a la Compilación del Derecho civil de Aragón,* vol. I, Dirigido por J.L. Lacruz Berdejo, ed. DGA, Zaragoza, 1988, pp. 264-267.

9 Delgado Echeverría, J.: *Manual* ... cit. pp. 95 y 96.

Éticos del ordenamiento jurídico nacional pero también supranacional: los principios europeos aplicables en todo nuestro ordenamiento[10].

Estos principios, que han de presidir las relaciones de los ciudadanos en todas sus manifestaciones, representan el contenido ético que valida los pactos y las decisiones unilaterales dentro del sistema y, por lo tanto, son variables: dependen de los valores que la sociedad tenga en cada momento. Por ser principios, como afirma **Atienza**, no pueden ser aplicados de manera directa sino a través de una ponderación[11]. Por lo tanto, le corresponderá al Juez determinar en cada caso cuando estos principios operan como un límite al pacto, a la autonomía de la voluntad. Será este juicio, esta ponderación, la que permitirá valorar si el pacto produce una vulneración de los principios constitucionales, solo entonces el pacto dejará de ser eficaz, bien por ser inválido, si es esa la consecuencia que se deriva del sistema (art. 6 Cc.) bien por producir otros efectos de los previstos por las partes, manteniendo su validez, pero extirpando la cláusula inválida (se tiene por no puesta) o integrando el pacto conforme a la normativa aplicable.

Como he señalado en otro lugar[12], los límites a la autonomía privada derivados de la Constitución, los principios en ella contenidos y que han de informar los convenios de los particulares, su autonomía de la voluntad, serían los siguientes[13]:

- **Con carácter general** debemos tomar como premisa los valores que consagran los principios constitucionales y europeos: i) el respeto a los derechos fundamentales (la igualdad, la libertad ideológica y religiosa, el derecho al honor); ii) la seguridad del tráfico jurídico y la protección de los terceros.

10 Oliva, y también otros autores los identifican con los principios del Tratado de la Unión Europea; La Carta de Derechos Fundamentales de la Unión Europea, y junto a estos principios fundamentales recogidos en las normas jurídica, se encuentra la denominada «unwritten law», cuya fijación corresponde al Tribunal de Justicia de la Unión Europea, puesto que en este órgano reside la tarea de interpretar y aplicar tanto los Tratados como los reglamentos, directivas y decisiones («secundary law»). *Cfr.* Oliva Blazquez, F: «Reflexiones críticas sobre la utilidad de la noción de "orden público" como límite de la autonomía de la voluntad», Conceptos multidimensionales del derecho, coordinado por María Paz García Rubio, Josep Joan Moreso, Ignacio Varela Castro, ed. Reus, Madrid, 2020, p. 150.

11 Atienza Rodríguez, M.: «Un supuesto enigma jurídico: el orden público», Conceptos multidimensionales del derecho, coordinado por María Paz García Rubio, Josep Joan Moreso, Ignacio Varela Castro, ed. Reus, Madrid, 2020, pp. 61-84.

12 Bayod López, C.: «La autonomía...», cit. pp. 22 y ss.

13 Sobre ello *vid.* Parra Lucán, M.A.: «Autonomía de la voluntad y derecho de familia», en *Autonomía de la voluntad en el Derecho privado. Estudios en conmemoración del 150 aniversario de la Ley del Notariado*. Tomo I, Derecho de la persona, familia y sucesiones, Madrid, 2012, pp. 97 a 454 y *La autonomía privada en el Derecho civil, ed. Prensas de la Universidad de Zaragoza*, Zaragoza, 2018; De castro y Bravo, F.: «Limitaciones intrínsecas de la autonomía de la voluntad», en *ADC*, T. IV, Madrid, 1982 pp. 987 a 1085.

- **En particular y por lo que respecta al Derecho de familia**, los límites serían los siguientes: i) el interés del menor; ii) la dignidad de la persona; pero también iii) el principio de igualdad y el reconocimiento de los derechos fundamentales a los miembros de la familia. Estos principios que informan el ordenamiento jurídico son también derechos subjetivos de los particulares y, aun cuando algunos de ellos tengan el rango de derechos fundamentales, no son absolutos, admiten su disponibilidad y renuncia (libre y consciente) por su titular[14]. Siempre ha sido así en Aragón, como hemos visto, y nuestros principios también forman parte del orden público español, al que no contradicen (art.16.1.2.ª Cc.).

C) Las normas imperativas del Derecho aragonés

El límite referido a «las normas imperativas del Derecho aragonés» se introduce en 1999 (Ley 1/1999, de 24 de febrero, de sucesiones por causa de muerte) y, como se indica en su Preámbulo «En los artículos segundo y tercero se aclara que no hay más normas imperativas o prohibitivas aplicables en Derecho civil de Aragón —límites, en consecuencia, tanto a la costumbre como al principio *standum est chartae*— que las del ordenamiento jurídico aragonés y las superiores del mismo, es decir, la Constitución; evitando así, alguna duda interpretativa a la que acaso se prestaba el texto de la Compilación, que fue redactado en el marco jurídico preconstitucional».

Como señala **Delgado** «Estas son, ante todo, las normas emanadas del legislador, pero también pueden derivar de la costumbre y de los principios generales tradicionales. Las legales se encontrarán casi exclusivamente en las leyes autonómicas de carácter civil». Añade, además, que en otras leyes no civiles también puede haber normas prohibitivas, pero recuerda que, si están dictadas al amparo de un título competencial diversos de la conservación, modificación y desarrollo el Derecho civil propio no podrán determinar las consecuencias inter privados del incumplimiento de las prohibiciones legales (STC 264/1993, de 22 julio)[15]. Entre estas normas se encuentran, evidentemente, las normas cogentes contenidas en el propio Código del Derecho foral de Aragón.

No son normas imperativas las normas estatales que se aplican como Derecho supletorio en Aragón, ya que las mismas pueden ser desplazadas por la voluntad de los particulares; menos todavía lo son las normas y principios civiles del Derecho estatal que ni siquiera tienen aplicación supletoria por estar esa materia regulada en Aragón, pero conviene recordarlo.

---

14 Sobre estas cuestiones: Ruíz-Rico Arias, M.D.: *Autonomía de la voluntad y renuncia unilateral. La renuncia a los derechos fundamentales. Su incidencia en el ámbito civil*. Ed. Atelier, Barcelona, 2023.

15 Delgado Echeverría, J.: *Manual*, cit. p. 97-98

En relación a los pactos prematrimoniales no se aplican en Aragón, entre otros, por tener regulación propia en nuestro Derecho, los siguientes artículos el Código civil: art. 1255 (art. 3 CDFA); arts. 1315 a 1324 (arts. 183 a 194 CDFA); arts. 1325 a 1334 (arts. 195 a 202 CDFA); arts. 1435 a 1444 (arts. 203 a 209 CDFA); arts. 1344 a 1410 (art. 210 a 270 CDFA). En particular, no se aplican los límites del art. 1328 Cc.: *Será nula cualquier estipulación contraía a las leyes, a las buenas costumbres o limitativa de la igualdad de Derechos que corresponda a cada cónyuge*; norma de pretensión de la que se han servido los Tribunales en el ámbito estatal para invalidar o declarar ineficaces acuerdos prematrimoniales por considerar que algunos pactos o renuncia a derechos vertidos por los cónyuges no guardaban reciprocidad, infringiendo el límite de la igualdad.

He de confesar que nunca he entendido el significado de esta norma, salvo que sea la constatación legal de que la igualdad entre cónyuges nunca existirá y, pacten lo que pacten, cuando al cabo de un tiempo se revise el acuerdo (alguno de ellos estará disconforme con él) seguro que será inválido o como poco ineficaz; obsérvese que esta norma parece establecer que la única igualdad posible es la que implica reciprocidad, la que se pacta al 50 %; porcentaje que ha de ser, además, constante, ya que si se ve alterado por el paso del tiempo, lo pactado podrá ser dejado sin efecto[16].

Pues bien, esta norma, y mucho menos sus principios e interpretación, son aplicables en Aragón; no cabe duda que una manifestación de voluntad y libertad es la que permite renunciar al propio arbitrio, y establecer diversas normas de reparto que no tienen por qué ser recíprocas.

2.3. La autonomía de la voluntad en el sistema constitucional y europeo en los años veinte del siglo XXI: los nuevos derechos

La autonomía privada, como ya señaló **Parra Lucán**, no aparece expresamente garantizada en la Constitución pero la misma es, sin duda, un valor constitucional que encuentra su fundamento en la dignidad de la persona, el derecho a la propiedad privada y la libertad de empresa[17].

16 En este sentido, entre otros, Rodríguez Guitián, refiriéndose a este precepto, que requiere reciprocidad en las renuncias, y a la ineficacia del pacto si varían las circunstancias. *Cfr.* Rodríguez Guitián A.: «Orden público y pactos de pre-ruptura conyugal», *Conceptos multidimensionales del derecho*, coordinado por María Paz García Rubio, Josep Joan Moreso, Ignacio Varela Castro, ed. Reus, Madrid, 2020, pp. 171 y ss. El art. 231-20.3 del CC de Cataluña exige esa reciprocidad en las renuncias.

17 Parra Lucán, M. A., «La autonomía privada en el Derecho civil: tendencias y transformaciones» en *La autonomía privada en el Derecho civil*, Dirigido por María Ángeles Parra Lucán, ed. Thomson Reuters Aranzadi, Madrid, 2016, p. 30.

Ciertamente, la autonomía de la voluntad no aparece en la nómina de los Derechos fundamentales, pero no cabe duda que es un principio constitucional directamente anudado a uno que sí que lo es: el libre desarrollo de la personalidad, proclamado en el art. 10 CE. En efecto, el libre desarrollo de la personalidad encuentra su ejercicio a través de los actos de autonomía privada, que en los estos últimos años ha dado lugar a nuevos derechos que yo denominaría de nueva generación, como son la eutanasia (LO 3/2021); la autodeterminación de género (Ley 4/2023); el derecho al aborto (LO 1/2023), entre otros, cuyo origen y fundamento es la voluntad individual del sujeto. Es, por lo tanto, este acto de autonomía privada, en este contexto, un «derecho fundamental», y muy en serio[18], del ser humano, que da origen a estos derechos que garantizan el libre desarrollo de la personalidad a través de un acto de autonomía privada válido en el sistema. Si partimos de esta premisa, los ciudadanos en el ejercicio de dicha autonomía pueden pactar sobre los derechos de los que son titulares, renunciar a los mismos, limitarlos o regularlos como tengan por conveniente, y todo ello dentro de los límites marcados: la infracción de norma imperativa o del orden público o lo imposible y el respeto a los derechos de los demás.

La autonomía de la voluntad forma parte del orden público y social del Estado, es ella en sí misma un valor y principio constitucional. En razón de ello, los límites a la misma deberán ser ponderados en su aplicación para dar lugar al cumplimiento y a la eficacia del pacto, aun cuando éste, como en el caso de los acuerdos prematrimoniales, tengan lugar años después. Ello, a lo que creo, debe traer como consecuencia, una limitada, estricta y rigurosa aplicación de la cláusula *rebus sic stantibus*, que no tiene un claro encaje en esta materia, debiendo primar el cumplimiento de lo pactado.

18 De Lora, refiriéndose a estos nuevos derechos critica, y a mi juicio con razón, la pérdida de valor de los derechos fundamentales, al convertir en los mismos cualquier deseo o preferencia. (De Lora, P.: *Los derechos en broma: La moralización de la política en las democracias liberales*, Barcelona, Deusto, 2023). Ciertamente, dichas pretensiones son una broma, y de mal gusto, pero no lo es la libre voluntad del sujeto para configurar su ámbito de autonomía privada, como quiera y hasta donde quiera, con el único límite del respeto a los demás (lo imposible, la constitución y la norma imperativa del sistema). Si estos límites no se traspasan, tanto en juicio como fuera de él, se debe estar a la carta, sólo así conseguiremos tener derechos en serio.

III. Un posible contenido de los capítulos prenupciales en el Aragón del siglo XXI

3.1. Los principios del sistema

La validez de los pactos prematrimoniales en Aragón se fundamenta en una norma de competencia: el art. 185 CDFA, norma que autoriza a los cónyuges a regular sus relaciones familiares como tengan por conveniente; son los esposos o cónyuges los llamados a regular sus relaciones: antes, durante y después de celebrado el matrimonio; con la mayor amplitud, tanto en aspectos personales como patrimoniales, con los únicos límites de lo imposible, la Constitución y las normas imperativas aragonesas. Dichos pactos deben ser acordados en capítulos matrimoniales, tal y como siempre se ha hecho en Aragón, y es la forma que se deriva del sistema: art. 185 en relación con el art. 195 y art. 3 CDFA[19].

3.2. Pactos en el ámbito personal

A) Reflexiones previas

En el ámbito del Derecho estatal, con carácter general, doctrina y jurisprudencia afirman que los pactos prenupciales en lo que se aborden aspectos personales de la convivencia entre los cónyuges (determinación del domicilio); anuden las consecuencias del pago de una pensión a no contraer nuevo matrimonio o relación de pareja, pueden ser tildadas de inválidas por vulnerar el libre desarrollo de la personalidad del otro cónyuge (art. 10 CE), su derecho a contraer matrimonio (art. 32 CE) o la libre determinación del domicilio (art. 19 CE); y todo ello por entender que estos pactos contradicen el orden público (art. 1255 Cc.) y la igualdad de derechos de los cónyuges

19 Como he dicho en otro lugar, escritura pública de capítulos (en la que constan datos específicos sobre la familia, el matrimonio y el Registro civil) *ad validitatem* sólo se exige para la estipulación capitular sea bi o plurilateral y para aquellos supuestos en los que de forma expresa lo determina la ley: Los pactos de ampliación o restricción de la comunidad y los pactos sobre la viudedad, si en ambos casos son anteriores al matrimonio (arts. 215 y 272 CDFA) así como también los pactos sobre gestión del consorcio (art. 229-1 CDAF). El resto de pactos (sucesión paccionada arts. 201 y 202 CDFA en relación con los arts. 378 y 381.2 CDFA); pactos sobre viudedad, si no son anteriores al matrimonio, requieren escritura pública, aun cuando no sea de capítulos. Con todo, en Aragón todos estos pactos se documentan en escritura pública de capítulos, también los pactos prematrimoniales, lo que permite también su acceso al Registro civil y de la propiedad, en su caso. BAYOD LÓPEZ, C.: «Capítulos...», cit., p. 356.

(art. 1328 Cc.)[20]. En concreto, afirman que «se trata, en cualquier caso, de una igualdad que ha de ser entendida como una expresión de justicia: una igualdad proporcional, que lleve a la existencia de equivalencia o reciprocidad entre las partes»[21].

A lo que creo, estos pactos, si no son absolutos, como ya he señalado, no son inválidos, no creo que lo sean tampoco en el ámbito del Código civil[22], pero desde luego no lo son de acuerdo a los principios aragoneses que, por serlo, son principios que forman también parte del orden constitucional español (art 16.1.2 Cc.). Estos acuerdos no son otra cosa que el ejercicio de los derechos por parte de su titular, como ahora indicaré.

B) Efectos del matrimonio: infracción de los deberes conyugales

La celebración del matrimonio conlleva unos efectos en el ámbito personal cuya competencia corresponde al Estado, al formar parte de «las formas del matrimonio», tal y como afirmó la STS 93/2013, de 23 de abril. Son, por lo tanto, los arts. 66 a 68 Cc. los competentes para establecer estos deberes y derechos. Estas normas tienen carácter imperativo, y por lo tanto no admiten pacto en contrario. Son, por lo tanto, normas en las que no juega el *Standum*. Además, el legislador aragonés desde el año 2003, a través de la Ley de régimen económico matrimonial y viudedad, reproduce estos efectos personales del matrimonio en los arts. 183 y 184 CDFA, normas imperativas, tal y como hemos visto que afirma el art. 185.2 CDFA.

En relación a ello, como señala **Gaspar Lera** «los cónyuges, en el ejercicio de su autonomía de la voluntad, [no pueden] eliminar de manera radical alguno de aquellos derechos o deberes que constituyen el contenido esencial del matrimonio. Un acuerdo prenupcial en este sentido —piénsese en la exclusión del deber de fidelidad autorizándose recíprocamente los cónyuges al mantenimiento de relaciones sexuales con otras personas o

20 Entre otros: Cervilla Garzón, M.D.: *Los acuerdos prematrimoniales en previsión de ruptura: un estudio de Derecho comparado*, Tirant lo Blanch, Valencia, 2013.; Gaspar Lera, S.: «Acuerdos prematrimoniales sobre relaciones personales entre cónyuges y su ruptura: límites a la autonomía de la voluntad», *ADC*, 2011, pp. 1041-1074; Rodríguez Guitián, A.: «Orden público», cit., pp. 175-198; García Mayo, M.: «Los pactos en previsión de una ruptura familiar» en *Las crisis familiares: Tratado práctico interdisciplinar,* (Dir. De Verda y Beamonte, J. R.), (Coords. Chaparro Matamoros, P.; Muñoz Rodrigo, G.), Tirant lo Blanch, Valencia, 2021, pp. 355-386; también en GPS Familia, (Dir. De Verda y Beamonte, J. R.), Tirant lo Blanch, Valencia, 2023, pp. 379-397.

21 García Mayo, M.: «Los pactos...», cit., p. 365, que cita como fundamento de la afirmación el 231-20.3 Cc.Cat.

22 Recientes sentencias del TS van en esta línea: STS 21 febrero 2022 (Roj: STS 696/2022) y STS 10 marzo 2023 (Roj: STS 869/2023), en esta la ponente es la aragonesa María Ángeles Parra Lucán.

en la decisión de no vivir juntos en absoluto sin justa causa— provocaría la inexistencia de consentimiento matrimonial, debiéndose tener por no puesto en caso de haberse suscrito con posterioridad a la celebración del matrimonio (art. 45 CC.)»[23].

Ahora bien, ello no impide que los cónyuges sí puedan pactar en capítulos las consecuencias de la infracción del incumplimiento de estos deberes estableciendo una indemnización con cargo al cónyuge incumplidor[24]. Este pacto no infringe ninguno de los límites del *Standum*[25].

C) Indemnización por ruptura del matrimonio

• **A modo de cláusula penal**: Se trata de determinar si en capítulos prenupciales sería posible establecer una indemnización a cargo del cónyuge que tendrá como fundamento los años de convivencia. Pensemos en una cláusula del siguiente tenor: «En caso de cese de la convivencia conyugal, durante el primer año, D. Juan Ramón asume la obligación de indemnizar a D.ª Marcelina en la cantidad de un millón de pesetas, después de transcurrido el primer año de convivencia al millón de pesetas se sumaría la cantidad de ochenta y tres mil trescientas por mes transcurrido de convivencia» [SAP Granda 17 febrero 2003 (Roj: 223/2003)], o bien «En caso de divorcio, sea cual fuere la parte contratante que lo solicite, Doña Gema recibirá una suma de un millón de pesetas (6010,12 euros) en compensación para cada año matrimonial transcurrido» [SAP Santa Cruz de Tenerife 7 julio 2008 (Roj: SAP TF 2169/2008)].

Según la doctrina que analiza estos acuerdos en la órbita del Derecho estatal, los mismos podrían ser considerados contrarios al orden público: limitativos de la libertad para divorciarse que, *a contrario sensu*, consagra el art. 32.1 CE[26]. Por su parte, los tribunales que han conocido de estos asuntos [SAP Granda 17 febrero 2003 (Roj: 223/2003)] declaran nula dicha cláusula «por aplicación del art. 1328 del C.Civil, que considera así cualquier estipulación limitativa de los derechos que corresponden a cada cónyuge. En efecto, de admitirse la validez de la estipulación se estarán autorizando cláusulas penales que limitarían el derecho a la separación matrimonial, reconocido implícitamente en el art. 32.2 de nuestra Constitución, lo que no es admisible

---

23 Gaspar Lera, S.: «Acuerdos prematrimoniales...», cit. p. 1049.

24 En el mismo sentido Gaspar Lera, S.: «Acuerdos prematrimoniales...», cit. p. 1050.

25 Como también señala Gaspar Lera (*idem*, p. 1053) queda fuera de la autonomía de la voluntad establecer causas de separación o divorcio ya que ello es también materia indisponible.

26 García Mayo, M.: «Los pactos...», cit., p. 388 y ss.; Rodríguez Guitián, A.: «Orden público...», cit., p. 183; en contra Gaspar Lera, S.: «Acuerdos prematrimoniales...», cit. p. 1054-1055.

y supondría un retroceso en el régimen de derechos de los cónyuges y los colocaría a uno de ellos en desigualdad no sólo con respecto al otro en el ámbito de ese matrimonio sino en general con los demás al limitarse la posibilidad de instar esa separación matrimonial».

Un acuerdo de este tipo, no es inválido en el ámbito del Derecho foral de Aragón, al no infringir ninguno de los límites del *standum*, acaso tampoco lo sean en la órbita del Derecho estatal. Obsérvese que estos pactos en nada afectan a la libertad para matrimoniar, cualesquiera de los cónyuges pueden solicitar la separación o el divorcio; otra cosa es que por mor del dinero prefieran no hacerlo, pero es su decisión y un ejercicio de libertad.

• **Indemnizaciones que compensan la pérdida de derechos o establecen una compensación por la ruptura**. En el ámbito del Derecho estatal han sido admitidos pactos prematrimoniales en los que, en el supuesto de llegar a una ruptura matrimonial, uno de los cónyuges abonará al otro una cantidad de dinero que viene a sustituir a la pensión compensatoria o la indemnización por trabajo doméstico, de manera que ya nada cabría reclamar por estos conceptos. Un ejemplo de ello se contempla en la STS 24 junio 2015 (Roj: STS 2828/2015) que analiza una cláusula de capítulos antenupciales en la que se establece lo siguiente: «Que en el supuesto hipotético, de que su relación se deteriorara, y esto les llevara a solicitar la separación matrimonial, y con objeto de evitar entre ellos mutuas reclamaciones y contenciosos judiciales, acuerdan en este acto que el Sr. Cecilio abonará a la Sra. Tomasa, por todos los conceptos, y como renta mensual vitalicia la cantidad de mil doscientos (1200) euros». El Tribunal Supremo afirma que *el pacto no es contrario a la ley, moral u orden público, en cuanto los cónyuges se limitan a pactar un acuerdo económico para el caso de separación conyugal, lo cual ya tiene cabida tanto en los ordenamientos autonómicos como en otros Estados de la Unión Europea y cuenta con un refrendo normativo en los arts. 1323 y 1325 CC*[27].

Ninguna duda de ello hay en nuestro Derecho foral que, como hemos visto, ya en siglos pasados, a través del «reconocimiento o aumento de dote», se liquidaban los posibles derechos que, «en la casa», le podían corresponder al viudo forastero, si convoloba nupcias fuera de aquélla (perdía la viudedad y posiblemente había renunciado a su parte en los consorciales y a las aventajas).

Diversas sentencias aragonesas han afirmado la validez de los mismos: SAPZ 31 marzo 2017 (Roj: SAP Z 666/2017). En este ámbito cabe también recordar que son válidos los pactos capitulares en los que se acuerda el pago

27 *Cfr*. FD sesto, en él analiza otros parámetros (igualdad, derechos de la personalidad, etc.) para afirmar que un pacto de este tipo no infringe ninguno. Puede verse también, en igual sentido la STS 31 marzo 2011 (Roj: STS 2158/2011); STS 20 abril 2012 (Roj: STS 2906/2012), 24 junio 2015 (Roj: STS 2828/2015); STS 14 marzo 2018 (Roj: STS 1925/2018).

de una pensión a cargo de uno de los cónyuges en caso de ruptura por la pérdida de la pensión de la seguridad social, que uno de ellos cobrara como viudo [SAPZ 20 junio 2023 (Roj: SAP Z 1126/2023)] y por ello también podría pactarse en los casos de pérdida del usufructo vidual.

D) Domicilio y lugar

Con carácter general, en el ámbito del Derecho estatal, se afirma que no serían válidos pactos en los que, para el caso de ruptura, los esposos determinaran acuerdos sobre los que se comprometieran a residir en la misma ciudad, a no más de determinados kilómetros de la casa del padre al que se le hubiera tribuido la custodia individual o bien a no residir en el extranjero mientras los hijos comunes del matrimonio sean menores de edad o estén cargo de los padres. La razón fundamental para alegar la invalidez de cláusulas de este tipo no es otra que el art. 19 CE. Por mi parte, considero que tal afirmación no es correcta en el sistema, puesto que tal pacto no es otra cosa que una manifestación del derecho de libre circulación y determinación de domicilio por parte de dos personas que, en uso de un derecho superior, su autonomía de la voluntad, acuerdan cómo serán la cosas cuando suceda determinado evento. Este pacto lo podemos considerar equivalente a la previsión del art. 70 Cc. y 184 CDFA sobre domicilio familiar, norma ordinaria que no consideramos que infrinja el art. 19 CE, tal vez por estar sujeta a un fin mayor: el interés de la familia (art. 39 CE). Recordemos también que en los pactos aragoneses con sucesión paccionada se acordaba la convivencia en la Casa, todo ello no es otra cosa que el ejercicio de un derecho a determinar el domicilio en función de diversos intereses en juego. Pero todavía, un pacto prenupcial en el sentido indicado responde a una finalidad: el interés de los hijos. Pactos de este tipo sólo serán ineficaces (que no inválidos) si, al tiempo de la ruptura, no hubiera hijos o fueran perjudiciales para ellos (art. 77.5 CDFA).

3.3. Sobre el régimen económico: normas de liquidación y reparto

En el ámbito del Derecho estatal afirma, entre otros, **García Mayo** que «Centrándonos en aquellos pactos relacionados más directamente con la ruptura familiar, cabe referirse a la liquidación de la comunidad conyugal y, concretamente, a la alteración, a través del pacto prematrimonial, de las normas de liquidación previstas en la regulación del régimen económico. (...) En el posible acuerdo de reparto desigual en sede de liquidación del régimen económico matrimonial, habrá de tenerse en cuenta no solo principio de igualdad al que se refiere el art. 1328 CC, sino también las normas tales como el art. 1404 CC —en sede de gananciales que impone el reparto por mitad—, o el art. 1429 CC —en sede de participación de bienes— respecto a los límites de un reparto desigual»[28].

De la anterior afirmación se deriva que no es posible un reparto desigual de los bienes gananciales, todo ello fundado en el art. 1404 Cc. (o en participación en el art. 1429 Cc.) que, a lo que creo, son calificadas por esta doctrina de normas imperativas en el sistema del Cc., al no admitir pacto en contrario, al igual que el art. 1328 Cc[29].

En aquellos supuestos en los que sea aplicable la ley aragonesa, ninguno de estos pactos son inválidos. Las normas aragonesas expresamente admiten un reparto desigual en la liquidación. En efecto, el art. 267, *División y adjudicación*, dispone: «1. Liquidado el patrimonio y detraídas las aventajas, el caudal remanente se dividirá y adjudicará entre los cónyuges o sus respectivos herederos *por mitad o en la proporción y forma pactada*». Es más, aun cuando nada dijera esta norma este pacto será válido dentro del sistema, al ser la regulación del régimen de consorciales supletorio de la voluntad de los particulares (art. 193 CDFA). Es más, incluso en lo que atañe al pasivo, no se impone una contribución por mitad, sino la proporción pactada: arts. 221, *Contribución en defecto de bienes comunes*: «En defecto de bienes comunes, *en la relación interna, los cónyuges contribuirán por mitad, o en la proporción pactada*, a las deudas de la letra a) del apartado 1 del artículo 218 y a aquellas otras que el cónyuge que las contrajo demuestre que proceden de una actividad que, efectivamente, haya redundado en beneficio común». Todo ello no hace desiguales a los cónyuges, sino acaso más libres y responsables en la toma de sus decisiones. Por lo demás, estos acuerdos en nada perjudican los derechos de terceros, ya que no se altera el sistema de responsabilidad por deudas (arts. 268 y ss. en relación con el art 194 CDFA)[30].

Ninguna duda cabe en el sistema civil aragonés de la posibilidad de renunciar a las aventajas o pactar diversos modos de liquidación y de calificación de bienes, el único límite a estos efectos, sería la infracción de norma imperativa, en este contexto los derechos de los terceros, que regula el art. 194 CDFA.

28 García Mayo, M.: «Los pactos...», cit., p. 367.

29 Me resisto a pensar que el art. 1404 Cc. sea una norma imperativa, ya que la sociedad de gananciales sólo rige en defecto de capítulos matrimoniales (art. 1316 Cc.). Si esto es así, todas las normas que regulan la sociedad de gananciales son supletorias y, si lo son, no pueden ser imperativas por definición. Téngase en cuenta, además, que la igualdad no impone un reparto por mitad: a un cónyuge se le pueden adjudicar más bienes que a otro, simplemente porque así se pacta, y nada más hay que decir; pero, si esto nos parece «inmoral y poco ético», pensemos que el pacto tiene como finalidad compensar a uno de los cónyuges por una mayor dedicación a la casa y a los hijos. La igualdad, a lo que creo, no está en la forma de repartir, sino en poder decidir libremente cómo quiere hacerse. En Aragón, la legitima es colectiva y ello no infringe el principio de igualdad entre los hijos, sino que favorece la autonomía de voluntad del causante.

30 Tradicionalmente se admitía el pacto de renuncia a los consorciales en capítulos matrimoniales por parte de cualquiera de los cónyuges a consecuencia de la disolución del matrimonio, como ya he señalado.

3.4. Asignación compensatoria y trabajo para la casa: pactos y renuncias

A) Asignación compensatoria (art. 83 CDFA) o pensión compensatoria (art. 97 CDFA)

La asignación compensatoria, según ha declarado el TSJA [SS. 30 noviembre 2011 (Roj: STSJ AR 2171/2011); 10 de junio 2016 (ROJ: STSJ AR 461/2016, entre otras] es de aplicación tanto a parejas casas entre sí como a parejas no casadas, de hecho o de derecho, siempre y cuando tengan hijos a cargo; pero no lo es, en los casos en que no haya hijos a cargo [S. 29 junio 2015 (ROJ: STSJ AR 836/2015)]. En estos casos, será de aplicación supletoriamente el Cc. Aun cuando a mi juicio esta aplicación supletoria es más que discutible, lo que no debe serlo es la aplicación en Aragón del art. 97 Cc. de acuerdo a los principios que informan el ordenamiento jurídico aragonés (art. 1.2 CDFA)[31]. Por ello, la validez y límites a la pensión compensatoria serán los mismos que se derivarán respecto de la asignación compensatoria.

En el ámbito de aplicación del Código civil creo que se puede afirmar la validez de pactos en relación a la pensión compensatoria que incluyen su renuncia anticipada. Con todo, la doctrina, siempre muy influenciada por la regulación catalana inspirada, a su vez, en el Derecho americano, muy alejado a los principios continentales y, desde luego, de los españoles, introducen como límites para su validez: la reciprocidad y proporcionalidad (art. 1328 Cc.), así como la función alimenticia o asistencial que dicen tiene la pensión compensatoria en una determinada cantidad; «en esa cantidad», llegado el caso, sería irrenunciable por traspasar los límites del orden público del art. 6.2 Cc[32].

En Aragón siempre ha sido posible renunciar a derechos futuros: la legítima, la herencia, las aventajas; la parte en los consorciales, etc.; tales renuncias, si son conscientes y libres, no infringen ninguno de los límites del *standum*[33].

Además, es posible pactar sobre la cuantía, el plazo, la forma de pago y la duración de la pensión e, incluso, determinar que uno de ellos será el pagador y no el otro, que renuncia a la misma, en capítulos antenupciales. Estos

31 Sobre ello *vid*. BAYOD LÓPEZ, C.: «La autonomía ...», cit. pp. 583 a 591.

32 En este sentido, entre otros, GASPAR LERA, S.: «Acuerdos prematrimoniales», cit. p. 1064. GARCÍA MAYO, M.: «Los pactos...», cit., p. 380; RODRÍGUEZ GUITIÁN, A.: «Orden público...», cit., p. 191. Estos dos autores, se apoyan en la regulación catalán que impone estos límites, que tal vez, no concurran en la legislación estatal.

33 En este sentido ZUBIRI DE SALINAS, F.: «La asignación compensatoria en el Derecho civil aragonés: una visión jurisprudencial», *RDCA-XXV*, 2019, p. 24

pactos, en principio, son vinculantes tanto en juicio como fuera de él (art. 3 CDFA). La jurisprudencia aragonesa, a la que ya he hecho referencia, afirma la validez de estos acuerdos: SAPZ 24 febrero 2021 (Roj: SAPZ 712/2021).

B) Trabajo para la casa: el art. 1438 Cc

En Aragón, la compensación por trabajo doméstico no es un título para obtener una indemnización. El trabajo para la casa, como establece el art. 187 CDFA, es una forma de contribución a la satisfacción de las necesidades familiares. Esta obligación corresponde a los cónyuges, pero también a los hijos, cualquiera que sea su edad y mientras convivan con sus padres (art, 187.3 CDFA). Por ello, en principio, no es necesaria su renuncia: no hay una norma de pretensión que atribuya tal derecho; ni procede tampoco su exigencia, por ser una norma desconocida en el sistema y no proceder la aplicación supletoria del Cc. [SAPZ 26 de octubre 2018 (Roj: SAP Z 2174/2018); SAPZ 17 septiembre 2020 (Roj: SAP Z 1380/2020)]

Tal vez, lo que en este sistema sería consecuente es pactar su abono, tanto si el régimen es de separación como de comunidad; pacto que no debe ser tachado de inválido, aun cuando el cónyuge que perciba dicha indemnización salga mejor parado que el otro, ya que este trabajo también le computa como contribución a las cargas del matrimonio. Estos pactos los ampara el *standum*.

Posiblemente, en el ámbito del Derecho civil estatal, este tipo de pactos (su renuncia o su reconocimiento) también sean válidos, ya que la regulación de los regímenes económicos del matrimonio (gananciales, separación de bienes y participación) son supletorios de la voluntad de los particulares (art. 1315 Cc.). **García Mayo**, tímidamente, parece que se decanta por esta solución para el Derecho civil estatal[34].

3.5. Pactos en relación a la vivienda familiar

Los pactos alcanzados por los cónyuges en relación a la atribución de la vivienda familiar en favor de alguno de ellos, o la renuncia a su adjudicación, e incluso las causas de extinción del uso, así como su duración, son válidos, sin duda. Así lo ha señalado la jurisprudencia aragonesa [SS. APZ 21 diciembre 2016 (Roj: SAP Z 2158/2016); APZ 4 julio 2017 (Roj: SAP Z 1439/2017); APZ 17 abril 2018 (Roj: SAP Z 851/2018)][35].

---

34 *cfr*. García Mayo, M.: «Los pactos...», cit., pp. 367-368.

35 Por lo que indicaré en el último apartado, estos pactos podrían ser ineficaces si, llegado el momento de su exigencia, afectaran a los derechos de los hijos a cargo.

Con todo, si bien en la órbita del pacto de relaciones familiares, ha surgido la duda en esta materia, acerca de si es posible pactar una duración indefinida, vitalicia, del uso de la vivienda en favor de uno de los esposos. La controversia surge en razón a la naturaleza, imperativa o dispositiva que se le atribuya al art. 81.3 CDFA: «La atribución del uso de la vivienda familiar a uno de los progenitores *debe tener* una limitación temporal que, a falta de acuerdo, fijará el Juez teniendo en cuenta las circunstancias concretas de cada familia».

La jurisprudencia, con carácter general, desde las SS TSJA de 22 noviembre 2012 (STSJ AR 1136/2012) y 18 julio 2014 (Roj: STSJ AR 895/2014), afirman el carácter de *ius cogens* del art. 81.3 CDFA y, en consecuencia, *la atribución del uso de la vivienda a uno solo de los progenitores «debe tener una limitación temporal», sin excepción*. **López Azcona** se pronuncia en dicho sentido con crítica a la STSJA 10 marzo 2017 (Roj: STSJ AR 271/2017) afirmando que la misma «Prescinde así del —a mi juicio, taxativo— mandato del legislador del art. 81.3 CDFA concerniente a la necesaria limitación temporal del uso de la vivienda familiar, atendiendo de modo exclusivo al interés superior de los hijos menores, ciertamente preferente *ex* art. 76.2 CDFA ("materia de orden público", conforme a la sentencia) pero no incompatible con aquélla»[36].

Por mi parte, creo que el análisis y ubicación de esta norma podrían dar lugar a una interpretación contraria a esta mayoritaria, si nos hacemos la siguiente pregunta: el art. 81.3 CDFA: ¿a quién se dirige: al juez o a los cónyuges?

El art. 81 CDFA se incluye entre las normas reguladoras de *Efectos de la ruptura de la convivencia de los padres con hijos a cargo* (Sección 3.ª, del Capítulo II, *Deber de crianza y educación*, del Título II, *Relaciones entre ascendientes y descendientes*), y se ubica en la Subsección 4.ª, *Medidas de aplicación en defecto del pacto de relaciones familiares*, por lo tanto, es una norma destinada al Juez, quien ciertamente, y a falta de pacto, debe limitar el derecho de uso de la vivienda familiar cuando no es de propiedad exclusiva del cónyuge al que se le atribuyó la misma, así se lo ordena la norma. Pero este límite no aparece reseñado en el art. 77 CDFA, en cuyo párrafo 2 dispone: *El pacto de relaciones familiares deberá concretar, como mínimo, los acuerdos sobre los siguientes extremos relacionados con la vida familiar: c) El destino de la vivienda y el ajuar familiar*. En este precepto destinado a los pacciscentes, no se indica ningún límite temporal, por lo tanto, los principios del Derecho foral presuponen la libertad de pacto sin más límites que los derivados del *standum* y nada impide una duración indefinida y aún vitalicia; tal vez sujeta a alguna condición, como que el cónyuge beneficiario no vuelva a contraer matrimonio o viva con pareja estable; sin que estos acuerdos para mante-

36 López Azcona, M.A.: «Atribución del uso de la vivienda familiar» en *25 años de jurisprudencia civil aragonesa. El Derecho civil aragonés aplicado por los tribunales (1995-2019)*, dirigida por Carmen Bayod y José Antonio Serrano, ed. Tiran lo Blanch, 2020, p. 482.

ner el uso de la vivienda sean contrarios al orden público por infringir el *ius connubii*: nada le impide al cónyuge usuario de la vivienda casarse o vivir en pareja, él decide qué prefiere: la vivienda o la pareja. No está de más recodar que en Aragón es válida la condición de contraer o no contraer matrimonio o hacerlo con persona determinada (art. 476 CDFA)[37].

En el Derecho estatal, la doctrina, también la jurisprudencia, admiten la validez de pactos sobre la vivienda familiar si bien sujetos a homologación judicial y dentro de los parámetros que señala el art. 90 Cc[38].

3.6. Pactos en relación a los hijos: custodia, alimentos, educación

En los capítulos matrimoniales tradicionales era habitual atender a cuestiones que tuvieran que ver con los hijos, determinar cuál de ellos iba ser sucesor; prestarles alimentos, dotarlos, etc. Por ello, establecer en capítulos prenupciales para, llegado el día de la ruptura, el tipo de custodia, el lugar de residencia, los criterios para abonar los alimentos, la educación que deben tener los hijos y sus criterios de formación es algo que compete a los padres y sobre lo que pueden pactar mientras sean titulares de la autoridad familiar, estén o no casados y vivan o no juntos. Esto es lo que dispone con carácter general el art. 71 CDFA: «1. *Los padres, en el ejercicio de la autoridad familiar, actuarán según lo que lícitamente hayan pactado en documento público*». Esos pactos alcanzan a todo el contenido del deber de crianza y educación de los hijos: i) *Tenerlos en su compañía*; luego si los padres no viven juntos, habrá que determinar cómo, con quien y dónde convivir; ii) *Proveer a su sustento, habitación, vestido y asistencia médica, de acuerdo con sus posibilidades*, lo que permite pactar sobre alimentos, la forma y modo de contribución a los mismos; iii) *Educarlos y procurarles una formación integral. Corresponde a los padres decidir sobre la educación religiosa de los hijos menores de catorce años*; lo que permite pactar sobre el sistema educativo, los principios y valores en la formación de los hijos, el tipo de centro educativo, etc. (art. 65 CDFA)[39].

37 Aun cuando luego me referiré a la eficacia de estos pactos, conviene advertir que, habiendo hijos a cargo, estos pactos serán revisados en sede judicial para garantizar el interés de los menores.

38 En este sentido, entre otros, García Mayo, M.: «Los pactos ...», cit., p. 391. Más crítico con los límites impuestos a los pactos sobre la vivienda dentro de los límites del art. 90 Cc. se muestra Ordás Alonso, que analiza diversos acuerdos sobre la vivienda habitual apostando por la validez de los mismos frente a opiniones y fallos jurisprudenciales más estrictos, *cfr*. Ordás Alonso, M.: «Autonomía...», cit., pp. 153-174.

39 Sobre estas cuestiones, Bayod López, C.: «Capacidad de las personas por razón de la edad. Uno de los modelos (¿a exportar?) de la legislación civil española» en *Persona y capacidad: funciones y disfunciones*, dirigido por Leonardo B. Pérez Gallardo y Guillermo

En el ámbito del Derecho estatal, **García Mayo** considera, igualmente que, en relación con la guarda y custodia de los hijos, así como, en su caso, el régimen de comunicación y estancia de estos con el progenitor que no viva habitualmente con ellos —régimen de visitas—, nada obsta, a priori, a considerarla como susceptible de pacto, sin perjuicio del posterior control de la autoridad judicial. En cualquier caso, afirma, todos estos pactos, de ser posibles, requerirían de aprobación judicial, según lo dispuesto en el art. 90.2 CC, llegado el momento de la ruptura y a fin de que no sean dañosos para los hijos o gravemente perjudiciales para uno de los cónyuges[40].

IV. Eficacia de los pactos

4.1. La cláusula *rebus sic stantibus*: ¿es aplicable a los pactos prematrimoniales?

A) En el ámbito del Derecho Estatal

En el ámbito del Código civil, doctrina y jurisprudencia, para responder a esta cuestión vuelven su mirada al Derecho civil de Cataluña que, en el art. 231-20.5 Cc.Cat., prevé expresamente la ineficacia de *Los pactos en previsión de ruptura que en el momento en que se pretende el cumplimiento sean gravemente perjudiciales para un cónyuge no son eficaces si este acredita que han sobrevenido circunstancias relevantes que no se previeron ni podían razonablemente preverse en el momento en que se otorgaron*; norma, a su vez, inspirada en el Derecho americano, poco proclive a mantener la palabra dada (cosas del *soft law*). Tras ello, y en busca de una solución parecida, y no habiendo regulación al respecto, doctrina y jurisprudencia en el ámbito del Derecho civil estatal consideran que sería posible la ineficacia sobrevenida de lo pactado por aplicación de la teoría de la alteración sobrevenida de las circunstancias o cláusula *rebus sic stantibus*[41].

Esta cláusula, propia de mundo contractual y aplicable a contratos de tracto sucesivo o de larga duración y en principio ajena al Derecho de familia, se

Cerdeira Bravo de Mansilla, coordinada por Manuel García Mayo, ed. Editorial Olejnik, Santiago de Chile, 2021, págs. 117 a 143. La SAPZ 23 junio 2017 (Roj: SAP Z 1459/2017) también parece ir en esta línea.

40 Por todos, García Mayo, M.: «Los pactos...», cit., p. 390.

41 Por todos, García Mayo, M.: «Los pactos...», cit., p. 394 y García Mayo, M.: «Cláusula *rebus sic stantibus* y renuncia anticipada a la pensión compensatoria» en *Familia y Derecho en la España del siglo XXI: Libro homenaje al profesor L. H. Clavería Gosálbez*, (Dirs. Marín Velarde, Cabezuelo Arenas y Moreno Mozo), Reus, Madrid. 2021, pp. 465 y ss.

abre hueco en el mismo, como recuerda **García Mayo** con cita de otros autores, a través de los arts. 90.3 y 100 Cc., que contemplan diversos factores que permiten solicitar la modificación de medidas judiciales[42]. Los requisitos de su aplicación, serían los siguientes, trasladados al Derecho de familia: en primer lugar, en un supuesto en el que, aun existiendo un acuerdo valido, el mismo pueda devenir ineficaz porque al momento de acaecer la crisis familiar —momento en el que ha de surtir efectos el pacto— se hubiese producido una alteración sobrevenida de las circunstancias que se tuvieron en consideración al momento de la formalización del pacto —ya fuese el pacto anterior o posterior a la celebración del matrimonio—. Será, además, necesario que las partes no hubieran previsto nada que resultase de aplicación al supuesto de hecho que se plantea, pues la aplicación de esta cláusula tiene en todo caso carácter subsidiario, (...); deberá causar un perjuicio grave a uno de los cónyuges y el acontecimiento ser imprevisible y duradero[43]. En este sentido, aun cuando al final no aplicó la cláusula, se pronuncia el TS en la S. 24 junio 2015 (Roj: STS 2828/2015). La consecuencia, de aplicase el *rebus sic stantibus* sería bien el dejar sin efecto el concreto pacto o bien una moderación del mismo.

B) ¿Y en Derecho aragonés?

Los Tribunales aragoneses deben resolver los requerimientos de la parte demandante que, para dejar sin efecto el pacto válidamente acordado, y con cita del Derecho del Estado y su jurisprudencia, alegan el cambio de circunstancias. Así diversas sentencias de las AP aragonesas consideran posible aplicar esta cláusula a los capítulos prenupciales en los que se pacta una indemnización o una renuncia a la asignación compensatoria, siempre y cuando concurran los requisitos que para su aplicación señala la jurisprudencia del TS, de manera que: «*para que se pueda justificar la moderación de la pensión que el actor pretende es la aplicación del principio general de la cláusula sic stantibus*, que de conformidad con una asentada doctrina y jurisprudencia *requiere una alteración de las circunstancias entre el momento de la perfección del contrato y el de consumación, una desproporción exorbitante entre las prestaciones de las partes, que ello acontezca por superveniencia de un riesgo imprevisible y, por último, la subsidiaridad por no caber otro remedio*» que en caso de autos no se da ya que «*Cuando en febrero de 2007 se pacta la pensión el actor tenía 64 años, por lo que la disminución de ingresos consiguiente a su jubilación, que inició sus efectos en abril de 2008, era en ese momento perfectamente previsible, sin que conste se debiese a enfermedad, incapacidad u otra circunstancia ajena a su voluntad*». [SAPZ 31 marzo 2017 (Roj: SAP Z 666/2017)]. En el mismo sentido las Ss. *APZ 20 de junio 2023*

42 García Mayo, M.: «Cláusula *rebus...*», cit. p. 469 y ss.

43 Tomado de García Mayo, M.: «Cláusula *rebus ...*», cit. pp. 471 a 475.

(Roj: SAP Z 1126/2023) y 24 febrero 2021 (Roj: SAP Z 712/2021) que igualmente mantienen la validez de lo pactado en capítulos por no darse en el caso el cumplimiento de los requisitos.

A mi juicio, la cláusula *rebus sic stantibus* tiene un difícil encaje en esta materia. La dificultad de aplicar esta cláusula a los capítulos matrimoniales se debe al origen de la misma que nada tiene que ver con la familia. Esta cláusula nace en el ámbito de la contratación onerosa, para contratos de larga duración, que fueron acordados en una situación concreta del mercado al tiempo de su celebración. Por ello, si al cabo del tiempo decae la base del negocio es posible resolver el acuerdo o someterlo a moderación judicial si se ha producido «una alteración de las circunstancias entre el momento de la perfección del contrato y el de consumación, desproporción que ha de ser exorbitante entre las prestaciones de las partes, que se produjo por un riesgo imprevisible y, por último, la subsidiaridad por no haber otro remedio» [*cfr*. STS 27 abril 2012 (ROJ: STS 2868/2012)].

Los pactos en previsión de la ruptura matrimonial, acordados en capítulos prenupciales o posnupciales, pero siempre antes de la crisis matrimonial, carecen de onerosidad, establecen previsiones de futuro, imprevisible e incierto por definición, y para cuyo cálculo, como requisito de eficacia, no puede servir la situación económica, de salud, o de pensamiento filosófico ni el estado de la convivencia que al tiempo del acuerdo tengan los cónyuges: no hay base del negocio que pueda ser modificada por el paso del tiempo. Lo que pactan los esposos es un nuevo escenario, que no admite comparación con el pasado, que por desconocido e incierto, se establece ahora las obligaciones que en él tendrán los esposos, y si no son imposibles, ni contradicen la Constitución ni norma imperativa aragonesa, ni al tiempo del acuerdo ni al de su cumplimiento, serán exigibles, desde luego.

Por ello, si el pacto es válido en el sistema se debe exigir su cumplimiento aun cuando sea más gravoso (o no guste cumplirlo) para cualquiera de los cónyuges. El hecho de que, habiendo renunciado a la asignación compensatoria, a las aventajas o se haya pactado un reparto de consorciales al 20 % para uno de los cónyuges, y ahora ese cónyuge, llegado el momento del cumplimiento, esté en paro, sea más anciano y no pueda trabajar, o le acontezcan otras desgracias nada tiene que ver con una alteración de las circunstancias, que no forman parte del pacto. Por ello, lo que deben hacer los cónyuges, si quieren que sean tenidas en cuenta, es determinar no ya las condiciones de validez, sino las condiciones de eficacia, tales como casos de enfermedad, situación de desempleo, mayor asunción de cargas familiares, pérdida de ingresos, etc., que permitan dejar el acuerdo sin efecto o rebajar, acaso, su cuantía[44].

44 Esto históricamente estaba previsto en Aragón cuando el heredero de la casa, que debía pagar las dotes al resto de hermanos cuando tomarán estado, se decía que lo haría «al haber y poder de la casa».

Esta tesis, a lo que creo, la sustenta o presupone la regulación del pacto de relaciones familiares *ex* art. 77 CDFA, que en Aragón no sirve como *analogía legis* para ser aplicable a los pactos prematrimoniales.

El art. 77 CDFA prevé en su párrafo 3, las causas de modificación del pacto de relaciones familiares contemplando entre ellas el que hayan sobrevenido circunstancias relevantes; en concreto en su letra c) dice lo siguiente: «A petición de uno de los padres al sobrevenir circunstancias relevantes».

La expresión «circunstancias relevantes», nada tiene que ver con la cláusula *rebus sic stantibus*, que exige como sabemos «desproporción exorbitante». La posibilidad de modificar el acuerdo por el cambio de circunstancias sí es posible ahora, (no antes) sin que sean extraordinarias, ya que el pacto se lleva a cabo no para una futura ruptura, sino para la ya existente, y los acuerdos parten de una realidad presente; por ello, los cambios respecto de esa realidad de inicio de la ruptura, si son relevantes, permiten su modificación.

Por ello, y en relación con los capítulos prenupciales, y siguiendo la tradición aragonesa, la S. TSJA 18 enero 2021 (Roj: STSJ AR 8/2021) afirma que «No existe, en fin, una cláusula que permita considerar que se estará a lo pactado sólo mientras las cosas sigan como están, ni tampoco se faculta a los pactantes para que pueda cambiar de criterio o decisión. Por ello, ni posteriores motivos personales de cambio que pueda tener alguno de los otorgantes, ni el mejor o peor desarrollo de la administración de la Casa por quienes fueron llamados a ello, o por sus hijos o cualquier otro pariente, permite concluir que no deba estarse lo pactado».

V. Control judicial: ¿sobre qué y hasta dónde?

En el ámbito del Derecho del Estado afirma la doctrina que la eficacia de los pactos prematrimoniales es similar a la que el Tribunal Supremo viene reconociendo a los convenios reguladores no ratificados judicialmente. Nada obsta, añaden, a que el pacto prematrimonial pueda servir como modelo o contenido a incluir en el convenio regulador para su homologación judicial. Es más, si, acaecida la crisis familiar, uno de los cónyuges decidiera apartarse de aquel pacto y el proceso no fuera consensual, sino contencioso, el pacto también podrá hacerse valer por el cónyuge interesado acumulándolo a la demanda de separación y divorcio, como justificación de las medidas que propone al juez y que fueron aceptadas en su día por el otro[45].

Ciertamente, llegado el divorcio o la separación, si es de muto acuerdo (art. 81, 82, 86 y 87 Cc. en relación con el art. 777 Lec.) deberán presentar un pacto de relaciones familiares o, siendo contencioso (81.2. *in fine* Cc.), la medias que hayan de regular los efectos de la separación. En razón de ello,

45 García Mayo, M.: «Cláusula *rebus* ...», cit. p. 358

los cónyuges deberán hacer valer los capítulos matrimoniales para que los homologue el juez, si ambos están de acuerdo, o para exigir su cumplimiento, si alguno de ellos, ahora, no quiere cumplirlos.

En Aragón, la homologación judicial de estos pactos, y con mayor razón, si lo acordado ha sido en pactos prenupciales, solo afecta al interés del menor que, en cualquier momento puede ser objeto de revisión, pero no se establece lo mismo respecto de los pactos que tan solo afecten a los cónyuges. El párrafo 5 del art. 77 CDFA dispone: «El Juez aprobará el pacto de relaciones familiares, salvo en aquellos aspectos que sean contrarios a normas imperativas o cuando no quede suficientemente preservado el interés de los hijos». Por lo tanto, en aquellos acuerdos que no tengan que ver con el interés del menor, el juez debe estar a la carta.

Bibliografía

Atienza Rodríguez, M.: «Un supuesto enigma jurídico: el orden público», *Conceptos multidimensionales del derecho*, coordinado por María Paz **García Rubio**, Josep Joan **Moreso**, Ignacio **Varela Castro**, ed. Reus, Madrid, 2020, pp. 61-83.

Atienza Rodriguez, M. y Ruiz Manero, J., *Las piezas del Derecho. Teoría de los enunciados jurídicos,* ed. Ariel, 4.ª ed. Barcelona, 2016.

Bayod López, C.: «La autonomía de la voluntad. Un análisis desde el Derecho civil aragonés (Fuentes del Derecho civil, Derecho supletorio y *Standum*)» en *Revista Jurídica del Notariado (RJN)* núm 112, 2021, pp. 577- 621.

Bayod López, C.: «Capacidad de las personas por razón de la edad. Uno de los modelos (¿a exportar?) de la legislación civil española» en *Persona y capacidad: funciones y disfunciones*, dirigido por Leonardo B. **Pérez Gallardo** y Guillermo **Cerdeira Bravo de Mansilla**, coordinada por Manuel **García Mayo**, ed. Editorial Olejnik, Santiago de Chile, 2021, págs. 117 a 143.

Bayod López, C.: «La asignación compensatoria» en *25 años de jurisprudencia civil aragonesa. El Derecho civil aragonés aplicado por los tribunales (1995-2019)*, dirigida por Carmen **Bayod** y José Antonio **Serrano**, ed. Tiran lo Blanch, 2020 pp. 547 a 562.

Bayod López, C.: «La (in)aplicación en Aragón del art. 1438 CC (Reflexiones sobre la jurisprudencia del TS en relación al trabajo doméstico)» en *Indret*, N.º 2, abril. 2016.

Bayod López, C.: «Comentario Título Primero, Efectos generales del matrimonio (arts. 183 a 194) del Código del Derecho foral de Aragón», *Comentarios al Código del Derecho foral de Aragón. Doctrina y jurisprudencia*. Dirigidos por Jesús **Delgado Echeverría**. Coordinados por Carmen **Bayod López** y José Antonio **Serrano García**, ed. Dykinson, Madrid, 2015, pp. 331-332 [= en *Código del Derecho foral de Aragón. Concordancias, Doctrina y jurisprudencia*, ed. Gobierno de Aragón. Departamento de Presidencia y Justicia, Zaragoza, 2015, reimpreso en 2018, chrome-extension://efaidnbmnnnibpcajpcglclefindmkaj/https://estatuto.aragon.es/sites/default/files/derechoForalAragon.pdf].

Cervilla Garzón, M.D.: «Pactos familiares en previsión de ruptura y pensión compensatoria: reflexiones a propósito de la STS de 13 de marzo 2023», *Boletín Oficial del Instituto de Derecho Iberoamericano*, abril 2023, [https://idibe.org/tribuna/pactos-familiares-prevision-ruptura-pension-compensatoria-reflexiones-proposito-la-sts-13-marzo-2023/]

Cervilla Garzón, M.D.: *Los acuerdos prematrimoniales en previsión de ruptura: un estudio de Derecho comparado*, Tirant lo Blanch, Valencia, 2013

Cervilla Garzón, M.ª D. (2013.b), «Los acuerdos con previsiones de ruptura en el Código de familia de Cataluña y en el derecho norteamericano», *Diario La Ley*, 2013, núm. 8011, pp. 1-11.

De castro y Bravo, F.: «Limitaciones intrínsecas de la autonomía de la voluntad», en *ADC*, T. IV, Madrid, 1982 pp. 987 a 1085.

Delgado Echeverría, J., «Comentario al art. 3 CDFA» en *Comentarios al Código del Derecho foral de Aragón,* ed. Dikynson, Madrid, 2015 pp. 101 a 104 [= *Código del Derecho foral de Aragón. Concordancias, doctrina y jurisprudencia*, ed. DGA, Zaragoza, 2015, reimpreso en 2018, pp. 105 a 108.].

Delgado Echeverría, J.: «Las fuentes del Derecho civil aragonés» en *Manual de Derecho civil aragonés. Conforme al Código del Derecho foral de Aragón*; 4.ª edición, Dirigido por **Delgado Echeverría** y coordinado por **Parra Lucán**, ed. El Justicia de Aragón, Zaragoza, 2012, pp. 77 a 108.

Delgado Echeverría, J.: «Comentario al art. 1.º de la Compilación del Derecho civil de Aragón», en *Comentarios a la Compilación del Derecho civil de Aragón*, T. I, dirigidos por **Lacruz**, DGA, Zaragoza, 1988, pp. 99 y ss.

De Lora, P.: *Los derechos en broma: La moralización de la política en las democracias liberales*, Barcelona, Deusto, 2023

Diago Diago, P.: «Aplicación del Derecho civil aragonés a los extranjeros» en *Actas de los XXXI Encuentros de Foro de Derecho aragonés,* ed. El Justicia de Aragón, Zaragoza, 2023, pp. 43-62.

García Mayo, M.: *Pactos prematrimoniales. En previsión de crisis matrimonial*, Bosch, Barcelona, 2023.

García Mayo, M.: «Los pactos en previsión de una ruptura familiar» en *GPS Familia,* (Dir. **De Verda** y **Beamonte, J. R.**), Tirant lo Blanch, Valencia, 2023, pp. 379-397.

García Mayo, M.: «Los pactos en previsión de una ruptura familiar» en *Las crisis familiares: Tratado práctico interdisciplinar,* (Dir. **De Verda** y **Beamonte, J. R.**), (Coords. **Chaparro Matamoros, P.**; **Muñoz Rodrigo, G.**), Tirant lo Blanch, Valencia, 2021, pp. 355-386.

García Mayo, M.: «Cláusula *rebus sic stantibus* y renuncia anticipada a la pensión compensatoria» en *Familia y Derecho en la España del siglo XXI: Libro homenaje al profesor L. H. Clavería Gosálbez*, (Dirs. **Marín Velarde, Cabezuelo Arenas** y **Moreno Mozo**), Reus, Madrid. 2021, pp. 459-481.

Gaspar Lera, S.: «Acuerdos prematrimoniales sobre relaciones personales entre cónyuges y su ruptura: límites a la autonomía de la voluntad», *ADC*, tomo LXIV, 2011, fasc. III, pp. 1041-1074.

Lacruz Berdejo, J.L: «Comentario al art.3 Comp. del Derecho civil de Aragón» en *Comentarios a la Compilación del Derecho civil de Aragón*, vol. I, Dirigido por J.L. **Lacruz Berdejo**, ed. DGA, Zaragoza, 1988, pp. 229-298.

Lacruz Mantecón, M.: *Convivencia de padres e hijos mayores de edad*, Reus, 2016.

López Azcona, M.A.: «Atribución del uso de la vivienda familiar» en *25 años de jurisprudencia civil aragonesa. El Derecho civil aragonés aplicado por los tribunales (1995-2019)*, dirigida por Carmen **Bayod** y José Antonio **Serrano**, ed. Tiran lo Blanch, 2020, pp. 457-542.

Loriente Rojo, M.A.: «Las sucesiones transfronterizas y Reglamento UE 650/2012» en *Actas de los XXXI Encuentros de Foro de Derecho aragonés,* ed. El Justicia de Aragón, Zaragoza, 2023, pp. 85-109.

Magoni, C., *Fueros y libertades. El mito de la Constitución aragonesa en la Europa Moderna*. Traducción de Antonio **Pérez Martín**, ed. El Justicia de Aragón, Zaragoza 2012.

Morales Arrizabalaga, J., *Fueros y libertades del Reino de Aragón. De su formación medieval a la crisis preconstitucional (1076-1800)*, ed. Rode, Zaragoza, 2007.

Oliva Blazquez, F.: «Reflexiones críticas sobre la utilidad de la noción de "orden público" como límite de la autonomía de la voluntad», *Conceptos multidimensionales del derecho*, coordinado por María Paz **García Rubio**, Josep Joan **Moreso**, Ignacio **Varela Castro**, ed. Reus, Madrid, 2020, pp. 135-152.

Ordás Alonso, M.: «Autonomía de la voluntad, crisis matrimonial y vivienda. El orden público», *Conceptos multidimensionales del derecho*, coordinado por María Paz **García Rubio**, Josep Joan **Moreso**, Ignacio **Varela Castro**, ed. Reus, Madrid, 2020,pp. 153-174.

Parra Lucán, M. A., «La autonomía privada en el Derecho civil: tendencias y transformaciones» en *La autonomía privada en el Derecho civil*, Dirigido por María Ángeles **Parra Lucán**, ed. Thomson Reuters Aranzadi, Madrid, 2016, pp.29-60.

Parra Lucán, M.A.: «Autonomía de la voluntad y derecho de familia», en *Autonomía de la voluntad en el Derecho privado. Estudios en conmemoración del 150 aniversario de la Ley del Notariado*. Tomo I, Derecho de la persona, familia y sucesiones, Madrid, 2012, pp. 97 a 454.

Rodríguez Guitián, A.: «Orden público y pactos de pre-ruptura conyugal», *Conceptos multidimensionales del derecho*, coordinado por María Paz **García Rubio**, Josep Joan **Moreso**, Ignacio **Varela Castro**, ed. Reus, Madrid, 2020, pp. 175-198.

Rozalen Creus, L.: «Validez de la renuncia anticipada a la pensión compensatoria e indemnización en pacto prematrimonial. Comentario a la STS 362/2023, de 13 de junio, Sala de lo civil, Rc. 4354/2010» en *Revista CESCO de Derecho de Consumo*, N.° 48, [https://revista.uclm.es/index.php/cesco/article/view/3404]

Rozalen Creus, L.: *Validez y eficacia de los pactos matrimoniales*, ed. Thomson Reuters-Aranzdi, Pamplona, 2019.

Ruíz-Rico Arias, M.D.: *Autonomía de la voluntad y renuncia unilateral. La renuncia a los derechos fundamentales. Su incidencia en el ámbito civil*. Ed. Atelier, Barcelona, 2023.

Serrano García, J.A.: «La legítima», *Manual de Derecho civil foral aragonés*, dirigido por **C. Bayod López y J. A. Serrano García**, ed. El Justicia de Aragón y Fundación Ibercaja, Zaragoza, 2020, pp. 781-818.

Serrano García, J.A.: «La guarda y custodia de los hijos y el régimen de visitas» en *25 años de jurisprudencia civil aragonesa. El Derecho civil aragonés aplicado por los tribunales (1995-2019)*, dirigida por Carmen **Bayod** y José Antonio **Serrano**, ed. Tiran lo Blanch, 2020, pp. 165-434.

Serrano García, J.A. y Bayod López, C.: *Lecciones de Derecho civil: Familia*, ed. Kronos, Zaragoza, 2023.

Serrano García, J.A. y Bayod López, C.: *Lecciones de Derecho civil*: *Sucesiones*, ed. Kronos, Zaragoza, 2023.

VERDA Y BEAMONTE, J. R.: «¿Validez de los pactos prematrimoniales de renuncia previa a la pensión compensatoria? Una opinión ya heterodoxa», *Boletín Oficial del Instituto de Derecho Iberoamericano*, julio 2023, [https://idibe.org/tribuna/validez-los-pactos-prematrimoniales-renuncia-previa-la-pension-compensatoria-una-opinion-ya-heterodoxa/?fbclid=IwAR0XdoO8UmU0Z3mv0lgJGPOA5Ku4fFJHciS2ZWdpPBR-bZStltjyMY8Ngqk]

Listado de sentencias aragonesas

- *STSJA 22 noviembre 2012* (STSJ AR 1136/2012)
- *STSJA 18 julio 2014* (Roj: STSJ AR 895/2014)
- *STSJA 10 marzo 2017* (Roj: STSJ AR 271/2017)
- *STSJA 10 diciembre 2018* (Roj: STSJ AR 1294/2018)
- *STSJA 18 enero 2021* (Roj: STSJ AR 8/2021)
- *SAPZ 21 diciembre 2016* (Roj: SAP Z 2158/2016)
- *SAPZ 23 diciembre 2016* (Roj: SAP Z 2168/2016)
- *SAPZ 31 marzo 2017* (Roj: SAP Z 666/2017)
- *SAPZ 23 de junio 2017* (Roj: SAP Z 1459/2017)
- *SAPZ 4 julio 2017* (Roj: SAP Z 1439/2017)
- *SAPH 28 febrero 2018* (Roj: SAP HU 97/2018)
- *SAPZ 17 abril 2018* (Roj: SAP Z 851/2018)
- *SAPZ 24 julio 2018* (Roj: SAP Z 2045/2018)
- *SAPZ 26 octubre 2018* (Roj: SAP Z 2174/2018)
- *SAPZ 9 octubre 2019* (Roj: SAP Z 2315/2019),
- *SAPZ 17 septiembre 2020* (Roj: SAP Z 1380/2020)
- *SAPZ 24 febrero 2021* (Roj: SAP Z 712/2021)
- *SAPZ 7 diciembre 2022* (Roj: SAP Z 2194/2022)
- *SAPZ 15 febrero 2023* (Roj: SAP Z 226/2023)
- *SAPT 9 noviembre 2018* (Roj: SAP TE 189/2018)
- *SAPT 20 marzo 2023* (Roj: SAP TE 64/2023)
- *SAPZ 20 junio 2023* (Roj: SAP Z 1126/2023)
- *SAPH 11 de octubre 2021* (Roj: SAP HU 453/2021)

COLECCIÓN
PENSAMIENTO JURÍDICO Y POLÍTICO CONTEMPORÁNEO

COLEX

TÍTULOS PUBLICADOS

1 La libertad de expresión

DESCUBRA MÁS OBRAS EN:

www.colex.es

Editorial Colex SL Tel.: 910 600 164 info@colex.es

Made in United States
North Haven, CT
04 November 2026

21719577R00180